Processing

Processing

Erik Bartmann

Beijing · Cambridge · Farnham · Köln · Sebastopol · Taipei · Tokyo

Kommentare und Fragen können Sie gerne an uns richten:
O'Reilly Verlag
Balthasarstr. 81
50670 Köln
Tel.: 0221/9731600
Fax: 0221/9731608
E-Mail: kommentar@oreilly.de

Copyright der deutschen Ausgabe:
© 2010 by O'Reilly Verlag GmbH & Co. KG
1. Auflage 2010

Bibliografische Information der Deutschen Nationalbibliothek
Die Deutsche Nationalbibliothek verzeichnet diese Publikation in der Deutschen Nationalbibliografie; detaillierte bibliografische Daten sind im Internet über *http://dnb.d-nb.de* abrufbar.

Lektorat: Volker Bombien, Köln
Korrektorat: Tanja Feder, Bonn und Eike Nitz, Köln
Fachliche Begutachtung: Jens Ohlig, Bonn
Satz: III-satz, Husby, www.drei-satz.de
Umschlaggestaltung: Michael Oreal, Köln
Produktion: Karin Driesen, Köln
Belichtung, Druck und buchbinderische Verarbeitung:
Druckerei Mediaprint, Paderborn

ISBN 978-3-89721-997-7

Dieses Buch ist auf 100% chlorfrei gebleichtem Papier gedruckt.

Inhalt

Vorwort

Liege ich mit der Vermutung richtig, dass Du schon lange den Gedanken hegst, endlich einmal ein Computerprogramm zu schreiben, das sich mit der Grafikausgabe befasst? Du hast schon lange den Wunsch, mit geometrischen Figuren zu spielen und sie nach eigenen Vorstellungen zu manipulieren oder einfach nur zu experimtieren!? Die Antwort war: »Jaaa!« Doch dann stelltest Du Dir die entscheidende Frage: »Mit welcher Programmiersprache kann ich mein Vorhaben umsetzen?« Und schon hattest Du ein gewaltiges Problem. Viele wirklich professionelle Programmiersprachen wie C++, C# oder auch Java, um nur einige zu nennen haben diesbezüglich eine relativ steile Lernkurve.

WAAS! SCHON WIEDER EIN FEHLER, NUR UM EINEN SIMPLEN PUNKT DARZU-STELLEN.

Unser Freund hier hat ein vergleichbares Problem. Er möchte zu Beginn seiner Studien einfach nur einen Punkt in seinem Grafikfenster darstellen, doch das scheint sich nicht so einfach zu gestalten, wie er sich das vorgestellt hat. Es muss doch eine einfachere Möglichkeit geben, ohne so viel Programmcode für eine derart simple Sache zu verwenden.

Ahh, es scheint, da hätte jemand eine Antwort für uns.

Processing!? Was soll das sein? Schon wieder eine neue Programmiersprache? Haben wir nicht schon genug Sprachen, die die Qual der Wahl immer schlimmer werden lässt? Fragen über Fragen, doch *Processing* ist die Antwort auf alle unsere Probleme und es lohnt sich, einen näheren Blick zu riskieren.

SIE WOLLEN WISSEN, WEL-CHE DIE RICHTIGE PROGRAM-MIERSPRACHE FÜR DESIGNER, GRAFIKER ODER EXPERIMEN-TIERFREUDIGE IST? PROCES-SING NATÜRLICH!!!

Wir haben es mit einer vollwertigen Sprache zu tun, deren Syntax sich nicht nur an *Java* anlehnt, sondern dort ihren Ursprung hat. Es wird eine bewusst schlanke Entwicklungsumgebung ohne viel Schnickschnack bereitstellt, die gerade für Anfänger optimal ist, um einen sicheren Einstieg zu finden.

Denn dafür wurde *Processing* geschaffen: schnell und effektiv mit relativ wenig Aufwand kreativ zu arbeiten und ohne viel Drumherum zu sichtbaren Ergebnissen zu gelangen. Benutzeraktionen über Maus oder Tastatur bringt den Anwendungen Interaktivität und sogar *Objektorientierte Programmierung* (OOP), aufgrund der Herkunft aus Java, ist kein Fremdwort für diese Programmiersprache. Du musst kein professioneller Entwickler sein, um einen schnellen Einstieg zu finden. Außerdem geht es hier nicht um Schnelligkeit, sondern um einen gewissen Spaßfaktor, der sich garantiert nach kurzer Zeit einstellen wird. Gerade unbelastete Neulinge werden auf ihre Kosten kommen und sehen, was sie alles so mit ihrem Rechner anstellen können.

Historie

Da Processing seine Wurzeln in der Programmiersprache Java hat und auch damit programmiert wurde, möchte ich kurz eine kleine Zusammenfassung geben. In den Entwicklungslabors von *Sun Microsystems* wurde im Jahr *1990* der Startschuss für *Java* gegeben. Das Projekt wurde jedoch erst einmal geheim gehalten und der offizielle Termin für die Veröffentlichung war erst *1995*. Das bedeutet, dass *Java* jetzt schon *15* Jahre auf dem Buckel hat und ständig weiter entwickelt wird. Anfang des Jahres *2010* wurde *Java* von der Firma *Oracle* übernommen. Schauen wir uns die Syntax an, werden wir feststellen, das eine enge Verwandtschaft zur Programmiersprache *C++* besteht. Programmierer, die also schon Projekte mit *C++* realisierten, werden mit *Java* oder auch *Processing* keine großen Probleme haben. Das soll aber nicht bedeuten, dass es Anfängern unverhältnismäßig schwieriger fällt.

Processing wurde als Open-Source Programmiersprache am *Massachusetts Institute of Technologie* von *Ben Fry* und *Casey Reas* im Jahre *2001* ins Leben gerufen und erfreut sich mittlerweile einer zunehmenden Beliebtheit. Eine relativ lange Phase von Alpha- bzw. Betaversionen führten dazu, dass erst Ende 2008 Jahre die Version 1.0 veröffentlicht wurde, die als stabil angesehen werden kann. Im Moment wird die Version 1.2.1 zu Download angeboten.

Startest Du ein Processing-Programm, wird es im Hintergrund, für uns unsichtbar, in Java konvertiert, um dann als Java-Anwendung zu laufen.

Aufbau des Buches

Ich habe dieses Buch bewusst auf eine etwas andere Art geschrieben, als man es vielleicht von anderen Büchern gewohnt ist. Du wirst durch das ganze Buch hindurch von einem Kollegen begleitet, der vielleicht genau wie Du, von *Processing* so viel weiß wie die Kuh vom Eierlegen. Er stellt hier und da Fragen, wenn ihm etwas unklar ist oder er noch weitere Informationen benötigt. Der lockere Umgangston trägt hoffentlich dazu bei, die Sache nicht allzu verbissen zu sehen, so dass auftretende Probleme als Chance und nicht als Unvermögen angesehen werden. Das Buch hat keinen Bibelcharakter – hoffe ich jedenfalls – und soll auch nicht als solches angesehen werden. Aufgrund des Platzmangels können natürlich nicht alle Themen von *Processing* angesprochen werden, doch ich denke, dass ich mit dem vorliegenden Material eine gute Basis geschaffen habe, um die Leistungsfähigkeit von *Processing* zu vermitteln. Vor allen Dingen möchte ich Dich zum Experimentieren animieren.

Den Quellcode, mit dem Du in diesem Buch in Berührung kommst, soll lediglich eine Ausgangssituation darstellen. Nimm nicht unbedingt alles so hin, wie ich es präsentiere. Versuche es anders zu realisieren und nach eigenen Wünschen abzuändern. Natürlich ist das am Anfang meist nicht möglich, denn Du willst ja *Processing* lernen und hältst Dich gerade in der Anfangsphase Deiner Studien an die Beispiele. Aber nach einigen Tagen oder Wochen – Du wirst selber merken, wenn es an der Zeit ist – kommt der unwiderstehliche Drang, die Dinge anders zu probieren als Sie Dir vorgesetzt werden. Das ist leider auch *die* Phase, in der Du Dich vielleicht vielen Fehlern in der Kodierung gegenüber siehst. Doch das ist ganz normal und lasse Dich dadurch nicht entmutigen. Die Probleme, die Dir immer und immer wieder begegnen, führen zum besseren Verständnis, zur inneren Einstellung: *»Ja, ich habe das Problem gemeistert!«* Natürlich findet man im Internet eine ganze Menge an Lösungen und kann sich auch in diversen Foren Unterstützung holen. Das verleitet dazu, es sich bequem zu machen und hier ein Codeschnipsel zu entnehmen und dort einen Programmierer nach der Lösung zu fragen. Die Versuchung ist groß, doch ich rate Dir, diesen Weg nicht ganz zu Beginn Deiner Studien zu beschreiten. Sei bestrebt, das Problem im Alleingang zu bewältigen. Klar, dass das nicht immer möglich ist, doch der Lernerfolg ist ein viel größerer, greifst Du auf Deine eigenen Ressourcen zurück. Dein Quellcode muss absolut nicht elegant geschrieben sein, um vielleicht andere oder Dich selbst zu beeindrucken. Da kann es schon mal wild zugehen, dass einem die Haare zu Berge stehen, doch allein das Ergebnis zählt erst einmal. Die *Performance*, also die Schnelligkeit eines Programms und die beanspruchten *Ressourcen* sollten am Anfang nicht gerade im Mittelpunkt Deiner Aufmerksamkeit stehen. Das kommt alles mit der Zeit.

Manchmal siehst Du Dich mit absolut unlösbaren Problemen konfrontiert. Du kannst natürlich versuchen, Dich Stunde um Stunde mit der Lösungsfindung zu beschäftigen. Das ist einerseits gut, denn Du gibst nicht so schnell auf. Doch es kann sich als hilfreich erweisen, erst einmal etwas anders zu tun. Gehe in die Küche und bewältige den Berg von Spülkram, der dort schon seit Tagen vor sich hin schimmelt. Konzentriere Dich aber auf das, was Du gerade tust. Praktiziere einfach ein paar *Achtsamkeitsübungen*. Was ist das denn, fragst Du Dich jetzt bestimmt? Es ist die geistige Einstellung, sich der momentanen Situation *gewahr* zu werden. Im *Hier* und *Jetzt*, also in der Gegenwart präsent zu sein. Wenn Du programmierst, dann programmierst Du. Wenn Du spülst, dann spülst Du. Du wirst merken, dass einem die Lösungen zeitweise nur so zufliegen, wenn Du gar nicht damit rechnest und Du an das Problem nicht gedacht hast. Öffne Deinen Geist und mache ihn frei für *Intuition*. Auch, wenn Du Deinen Verstand nicht aktiv zur Lösungsfindung gebrauchst, heißt das nicht, dass Du zu keiner Lösung kommen wirst. Lege doch von Zeit zu Zeit dieses Verhalten an den Tag. Du wirst auch in anderen Bereichen des alltäglichen Lebens davon profitieren können. Aber alles braucht seine Zeit, um zu reifen. Ergebnisse können nicht erzwungen werden. Sicherlich ist hohe Konzentration in vielen Fällen angebracht, doch manchmal kann sie uns auch blockieren. Gehe nicht zu verbissen an die Dinge heran. Es soll ja auch noch Spaß machen – oder!? Mit spielerischer Unbefangenheit wirst Du zu sehr guten Ergebnissen kommen. Lasse den Faktor Zeit außen vor und setze Dich dadurch nicht selbst unter Druck. Ich möchte Dich nicht weiter mit meinen Ausführungen langweilen, denn sonst wird's noch philosophisch.

Das, was nicht fehlen darf

Natürlich komme ich jetzt zu *der* Stelle, die viele Leser am wenigsten interessiert und aus Erfahrung immer übersprugen wird. Auch ich habe mich schon oft bei dieser Vorgehensweise beim Lesen eines Buches ertappt. Wen mag es schon - realistisch betrachtet – wirklich interessieren, wer alles an einem Buch mitgewirkt und dazu beigetragen hat, es zu realisieren? Das hat einen ähnlichen

Charakter, als wenn ich mir vor jeder Einnahme eines Medikamentes den kompletten Beipackzettel von Anfang bis Ende durchlesen würde. Wer macht das schon? Zumal es manchmal besser ist, ihn wirklich nicht zu lesen! Pille schlucken und hoffen, das es so schnell wie möglich wirkt. Beim Lesen eines Buches will man ähnlich schnell Resultate erzielen. Doch eines ist wirklich zu bedenken: Hätten so viele Leute ihre Zeit nicht darauf verwendet, Verbesserungsvorschläge oder Anmerkungen zu machen, Fachgutachten zu erstellen, Korrektur zu lesen, ihr Fachwissen aus vergangenen Publikationen weiter zu geben, wäre das vorliegende Buch nicht zustande gekommen. Doch erst, wenn man sich selbst an das Schreiben eines Buches macht, werden einem derartige Prozesse vor Augen geführt.

Obwohl die Sänfte auf den ersten Blick nicht geräumig aussieht, passen schon ein paar Leute hinein. Da ist zum Einen mein Lektor Volker Bombien, der mit unermüdlichem Engagement und Zuspruch dem Projekt den erforderlichen Schwung gegeben hat. Seine Motivation hat mich auch bei schleppend voranschreitenden Kapiteln dazu veranlasst, das Ziel nicht aus den Augen zu verlieren.

DANKSAGUNG ...

HULDIGUNG ...

Natürlich ist die Arbeit der Korrekturleser Tanja Feder und Eike Nitz ebenso erwähnenswert, wie die des Fachgutachters Jens Ohlig, ohne deren Mithilfe das vorliegende Werk an manchen Stellen nicht die notwendige Qualität vorweisen würde.

Über ein Feedback, sei es positiv oder auch negativ, würde ich mich sehr freuen, denn nur wenn man darüber spricht, kann etwas geändert bzw. bewegt werden.

Meine Email-Adresse lautet: *processing@erik-bartmann.de*

Last but not least möchte ich meinen Dank meiner Familie aussprechen, die immer und immer wieder sagte: »Versuch's doch einfach mal mit dem Manuskript! Was hast Du zu verlieren?« Das habe ich jetzt davon!

Viel Spaß mit Processing

Erik Bartmann

Dann woll'n wir mal

Entwicklungsumgebung

Zu Beginn sollte ich erwähnen, dass alles, was Du zur Erstellung Deiner Programme benötigst, auf der offiziellen Internetseite *http:// processing.org/* zu finden ist. Im Downloadbereich wird ein gepacktes Zip-File angeboten, dass lediglich heruntergeladen und entpackt werden muss. Das ist für den Einstieg alles, was Du benötigst. Quasi *out-of-the-box*, wie man das so schön nennt. Du musst nicht erst eine Installationsroutine anstoßen, sondern kannst mit Deinen kreativen Ansätzen sofort in die Welt der Programmierung eintauchen.

Wechselst Du über den Windows-Explorer in *das* Verzeichnis, in das Du eben das Zip-File entpackt hast, findest Du unter anderem eine Datei mit dem Namen

Dahinter verbirgt sich die sogenannte Entwicklungsumgebung. Sie wird in Fachkreisen auch *IDE* (Integrated Development Environment) genannt und präsentiert sich Dir nach dem Start in Form eines leeren Fensters, das dem eines Texteditors gleicht. Doch worin besteht jetzt der Vorteil einer Entwicklungsumgebung gegenüber einem einfachen Texteditor, z.B. Notepad in Windows? Nun, auf ersten Blick kann man in Notepad Programme auf dieselbe Weise kodieren wie in der *Processing IDE*. Der entscheidende Nachteil besteht aber im Fehlen jeglicher Möglichkeit, das Programm sofort aus Notepad heraus zu starten.

Abbildung 1-1 ▶

Die Processing-
Entwicklungsumgebung

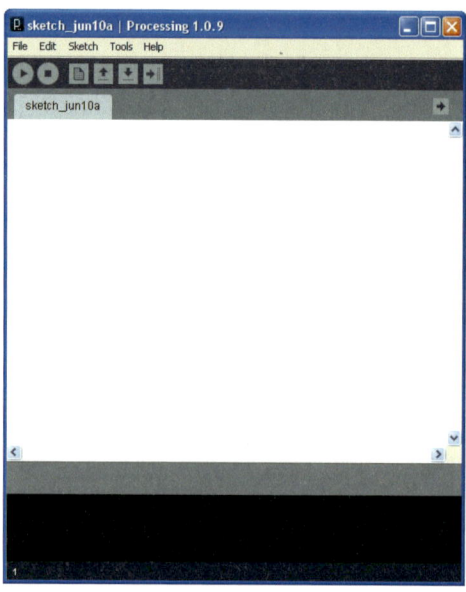

Es muss zunächst abgespeichert werden, dann wird im nächsten Schritt der Compiler manuell mit der zuvor erstellten Datei gestartet und die Kompilierung angestoßen. Anschließend muss das Kompilat gestartet werden. Ist Dir beim Kodieren ein Fehler unterlaufen, was sicherlich recht häufig vorkommen wird, dann erhältst Du eine Fehlermeldung, die Du Dir merken musst, um dann mit ihr die Quelldatei wieder zu öffnen. Die Fehlermeldung enthält neben dem Hinweis auf den vermeintlichen Fehler auch eine Positionsangabe in Form einer Zeilennummer, in der der Fehler erkannt wurde. Da Notepad jedoch keine Zeilennummern zur Verfügung stellt, ist es recht mühsam, sich durch die einzelnen Zeilen zu quälen, bis endlich der Übeltäter lokalisiert wurde. Zwar hat die *Processing IDE* – wie Du siehst – auch keine Zeilennummern, jedoch wird *die* Zeile, in der der Fehler erkannt wurde, hier farblich hervorgehoben. Das ist ein enormer Vorteil bei der Fehlersuche. Doch schauen wir uns einmal die Symbolleiste der IDE genauer an. Ich spreche von den kleinen Symbolen, die sich unterhalb der Menüleiste befinden.

Abbildung 1-2 ▶

Iconleiste

Icon	Bedeutung
	Dieses Icon, das an die Starttaste eines DVD-Players erinnert, startet das von Dir geschriebene Programm. Zumindest wird versucht, es zu starten, denn es dürfen keine syntaktischen Fehler enthalten sein.
	Dieses Icon erinnert ebenfalls an ein Bedienelement eines DVD-Players, nämlich die Stopp-Taste, und hat in der *IDE* die entsprechende Funktion: Ein laufendes Programm wird unterbrochen, also gestoppt.
	An einem DVD-Player befindet sich – meines Wissens nach – kein solches Symbol. Es dient dazu, eine neue, leere Seite in der *IDE* zu öffnen. Es wird dann benutzt, wenn ein neues Programm entwickelt werden soll.
	Der Pfeil, der nach oben weist, soll bedeuten, dass etwas von unten – quasi aus dem Computer – nach oben auf den Bildschirm bzw. in die *IDE* geholt wird: Ein vorhandenes Programm wird geöffnet und zur weiteren Bearbeitung in der *IDE* dargestellt.
	Der Pfeil, der nach unten zeigt, soll darstellen, dass etwas aus der *IDE* in den Computer bzw. auf einen Datenträger übertragen wird: Das Programm wird gespeichert.
	Der nach rechts weisende Pfeil besagt nicht, dass etwas nach rechts aus der *IDE* verschwindet, sondern Du kannst hier ein *Java-Applet* generieren, um das Ergebnis in einem Browser darzustellen oder es einfach an einen Freund weiterzuleiten.

Ich habe mit *Processing* bisher immer *Programme* bezeichnet, die ihren Ursprung im Quellcode haben. Hier ist jedoch eine andere Bedeutung gemeint. Wie ich schon erwähnt habe, ist *Processing* auch eine Programmiersprache, mit der sich Grafiken sehr leicht erstellen lassen. Entsprechend wird ein Programm als *Sketch* bezeichnet, was übersetzt *Skizze* bedeutet. Alle diese *Sketche* werden in der *IDE* in einem *Sketchbook* verwaltet. Das ist 'ne feine Sache.

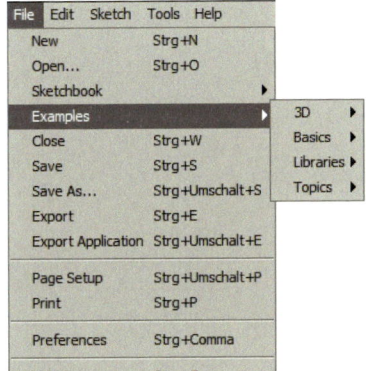

Und das Beste hab' ich noch gar nicht erwähnt! Die *IDE* besitzt viele vorgefertigte Beispielsketche, die Dir den Einstieg erleichtern. Gehe einfach über den Menüpunkt *File* und klick Dich weiter durch.

Die Beispiele sind in Themenbereiche wie die folgenden unterteilt:

- 3D
- Basics
- Libraries
- Topics

Dort sind einige interessante und coole Sketche aufgelistet. Du wirst staunen, wie wenig Code teilweise notwendig ist, um fantastische Effekte zu zaubern.

Die Installation für andere Betriebssysteme wie Linux oder Mac OS X funktionieren ähnlich problemlos.

Zeichengrundlage

Du wirst Dich bestimmt noch an den Geometrieunterricht im Fach Mathematik erinnern. Als Zeichengrundlage wurde das sogenannte *Kartesische Koordinatensystem* verwendet, in das man die unterschiedlichsten geometrischen Gebilde wie *Punkte*, *Geraden*, *Dreiecke*, *Vierecke*, *Kreise* und dergleichen mehr einzeichnen konnte.

Das Koordinatensystem besteht aus 4 Quadranten (I – IV), die Du hier noch einmal siehst.

Abbildung 1-3 ▶
Kartesisches Koordinatensystem

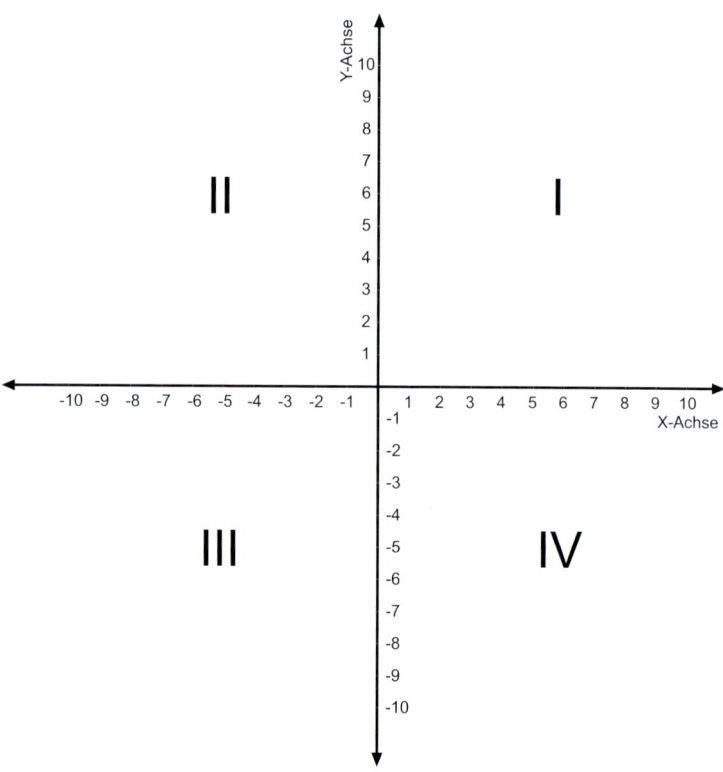

Wir werden uns bei *Processing* lediglich mit dem *Quadranten I* befassen, da er der einzige ist, der sowohl auf der X- als auch auf der Y-Achse positive Werte hat, und negative Koordinatenwerte uns ja nichts nützen. Also schauen wir uns das Ganze einmal aus der Nähe an.

Im folgenden Quadranten erkennst Du ein paar grundlegende geometrische Figuren, die für den Anfang als Einstieg genügen sollten.

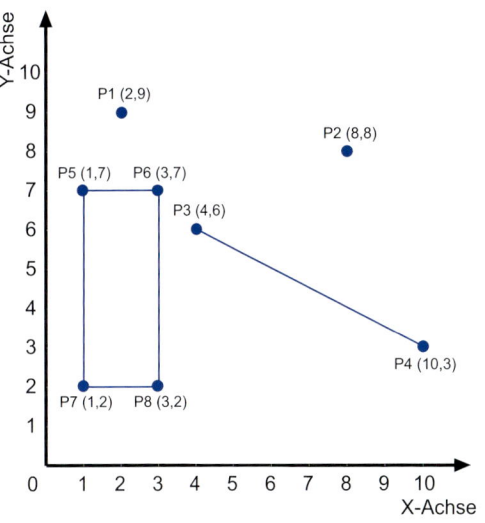

◀ **Abbildung 1-4**
Mehrere geometrische Objekte

Wir haben Folgendes:

- einzelne Punkte P1 und P2
- eine Gerade zwischen den Punkten P3 und P4
- ein Viereck, das aus vier Punkten erstellt wurde (P5 – P8)

Ich erzähle Dir sicher nichts Neues, wenn ich sage, dass unter Windows – wie der Name schon sagt – jegliche Ausgabe in einem entsprechenden Fenster erfolgt. So auch unsere Grafiken. Ein solches Fenster stellt quasi die Zeichenunterlage dar, innerhalb derer wir alles platzieren können, was programmtechnisch machbar ist. So ein Fenster hat natürlich ein paar Spezifikationen, nennen wir sie hier *Eigenschaften*. Rufe Dir einfach nochmal den Zeichenblock aus Deiner Schulzeit ins Gedächtnis. Wie sah er aus? Nun, er hatte eine bestimmte Größe, die sich über *Breite* und *Höhe* definiert, und die Blätter haben im Normalfall die *Farbe* Weiß.

- Breite
- Höhe
- Hintergrundfarbe

Abbildung 1-5 ▶

Das erste leere Fenster

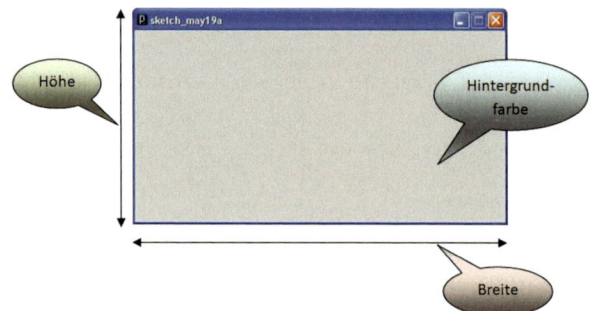

Um Dich nicht länger auf die Folter zu spannen, werde ich Dir den ersten Befehl nennen, der ein derartiges Fenster auf Deinen Computer zaubert. Das ist zwar noch nicht viel, doch für den Anfang benötigen wir eben eine Zeichenunterlage, auf der alles Weitere, was wir uns dann so ausdenken, seinen Platz findet. Alle Anweisungen, die wir in Form von *Befehlen* an unseren Computer schicken, erfolgen übrigens in englischer Sprache. Das sollte Dich nicht weiter stören, erfordert aber zu Beginn ein wenig Übung. Diese macht sich jedoch bezahlt, da ja fast alle Computersprachen in Englisch gehalten sind. Der Umstieg auf eine andere Computersprache sollte Dir daher später leichter fallen. Im Moment jedoch befassen wir uns mit der Sprache *Processing* und wir wollen auch dabei bleiben.

Für das Erstellen eines leeren Fensters bedarf es lediglich *eines* Befehls. Das erste Merkmal eines Fensters, das ich auch schon erwähnt habe, ist die *Größe*. Die Übersetzung für *Größe* lautet im Englischen *size*. Und das ist genau *der* Befehl, den Du zu Beginn kennen lernst. Welche der eben genannten Eigenschaften beziehen sich wohl auf die *Größe* unseres Fensters? Blöde Frage! Es sind natürlich *Breite* und *Höhe*. Diese beiden Angaben werden dem Befehl quasi mit auf den Weg gegeben. Es sind die *Argumente*, die in runden Klammern und durch Komma getrennt der Anweisung hinzugefügt werden.

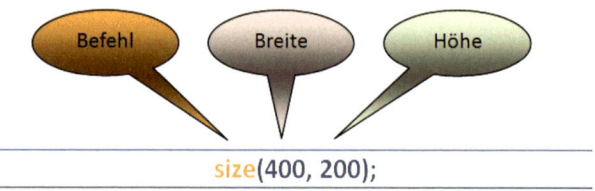

Das mit diesem Befehl erzeugte Fenster hat also eine Breite von 400 Pixeln und eine Höhe von 200 Pixeln. Du fragst Dich womöglich, was denn ein *Pixel* ist. Ein *Pixel* ist die kleinste Einheit einer Rastergrafik. Stark vergrößert würde das Fenster wie das hier gezeigte aussehen, wobei jedes Kästchen einem einzigen *Pixel* entspricht.

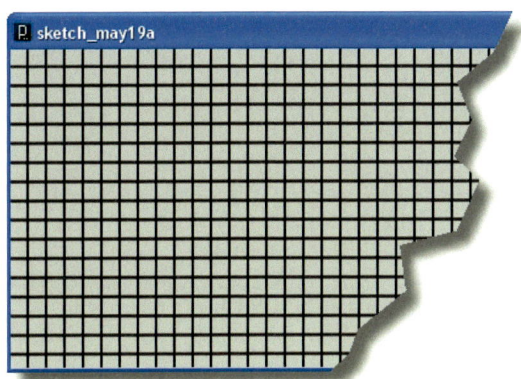

◀ **Abbildung 1-6**
Stark vergrößerte Ansicht der einzelnen Pixel

Natürlich siehst Du beim Start der Anwendung das Raster nicht und außerdem haben wir noch keine Anweisung geschrieben, die irgendein Pixel auf unserer Zeichenunterlage verändert bzw. zunächst einmal anzeigt.

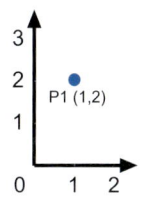

Ich möchte an dieser Stelle noch erwähnen, dass das zuvor gezeigte Koordinatensystem seine einzelnen Koordinaten immer am Schnittpunkt der einzelnen eingezeichneten Linien hat, wie Du das hier nochmal explizit am Punkt P1(1,2) siehst.

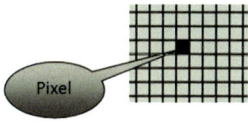

Im Folgenden werden wir die einzelnen Pixel eines Fensters nicht auf den Schnittpunkten finden, sondern innerhalb der Kästchen, die Du im eben gezeigten Fenster so zahlreich erkennen konntest.

> Die Anweisung **size(400, 200);** legt für die Breite 400 und die Höhe 200 Pixel des Ausgabefensters fest. Da die Zählweise jedoch mit 0 beginnt, ist die gültige Adressierung für die Breite (0 bis 399) und für die Höhe (0 bis 199).

Du wirst Dich sicherlich nicht über das Semikolon am Ende des Befehls gewundert haben, wenn Du schon mit C++ bzw. Java gearbeitet hast. Aber alle anderen fragen Sie sicherlich, was es zu bedeuten hat. Nun, ganz einfach: Jede Anweisung wird mit einem *Semikolon* abgeschlossen. Dadurch erkennt der Compiler, welche Zeichen zu *einer* Anweisung gehören und wann der nächste Befehl kommt. Du hast sicherlich bemerkt, dass ich einmal den Begriff *Befehl* und dann wieder das Wort *Anweisung* verwende. Diese beiden Begriffe verwende ich im gleichen Kontext. Und noch eine weitere sehr wichtige Information will ich Dir an dieser Stelle mit auf den Weg geben. Processing ist *Case Sensitive*. Boah, das ist ja Wahnsinn! Nein, ernsthaft: Es bedeutet, dass zwischen *Groß-* und *Kleinschreibung* unterschieden wird. Schauen wir uns das direkt mal für den ersten Befehl *size* an, den Du gerade frisch gelernt hast. *size* ist nicht gleich *Seize*. Achte also penibel darauf, wie Du was schreibst.

Wenn Du die Anweisungen in *Processing* schreibst, achte auf *Groß-* bzw. *Kleinschreibung*! Es gibt Befehle, wie z.B. *noStroke*, den Du noch kennen lernen wirst, der sowohl kleine, als auch einen großen Buchstaben enthält. Das vergisst man gerade am Anfang, doch je öfters Du den Fehler begehst, desto sicherer wirst Du später. Keine Sorge also ...

Wenn wir jetzt unser kleines Programm starten, erhalten wir folgendes Ergebnis – ohne sichtbares Raster:

Abbildung 1-7 ▶
Das erste Fenster
(leider nur in grau)

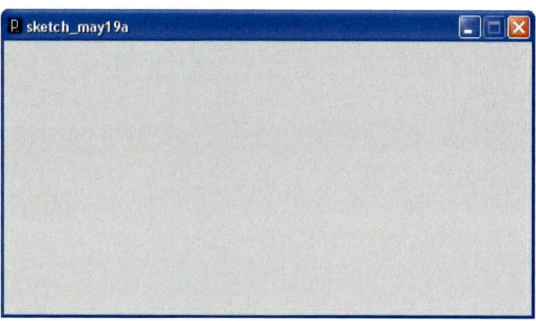

Das ist doch schon mal etwas. Zumindest haben wir keinen Fehler bei der Programmierung bzw. in der Formulierung unseres Befehls gemacht. Der Compiler ist in solchen Dingen recht penibel und nachtragend und duldet keinen Kompromiss. Was wäre passiert, wenn Du den Befehl falsch geschrieben hättest? Eine falsch geschriebene Anweisung wird so behandelt, als sei sie im Wortschatz des Compilers gar nicht vorhanden.

Schau Dir die folgende Befehlszeile an:

```
seize(400, 200);
```

Wenn wir jetzt das Programm starten, erhalten wir eine Fehlermeldung des Compilers:

```
The function seize(int, int) does not exist.
```

Das ist klar, denn wir kommunizieren in einer Sprache, die er nicht versteht. Doch was besagt die vorliegende Syntax genau? *The function* bedeutet übersetzt *Die Funktion*. Eine *Funktion* erfüllt eine bestimmte ihr zugewiesene Aufgabe. Die Funktion *seize* sollte eigentlich ein Fenster auf unserem Bildschirm aufrufen. Die beiden Kürzel *int, int* in den runden Klammern zeigen Dir, dass der Compiler die numerischen Werte 400 bzw. 200 als *Integerwerte*, also als Ganzzahlwerte, erkannt hat. Wir gehen im Einzelnen natürlich später auf diese Thematik ein. Und das *does not exist* bedeutet, dass der Compiler diese von Dir abgerufene Funktion nicht in seinem Wortschatz finden kann. Sie existiert für ihn einfach nicht.

Der Processing-eigene Editor besitzt wie jeder gute Editor in einer Entwicklungsumgebung die Fähigkeit, erkannte Befehle seines Wortschatzes farbig hervorzuheben. Dies unterstützt den Programmierer bei der Entwicklung und ist u.a. nützlich bei der Fehlersuche. Eine Anweisung, die nämlich korrekt geschrieben wurde, erhält automatisch die Schriftfarbe Orange.

```
size(400, 200);
```

Andernfalls, wie im fehlerhaften Beispiel

```
seize(400, 200);
```

bleibt der Schriftzug schwarz.

Hintergrundfarbe

Kommen wir jetzt zum dritten erwähnten Parameter unseres Zeichenblattes, zur Hintergrundfarbe. Du hast sie bisher noch nicht festgelegt, daher wird sie in der standardmäßig angegebenen Farbe Grau (*LightGray*) angezeigt. Ein ständig grauer Hintergrund macht aber auf Dauer nicht wirklich glücklich. Wie kannst Du ihn also den eigenen Bedürfnissen anpassen? Natürlich existiert auch dafür ein Befehl. Dazu eine kurze Frage: Was ist die englische Übersetzung für *Hintergrund*? Richtig: *background*!

Du hast nun mehrere Möglichkeiten auf die Farbgebung Einfluss zu nehmen. Fangen wir mit der einfachsten an. Zwar wollten wir dem langweiligen Grau entfliehen, doch vielleicht in ja einfach in anderer Grauton richtig. Mit der folgenden Anweisung wird ein bestimmter Grauwert als Hintergrundfarbe definiert.

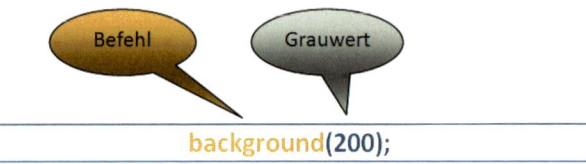

background(200);

Doch welchen Bereich kannst Du verwenden und welche Auswirkungen hat dies? Ganz einfach: Der Wert 0 repräsentiert die Farbe Schwarz und 255 die Farbe Weiß. Alle Werte, die dazwischen liegen, beschreiben einen mehr oder minder starken Grauwert. Schau Dir dazu die folgende Skala an.

Abbildung 1-8 ▶
Graustufenverlauf

0   255

Du siehst einen sanften Übergang vom tiefen Schwarz bis hin zum strahlenden Weiß. So, lassen wir nun das triste Grau endlich hinter uns und widmen uns der Farbe. Zu diesem Zweck nutzten wir die Fähigkeit des Befehls *background*, eine unterschiedliche Anzahl von Argumenten zu akzeptieren. Schau Dir dazu den folgenden Befehl an:

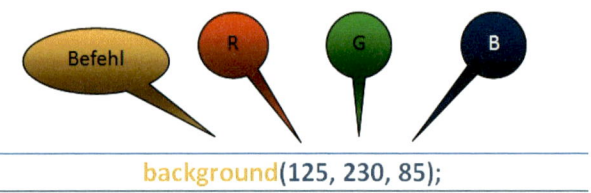

background(125, 230, 85);

Wie Du siehst, haben die runden Klammern jetzt anstelle von nur einen gleich drei Argumente. Doch wofür stehen sie? Schau Dir zunächst das Ergebnis unserer Modifizierung an:

Abbildung 1-9 ▶
Das zweite Fenster (jetzt mit Farbe)

Das lässt sich doch schon sehen, nicht wahr!? Doch wie kommt es zu dieser Farbgebung, die offenbar auf einer wahllosen Zahlenkombinationen beruht? Na, ganz so wahllos ist sie offensichtlich nicht und der Verdacht liegt nahe, dass Sinn und Verstand dahinter stecken.

Die drei Argumente stehen für die so genannten *RGB*-Werte, mit denen die Primärfarben *Rot*, *Grün* und *Blau* modifiziert werden. Wird Licht auf dem Computer addiert, also übereinander gelegt, ergeben sich daraus neue Farben.

Farben	Ergebnis
Rot + Grün	Gelb
Rot + Blau	Magenta
Grün + Blau	Cyan
Rot + Grün + Blau	Weiß

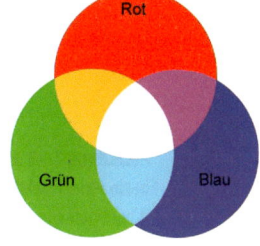

Grundelemente

Bisher haben wir lediglich die Grundlage also den Container geschaffen, mit dem wir etwas auf unserem Computer ausgeben können. Das Fenster ist jetzt so vorbereitet, dass etwas dargestellt werden kann. Fangen wir also mit dem einfachsten grafischen Element an.

Punkt

Ein einzelner Punkt, der durch einen Pixel repräsentiert wird, kann über den Befehl *point,* was übersetzt Punkt heißt, angezeigt werden.

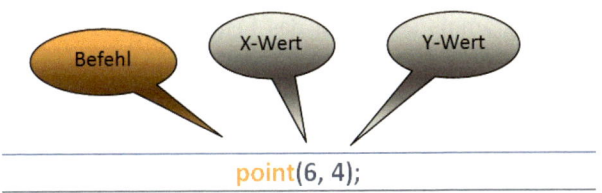

point(6, 4);

Schau Dir dazu die folgende Befehlssequenz an. Wir verwenden jetzt den Begriff *Sequenz*, da es sich nicht mehr nur um eine Anweisung, sondern um mehrere Befehle handelt, die wir an den Computer schicken. Die Kopfzeile *Code*, die nicht zur Befehlssequenz gehört, werde ich von nun an immer verwenden, um unseren Quellcode kenntlich zu machen.

```
size(400, 200);
point(15, 10);
```

Schau Dir wieder die folgende Befehlssequenz an:

```
size(400, 200);
stroke(255, 0, 0);
point(15, 10);
```

Die Ausgabe sieht dann folgendermaßen aus:

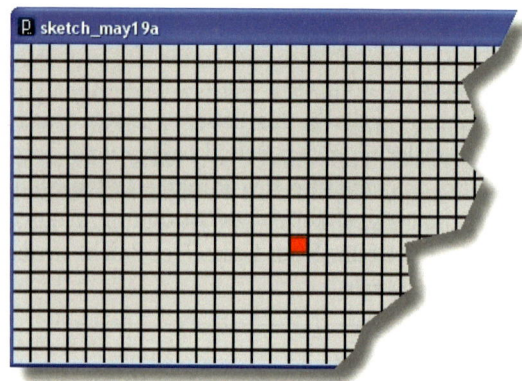

Punktgröße

Wenn Du Dir den Punkt im Ausgabefenster genauer ansehen willst, musst Du schon sehr genau hinschauen, um ihn überhaupt zu erkennen. Bei einer hohen Monitorauflösung kann solch ein einzelner Punkt auch schnell mit dem Hintergrund verschwimmen.

Um die Linien bei grafischen Objekten etwas zu verstärken, kannst Du den Befehl *strokeWeight* anwenden. Dies bedeutet so viel wie *Strichgewicht*, also im übertragenen Sinn *Strichstärke*.

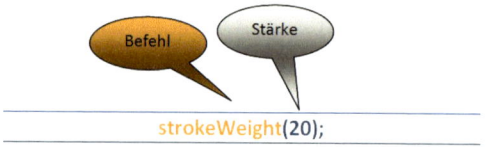

Die nachfolgende Befehlssequenz lässt den Punkt aufleuchten, was beispielsweise für Kurzsichtige eine Erleichterung darstellen kann.

◀ **Abbildung 1-14**
Ein fetter Punkt durch strokeWeight

Kantenglättung

Bei diesem oder größeren Punkten, ist ein interessanter Effekt zu beobachten. Da der Punkt aus einzelnen Pixeln zusammengesetzt ist, erkennst Du sicherlich beim genaueren Hinschauen den Treppeneffekt. Dies ist unter Umständen unerwünscht, da das betreffende Objekt in seinem Erscheinungsbild doch sehr kantig bzw. roh wirkt. Um den Effekt zu vermeiden, kannst Du den Befehl *smooth* verwenden.

Einmal eingeschaltet, immer eingeschaltet? Natürlich nicht. Der Weg in die andere Richtung ist ebenso möglich. Der Befehl *noSmooth* deaktiviert die Kantenglättung wieder.

In Abbildung 1-15 siehst Du zwei gegenüberliegende Kreisausschnitte. Der linke hat keine Kantenglättung, der rechte hingegen schon. Die Glättung wird übrigens mittels *Antialiasing* erzeugt.

Abbildung 1-15 ▶
Kreisausschnitt ohne und mit
Kantenglättung

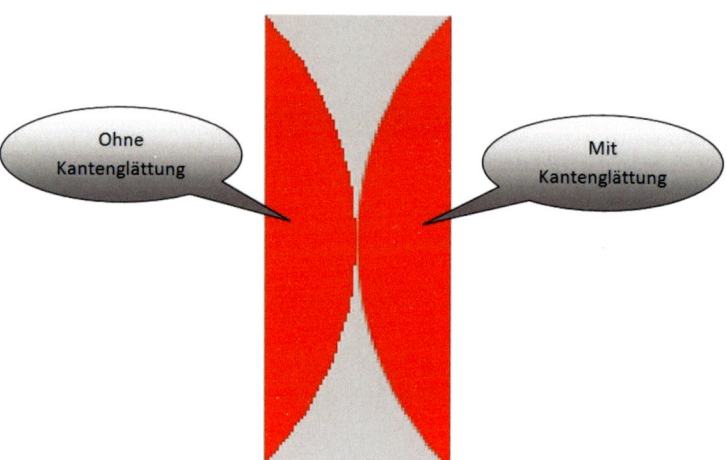

Führe die folgende Befehlssequenz aus:

```
size(800, 200);
stroke(255, 0, 0);
strokeWeight(200);
point(200, 100);
smooth();
point(400, 100);
```

Nun siehst Du die beiden Kreise in voller Größe.

Alphakanal

Mit dem *Alphakanal* kannst Du die *Deckkraft* eines grafischen Objektes festlegen. Er wird als optionales Argument sowohl bei Graustufen, als auch bei *RGB*-Werten angegeben. Beim folgenden Beispiel werden im Fenster zwei Punkte dargestellt. Der erste wird ohne Angabe des Alphakanals gezeichnet, der zweite mit einem Alphawert von 50.

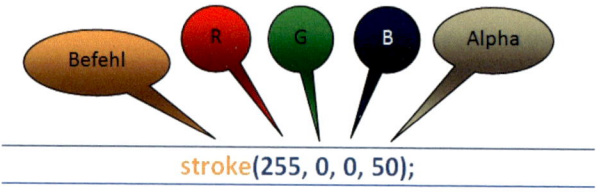

```
stroke(255, 0, 0, 50);
```

Der Wert kann sich von *0* bis *255* erstrecken, wobei *0* ganz transparent und *255* volle Deckkraft bedeutet.

Kapitel 1: Dann woll'n wir mal

```
size(400, 200);
stroke(255, 0, 0);
strokeWeight(20);
point(15, 10);
// zweiter Punkt
stroke(255, 0, 0, 50);
point(45, 10);
```

Die Bildschirmausgabe sieht dann folgendermaßen aus:

◀ **Abbildung 1-16**
Ein Punkt ohne (links) und einer mit (rechts) Alphakanal

Du erkennst hier, dass der zweite Punkt leicht transparent erscheint, also der Hintergrund etwas durchscheint.

> Hey, stopp! Ich habe in einer Zeile etwas gesehen, das Du nicht erklärt hast. Das passt gar nicht zu Dir. Da sehe ich zwei Schrägstriche mit einer deutsch lautenden Anweisung.

Ist ja gut, ich wäre schon noch drauf zu sprechen gekommen. Dies ist keine Anweisung, sondern ein *Kommentar*. Eine Kommentarzeile wird immer mit zwei // (Slashes) eingeleitet und vom Compiler einfach ignoriert. Der Programmierer setzt sie an unterschiedlichen Stellen im Quellcode ein, um auf das eine oder andere hinzuweisen. Dies ist *dann* sinnvoll, wenn es sich z.B. um eine sehr knifflige Kodierung handelt, deren Sinn nicht sofort ersichtlich ist. Kommentarzeilen dienen zum einen als Gedankenstütze für den Programmierer bei der Codeentwicklung und zum anderen auch als Erläuterung für Kollegen, die mit dem Projekt nicht vertraut sind. Die Sinnhaftigkeit von Kommentaren habe ich schon bei der eigenen Arbeit erfahren, als ich nämlich wild drauf los kodiert habe, ohne an entsprechenden Stellen zu kommentieren. Ein paar Tage später schon tappte ich im Dunkeln und wusste nicht mehr, was ich mit dem Code eigentlich bezweckte. Also mein Tipp: »Tue Gutes und rede darüber!« Stell Dir einmal vor, Du musst an einem Projekt weiterarbeiten, weil ein Kollege krank geworden ist. Du stehst ziemlich dumm da, wenn er seine Arbeit nicht mit Kommentaren versehen hat. Wo anfangen und wo aufhören? Das erschwert die Sache ungemein und frustriert. Abschließend zu Kommentaren möchte ich noch eine Variante erwähnen, nämlich die mehrzeiligen Kommentare. Wenn Du einen zusammenhängenden Kommentar in mehreren Zeilen schreiben möchtest, ist es vielleicht lästig, jedes Mal ein // an den Anfang zu setzen. Leite in diesem Fall den Kommentar einfach mit /* ein und beende ihn mit */. Dadurch wird alles, was sich innerhalb der beiden Markierungen befindet, als ein Kommentar angesehen.

```
// Einzeiliger Kommentar
/* das ist ein
mehrzeiliger Kommentar
und kann sich über viele,
viele, viele
Zeilen erstrecken...
*/
```

Line

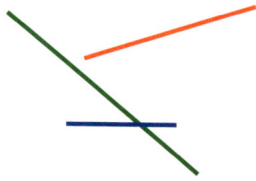

Kommen wir jetzt vom Punkt zur *Linie* bzw. zur *Geraden*. Wenn Du eine Linie in ein Koordinatensystem einzeichnen möchtest, reicht die Angabe eines einzigen Punktes nicht aus. Wir benötigen einen zweiten.

Abbildung 1-17 ▶
Eine Linie, die durch zwei Punkte definiert wurde

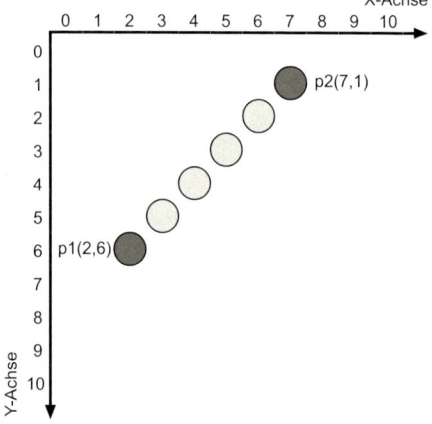

Der Punkt P1 mit den Koordinaten (2,6) stellt quasi den Startpunkt und Punkt P2 mit den Koordinaten (7,1) den Endpunkt Deiner

Kapitel 1: Dann woll'n wir mal

Linie dar. Diese beiden Informationen reichen aus, um eine Line vom Computer zeichnen zu lassen. Er berechnet automatisch *die* Punkte, die zwischen den beiden angegebenen Start- bzw. Endpunkten liegen. Der Befehl zum Zeichnen einer Linie heißt *line*. Eine Gerade ist übrigens die kürzeste Verbindung zwischen zwei Punkten.

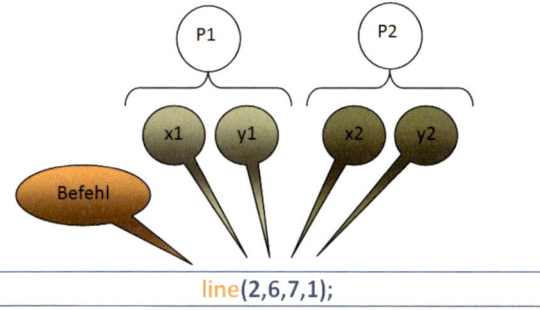

```
line(2,6,7,1);
```

Hier einfach mal eine kurze Aufgabe, die es zu lösen gilt:

Zeichne eine blaue Line auf schwarzem Hintergrund. Die Koordinaten sind die angegebenen P1(100,80) und P2(300,120). Unsere Zeichengrundlage muss die Breite von 350 Pixeln und die Höhe von 150 Pixeln haben. Die Dicke der Line soll dabei den Wert 4 besitzen.

Aber erst Überlegen und dann nach der Lösung schauen.

```
size(350, 150);
background(0);
stroke(0, 0, 255);
strokeWeight(4);
line(100, 80, 300, 120);
```

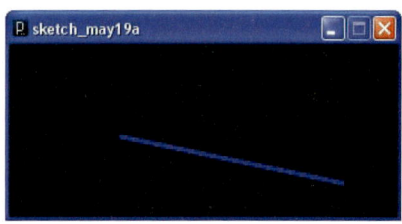

◀ **Abbildung 1-18**
Eine Linie im Ausgabefenster

Dreieck

Kommen wir jetzt zur ersten geometrischen Fläche. Das *Dreieck* hat, wie der Name schon vermuten lässt, drei Ecken mit drei Punkten. Wenn Du ein Dreieck konstruieren willst, kannst Du es umständlich oder einfach haben. Ein Dreieck wird aus drei Geraden gebildet, wobei die Endpunkte jeweils miteinander verbunden sind. Wir können natürlich anfangen ein Dreieck aus drei einzelnen Linien zu konstruieren.

Abbildung 1-19 ▶
Ein Dreieck mit wie vielen
Eckpunkten? Richtig, drei!

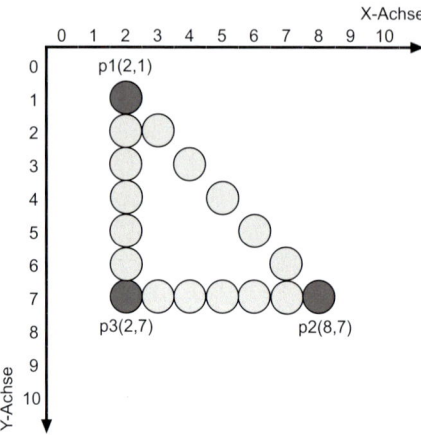

Die Anweisung für ein Dreieck könnte folgendermaßen lauten:

```
line(30, 80, 200, 10);
line(200, 10, 180, 120);
line(180, 120, 30, 80);
```

Das Ergebnis ist ein perfektes Dreieck. Der Linienendpunkt der ersten Linie ist gleichzeitig der Linienanfangspunkt der zweiten usw. Doch es geht sicherlich auch einfacher, wie Du Dir sicherlich aufgrund meiner Andeutungen schon denken kannst. Der Befehl zum Zeichnen eines Dreiecks lautet *triangle*. Eine Triangle ist Dir vielleicht aus dem Musikunterricht noch dunkel in Erinnerung. Dieses recht einfache Instrument besteht ebenfalls aus drei Seiten und gibt lediglich ein »Ding« von sich.

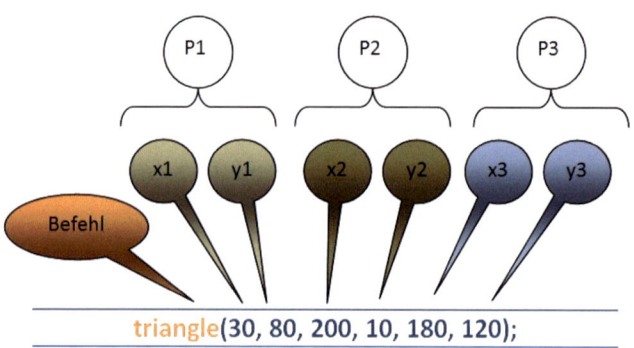

Kapitel 1: Dann woll'n wir mal

Das Dreieck ist übrigens die erste geometrische Figur, die eine Fläche darstellt und in sich geschlossen ist.

> Da habe ich mal eine bescheidene Frage. Wenn wir schon eine geschlossene Fläche haben, dann hat diese sicherlich auch eine Farbe. Welche ist das denn?

Das ist an dieser Stelle eine gute Frage. Machen wir doch einfach mal den Test. Ich gebe weder Hintergrundfarbe noch Strichfarbe an.

```
size(350, 150);
triangle(30, 80, 200, 10, 180, 120);
```

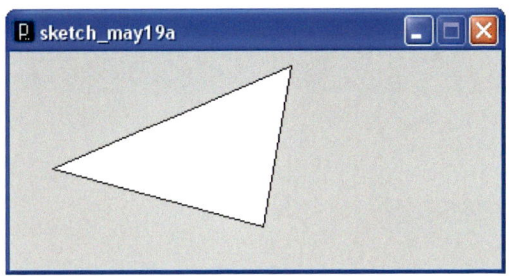

◀ **Abbildung 1-20**
Ein weißes Dreieck mit schwarzer Umrandung (Outline)

Was sehen wir? Der Hintergrund ist, wie ich schon mal erwähnte, grau gehalten. Die Strichfarbe der Umrandung – auch *Outline* genannt – ist schwarz und die Fläche wird mit der Farbe Weiß gefüllt. Da haben wir also die Antwort.

> Können wir die Farbe der Fläche in irgendeiner Weise beeinflussen?

Sicherlich kannst Du das. Es gibt hierfür mehrere Möglichkeiten, die wir uns jetzt genauer anschauen. Dazu zeichnen wir ein Dreieck, damit wir ggf. eine farbige Fläche haben, und eine Linie, die mehr oder weniger unter dem Dreieck liegt.

Beispiel 1
Vorgabe: Keine Angabe von Farbinformationen (wie im Beispiel)

```
size(350, 150);
line(50, 50, 200, 80);
triangle(30, 80, 200, 10, 180, 120);
```

Ergebnis: Die Fläche wird mit der Farbe Weiß gefüllt und die Linienfarbe ist Schwarz.

Abbildung 1-21 ▶
Ein weißes Dreieck mit weißer
Fläche und einer Linie im
Hintergrund

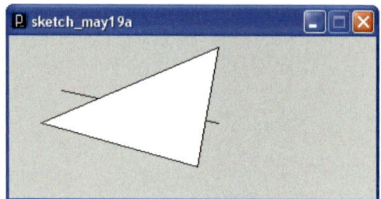

Beispiel 2
Vorgabe: Aufruf des Befehls *noFill()*.

```
size(350, 150);
noFill();
line(50, 50, 200, 80);
triangle(30, 80, 200, 10, 180, 120);
```

Ergebnis: Der Befehl *noFill()* entfernt die Füllfarbe für alle geometrischen Objekte. Die Fläche wird transparent, so dass der
Hintergrund durchscheint.

Abbildung 1-22 ▶
Ein transparentes Dreieck mit
durchscheinender Linie im
Hintergrund

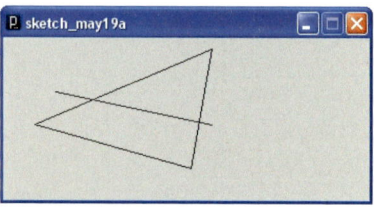

Beispiel 3
Vorgabe: Aufruf des Befehls *noStroke()*.

```
size(350, 150);
line(50, 50, 200, 80);
noStroke();
triangle(30, 80, 200, 10, 180, 120);
```

Ergebnis: Der Befehl *noStroke()* entfernt die Linienfarbe für alle
geometrischen Objekte. Die Fläche wird mit der Farbe
Weiß gefüllt und die Begrenzungslinien des Dreiecks werden *nicht* gezeichnet. Die Linie liegt unter dem Dreieck.

Schau her:

```
size(350, 150);
noStroke();
line(50, 50, 200, 80);
triangle(30, 80, 200, 10, 180, 120);
```

Überlege erst, bevor Du weiter liest! Der *noStroke*-Befehl deaktiviert das Zeichnen der Begrenzungslinien. Da aber eine Linie keine Fläche darstellt, sondern lediglich eine Begrenzungslinie als darstellendes Objekt vorweist, wird sie im Ausgabefenster nicht zu sehen sein. Wie Du siehst, wirkt sich der *noStroke*-Befehl auf alle nachfolgenden Zeichenbefehle (*line* und *triangle*) aus, solange, bis Du mit dem *stroke*-Befehl das Zeichnen der Begrenzungslinien wieder aktivierst.

Beispiel 4
Vorgabe: Aufruf des Befehls *fill()*.

```
size(350, 150);
line(50, 50, 200, 80);
fill(255, 0, 0);
triangle(30, 80, 200, 10, 180, 120);
```

Ergebnis: Mit dem Befehl *fill()* wird die Füllfarbe für geometrische Objekte festgelegt.

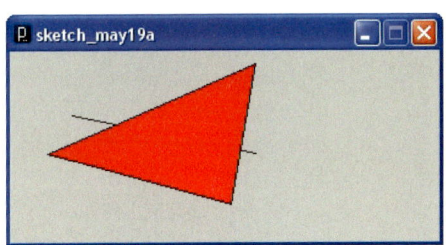

◀ **Abbildung 1-24**
Ein Dreieck mit roter Fläche und dahinter liegender Linie

Für dieses Beispiel wurden dem Befehl drei Argumente für die *RGB*-Werte übergeben. Wenn Du hier lediglich ein Argument verwendet hättest, was wäre wohl das Ergebnis gewesen? Richtig, ein Grauwert. Interessant wird es, wenn Du dem Befehl *fill()* noch das zweite Argument bei Graustufen bzw. das vierte Argument bei *RGB*-Werten hinzufügst. Schau Dir den folgenden interessanten Effekt an.

```
size(350, 150);
line(50, 50, 200, 80);
fill(255, 0, 0, 230); // RGB-Werte mit Alphakanal Wert 230
triangle(30, 80, 200, 10, 180, 120);
```

Abbildung 1-25 ▶
Ein Dreieck mit roter Fläche und
durchscheinender Linie

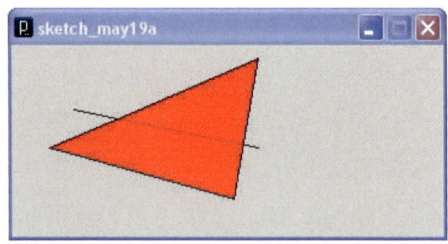

Wie, Du siehst keinen Unterschied zum vorherigen Bild? Ahh doch! Die schwarze Linie schimmert ein wenig durch die rote Fläche hindurch. Das kommt durch den verwendeten Wert des Alphakanals zustande.

Rechteck

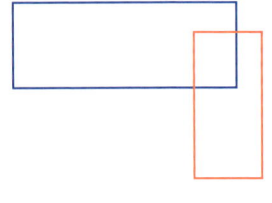

Das *Rechteck* lässt sich natürlich ebenfalls auf die gleiche umständliche Art und Weise, wie sie schon für das Dreieck erläutert wurde, zeichnen, auf die ich aber jetzt nicht mehr eingehen möchte. Stattdessen nutzen wir sofort die dafür vorgesehene Anweisung *rect*. Die Bezeichnung stammt von dem englischen Wort *rectangle*, was Rechteck oder auch Viereck bedeutet. Im vorliegenden Fall handelt es sich auch tatsächlich um ein Rechteck, bei dem alle Winkel *rechte Winkel* sind und 90° betragen.

Abbildung 1-26 ▶
Rechteckerstellung über einen
Punkt (links oben) plus Breite
und Höhe

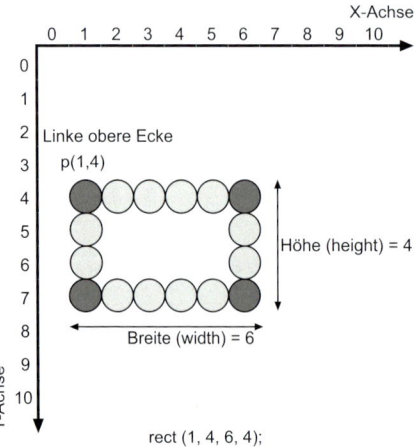

Bei Processing existieren drei unterschiedliche Ansätze, um ein Rechteck zu zeichnen. Fangen wir einfach beim ersten an und arbeiten uns weiter vor (Abbildung 1-26).

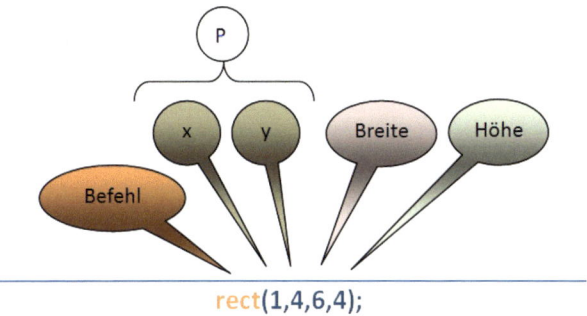

rect(1,4,6,4);

Die ersten beiden Argumente (1, 4) stehen für die Koordinaten des Punktes in der linken oberen Ecke des Rechtecks. Dann folgt der Wert 6, der für die *Breite* des Rechtecks steht. *Breite* heißt im Englischen *width*. Das letzte Argument 4 steht für die *Höhe* des Rechtecks. *Höhe* heißt übersetzt *height*. Mithilfe dieser vier Angaben kann der Computer die restlichen drei Eckpunkte berechnen.

Schau Dir den folgenden Quellcode an, der ein Rechteck ohne Randfarbe und mit gelber Füllung zeichnet.

```
size(320, 200);
background(0);
noStroke();                // Linienfarbe deaktivieren
fill(255, 255, 0, 200);    // RGB-Wert für Gelb mit Alphawert
rect(120, 70, 150, 80);
```

Hier das Ergebnis:

◄ **Abbildung 1-27**
Ein Rechteck mit gelber Fläche inklusive Alphakanal

Jetzt kommen wir zu den weiteren Varianten, das Rechteck zu zeichnen. Standardmäßig zeigen die Koordinaten des Punktes in die linke obere Ecke. Dieses Verhalten kannst Du jedoch modifizieren. Dazu dient der Befehl *rectMode*.

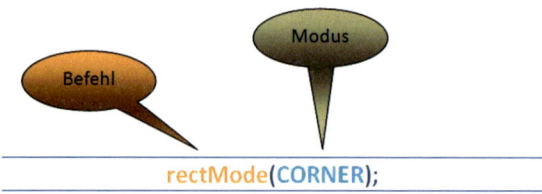

Der Modus **CORNER**, was übersetzt *Ecke* bedeutet, ist standardmäßig aktiviert und muss nicht zusätzlich angegeben werden.

Die zweite Möglichkeit besteht darin, den Mittelpunkt des Rechtecks als Referenzpunkt anzugeben. Der Modus dafür lautet **CENTER**.

Dieser Mittelpunkt wird natürlich nicht optisch angezeigt. Er dient ausschließlich zur Orientierung, um die Position des Rechtecks zu berechnen. Schau Dir das folgende Diagramm an.

Abbildung 1-28 ▶
Rechteckerstellung über einen Punkt (mittig) plus Breite und Höhe

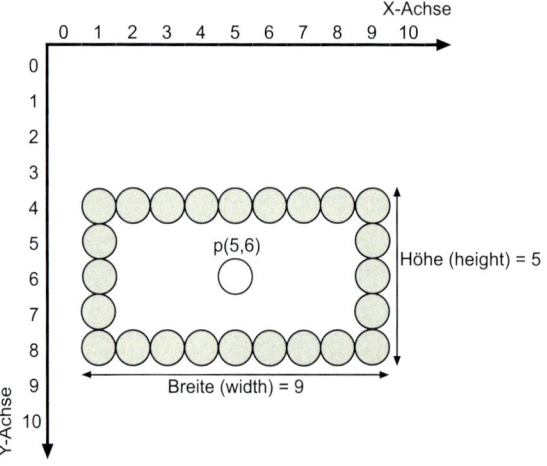

Mit der folgenden Befehlssequenz erzielst Du eine völlig andere Positionierung des zuvor gezeichneten Rechtecks. Es sind die gleichen Koordinaten mit den gleichen Dimensionen, also Breite und Höhe. In dem Beispiel zeichnen wir beide Rechtecke ein, damit Du die Positionierung der Rechtecke zueinander besser überblicken kannst:

```
size(320, 200);
background(0);
noStroke();              // Linienfarbe deaktivieren
// Erstes Rechteck
fill(255, 255, 0, 200);  // RGB-Wert für Gelb mit Alphawert
rect(120, 70, 150, 80);
// Zweites Rechteck
fill(255, 0, 0, 200);    // RGB-Wert für Rot mit Alphawert
rectMode(CENTER);
rect(120, 70, 150, 80);
```

Die Ausgabe sieht dann folgendermaßen aus:

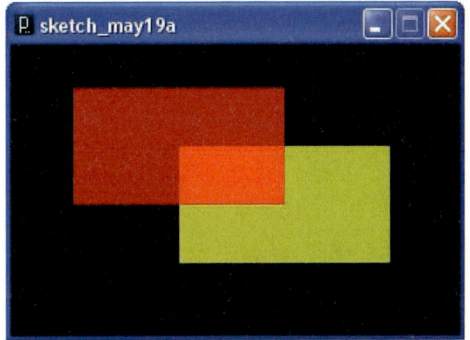

◄ **Abbildung 1-29**
Überlappende Rechteckflächen inklusive Alphakanal

Wie Du siehst, ist nun die linke obere Ecke des ersten gelben Rechtecks mit dem *rectMode* = **CORNER** jetzt der Mittelpunkt für das zweite, rote Rechteck. Der Grund dafür ist das Umstellen des *rectMode* auf **CENTER**. Hier siehst Du auch einen weiteren interessanten Effekt, der auftritt, wenn sich Flächen mit Alphawerten überlappen. Eine rote Fläche, die mit einer gelben *addiert* wird, erhält die Farbe Orange.

Die dritte Möglichkeit besteht in der Angabe von zwei Punkten eines Rechtecks. Das dürfen natürlich nicht zwei x-beliebige Punkte sein, sondern der *linke obere* und der *rechte untere*. Zwei Punkte, die entweder horizontal bzw. vertikal auf einer Linie liegen, wären zur Berechnung der Breite bzw. Höhe nicht geeignet.

Abbildung 1-30 ▶
Rechteckerstellung über
zwei Punkte (links oben
und rechts unten)

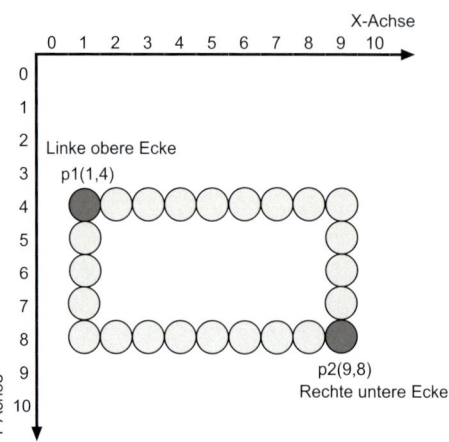

Der entsprechende Modus für dieses Verhaltens lautet **CORNERS**.

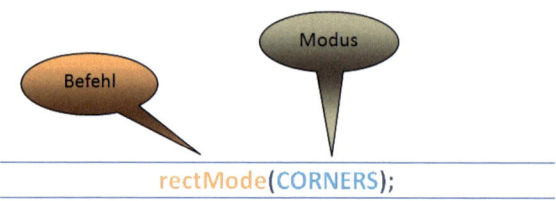

rectMode(CORNERS);

```
size(320, 200);
background(0);
noStroke();              // Linienfarbe deaktivieren
fill(255, 255, 0);       // RGB-Wert für Gelb
rectMode(CORNERS);       // rectMode auf CORNERS setzen
rect(80, 70, 250, 120);
```

Werfen wir wieder einen Blick auf die Ausgabe:

Abbildung 1-31 ▶
Rechteck mit rectMode = CORNERS

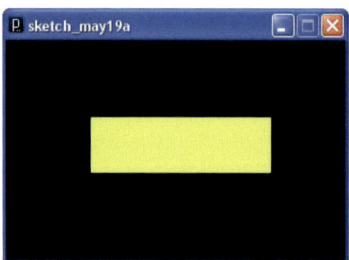

Natürlich kannst Du mit der Anweisung für ein Rechteck auch ein Quadrat zeichnen. Hierfür ist kein spezieller Befehl vorgesehen, da ein Quadrat eine spezielle Form des Rechtecks ist. Ein Rechteck ist dann ein Quadrat, wenn alle vier Seiten die gleiche Länge haben. Nicht zu vergessen sind natürlich die vier rechten Winkel. Hier eine Beispielanweisung für ein Quadrat:

```
size(220, 150);
background(0);
fill(255, 255, 0);  // RGB-Wert für Gelb
rect(80, 40, 80, 80);
```

An dieser Stelle möchte ich mich ein wenig über die Modi **CORNER**, **CORNERS** und **CENTER** auslassen. Es sind im Grunde genommen von *Processing* fest definierte Werte. Auf eine bestimmte Art und Weise muss das System ja erkennen, was wir von ihm wollen und das möglichst in »sprechender Form«. Auf Variablen werden wir natürlich ein wenig später noch zu sprechen kommen. Es sind Platzhalter mit einem Namen, denen ein Wert zugewiesen wurde. Vergleichbar ist es hier mit den Modi. Jedem Modus ist ein Wert zugewiesen und es wird der Name verwendet, statt einfach eine *Magic Number*, also irgendeine Zahl zu verwenden, von der niemand weiß, was sich dahinter verbirgt. Was ist also lesbarer? *rectMode*(1) oder *rectMode*(**CORNERS**)? Klar, oder?!

Viereck

Dein möglicher Einwand, dass ein *Rechteck* bzw. ein *Quadrat* ebenfalls Vierecke sind, wäre natürlich berechtigt. Doch sie besitzen eben, wie schon erwähnt, einige Zusatzbedingungen wie rechte Winkel, gleichlange gegenüberliegende Seiten bzw. parallele Seiten, damit sie ihren Namen auch verdienen. Der Befehl zum Zeichnen eines Vierecks lautet *quad*. Der Begriff stammt nicht von Quadrat, sondern vom englischen *quadrilateral*, was übersetzt Viereck heißt.

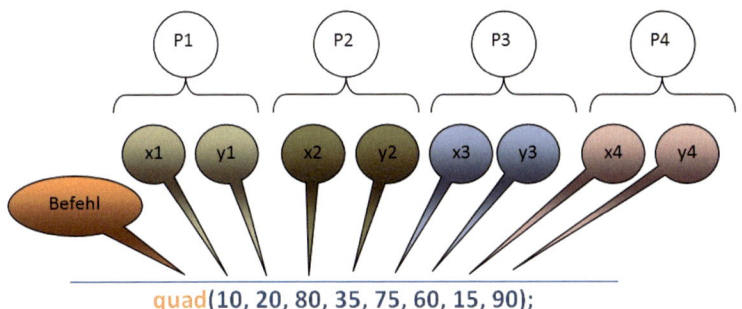

Die Koordinaten x1, y1 definieren den Startpunkt. Jetzt kann entweder links oder rechts herum mit der Koordinatenangabe der restlichen drei Punkte fortgefahren werden. Hier ein Codebeispiel:

```
size(220, 150);
background(0);
fill(0, 126, 126);
quad(10, 20, 80, 35, 75, 60, 15, 90);
```

Das resultierende Viereck sieht folgendermaßen aus:

Abbildung 1-32 ▶
Ein wirklich schönes Viereck

Die Punkte werden in der angegebenen Reihenfolge verbunden, um dann eine Viereckfläche zu generieren. Wenn Du z.B. die beiden letzten Koordinatenpaare vertauschst und

```
quad(10,20,80,35,15,90,75,60);
```
statt
```
quad(10,20,80,35,75,60,15,90);
```

schreibst, dann siehst Du, was Du angerichtet hast:

Abbildung 1-33 ▶
Ein verunglücktes Viereck

Die vier Eckpunkte liegen noch an derselben Stelle, doch die Verbindungsreihenfolge der angegebenen Punkte folgt der Argumentenreihenfolge der Anweisung. Durch die Überschneidung der Linien hast Du jetzt zwei Dreiecksflächen geschaffen. Das sieht ja eigentlich auch nicht schlecht aus, doch die Frage, die Du Dir stellen solltest ist, ist natürlich die: »Habe ich das so beabsichtigt?«

Kapitel 1: Dann woll'n wir mal

Ellipse

Eine *Ellipse* erinnert an einen mehr oder weniger gestauchten Kreis, ein Oval. Im Gegensatz zu einem perfekten Kreis, besitzt eine Ellipse nicht einen, sondern zwei Brennpunkte. Mit den entsprechenden Angaben, kannst Du mit dem Befehl zum Zeichnen einer Ellipse natürlich auch einen Kreis erstellen.

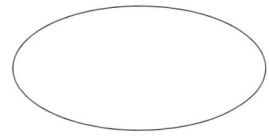

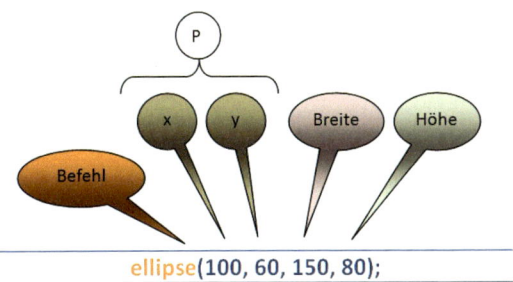

Mir dem folgenden Code wird eine Ellipse gezeichnet:

```
size(220, 150);
background(0);
fill(254, 0, 126);
ellipse(100, 60, 150, 80);
```

Das Ergebnis sieht folgendermaßen aus:

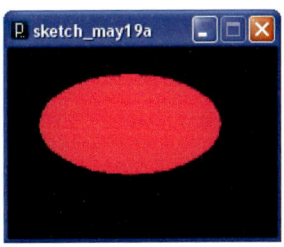

◀ **Abbildung 1-34**
Eine Ellipse

Doch wie lassen sich die angegebenen Argumente mit dem Resultat in Einklang bringen? Die ersten beide Werte (100, 60) definieren die Koordinaten für einen Punkt. Es ist in diesem Fall der Mittelpunkt der Ellipse.

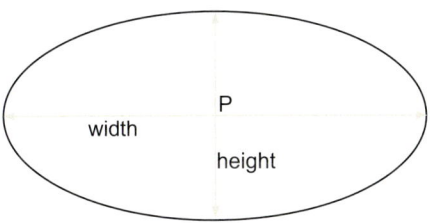

◀ **Abbildung 1-35**
Eine Ellipse mit der Angabe von
Breite und Höhe

Von diesem Mittelpunkt P ausgehend wird die *Breite* bzw. *Höhe* gezeichnet. Du erinnerst Dich sicherlich noch an den Modus *rect-Mode*, den wir beim Zeichnen des Rechtecks kennengelernt haben. Einen vergleichbaren Modus haben wir auch für die Ellipse. Hier heißt er entsprechend *ellipseMode*. Standardmäßig ist er auf **CENTER** eingestellt. Das bedeutet, dass sich der Punkt P, wie schon erwähnt, im Mittelpunkt der Ellipse befindet.

Machen wir einfach mal einen kleinen Versuch. Dazu sei an dieser Stelle zunächst Folgendes rekapituliert:

- Ohne Mode-Angabe beim Rechteck ist **CORNER** (linke obere Ecke) aktiviert.
- Ohne Mode-Angabe bei der Ellipse ist **CENTER** (Mittelpunkt) aktiviert.

Probieren wir nun einmal folgenden Code aus:

```
size(320, 150);
background(0);
fill(254, 0, 126);
ellipse(100, 60, 150, 80); // Zeichnen der Ellipse
noFill();                   // Füllfläche deaktivieren
stroke(0, 255, 0);          // Linienfarbe auf Grün setzen
rect(100, 60, 150, 80);     // Rechteck zeichnen
```

Hier das Resultat:

Abbildung 1-36 ▶
Ellipse (Mode: implizit CENTER) mit Rechteck (Mode: implizit CORNER)

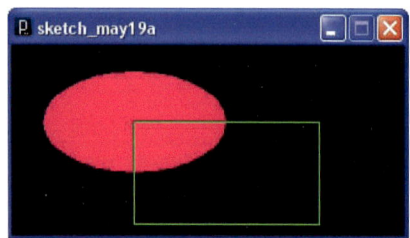

Die Argumente für das Rechteck sind übrigens die gleichen, wie die für die Ellipse. Was fällt Dir unter Umständen auf? Stimmt, wenn Du die Ellipse geschickt positionierst, passt sie möglicherweise genau in das Rechteck, das hier nur als Box ohne Farbfüllung vorhanden ist. Versuche doch einfach mal, die Einstellung für den *ellipseMode* anzupassen. Wir verwenden hier ebenfalls **CORNER**.

```
size(320, 150);
background(0);
fill(254, 0, 126);
ellipseMode(CORNER);
```

```
ellipse(100, 60, 150, 80);   // Zeichnen der Ellipse
noFill();                    // Füllfläche deaktivieren
stroke(0, 255, 0);           // Linienfarbe auf Grün setzen
rect(100, 60, 150, 80);      // Rechteck zeichnen
```

Und siehe da ...

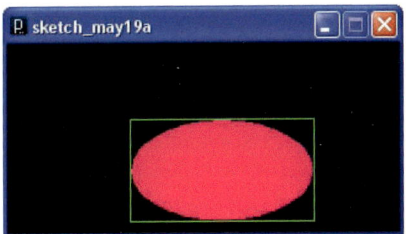

◀ **Abbildung 1-37**
Ellipse (Mode: explizit CORNER) mit
Rechteck (Mode: implizit CORNER)

Die Ellipse passt jetzt genau in die Box des Rechtecks. Wenn Du also eine Ellipse zeichnen sollst, dann erinnere Dich einfach an die Box, und Du hast die Begrenzungen, innerhalb derer sich die Ellipse befindet. Du kannst auch sagen, dass sich eine Ellipse durch das *umrahmende Rechteck* definiert. Experimentiere einfach ein wenig mit den ebenfalls zur Verfügung stehenden Ellipse-Modi **CORNER**, **CORNERS** und **CENTER**.

Arc

An dieser Stelle wird es schon etwas komplexer und wir müssen einen kurzen Ausflug in die Mathematik unternehmen. Du wirst Dich jetzt sicherlich fragen, was *Arc* eigentlich bedeutet. *Arc* ist die englische Bezeichnung für *Bogen*. Du hast es also mit einem geschlossenen Segment einer Fläche zu tun. Doch was nützen viele Worte. Schauen wir uns dies an einem Beispiel genauer an. Grundlage ist die uns schon bekannte *Ellipse*. Ein *Arc* wird entlang der *Outline*, also der Außenlinie, gezeichnet. Doch zunächst müssen wir uns, wie schon angedroht, der Mathematik zuwenden, denn wie viel von der Außenlinie gezeichnet werden soll, wird mit der Angabe der Kreiszahl π (Pi) bestimmt, die eine mathematische Konstante mit dem Wert 3,14159... darstellt. Das Verhältnis des Umfanges zum Durchmesser eines Kreises ergibt π, wobei es ist unerheblich ist, wie groß der Kreis ist. π ist eine irrationale Zahl, was bedeutet, dass der Dezimalanteil nicht abbricht und sich nicht wiederholt.

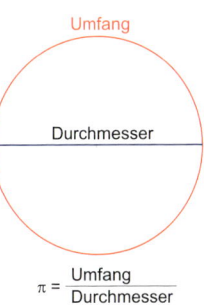

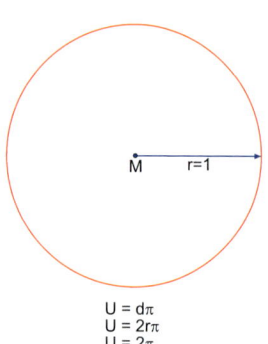

U = dπ
U = 2rπ
U = 2π

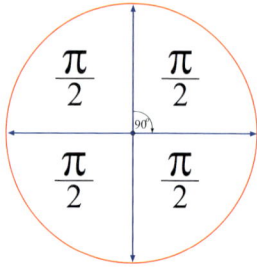

In der Mathematik wurde ein Kreis, dessen Radius = 1 ist, als *Einheitskreis* definiert.

Der Durchmesser ist 2*r, und wenn wir die Formel nach U umstellen, erhältst Du das Ergebnis, dass der Kreisumfang 2*π ist. Mit diesem Hintergrundwissen können wir fortfahren.

Für jeweils 90° Winkelgrad haben wir also einen Wert von π/2. Nun kann ich Dir den Befehl zum Zeichen eines *Arc* zeigen. Er besitzt, wie schon so einige andere Anweisungen, u.a. einen Startpunkt. Du kannst ihn sehr gut mit dem Befehl *rect* für das Rechteck vergleichen. In *Processing* sind übrigens vier Konstanten für π/4, π/2, π bzw. 2*π vordefiniert, Du musst also nicht immer wieder den Wert 3,14159... eintippen. Dadurch wird das Schreiben von Code ein wenig erleichtert.

Pi	Konstante in Processing
π/4	QUARTER_PI
π/2	HALF_PI
π	PI
2*π	TWO_PI

Die Anweisung zum Zeichnen eines Kreisbogens lautet folgendermaßen:

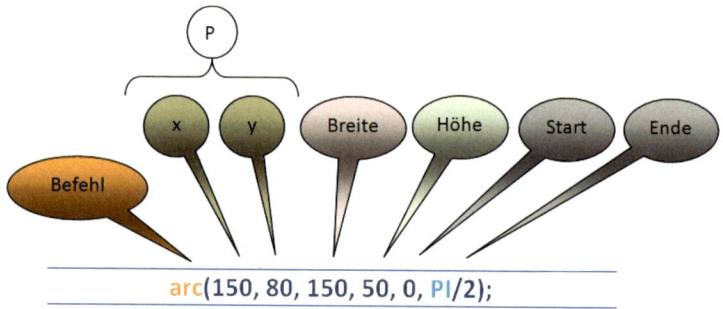

arc(150, 80, 150, 50, 0, PI/2);

Der folgende Code bringt sicherlich mehr Licht ins Dunkel:

```
size(300, 200);
background(0);
smooth();
ellipse(150, 80, 150, 50);        // Dient nur als Referenz
fill(255, 0, 0);                  // Hintergrundfarbe für
arc(150, 80, 150, 50, 0, HALF_PI); // Zeichnen des Kreisbogens
```

Werfen wir einen Blick auf das Ergebnis:

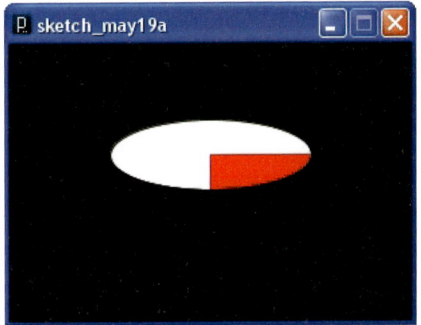

◀ **Abbildung 1-38**
Zeichnen eines Kreisbogens

Wenn wir es genau nehmen wollen, haben wir es hier nicht mit einem Kreisbogen, sondern mit einem Ellipsenbogen zu tun. Wie dem auch sei ...

Konzentriere Dich jetzt aber nur auf den roten Bereich, der den eigentlichen *arc* darstellt. Die weiße, gestrichelte Ellipse dient lediglich als Referenz bzw. Hintergrund und zeigt Dir, dass sie mit den gleichen Parametern versehen, der Außenline des *arc* folgt. Doch nun wieder ins Detail.

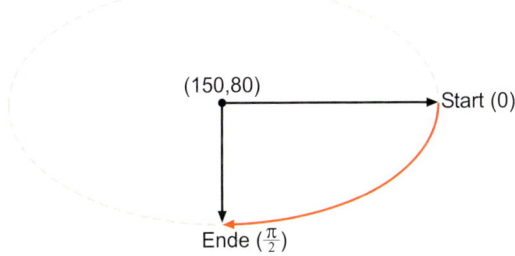

Der Startpunkt der ersten beiden Parameter mit den Koordinaten (150, 80) stellt den Mittelpunkt der Ellipse dar. Parameter drei und vier (150, 50) bilden wieder die Begrenzungen der Ellipse. Der fünfte Parameter mit dem Wert 0 legt die Startposition des ersten Winkelschenkels auf dem Einheitskreis fest und liegt immer auf der X-Achse. Der letzte Parameter mit dem Wert π/2 legt die Endposition des zweiten Winkelschenkels fest. Das scheint doch gar nicht so schwer gewesen zu sein. Schau Dir dazu einfach die nachfolgenden Beispiele an, damit Du ein wenig Routine bekommst. Die Start- bzw. Endewerte werden im sogenannten *Bogenmaß* angegeben.

Anweisung	Ergebnis

```
arc(150, 80, 150, 50,
0, QUARTER_PI);
```

(150,80)

Start (0)

Ende ($\frac{\pi}{4}$)

```
arc(150, 80, 150, 50,
QUARTER_PI, HALF_PI);
```

(150,80)

Start ($\frac{\pi}{4}$)

Ende ($\frac{\pi}{2}$)

```
arc(150, 80, 150, 50,
0.75*PI, TWO_PI);
```

(150,80)

Ende (2π)

Start ($\frac{3}{4}\pi$)

> Ich habe damals in der Schule schon Probleme mit dem Einheitskreis bzw. p gehabt. Gibt's denn keine einfachere Möglichkeit, einfach die Gradzahlen anzugeben??

Doch, natürlich gibt es etwas Entsprechendes auch bei *Processing*. Mit dem Befehl *radians* wird ein Winkelwert, der in *Grad* angegeben ist, in das für den Befehl *arc* benötigte Bogenmaß konvertiert. Um einen *Radiant* zu kennzeichnen, wird an die Zahl das Kürzel *rad* angehängt. In der folgenden Tabelle findest Du zu den Winkelbezeichnungen mit den Gradzahlen die entsprechenden Radianten.

Winkelbezeichnung	Gradzahl	Radiant
Spitzer Winkel (w)	$0° < w < 90°$	$0 < w < \pi/2$ rad
Rechter Winkel (w)	$w = 90°$	$w = \pi/2$ rad
Stumpfer Winkel (w)	$90° < w < 180°$	$\pi/2$ rad $< w < \pi$ rad
Gestreckter Winkel (w)	$w = 180°$	$w = \pi$ rad
Überstumpfer Winkel (w)	$180° < w < 360°$	π rad $< w < 2\pi$ rad

Doch nun zum angekündigte Befehl *radians*:

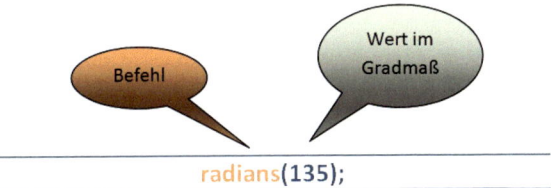

```
radians(135);
```

Die Zahl 135 scheint aus der Luft gegriffen, doch nicht für Mathematiker. 135° entsprechen ¾ π. Machen wir aber lieber mal die Probe auf Exempel. Setze dazu nacheinander die beiden Anweisungen ein. Sie sollten zum gleichen Ergebnis führen.

```
arc(150, 80, 150, 50, 0.75*PI, TWO_PI);
arc(150, 80, 150, 50, radians(135), TWO_PI);
```

> Kannst Du mir bitte erklären, was genau hinter dieser Funktion steckt? Wie errechnet sie das Ergebnis?

Nun lass uns noch einmal einen Blick auf den *Einheitskreis* werfen.

Das Bogenmaß des Winkels α ist das Verhältnis von Kreisbogen b zum Radius r.

$$\alpha = \frac{b}{r}$$

Da aber im Einheitskreis der Radius die Länge 1 hat, können wir Folgendes schreiben:

$$\alpha = b$$

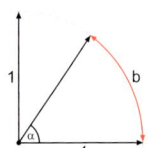

Die Maßzahl des Winkels α ist gleich der Maßzahl des entsprechenden Kreisbogens b.

Für den Winkel α bedeutet eine ganze Kreisumrundung 360°. Bei Bogen b beträgt der Wert hingegen 2π. Wenn wir die Formel

$$\alpha = b$$

dahingehend erweitern, gelangen wir zu der folgenden Verhältnisgleichung:

$$\frac{\alpha}{360^0} = \frac{b}{2\pi}$$

An diesem Punkt musst Du die Formel nur noch entsprechend der gewünschten Größen umzustellen, und das Umrechnen von *Grad* in *Bogenmaß* und umgekehrt sollte keine Schwierigkeiten mehr bereiten.

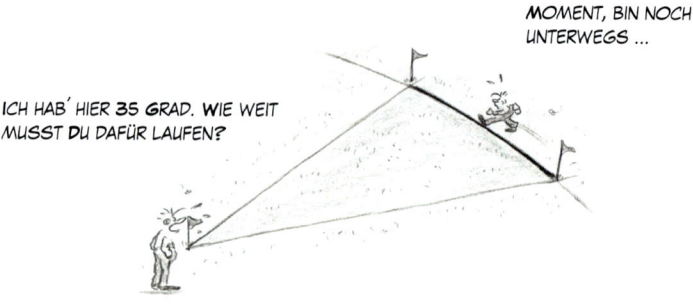

Umrechnen von $\alpha°$ in *rad*:

$$b = \frac{2\pi\alpha}{360} = \frac{\pi\alpha}{180}$$

Umrechnen von *rad* in $\alpha°$:

$$\alpha = \frac{360\,b}{2\pi} = \frac{180\,b}{\pi}$$

Die *radians*-Funktion funktioniert genau auf diese simple Art und Weise, wenn ein *Grad-Wert* in ein *Bogenmaß* umgerechnet werden soll.

> Mir ist jetzt aber etwas anderes passiert, das ich mir nicht erklären kann, und es bringt mich fast zur Verzweiflung. Folgenden Code habe ich eingegeben:
>
> ```
> arc(150, 80, 150, 50, 3/4*PI, TWO_PI);
> ```
>
> Der Bruch ¾ ist doch das Gleiche wie 0.75. Warum bekomme ich eine abweichende Anzeige? Das Ausgabefenster zeigt immer die volle Ellipse, als wenn ich für den Start den Wert 0 angegeben hätte.

Nun bist Du auf ein Problem gestoßen, dass schon vielen Anfängern zum Verhängnis wurde. Eigentlich wollte ich diese Thematik erst in dem Kapitel über *Variablen* ansprechen. Doch da Du diesbezüglich jetzt schon den Karren gegen die Wand gefahren hast – was kein Vorwurf sein soll – werde ich hier kurz auf die Problematik eingehen.

Processing kennt verschiedene Typen von Zahlen. Zwei hast Du schon kennen gelernt und angewendet, vielleicht ohne groß darüber nachzudenken. Da sind zum einen die *Ganzzahlen*, also Werte ohne Kommaanteil, wie z.B. 17, 0, 4711, -9 usw. Solche Werte verarbeitet der Computer als Integerwerte. Der betreffende Datentyp wird in Processing übrigens mit dem Schlüsselwort *int* gekennzeichnet. Zum anderen hast Du schon die Kreiszahl π kennengelernt, die den Wert 3,14159... aufweist. Ein solcher Wert besitzt mehrere Kommastellen und wird vom Computer als *Kommazahl* erkannt. Der betreffende Datentyp wird in Processing mit dem Schlüsselwort *float* versehen. Doch nun wieder zu den Ganzzahlen.

Wenn zwei Ganzzahlen dividiert werden, wird das Ergebnis wieder eine Ganzzahl sein. Gibst Du 3/4 in einer Berechnung an, dann ist das Ergebnis eigentlich 0,75. Der Ganzzahlanteil ist jedoch 0, und das ist es auch, was als Ergebnis herauskommt.

$$\frac{3}{4} = 0.75$$
Ergebnis

Schau Dir als letztes Beispiel dazu die Division 5/2 an. Das Ergebnis lautet 2,5. Der Computer gibt jedoch wieder nur den Ganzzahlanteil aus, und der ist 2. Hoffentlich hat Dir diese kleine Ausführung geholfen und Dich nicht noch mehr verwirrt.

$$\frac{5}{2} = 2,5$$
Ergebnis

Ein bisschen mehr zum Thema Farbe

Graustufen

Die wichtigsten geometrischen Grundelemente hast Du jetzt kennengelernt, und wie man die Farbe sowohl des Hintergrunds als auch der Umrandung anpasst, weißt Du auch. Doch ich möchte Dich noch mit weiteren Informationen versorgen. Wenn Du eine Fläche füllen möchtest, dann verwendest Du den Befehl *fill*. Lassen wir die Transparenz, die über den Alphawert festgelegt wird, erst einmal außer Acht, so dass wir 100%ige Deckkraft haben.

Verwende den Befehl nun unter Angabe *eines* Parameters:

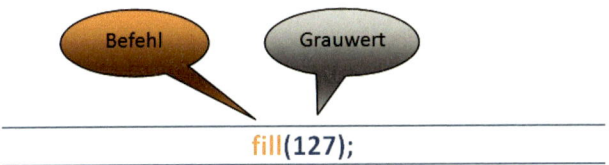

Auf diese Weise bestimmst Du den *Grauwert* aller nachfolgenden geometrischen Flächenelemente, die gezeichnet werden sollen. Die

Angabe eines einzigen Parameters ist die Kurzform für drei Parameter mit dem selben Wert. Dies bedeutet, dass die beiden folgenden Anweisungen zum gleichen Ergebnis führen:

```
fill(127);
fill(127, 127, 127);
```

Farbauswahl-Tool

An dieser Stelle möchte ich auf ein *Tool* hinweisen, das Bestandteil der Entwicklungsumgebung ist. Dazu gehst Du über den Menüpunkt *Tools* und wählst *Color Selector* aus.

Abbildung 1-39 ▶
Menüpunkt Tools|Code Selector

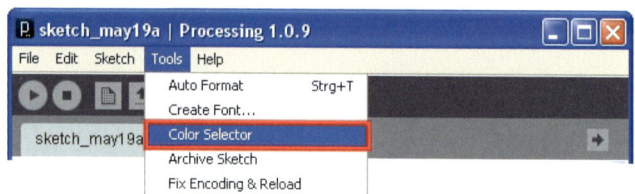

Danach öffnet sich ein Dialogfenster, über das Du Dir per Maus eine Farbe aussuchen kannst. In dem schmalen Bereich mit den senkrecht angeordneten unterschiedlichen Farben kannst Du den Farbton *Hue* auswählen. Er wird mit *H* abgekürzt.

Abbildung 1-40 ▶
Der Code Selector

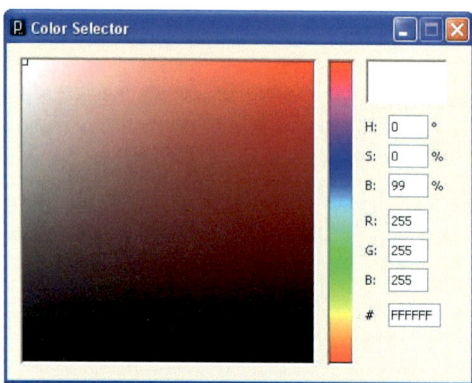

Der Farbraum ist in 360 Teile gegliedert, die jeweils über einen Zahlenwert von 0° bis 359° definiert sind.

Abbildung 1-41 ▶
Der Farbraum von 0 bis 359 Grad

Kapitel 1: Dann woll'n wir mal

Anschließend wählst Du im großen Fenster mit der Maus den Farbton aus, der Dir zusagt. Wenn Du die Maus nur *horizontal* bewegst, änderst Du die *Farbsättigung*, die *Saturation* genannt wird. Bei ausschließlich *vertikaler* Mausbewegung passt Du die *Helligkeit*, die *Brightness*, an. Wenn Du Dich entschieden hast, musst Du Dir die *RGB*-Werte notieren und in Deinen Code übertragen. Wenn Du möchtest, kannst Du alle Werte in den weißen Textfeldern auch manuell anpassen. Die *HSB*- bzw. *RGB*-Werte werden auf diese Weise automatisch berechnet.

Transparenz

Wenden wir uns noch einmal der *Transparenz* zu, die über einen Wert des Alphakanals modifiziert wird. Er wird entweder dem Grauwert als zweiter oder den RGB-Werten als vierter Zusatzparameter hinzugefügt.

Grauwert mit Alphakanal:

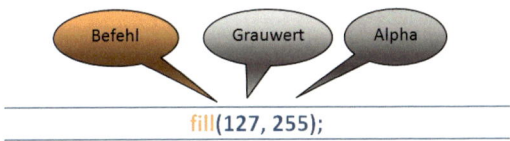

RGB-Werte mit Alphakanal:

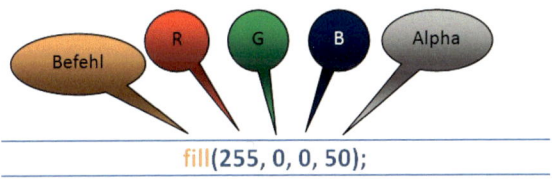

Der Alphakanal kann 256 verschiedene Werte aufweisen, die von 0 bis 255 reichen. Hier siehst Du eine kleine Tabelle mit markanten Werten:

Alphawert	Deckkraft
255	100%
191	75%
128	50%
64	25%
0	0%

Mit der folgenden Formel kannst Du alle Alphawerte unter Einbeziehung der gewünschten Deckkraft selbst berechnen:

$$\text{Alphawert} = \frac{255 * \text{Deckkraft [\%]}}{100}$$

Eigene Farbbereiche

Du hast gesehen, dass sich der Bereich von *RGB*-Werten von 0 bis 255 erstreckt. Wir haben jedoch die Möglichkeit, einen eigenen Bereich zu definieren. Nehmen wir einmal an, eine Farbinformation soll lediglich mit den Werten 0 bzw. 1 dargestellt werden. Der Wert 0 bedeutet keine Farbe, der Wert 1 bedeutet volle Farbinformation. Um diese Anforderung zu erfüllen, kannst Du natürlich festlegen, dass der Wert 0 der 0 entspricht und der Wert 1 dem Wert 255.

Schau Dir einmal den folgenden Befehl an:

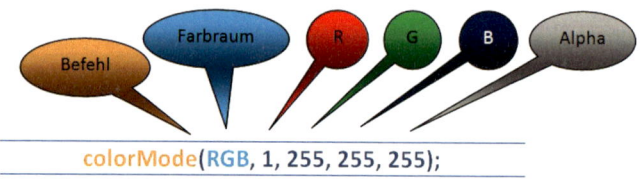

```
colorMode(RGB, 1, 255, 255, 255);
```

Wir haben lediglich den Wert für den R-Kanal angepasst. Alle anderen Kanäle behalten ihren ursprünglichen Maximalwert von 255. Damit haben wir alle Rot-Abstufungen auf den Bereich von 0 bis 1 reduziert. 0 entspricht keine Farbe und 1 entspricht Vollton.

Vor der Anpassung:

0   255

Nach der Anpassung:

0   1

Nach dieser minimalistischen Reduzierung auf *An* bzw. *Aus* können wir auch den entgegengesetzten Weg einschlagen.

```
colorMode(RGB, 400, 1000, 300, 255);
```

Die zulässigen Bereiche entnimmst Du der folgenden Tabelle:

RGB-Werte	Bereich
R	0 – 400
G	0 – 1000
B	0 – 300
Alpha	0 – 255

Mit dem angeführten Befehl erzielst Du ein *Auffächern* des jeweiligen Kanals bis auf den gewünschten Wert.

Eigene Farbnamen

Du solltest unbedingt darauf achten, dass Dein Code immer *lesbar* geschrieben ist. Damit meine ich nicht *ohne Fehler*, was natürlich selbstverständlich ist: Ich meine hier die Verständlichkeit beim Lesen der einzelnen Zeilen. Schau Dir den folgenden Code bitte an:

```
size(200, 150);
smooth();
fill(89, 7, 234);
background(0);
ellipse(100, 60, 150, 80);
```

Es ist eigentlich nichts daran auszusetzen und er liefert eine Ellipse, die mit einer Farbe gefüllt ist. Kannst Du Dir aber anhand der *RGB-Werte* vorstellen, *welche* Farbe sich dahinter verbirgt? Nun kannst Du sicherlich sagen: »Ok, als ich den Code vor ein paar Wochen schrieb, habe ich mir schon was dabei gedacht. Ich glaube, dass es die Farbe, ähm... wie war sie doch gleich?«

Genau auf dieses Problem wollte ich Dich stoßen. Und stelle Dir einmal vor, dass ein anderer Entwickler versucht, den Code zu verstehen. Wenn Du im Anschluss an die *fill*-Zeile einen *Kommentar* einfügst und die Farbe *benennst*, ist das ein hilfreicher Hinweis. Auch ich praktiziere diese Vorgehensweise. Doch schaue Dir einmal die folgenden Zeilen an:

```
...
  color flieder = color(89, 7, 234);
  fill(flieder);
...
```

Was *Datentypen* sind, wird im Kapitel über die *Variablen* genauestens erläutert. Lass Dir an dieser Stelle sagen, dass sie festlegen, wie die nachfolgende Variable *flieder* zu interpretieren ist: Es handelt sich um einen *RGB*-Wert, der über die *color*-Funktion festgelegt wurde. Leider sind Dir *Funktionen* ebenfalls noch nicht geläufig, doch im entsprechenden Kapitel wirst Du nähere Hinweise finden. Du hast z.B. mit den Befehlen *size()* oder *background()* auch schon Funktionen aufgerufen. Es ist also nicht zu kompliziert.

Jedenfalls musst Du auf diese Weise nur den Namen *flieder* als Argument in den *fill*-Befehl einsetzten und die Übersichtlichkeit wird nach meinem Verständnis gesteigert. Denkst Du nicht auch!? Alle Möglichkeiten, die beim *fill*-Befehl hinsichtlich der *Transparenz* verfügbar waren, kannst Du hier ebenfalls anwenden.

```
...
  color flieder = color(89, 7, 234, 80);
  fill(flieder);
...
```

Reihenfolge beim Zeichnen von grafischen Elementen

Lassen wir die *Transparenz* für dieses Beispiel einmal außen vor und zeichnen zwei grafische Elemente in unser Ausgabefenster, die sich teilweise überlappen. Die Frage, die dabei aufkommt, ist folgende: »Welches grafische Element überdeckt denn das andere?«

Schau Dir dazu den folgenden Code an:

```
size(280, 250);
background(0);
fill(255, 0, 0); rect(80, 80, 100, 80);    // Rechteck
fill(0, 255, 0); ellipse(100, 80, 80, 80); // Kreis
```

Die Ausgabe sieht folgendermaßen aus:

Abbildung 1-42 ▶
Das rote Rechteck liegt unter dem grünen Kreis

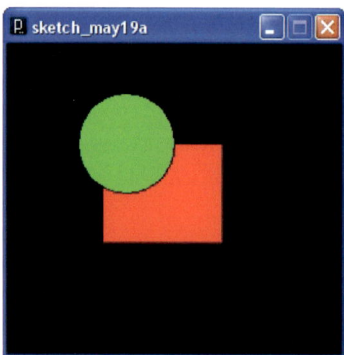

Du hast gesehen, dass der Befehl zum Zeichnen des grünen Kreises *nach* dem Code angeführt ist, der das rote Rechteck zeichnen soll. Der Kreis überdeckt beim Zeichnen das zuvor gezeichnete Element. Alles, was im Code später aufgeführt wird, ist jüngeren Datums, liegt wie bei einem Stapel Folien quasi oben und verhindert die Sicht auf die Objekte, die darunter liegen.

Um dies bei unserem Beispiel umzukehren, so dass das Rechteck oben liegt, musst Du lediglich die beiden Zeilen zum Zeichnen der grafischen Objekte vertauschen.

```
size(280, 250);
background(0);
fill(0, 255, 0); ellipse(100, 80, 80, 80); // Kreis
fill(255, 0, 0); rect(80, 80, 100, 80);    // Rechteck
```

Das Ergebnis dazu sieht dann wie folgt aus:

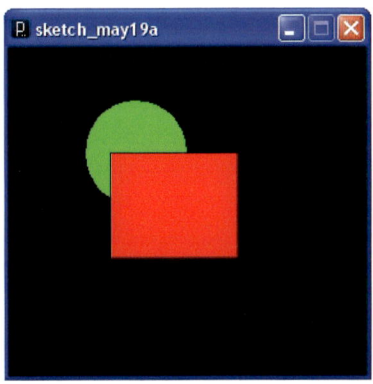

◀ **Abbildung 1-43**
Das rote Rechteck liegt über dem grünen Kreis

Programmfluss

2

Befehlsabarbeitung

Bisher habe ich Dir gezeigt, wie die Befehlssequenz von *oben* nach *unten* abgearbeitet wurde. Dabei wurden Farbinformationen festgelegt und geometrische Objekte gezeichnet. Schauen wir uns das ein wenig genauer an. Vorgenommene Einstellungen bleiben dabei so lange gültig, bis sie durch eine neue ersetzt werden. Im folgenden Beispiel wird z.B. über den Befehl *noFill* das Füllen einer Farbe für alle nachfolgenden Objekte ausgeschaltet. Das trifft jedoch nur auf die Ellipse zu, denn über den anschließend angeführten Befehl *fill* wird die Füllfarbe für alle nachfolgenden Objekte wieder aktiviert. Das Rechteck nach dem Befehl *fill* wird dann entsprechend mit einer Farbe ausgefüllt.

```
size(400, 250);
background(0);
stroke(255,0,0);
rect(10,10,100,80);
line(300,80,140,100);
noFill();
ellipse(200,50,80,40);
fill(126);
rect(100,130,120,40);
```

Die Abarbeitung der gezeigten Befehlssequenz erfolgt der Reihe nach vom ersten bis zum letzten Befehl. Danach passiert rein gar nichts mehr. Dies ist ein recht statischer Ablauf, bei dem keine Interaktivität mit dem Programm möglich ist. Doch was bedeutet Interaktivität überhaupt? Es ist eine Form der Kommunikation zwischen Mensch und Computer.

NA WARTE, ICH WERDE DICH SCHON NOCH KRIEGEN!!!

Bei einem interaktives Programm kann über fest definierte Schnittstellen wie z.B. *Maus*, *Joystick* oder *Tastatur* in das Geschehen, also den Programmablauf, eingegriffen und dieser geändert werden. Die Anwendung reagiert auf die Interaktion des Benutzers, ist also in seinem Verhalten nicht statisch, sondern *interaktiv*. Und wie erreichen wir diese Interaktivität? Das werden wir uns nun genauer anschauen.

Zwei sehr wichtige Funktionen

Ich möchte Dir zu Beginn zwei außerordentlich wichtige Funktionen vorstellen, die von Processing vordefiniert und für den Programmfluss von entscheidender Bedeutung sind.

- setup()
- draw()

Wir kommen später noch zu einem gesonderten Kapitel, bei dem es um *Funktionen* geht, doch ich möchte die Thematik schon an dieser Stelle ein wenig anreißen. Schauen wir uns dazu die beiden Funktionen ein wenig genauer an. *Setup* ist eigentlich etwas, das *einmal* durchgeführt wird, wie z.B. das Setup eines Programms, das einmalig aufgerufen wird, um das Programm zu installieren. Eine vergleichbare Aufgabe im übertragenen Sinne hat die Funktion *setup*. Sie wird beim Start der Anwendung *einmalig* aufgerufen und danach zur Laufzeit des Programms nie wieder. In ihr werden Initialisierungen vorgenommen, wie z.B. das Festlegen der Hintergrundfarbe und das Zuweisen von Werten für Variablen, auf die wir noch zu sprechen kommen. Kommen wir nun noch auf *draw* zu sprechen, was *Zeichnen* bedeutet. Hier finden die Zeichenfunktionen ihren Platz, da die *draw*-Funktion bis zum Programmende immer wieder durchlaufen wird.

Abbildung 2-1 ▶
Der Programmfluss

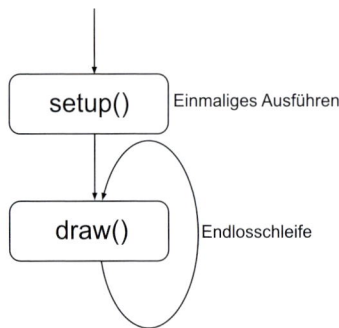

setup() — Einmaliges Ausführen

draw() — Endlosschleife

Kapitel 2: Programmfluss

Doch zunächst sollten wir einmal klären, was eine *Funktion* überhaupt ist und was für einen Sinn sie hat. Per Definition ist eine Funktion ein *Unterprogramm*. Sie wird mit ihrem Namen aufgerufen und kann Übergabewerte besitzen und ggf. einen Wert als Ergebnis zurückliefern. Du hast schon mehrere dieser Funktionen – die wir auch Befehle bzw. Anweisungen genannt haben – angewendet. Dabei hast Du bei einigen Funktionen, z.B. bei *smooth()*, keinen Übergabewert angeben. Bei anderen hingegen, z.B. bei *background(0)*, wurden ein oder mehrere Werte übergeben. Das folgende Diagramm soll den Aufruf einer Funktion an unterschiedlichen Stellen im Code veranschaulichen.

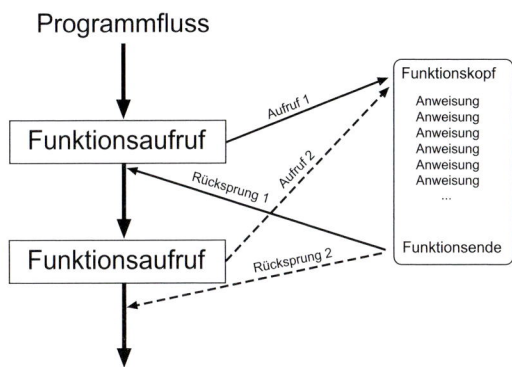

◀ **Abbildung 2-2**
Funktionsaufrufe

Eine *Funktion* wird über ihren Namen aufgerufen, arbeitet die in ihr enthaltenen Befehle ab, und wenn das Ende erreicht ist, wird der Programmfluss an *der* Position fortgeführt, die der Aufrufstelle folgt. Doch nun zu den beiden bereits genannten Funktionen *setup* und *draw*.

```
void setup()
{
  // Dieser Block wird nur einmal
  // zu Beginn der Anwendung ausgeführt
  ...
  ...
}

void draw()
{
  // Dieser Block wird kontinuierlich
  // ausgeführt
  ...
  ...
}
```

Das sieht auf den ersten Blick etwas ungewohnt aus, doch Du kannst ganz beruhigt sein: Es ist absolut simpel. Gehen wir Schritt für Schritt vor, dann werden wir keinerlei Probleme haben. Nehmen wir uns exemplarisch die Funktion *setup* vor.

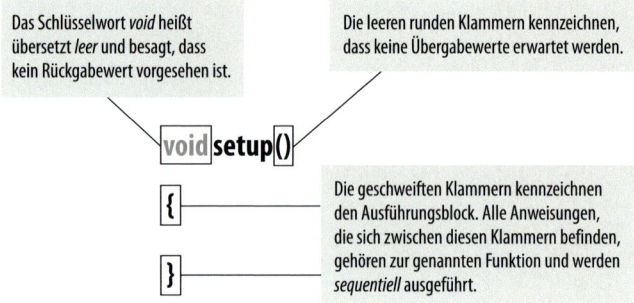

Das Schlüsselwort *void* heißt übersetzt *leer* und besagt, dass kein Rückgabewert vorgesehen ist.

Die leeren runden Klammern kennzeichnen, dass keine Übergabewerte erwartet werden.

Die geschweiften Klammern kennzeichnen den Ausführungsblock. Alle Anweisungen, die sich zwischen diesen Klammern befinden, gehören zur genannten Funktion und werden *sequentiell* ausgeführt.

Sorry, aber das mit dem Anweisungsblock habe ich noch nicht so richtig verstanden. Kannst Du mir das bitte noch einmal verständlicher erklären?

Kein Problem! Meine beiden Hände bilden die geschweiften Klammern und alles, was sich dazwischen befindet, wird von oben nach unten ausgeführt. Es ist wie ein Stapel von Schachteln, in denen sich jeweils eine Anweisung befindet. »Öffne Schachtel 1 und führe Sie aus«, »Öffne Schachtel 2 und führe sie aus«, usw. Im Endeffekt verhält sich dieser gesamte Block beim Aufruf wie eine einzige Anweisung.

Doch nun zu einem konkreten Beispiel.

```
void setup()
{
  // Die Fenstergröße wird festgelegt
  size(300, 200);
  // Die Hintergrundfarbe wird gesetzt
  background(255);
}

void draw()
{
  // Alle Anweisungen werden kontinuierlich ausgeführt
  stroke(0, 0, 255);
```

Kapitel 2: Programmfluss

```
  noFill();
  rect(10, 10, 100, 80);
  stroke(255, 0, 0);
  ellipse(90, 120, 120, 90);
  stroke(0, 255, 0);
  triangle(80, 20, 230, 100, 140, 120);
}
```

Alle Anweisungen innerhalb der Funktion *draw* werden zyklisch ausgeführt und liefern die folgende Ausgabe:

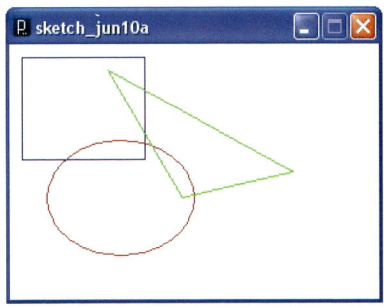

◀ **Abbildung 2-3**
Zeichnen der einzelnen geometrischen Figuren durch die draw-Funktion

Da die Positionen der einzelnen geometrischen Elemente immer dieselben sind, hast Du es mit einer statischen Ausgabe zu tun. Wenn sich die Koordinaten auf irgendeine Art und Weise änderten, würdest Du das sofort sehen. Doch dazu kommen wir in Kürze.

Programmflusskontrolle mit println()

Nun ist es an der Zeit, Dich mit einem sehr hilfreichen Befehl bekannt zu machen, der Dir auch bei der späteren Fehlersuche nützliche Dienste erweisen wird. Der Befehl lautet:

Die Bezeichnung *println* die Abkürzung von *print line*, was übersetzt wiederum *schreibe Zeile* bedeutet. Auf den ersten Blick wirkt dieser Befehl recht unscheinbar, doch mit seiner Hilfe können wir direkt in das Nachrichtenfenster der Entwicklungsumgebung schreiben.

Abbildung 2-4 ▶
Das Nachrichtenfenster der Entwicklungsumgebung

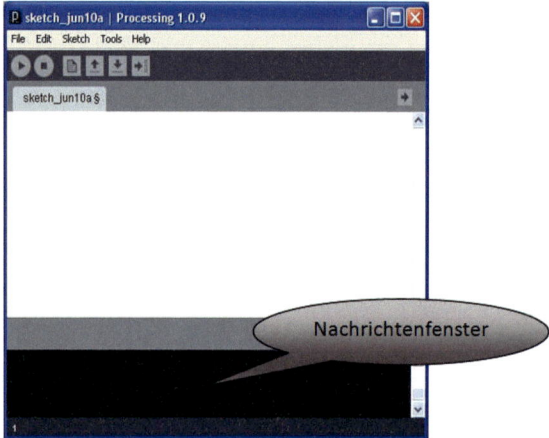

Mit dem unteren schwarzen Bereich der Entwicklungsumgebung hast Du sicherlich bereits Bekanntschaft gemacht. Hier wird u.a. eine Fehlermeldung (Ohh Graus!!!) angezeigt, wenn der Compiler etwas entdeckt hat, das er nicht versteht. Auch der Befehl *println* nutzt diesen Bereich, um Dir etwas mitzuteilen.

Schreibe einfach mal die folgende Zeile Code:

```
println("Hallo mein Freund!");
```

Zusätzlich zum Ausgabefenster, das immer geöffnet wird, bekommst Du den Text im Nachrichtenfenster angezeigt.

Abbildung 2-5 ▶
Text im Nachrichtenfenster, der durch den Befehl println() dort angezeigt wurde

Die Zeichenkette »Hallo mein Freund« muss in *doppelte Hochkommata* eingeschlossen werden, damit *println* sie korrekt ausgeben kann. Du kannst aber auch numerische Werte ausgeben oder eine bestimmte Rechenaufgabe in Form eines mathematischen Terms lösen lassen:

```
println(2 + 3 * 7);
```

Kapitel 2: Programmfluss

Ein *mathematischer Term* besteht aus *numerischen Werten* oder *Variablen*, die durch mathematische Verknüpfungssymbole wie z.B. +, -, *, / bzw. Klammerpaare miteinander verbunden sind.

Das Ergebnis dieser Rechenoperation lautet *23*. Erinnere Dich an die Rechenregel »Punktrechnung vor Strichrechnung«, die natürlich auch hier angewendet wird. Hoffentlich hattest Du nicht *35* als Ergebnis erwartet!

Es macht also einen gewaltigen Unterschied, ob Du den *Term*, in doppelte Hochkommata einschließt oder nicht.

```
println("2 + 3 * 7");
```

Sie bewirken nämlich, dass die enthaltene Zeichenfolge genau so ausgegeben und nicht etwa ausgewertet bzw. berechnet wird.

Wenn Du jedoch den *Term* ohne doppelte Hochkommata direkt in das Klammerpaar der Funktion *println*

```
println(2 + 3 * 7);
```

schreibst, hat das zur Folge, dass das Ergebnis berechnet wird.

> Kann ich eigentlich auch *Zeichenketten* mit *mathematischen Termen* innerhalb der Funktion *println* mischen? Das wäre sicherlich sinnvoll, um den angezeigten Wert lesbarer zu machen – oder!?

Auch das ist machbar! Wenn Du z.B. Zeichenketten und numerische Werte bzw. mathematische Terme mit der Funktion *println* in einer Zeile ausgeben möchtest, dann verwende dazu das + Zeichen. Es dient nicht nur als mathematisches Additionssymbol, sondern wie in diesem Fall auch als Verknüpfungssymbol der Zeichenkette und des nachfolgenden Terms.

```
println("Das Ergebnis von 2 * 3 ist: " + (2 * 3));
```

Die runden Klammern um 2 * 3 sind nicht unbedingt notwendig, doch sie dienen der Strukturierung bzw. der Lesbarkeit.

Der Funktion *println* führt nach jeder Ausgabe im Nachrichtenfenster einen Zeilenumbruch durch, was bedeutet, dass der Cursor für die kommende Ausgabe schon in der nächsten Zeile steht. Um dies zu unterbinden, kannst Du die Funktion *print* verwenden.

```
print("Hallo mein ");
print("Freund. Hoffentlich ");
print("Hast Du viel Spaß ");
```

```
println("mit Processing!");
println("Ende der Kommunikation.");
```

Die Ausgabe sieht folgendermaßen aus:

Abbildung 2-6 ▶
Textausgabe mit den Funktionen
print und println

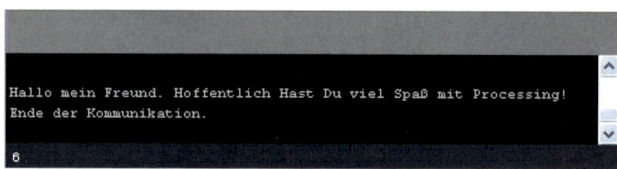

Fehlersuche mit Unterstützung

Wie Du an den gezeigten Beispielen gesehen hast, kannst Du Werte oder auch Variableninhalte (auf die wir in Kürze zu sprechen kommen werden) über die Funktionen *println* oder *print* im Nachrichtenfenster ausgeben lassen. Du wirst diese beiden Funktionen garantiert lieben lernen, wenn Dein Programm einmal nicht so läuft, wie es sollte. Fehler können grundsätzlich in drei Kategorien untergliedert werden:

- Syntaktische Fehler
- Logische Fehler
- Laufzeitfehler

Syntaktische Fehler

Du kannst froh sein, wenn es sich um einen *syntaktischen Fehler* handelt, denn diese sind relativ einfach zu lokalisieren.

Wenn Du den Compiler mit einer falsch geschriebene Anweisung konfrontierst, meckert er über das Kauderwelsch, das Du ihm da vorsetzt.

Er teilt Dir aber sein Missfallen in einer meist eindeutigen Fehlermeldung mit, die genau auf den betreffenden Fehler hinweist. Du erhältst also eine unmittelbare Rückmeldung, dass etwas nicht stimmt. Sei dankbar für dieses Verhalten.

Logische Fehler

Kommen wir jetzt zu den *logischen Fehlern*. Nun, dabei handelt es sich um Fehler, die im Verborgenen ihr Unwesen treiben. Sie führen in der Regel zu keiner Fehlermeldung, denn alle Anweisungen wurden anscheinend in einer verständlichen Form verfasst, so dass der Compiler sie als Befehle in seiner Sprache erkennt. Irgendetwas stimmt aber trotzdem nicht. Das Programm reagiert nicht so, wie Du es beabsichtigt hast.

Du erhältst ein Ergebnis. Das Programm arbeitet fröhlich weiter, doch Du bist mit dem Resultat nicht zufrieden. Was ist schief gelaufen? Dem Compiler die Schuld in die Schuhe zu schieben, wäre hier völlig unangebracht. Beim Programmieren ist Dir ein entscheidender Fehler unterlaufen. Du hast beispielsweise anstelle des Befehls für den Kreis den für das Dreieck verwendet. Und die Farbe scheint auch nicht die gewünschte zu sein. Derartige Fehler sind in der Regel schwerer zu lokalisieren. Woher sollte der Compiler auch »wissen«, was in Deinen Augen richtig bzw. falsch ist. Da ist ein wenig Recherche bzw. *Debugging* angesagt, um dem Übeltäter auf die Spur zu kommen. *Debugging* bedeutet im übertragenen Sinn einen Fehler im Programm finden. Im Internet findet sich eine nette Geschichte, wie es zu diesem Ausdruck kam.

Für das Debugging eignet sich wunderbar die Funktion *println*, die, an geeigneten Stellen im Programmcode eingefügt, gewünschte Variableninhalte anzeigt. Dadurch lassen sich eine Menge Fehler aufspüren. Wir werden diese Funktion in künftigen Programmbeispielen immer mal wieder verwenden, um uns z. B. Zwischenergebnisse anzeigen zu lassen.

Laufzeitfehler

Bei Laufzeitfehlern handelt es sich um Probleme, die erst zur Laufzeit des Programms auftreten. Syntaktisch scheint wieder alles korrekt zu sein, denn sonst hätte der Compiler gleich zu Beginn sein Veto eingelegt. Für ihn sind diese potentiellen Problemstellen unsichtbar. Bei dieser Art von Fehlern kann das Programm über einen bestimmten Zeitraum perfekt arbeiten und Du freust Dich, dass alles wunderbar funktioniert. Doch im Verborgenen schlummert eine Zeitbombe, die nur darauf wartet, hochzugehen.

Es ist an dieser Stelle vielleicht etwas verfrüht, um ins Detail zu gehen. Was könnte aber zu einem Laufzeitfehler führen? Stelle Dir einmal vor, dass Du versuchst, auf eine Datei zuzugreifen, die interessante Daten für Dein Programm zur Verfügung stellt. Sie befindet sich an einer festgelegten Stelle im Dateisystem und Du gehst davon aus, dass das immer so war, ist und sein wird. Irgendein Spaßvogel, der sich denkt, er könne mal eben auf dem knapp bemessenen Speicherplatz des betreffenden Laufwerks D: ein wenig Platz für seine neuste MP3-Sammlung schaffen, löscht ganz einfach die für Dein Programm so wichtige Datei. Beim nächsten Versuch, darauf zuzugreifen, geht das Programm in die Knie und bricht mit einem Laufzeitfehler ab, da der Zugriff nicht weiter gewährleistet ist. Solche unvorhersehbaren Dinge können immer mal wieder passieren. Natürlich gibt es Mittel und Wege, derartige Probleme in den Griff zu bekommen bzw. entsprechende Fehler abzufangen. Dies ist aber ein Thema der fortgeschrittenen Programmierung.

Variablen

3

Sinn und Zweck

So langsam kommen wir zum Eingemachten und es wird richtig interessant. Die *Variablen* hatte ich schon kurz angerissen, doch jetzt ist der Zeitpunkt gekommen, näher auf diese einzugehen. *Variablen* werden auch *Bezeichner* genannt. Sie spielen in der Programmierung eine zentrale Rolle und werden in der Datenverarbeitung genutzt, um Informationen jeglicher Art zu speichern. Vielleicht hast Du in diesem Zusammenhang schon einmal vom sogenannten *EVA-Prinzip* gehört.

◀ **Abbildung 3-1**
Datenverarbeitung
nach dem EVA-Prinzip

Die drei Buchstaben stehen für

- **E**ingabe
- **V**erarbeitung
- **A**usgabe

Stelle Dir dazu einmal vor, dass Du die Koordinaten der aktuellen Mausposition zwischenspeichern möchtest. Wie Du schon weißt, ist die Maus ein *Eingabegerät*. Die Informationen haben demnach *Eingabecharakter* und werden an einer bestimmten Stelle im Computer gespeichert. Jetzt kommt es zu diversen Berechnungen und schon sind wir bei der *Verarbeitung*. Am Ende der Verarbeitung möchtest Du sicherlich das eine oder andere Ergebnis sehen. Dazu erfolgt dann eine *Ausgabe* auf dem entsprechenden Medium.

Wie findet der Computer denn die gespeicherten Daten wieder?

Wie ich schon ich erwähnte, sind Variablen für die Aufnahme bzw. Speicherung der Daten verantwortlich. Auf der untersten Ebene, also im Haupt- bzw. Arbeitsspeicher des Computers, werden alle Daten in binärer Form gespeichert. Der Ausdruck *binär* kommt aus dem Lateinischen und bedeutet *je zwei*. Alle Informationen, sei es ein numerischer Wert, ein Name, ein Bild oder auch Musik, werden im Hauptspeicher als eine Folge von *Einsen* und *Nullen* abgelegt. Wir haben es also mit zwei Zuständen zu tun, die in einem *Bit* gespeichert werden können. Ein *Bit* stellt dabei die kleinstmögliche Speichereinheit in der elektronischen Datenverarbeitung dar.

WEIßT DU NOCH, WO ICH DIE DATEN ABGESPEICHERT HABE? WAR DAS UNTER 0X24FA347B ODER 0X32BF347C??

NÖ, KEINE AHNUNG!

Der *Hauptspeicher* eines Computers ist ein strukturierter Bereich, der mit Hilfe von Adressen verwaltet wird. Ein Variablenname stellt bei der Speicherung und beim Abruf quasi einen *Alias* (Ersatznamen bzw. Pseudonym) dar, den wir Menschen uns leichter uns leichter merken können als eine Folge von Zeichen und Ziffern (Abbildung 3-2).

In der gezeigten Abbildung siehst Du, dass die Variable mit dem Namen *Alter* auf eine Startadresse im Arbeitsspeicher zeigt. Dies können wir auch *Referenz* nennen. Die Adresse ist rein fiktiver Natur und soll lediglich das Zusammenspiel zwischen *Bezeichner* und *Speicher* verdeutlichen.

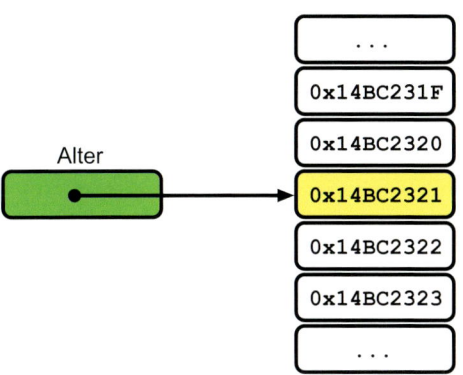

Deklaration

In einigen Programmiersprachen ist es nicht notwendig, den Gebrauch einer Variablen vor der Nutzung dem Compiler anzukündigen. Processing legt jedoch unbedingten Wert darauf, vorab einige Informationen diesbezüglich zu erhalten. Dieser Schritt wird *Deklaration* genannt und bedeutet *Kundmachung*. Die Daten, die Du in einer Variablen speicherst, können unterschiedlichster Art sein. Es kann sich um *Ganzzahlen (-5, 17, -34, 2016, usw.)*, *Fließkommazahlen (3.1415, -29.34, usw.)* und *Zeichenketten (»Hallo mein Freund«, »Processing macht Spaß«)* handeln, um nur einige zu nennen. Die *Datentypen*, und die drei hier genannten sind *Datentypen*, belegen im Arbeitsspeicher unterschiedlich große Bereiche. Aus diesem Grund stehen für verschiedene Anwendungsfälle auch unterschiedliche Datentypen zur Verfügung, die mehr oder weniger Speicherressourcen in Anspruch nehmen.

Stell Dir das Speichern eines Wertes in eine Variable wie das Ablegen in diesen Schuhkarton vor. Der Arbeitsspeicher besitzt, je nach Größe, viele dieser Kartons. Diese haben zum einen ein Label, vergleichbar mit der Angabe der Schuhgröße auf dem Schuhkarton, das auf den Datentyp hinweist. In unserem Fall ist es *int*. Zum andern ein Label, das Auskunft über den Inhalt gibt, was in diesem Fall der Name *xPos* ist. Dieser Name muss im jeweiligen Anweisungsblock auf jeden Fall eindeutig sein. Es können nicht zwei Schuhkartons mit der Bezeichnung *xPos* deklariert werden. Der Compiler gibt dann den Fehler *Duplicate field* aus.

Doch schreiten wir nun endlich zur *Deklaration*. Wie sieht sie formell aus?

Nachfolgend einige Beispiele:

```
int xPos;        // mehr oder weniger sprechende Variable
int meinAlter;   // sprechende Variable
int xz013;       // schlechter Name für eine Variable
int a;           // eher weniger sprechende Variable
```

Wenn Du einen Variablennamen aussuchst, solltest Du ihn so wählen, dass er der Lesbarkeit des Codes dient. Der Name sollte für sich sprechen, damit sein Zweck sofort erkenntlich ist. Der Name *xz013* ist zwar soweit ok und kann sicherlich verwendet werden, doch mal ehrlich: Kannst Du Dich nach ein paar Tagen noch daran erinnern, was darin gespeichert ist? Sicherlich fällt es Dir nach der Analyse des Quelltextes früher oder später wieder ein, doch warum es sich selber und vor allen Dingen anderen so schwer machen?

Die folgende Tabelle zeigt Dir alle in Processing zur Verfügung stehenden *primitiven Datentypen* mit den entsprechenden *Wertebereichen*. Wir haben vier ganzzahlige Datentypen (*byte, short, int, long*), zwei Fließkommatypen (*float* mit einfacher Genauigkeit und *double* mit doppelter Genauigkeit), einen logischen Typ (*boolean*) und einen Zeichentyp (*char*). Die Spalte mit den Standardwerten gibt *den* Wert an, der in der Variablen direkt nach der Deklaration festgelegt ist:

Datentyp	Länge [Byte]	Wertebereich	Standardwert
byte	1	-128 bis 127	0
short	2	-32768 bis 32767	0
int	4	-2147483648 bis 2147483647	0
long	8	-2^{63} bis $2^{63}-1$	0
float	4	+/- 3.40282347 * 10^{38}	0.0
double	8	+/- 1.79769313 * 10^{308}	0.0
boolean	1	true, false	false
char	2	Alle Unicodezeichen	

Initialisierung

Wenn wir eine Variable erst einmal deklariert haben, macht es wenig Sinn, ihr keinen Wert zuzuweisen bzw. nicht auch später einmal auf sie zuzugreifen. Das Zuweisen eines Wertes an eine

Variable nennt man *Initialisierung* und erfolgt mittels des den Zuweisungsoperators =.

```
int xPos;       // Deklarierung
xPos = 4712;    // Initialisierung
```

Der *Zuweisungsoperator* weist den Wert – auch Literal genannt – auf der rechten Seite, der Variablen auf der linken Seite zu. Anstatt *Deklaration* und *Initialisierung* in zwei getrennten Zeilen zu platzieren, kannst Du beide auch in einer Zeile ausführen:

```
int xPos = 4712;    // Deklarierung + Initialisierung
```

Ist einer Variablen ein Wert zugewiesen worden, kann er jeder Zeit wieder geändert werden. Der Inhalt ist, wie der Name vermuten lässt, variabel. Der folgende Code ist also absolut zulässig.

```
int xPos = 4712;    // Deklarierung + Initialisierung
xPos = 0815;        // Neuzuweisung eines Wertes
```

Da Du jetzt die einzelnen Datentypen kennengelernt hast, zeige ich Dir ein paar Beispiele:

```
byte offset = 15;            // Deklaration + Initialisierung
short meinAlter = 47;        // Deklaration + Initialisierung
int yPosition = 5 + offset;  // Deklaration + Initialisierung
long entfernungZumMond;      // Deklaration
float pi = 3.14159;          // Deklaration + Initialisierung
double a;                    // Deklaration
boolean istSichtbar = true;  // Deklaration + Initialisierung
char maennlichWeiblich = 'w'; // Deklaration + Initialisierung
```

Bezüglich der Namensvergabe bei Variablen hat sich bei Processing folgende Konvention eingebürgert. Variablennamen werden komplett kleingeschrieben, wenn es sich um *ein einziges* Substantiv handelt, wie z.B.

- breite
- radius

Wird der Variablenname jedoch aus zwei oder mehr Substantiven gebildet, wird das erste komplett kleingeschrieben und jeweils der erste Buchstabe jedes weiteren Substantives groß- und der Rest kleingeschrieben, wie z.B.

- umfangKomplett
- radiusKreis
- meinAllesGeliebterComputername

Literale

Führen wir nun mit der folgenden Codezeile eine Variablenzuweisung durch:

```
int xPos = 4712;
```

Der Wert wird hier vom Compiler als ein *Ganzzahlliteral* angesehen. Aber was ist denn ein *Literal*, wirst Du Dich jetzt sicherlich fragen.

Ein *Literal* ist ein einfacher Ausdruck, der sich nicht weiter zerlegen lässt.

Das ist doch schon mal eine Aussage, oder!? Der Wert 4712 ist ein *Ganzzahlliteral* und wird vom Compiler als vom Typ *Integer* angesehen. Machen wir dazu einen kleinen Test.

Wie Du jetzt weißt, erstreckt sich der Integer-Wertebereich von -2147483648 bis 2147483647. Schreibe einmal den folgenden Code:

```
int a = 2147483647; // korrekt
```

Es handelt sich dabei um eine korrekte Initialisierung, auch wenn wir uns am oberen Limit bewegen. Versuche nun, den Wert um 1 zu erhöhen, schreibe also Folgendes:

```
int a = 2147483648; // Fehler
```

Nun erhältst Du unweigerlich eine Fehlermeldung,

> The literal 2147483648 of type int is out of range

denn das Literal 2147483648 wird als vom Typ *Integer* angesehen, dessen Wertebereich jedoch überschritten wurde. *Out of range* bedeutet übersetzt *außerhalb des Wertebereichs*.

> Wenn ich mir den Datentyp *long* ansehe, der viel größer ist als der von *int*, dann kann ich ja nie folgende Zeile schreiben:
>
> long b = 2147483648
>
> obwohl *long* eigentlich in der Lage sein sollte, eine derart große Zahl zu speichern.

Das ist vollkommen korrekt. Auf diese Weise kannst Du also nicht fortfahren, da Dir die nötige Information zur Lösung fehlt. Wie schon erwähnt, sind Ganzzahlige Literale immer vom Datentyp *int*. Du musst ein sogenanntes *Suffix* an das Literal anhängen, damit es als zum Datentyp *long* gehörig angesehen wird. Das entsprechende Suffix ist **L** oder **l**. Korrekt müsste es also folgendermaßen lauten:

```
long b = 2147483648L; // korrekt
```

Du musst schon aufmerksam hinschauen, um das kleine Anhängsel zu bemerken.

An dieser Stelle noch ein kleiner Tipp:

Hast du mehrere Variablen desselben Typs zu deklarieren, musst du nicht immer eine neue Zeile anfangen. Schreibe alle Variablennamen, durch Komma getrennt, in eine Zeile. Schreibe statt:

- `int laenge;`
- `int breite;`
- `int hoehe;`

also

- `int laenge, breite, hoehe;`

Das ist zwar alles schön und gut und ich habe jetzt schon einiges über Variablen erfahren. Doch an welcher Stelle kann ich sie in meinem Quellcode unterbringen?

Auf dieses Stichwort habe ich gewartet. Ich werde es gleich im nächsten Kapitel behandeln. Zuvor bitte ich Dich noch um ein wenig Geduld. Du bekommst die Antwort auf Deine Frage in Kürze.

Lebensdauer und Sichtbarkeit

Kommen wir zu einem sehr interessanten Teil der Variablen. Wir unterscheiden bei Variablen grundsätzlich zwischen zwei Kategorien:

- Globale Variablen
- Lokale Variablen

Diese Differenzierung hat Auswirkungen auf die *Lebensdauer* einer Variablen und damit einhergehend auch auf ihre *Sichtbarkeit*. Doch was sind *Lebensdauer* und *Sichtbarkeit* und wie hängen sie möglicherweise zusammen?

Globale Variablen

Fangen wir mal mit den *globalen Variablen* an. Sie werden zu Beginn des Quellcodes deklariert, also *nicht* innerhalb einer Funktion.

```
                              void setup()
  Globale Variablen           {
                                 ...
                              }

                              void draw()
                              {
                                 ...
                              }
```

Dadurch stehen sie quasi über allem und das hat natürlich Auswirkungen auf die *Lebensdauer* bzw. *Sichtbarkeit*, was wir schon kurz erwähnten.

> Lebensdauer und Sichtbarkeit sind für mich allzu menschliche Attribute. Wie habe ich das hier zu verstehen? Ich kann mir darunter gar nichts vorstellen.

Unter *Lebensdauer* versteht man in diesem Kontext das Vorhandensein bzw. Nichtvorhandensein einer Variablen. Auf Speicherebene bedeutet dies, dass eine Variable zur Lebensdauer einen bestimmten Speicherplatz an einer Stelle im Arbeitsspeicher reserviert hat. Wir können auf sie zugreifen und mit ihr arbeiten. Ist die *Lebensdauer* abgelaufen, wie wir das noch bei den lokalen Variablen sehen werden, dann wird der zuvor reservierte Speicher wieder freigegeben.

Die *Sichtbarkeit* bezieht sich darauf, aus welchem Bereich, bzw. Anweisungsblock heraus, ich eine Variable *sehe*. Unter *sehen* versteht man die Möglichkeit, auf eine Variable zugreifen zu können. Wir werden auf das Beispiel noch zu sprechen kommen, wenn z.B. die *lokale Variable* den gleichen Namen wie die *globale Variable* aufweist.

Das folgende Beispiel zeigt die *Deklaration* bzw. *Initialisierung* der zwei globalen Variablen *xPos* und *yPos*:

```
int xPos = 20, yPos = 30; // Globale Variablen

void setup()
{
  // Zugriff innerhalb der Funktion setup() möglich
```

```
  println(xPos);
  println(yPos);
}

void draw()
{
  // Zugriff innerhalb der Funktion draw() möglich
  println(xPos);
  println(yPos);
}
```

Globale Variablen haben die Eigenschaft, dass sich ihre *Lebensdauer* über die komplette Laufzeit der Anwendung erstreckt. Sie sind in allen Funktionen, wie z. B. *setup*, *draw* oder auch jeder anderen benutzerdefinierten Funktion zu jeder Zeit sichtbar und demnach aufrufbar. Das bedeutet natürlich auch, dass der Wert einer *globalen Variablen* aus einer Funktion heraus geändert werden kann.

Lokale Variablen

Lokale Variablen fristen ihr Dasein z. B. *innerhalb* von Funktionen. Sie werden *in* der Funktion deklariert und initialisiert. Ihre *Lebensdauer* währt nur so lange, bis die Funktion verlassen wird. Die *Sichtbarkeit* beschränkt sich ausschließlich auf den Anwendungsblock, der zur Funktion gehört. Von außen sind sie nicht sichtbar.

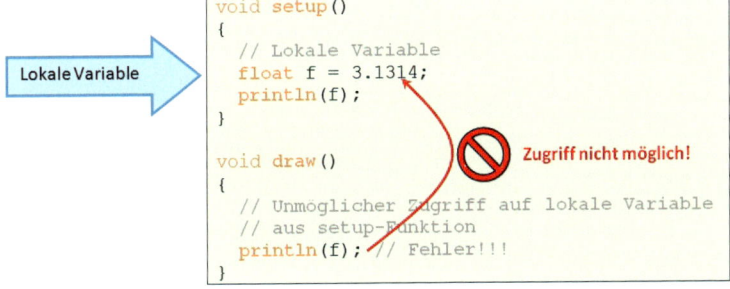

Wenn Du die Anwendung starten wolltest, erhieltest Du folgende Fehlermeldung:

Cannot find anything named "f"

Die Übersetzung lautet unmissverständlich: »Ich kann nichts finden, was sich *f* nennt!« In der Entwicklungsumgebung wird *die*

Zeile markiert, die den Fehler verursacht hat. Es ist der *println(f)*-Aufruf der *draw*-Funktion.

> Mal sehen, ob ich das richtig verstanden habe: Also beim Start der Anwendung wird zuerst die *setup*-Funktion aufgerufen. In ihr wird die Variable *f* des Datentyps *float* deklariert und mit dem Wert 3.1415 initialisiert. Da die Deklaration innerhalb einer Funktion stattgefunden hat, handelt es sich um eine *lokale Variable*. Nach Abarbeitung der *setup*-Funktion endet die Lebensdauer der Variablen *f* und sie wird aus dem Arbeitsspeicher entfernt. Jetzt wird die *draw*-Funktion aufgerufen. In ihr wird keine Variable deklariert und es wird aber versucht, auf eine Variable zuzugreifen, die *f* lautet. Sollte das ein Versuch sein, auf die lokale Variable *f* der *setup*-Funktion zuzugreifen, kann das nur scheitern, denn sie existierte lediglich innerhalb der *setup*-Funktion. Allenfalls könnte das ein Versuch sein, auf eine *lokale* oder *globale* Variable mit Namen *f* zuzugreifen. Doch die existiert ebenfalls nicht.

Absolut korrekt wiedergegeben. Kommen wir jetzt zu einem Diagramm, das Dir die Sichtbarkeit der globalen bzw. lokalen Variablen noch einmal vor Augen führt.

```
int xPos = 20, yPos = 30;

void setup()
{
  int breite = 20;              lokale Variable
  println(yPos);
  // ...                                              globale Variablen
}

void draw()
{
  int abs = 7;                  lokale Variable
  // ...
}
```

> Ok, verstanden. Was passiert aber, wenn ich eine *globale* und eine *lokale* Variable habe, die den gleichen Namen besitzen? Das müsste ja funktionieren, denn Eindeutigkeit muss lediglich in einem Anweisungsblock gegeben sein. Korrekt?

Das könnte natürlich so ablaufen, wie bei den beiden hier, oder?

Natürlich nicht! Hier wird nichts dem Zufall überlassen. Schau Dir dazu einmal den folgenden Code an:

```
int meinAlter = 25;

void setup()
```

```
{
  int meinAlter = 47;
  println(meinAlter);
}

void draw()
{
  // ...
}
```

Wenn Du das Programm startest, erhältst Du *keine* Fehlermeldung, was eindeutig belegt, dass eine *globale* und eine *lokale* Variable mit gleichlautendem Namen zulässig sind. Was denkst Du, wird Dir als Ausgabe im Nachrichtenfenster angezeigt? Also ich würde mir die **25** wünschen, doch siehe selbst ...

Also gut, es ist die **47**, die angezeigt wird. Wir können das das wie folgt zusammenfassen:

> Haben wir es mit einer globalen *und* einer lokalen Variablen mit *gleichem Namen* zu tun, so *überdeckt* die lokale Variable die globale.

> Das bedeutet also, dass ich in dem Fall nicht mehr auf eine gobale Variable zugreifen kann!? Auch wenn's unbedingt sein muss? Gibt's denn da keine Möglichkeit?

Ja nun, wenn's denn unbedingt sein muss, werde ich Dir ein Geheimnis anvertrauen: Es gibt sie! Schau Dir dazu den folgenden Quellcode an und sage mir, was ich geändert habe.

```
int meinAlter = 25;

void setup()
{
  int meinAlter = 47;
  println(this.meinAlter);
}

void draw()
{
  // ...
}
```

Das passt zwar im Moment noch nicht so ganz hier hin, doch Du wolltest es nicht anders. Das Schlüsselwort *this* mit dem nachfolgenden Punkt macht hier den Unterschied und lässt mich wieder jung werden. Die Ausgabe ist, oh Wunder, jetzt **25**. Ich komme später, wenn es um Objekte geht, noch einmal darauf zu sprechen. Lass Dir so viel gesagt sein, dass es sich bei dem Schlüsselwort *this* um eine *Referenz* auf das aktuelle *Objekt* handelt, was in unserem Fall das Hauptprogramm ist. So, jetzt aber Schluss damit!

Jetzt, wo ich soviel über *globale* und *lokale* Variablen erfahren habe, frage ich mich natürlich, warum wir nicht nur *globale* Variablen verwenden? Sie haben zu jeder Zeit ihre Gültigkeit und sind überall sichtbar. Keine Fehler mehr und alles ist in Butter!

Das ist auf den ersten Blick eine ganz natürliche Reaktion, doch lass Dir Folgendes gesagt sein und beherzige es:

Vermeide, wenn immer möglich, globale Variablen.

- Setze sie nur dann ein, wenn du z.B. Informationen funktionsübergreifend zur Verfügung stellen möchtest.
- Falls sie eingesetzt werden, besteht die Gefahr, dass sie an irgendeiner Stelle innerhalb einer Funktion versehentlich geändert werden. Die Fehlersuche gestaltet sich dann äußerst schwierig, wenn der Code sehr umfangreich geworden ist.

Nutze, wenn immer möglich, lokale Variablen.

- Der Code wird dadurch besser les- und wartbarer.

Die oben beschriebene Gefahr des unbeabsichtigten Änderns wird hier vermieden.

Magic Numbers

Vielleicht hast Du schon einmal von den *Magic Numbers* gehört. Diese *magischen Zahlen* schwirren in so manchem Quellcode der Programmierer herum und sorgen hier und da für viel Verwirrung. Womit haben wir es hier zu tun? Ganz einfach! Es handelt sich um irgendwelche kuriosen Werte, die sich an den unterschiedlichsten Stellen im Code befinden, und niemand weiß, was sie für eine Bedeutung haben. Da finden wir z.B. den Wert *42* in einer Abfrage. Wenn der Wert überschritten wird, soll dieses oder jenes passieren. Was er jedoch genau bedeutet, bleibt absolut im Unklaren. Besser wäre es, diesen Wert einer *sprechenden* Variablen zuzuweisen, die wir z.B. *dasLebenDasUniversumUndDerGanzeRest* nennen. Diejenigen, die jetzt noch mehr verwirrt sind, sollten vielleicht *Per Anhalter durch die Galaxis* lesen.

Systemvariablen

Du weißt jetzt, dass Variablen dazu genutzt werden, Informationen zu speichern, um sie später an einer anderen Stelle im Programm abzurufen oder zu ändern. Wenn wir zum Abschnitt über Interaktion kommen, bei dem es grob gesagt um Kommunikation mit der Anwendung geht, benötigen wir einige wichtige Daten von Processing, um auf diese entsprechend *reagieren* zu können. Um das ein wenig klarer zu machen, nehmen wir uns z.B. das Eingabegerät vor, das Du, wenn Du vor Deinem Computer sitzt, tagtäglich hin und her schubst – die *Maus*. Die Position der Maus wird im Computer bzw. in Processing in zwei Variablen abgelegt. Es handelt sich dabei um die X- bzw. Y-Koordinate innerhalb des Ausgabefensters, das Du ja schon kennst. Dabei handelt es sich nicht um beliebige Variablen, sondern solche mit einem speziellen *Status*. Es sind *Systemvariable*, die vom System *Processing* bereit gestellt werden. Damit jeder Processing-Programmierer sie einheitlich nutzten kann, sind ihre Namen natürlich vorgegeben – *fest verdrahtet*, wie man so schön sagt.

Mausposition

Zwei solcher Systemvariabelen seien hier schon mal genannt:

- *mouseX* (für die x-Koordinate)
- *mouseY* (für die y-Koordinate)

Wie wir mit diesen arbeiten, erfährst Du in Kürze.

Processing stellt eine Reihe weiterer *Systemvariablen* zur freien Verfügung bereit. Das erleichtert uns die Arbeit ungemein und wir werden in Zukunft sehr häufig von diesem Angebot profitieren. Was Du lediglich bedenken solltest, ist die Tatsache, dass die betreffenden Namen *reserviert* sind. Hinsichtlich der Namensvergabe Deiner eigenen Variablen solltest Du genauestens darauf achten, keine dieser reservierten Namen zu verwenden. Das Programm meldet u.U. zwar keinen Fehler, doch Du würdest Dich sicherlich wundern, warum Deine Anwendung nicht so reagiert, wie Du erwartest. Das augenscheinlichste Merkmal der *Systemvariablen* ist die Textfarbe, die ihnen von der Entwicklungsumgebung zugewiesen wird. Das ist einer der hilfreichsten Eigenschaften der *IDE*. System-

variablen werden in *blauer Farbe* dargestellt und als solche erkannt. Ich liefere Dir hier eine Liste mit einigen Systemvariablen, die Du im Laufe der Zeit sicherlich nutzten wirst.

Ausgabefensterdimensionen

Wenn Du Dein Programm entwickelst, überlegst Du Dir sicherlich zu Beginn, wie groß denn das Ausgabefenster sein sollte.

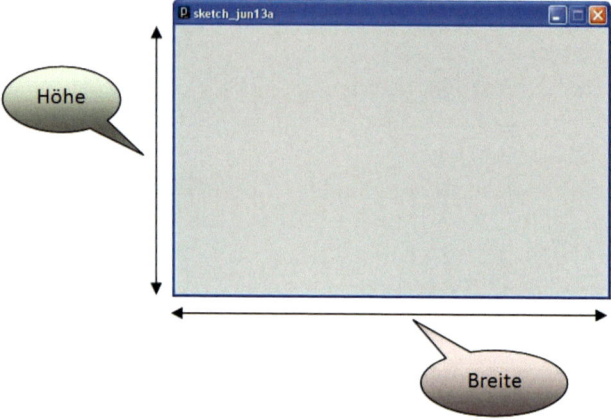

Mit der *size*-Anweisung legst Du die Dimensionen des Ausgabefensters fest:

```
void setup()
{
  size(600, 300);
  println("Breite: " + width + " Höhe: " + height);
}
```

Diese beiden Eigenschaften sind in den Systemvariablen

- *width*   (für die Breite)
- *height*   (für die Höhe)

hinterlegt. Schau Dir die Ausgabe im Nachrichtenfenster an.

Breite: 600 Höhe: 300

12

Kapitel 3: Variablen

Bildschirmdimensionen

Das Ausgabefenster mit seinen Dimensionen findet seinerseits seinen Platz auf dem Desktop, dessen physikalische Größe natürlich durch die Größe des Displays bzw. Monitors vorgegeben ist. Doch ich rede hier von der Bildschirmauflösung in Pixeln. Meine Einstellungen sind folgende:

Du kannst erkennen, dass die Bildschirmauflösung 1680x1050 Pixel beträgt. Auch diese Parameter kannst Du über zwei Systemvariablen abrufen.

◄ **Abbildung 3-4**
Anzeigeeigenschaften

- *screen.width*   (für die Breite)
- *screen.height*   (für die Höhe)

Wundere Dich nicht über die Schreibweise mit den zwei Wörtern, die durch einen Punkt (*Punktnotation* genannt) verbunden sind. Wenn wir zu dem Kapitel über Objekte gelangen, verstehst Du den Grund. Lass Dir zu diesem Zeitpunkt nur so viel sagen, dass wir es hier mit einem *screen*-Objekt zu tun haben, dass den Bildschirm repräsentiert. Dieses Objekt besitzt unterschiedliche *Eigenschaften*, z.B. die *Breite* und die *Höhe*. Es existieren noch weitere Systemvariablen, die ich aber – wenn es in den Zusammenhang passt - zu gegebener Zeit ansprechen möchte. Sei Dir sicher, dass ich sie nicht vergessen werde.

Mit Werten jonglieren

Nicht selten kommt es vor, dass sich Zahlenwerte nur innerhalb bestimmter Grenzen (*min*, *max*) bewegen dürfen, da sie ansonsten falsche Ergebnisse liefern oder vielleicht das Programm zum Absturz bringen würden. Soweit sollten wir es nicht kommen lassen, sondern eine entsprechende Vorsorge treffen.

Werte mit »constrain« begrenzen

Zu diesem Zweck steht die Funktion *constrain*, was übersetzt *beschränken* bedeutet bereit.

Ich will die Arbeitsweise mal folgendermaßen beschreiben: »Aus einem hereinströmenden Zahlenstrom werden nur die Werte durchgelassen, die den Beschränkungen entsprechen. Allen Werten, die drunter liegen, wird der *min-Wert* zugewiesen, alle darüber- liegenden Werte erhalten den *max-Wert*.« In diesem Gedränge werden nur Spieler mit den Rückennummern von 10 bis 15 durchgelassen. Was für eine Diskriminierung!

Im folgenden Beispiel wird die *x-Koordinate* der Mausposition auf bestimmte Werte, die sich innerhalb eines Bereiches befinden, beschränkt.

Die Syntax der *constrain*-Funktion sieht dann folgendermaßen aus:

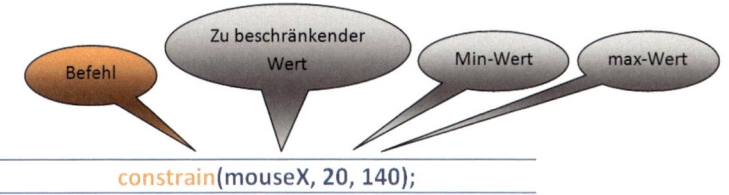

constrain(mouseX, 20, 140);

Die Aufgabe des folgenden Programms ist das Beschränken der *x-Koordinate* der Maus. Der rote Balken unterliegt keiner Beschränkung und kann sich frei auf der Horizontalen bewegen. Der gelbe bzw. der rote Balken sind hinsichtlich ihrer Bewegungsfreiheit eingeschränkt.

◄ **Abbildung 3-5**
Ausgangsposition
der drei farbigen Balken

Schauen wir uns die Bewegungen der Balken nach links einmal an.

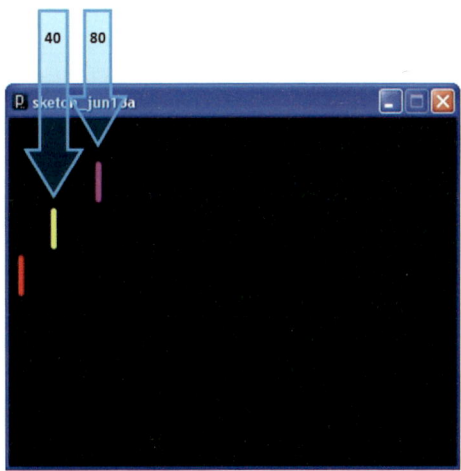

◄ **Abbildung 3-6**
Bewegungsbeschränkung
für gelb und lila

Rot kommt bis an den Rand, wohingegen *Gelb* nicht ganz folgen kann und *Lila* noch weiter zurückbleibt. Wenn Du die Ausgabe an der Vertikalen des Ausgabefensters spiegelst, erhältst Du das Erscheinungsbild beim Bewegen der Maus nach rechts.

Doch nun zum Code:

```
int xPos1, xPos2, xPos3;
void setup()
{
  size(400, 300);
  smooth(); strokeWeight(5);
}

void draw()
{
  background(0);
  xPos1 = mouseX;
  xPos2 = constrain(mouseX, 40, width - 40);
  xPos3 = constrain(mouseX, 80, width - 80);
  stroke(255, 0, 0);    // Rot
  line(xPos1, height/2, xPos1, height/2 - 30);
  stroke(255, 255, 0); // Gelb
  line(xPos2, height/2 - 40, xPos2, height/2 - 70);
  stroke(255, 0, 255); // Lila
  line(xPos3, height/2 - 80, xPos3, height/2 - 110);
}
```

Die wichtigen Zeilen, über die die Beschränkungen gesteuert werden, sind die drei folgenden:

```
...
  xPos1 = mouseX;
  xPos2 = constrain(mouseX, 40, width - 40);
  xPos3 = constrain(mouseX, 80, width - 80);
...
```

Die Variable *xPos1* wird in keiner Weise beschränkt und erhält die Zuweisung direkt von der Systemvariablen *mouseX*. Ganz anders sieht es für die Variable *xPos2* aus.

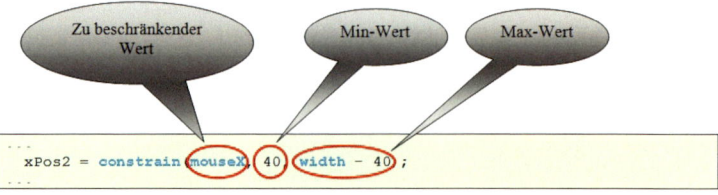

Die Beschränkung erfolgt für die Systemvariable *mouseX* angewendet und und wird dann der Variablen *xPos2* zugewiesen. Das Gleiche geschieht mit der Variablen *xPos3*.

Wertebereich mit »map« neu definieren

Es kann durchaus vorkommen, dass ein bestimmter Wertebereich für die weitere Verarbeitung zu groß ist und dadurch Probleme bei Berechnungen verursacht. Dennoch möchtest Du sein Wertespektrum (kleinster Wert, größter Wert) irgendwie abbilden. Zu diesem Zweck steht in Processing eine Funktion bereit, die ein vorhandenes Ausgangswertespektrum auf ein neues Wertespektrum abbildet.

Nehmen wir z. B. die Breite des Ausgabefensters als Ausgangsspektrum, die mit der Maus abgefahren werden kann. Die Breite wird in der Systemvariablen *width* abgespeichert. Der Wertebereich erstreckt sich also von 0 bis *width* und soll jetzt auf einen *kleineren* Wertebereich abgebildet werden. Halten wir folgende Anforderungen einmal fest:

- Fensterbreite = 400 Pixel
- Der neue Wertebereich soll sich von der horizontalen Fenstermitte aus gesehen jeweils 40 Pixel nach links bzw. rechts erstrecken, was einem neuen Wertebereich von 80 Pixeln entspricht

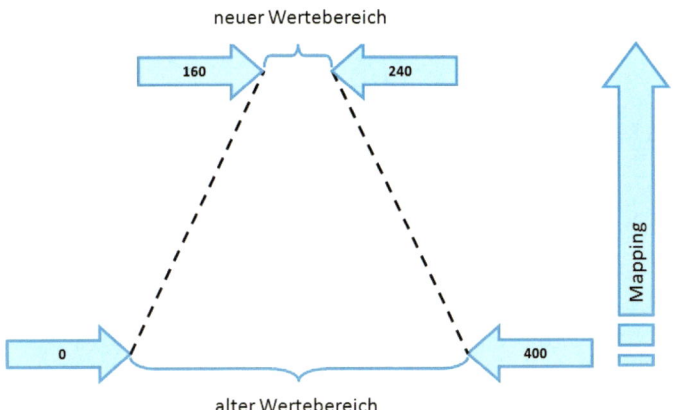

◀ **Abbildung 3-7**
»Alter« Wertebereich wird auf einen »neuen« gemappt

Die Wertebereiche berechnen sich wie folgt:

$$x_{min} = \frac{400}{2} - 40 = 160$$

$$x_{max} = \frac{400}{2} + 40 = 240$$

Die Syntax der *map*-Funktion sieht folgendermaßen aus:

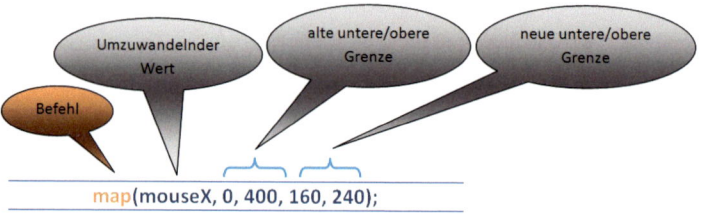

Schauen wir uns dazu ein Beispielprogramm an:

```
float xPos1, xPos2;
void setup()
{
  size(400, 300);
  smooth(); strokeWeight(5);
}

void draw()
{
  background(0);
  xPos1 = mouseX;
  xPos2 = map(mouseX, 0, width, width/2 - 40, width/2 + 40);
  stroke(255, 0, 0);    // Rot
  line(xPos1, height/2, xPos1, height/2 - 30);
  stroke(255, 255, 0); // Gelb
  line(xPos2, height/2 - 40, xPos2, height/2 - 70);
  println(xPos1 + " gemappt auf: " + xPos2);
}
```

Wenn Du das Programm startest, kannst Du über die horizontale Mausbewegung den roten Balken ungehindert bewegen. Die Bewegung des gelben Balkens wird jedoch eingeschränkt, da der Bereich der x-Position neu zugeordnet wurde.

```
...
  xPos2 = map(mouseX, 0, width, width/2 - 40, width/2 + 40);
...
```

Im Nachrichtenfenster kannst Du das *Mapping* der verschiedenen Werte nachverfolgen:

```
270.0 gemappt auf: 214.0
246.0 gemappt auf: 209.2
208.0 gemappt auf: 201.6
67.0 gemappt auf: 173.4
34.0 gemappt auf: 166.8
1
```

◀ **Abbildung 3-8**
Anzeige des Mappings der
horizontalen Mausposition

Werfen wir einen Blick auf die beiden Extremwerte *Linksanschlag* bzw. *Rechtsanschlag*:

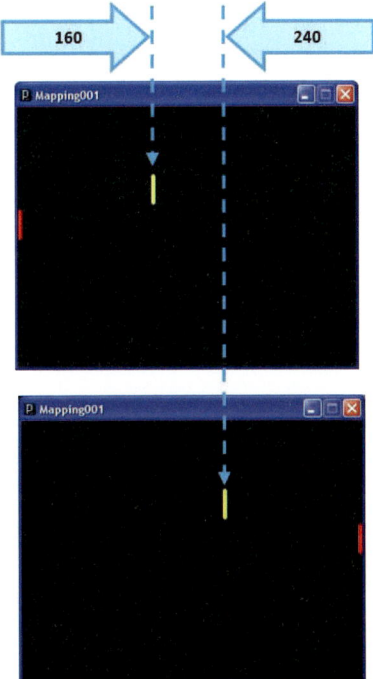

Der rote Balken kann sowohl bis zum linken als auch bis zum rechten Anschlag ausgedehnt werden. Seine Bewegungsfreiheit ist nicht eingeschränkt.

Der gelbe Balken hingegen kann sich nur über einen kleineren Bereich erstrecken. Wir können aber feststellen, dass er sich ebenfalls bewegt, wenn der rote Balken seine Reise startet. Er stockt also nicht an irgendeiner Stelle. Von unserem Blickwinkel sieht es fast so aus, als ob sich der gelbe Balken weiter entfernt von uns befindet, als der rote, wodurch ein gewisser räumlicher Eindruck entsteht.

Extremwerte mit »min« und »max« ermitteln

Ein *Minimum* bzw. ein *Maximum* sind *Extremwerte* in der Mathematik oder Datenverarbeitung und in vielen Berechnungen kann es erforderlich sein, den kleinsten bzw. den größten Wert aus einer Menge von Zahlen zu ermitteln. Angenommen, wir haben es mit einer Messreihe bezüglich der Außentemperatur zu tun und werden mit 1440 Werten konfrontiert, die jede Minute und zwar über einen Zeitraum von 24 Stunden aufgenommen wurden. Natürlich ist es bei der Analyse wichtig, einen Blick auf die Extremwerte, sprich *Minimum* bzw. *Maximum*, zu werfen. Zu welcher Zeit war es am kältesten bzw. am wärmsten. Daraus können bestimmte Schlussfolgerungen gezogen werden, die bei weiteren Untersuchungen hilfreich sein können.

Abbildung 3-9 ▶
Darstellung einer Temperatur-
verlaufskurve mit Minimum
und Maximum

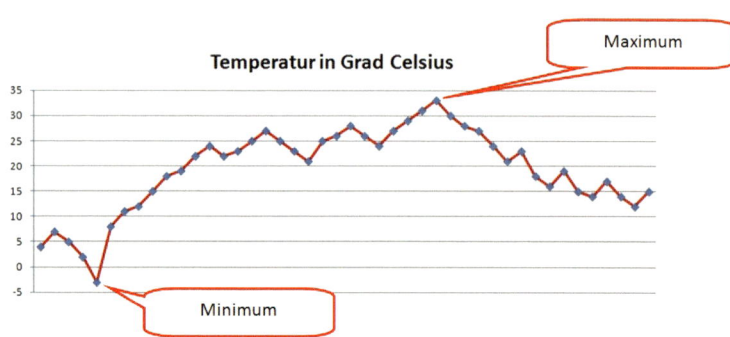

WER IST DER KLEINSTE UND WER DER GRÖßTE VON EUCH?

Processing stellt uns zu diesem Zweck zwei Funktionen zur Verfügung, die die entsprechenden Extremwerte aus einer Menge von Zahlen ermitteln.

Zur Ermittlung des *Minimum*:

Variante für zwei Werte: Variante für drei Werte:

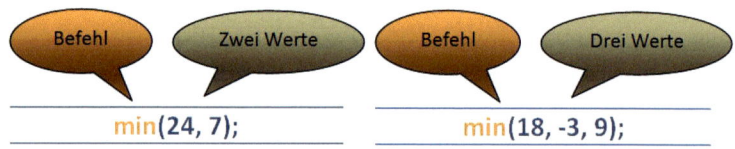

Zur Ermittlung des *Maximum*:

Variante für zwei Werte: Variante für drei Werte:

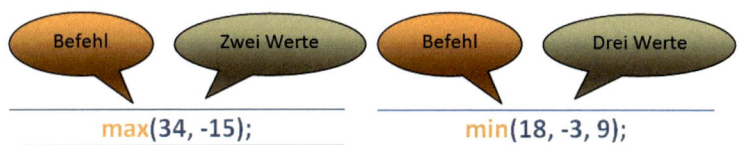

Haben wir denn auch Versionen, wo ich vier oder fünf Werte übergeben kann? Wo ist denn da Schluss?

Nein, eine Variante mit *vier* oder *fünf* Werten gibt es nicht. Aber es
besteht eine andere Möglichkeit, eine fast unbegrenzte Anzahl von
Werten zu übergeben. Du musst Dich leider bis zum Kapitel über
Arrays gedulden, denn dort werde ich näher auf dieses Thema eingehen. Die übergebenen Argumente können sowohl vom Datentyp
int als auch vom Datentyp *float* sein. Der Ergebnisdatentyp wird
den Datentypen der Argumente angepasst.

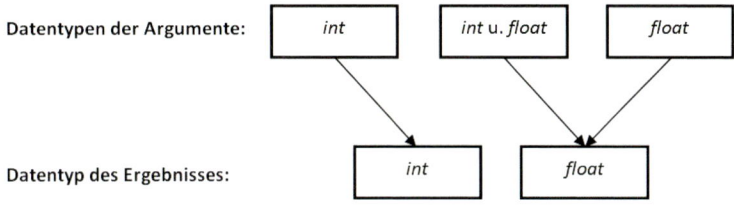

Schauen wir uns dazu ein paar Beispiele an.

```
// -- Minimum
int   ergebnis1 = min(14, 9);      // ergebnis1 = 9
int   ergebnis2 = min(34, -3, 12); // ergebnis2 = -3
float ergebnis3 = min(9.3, 4.6);   // ergebnis3 = 4.6
float ergebnis4 = min(12.01, 8);   // ergebnis4 = 8.0
int   ergebnis5 = min(3, 4.03);    // Fehler, da Ergebnis vom Datentyp
                                   // float ist
// -- Maximum
int   ergebnis6 = max(14, 9);      // ergebnis6 = 14
int   ergebnis7 = max(34, -3, 12); // ergebnis7 = 34
float ergebnis8 = max(9.3, 4.6);   // ergebnis8 = 9.3
float ergebnis9 = max(12.01, 8);   // ergebnis9 = 12.01
```

Runden mit »round«

In der Mathematik bedeutet *Runden* eine mathematische Operation, bei der z.B. bei Dezimalzahlen vorhandene Stellen gekürzt werden. Wir unterscheiden dabei

- abrunden
- aufrunden

Es wird *abgerundet*, wenn auf die letzte beizubehaltende Ziffer der Werte *0, 1, 2, 3* oder *4* folgt. Beim *Aufrunden* wird der Wert *1* zur letzten beizubehaltenden Ziffer addiert, wenn diesem Wert *5, 6, 7, 8* oder *9* folgt. Natürlich entsteht durch das *Runden* immer ein sogenannter *Rundungsfehler*, weil nicht alle vorhandenen Dezimalstellen in die weiteren Berechnungen einfließen. Der Rundungsfehler wird umso größer, je mehr mit gerundeten Zahlen weitergerechnet wird. Die mathematische Operation des Rundens wird mit der *round*-Funktion durchgeführt und liefert immer eine Zahl des Datentyps *int* zurück.

Schauen wir uns dazu ein paar Beispiele an:

```
// -- Durchzuführende Rundungen
int    ergebnis1  = round(7.0); // ergebnis1  = 7
int    ergebnis2  = round(7.1); // ergebnis2  = 7
int    ergebnis3  = round(7.2); // ergebnis3  = 7
int    ergebnis4  = round(7.3); // ergebnis4  = 7
int    ergebnis5  = round(7.4); // ergebnis5  = 7
int    ergebnis6  = round(7.5); // ergebnis6  = 8
int    ergebnis7  = round(7.6); // ergebnis7  = 8
int    ergebnis8  = round(7.7); // ergebnis8  = 8
int    ergebnis9  = round(7.8); // ergebnis9  = 8
int    ergebnis10 = round(7.9); // ergebnis10 = 8
```

Casting

4

Hast Du einmal eine Variable eines bestimmten Datentyps deklariert, dann ist es nicht mehr möglich, den Datentyp zu ändern. Sie Dir folgenden Code einmal an, bei dem eine Variable einer anderen zugewiesen wird. Beide haben jedoch einen unterschiedlichen Datentyp:

```
void setup()
{
  long entfernung = 5623678L;
  int b = entfernung; // Fehler!!!
  println(b);
}
```

Beachte auf jeden Fall das Suffix *L* am Ende des Literals!

Was wollen wir erreichen?

- Deklarierung der Variablen *entfernung* vom Datentyp *long* und Initialisierung mit einem *long*-Wert

- Deklarierung der Variablen *b* vom Datentyp *int* und Initialisierung mit dem Wert, der in der Variablen *entfernung* gespeichert ist

Die Frage, die wir uns stellen sollten ist folgende: »Kann das funktionieren, da ja die Variable *entfernung* des Datentyps *long* über eine Datenbreite von 8 Byte verfügt, wohingegen die Variable b des Datentyps *int* lediglich mir einer Datenbreite von 4 Byte aufwarten kann?«

Die Fehlermeldung lässt nicht lange auf sich warten:

Das bedeutet, dass nicht so ohne Weiteres vom Datentyp *long* in *int* konvertiert werden kann. Jedenfalls nicht *implizit*, so dass der Compiler eine solche Konvertierung *automatisch* durchführen könnte. Wenn ich sage: »Nicht so ohne Weiteres...«, dann bedeutet dies, dass es doch noch eine Möglichkeit gibt. Das sogenannte *Casting* ermöglicht eine *explizite Typkonvertierung* während der Zuweisung an eine Variable. In der nachfolgenden Abbildung siehst Du den *Cast-Operator* bei seiner Arbeit.

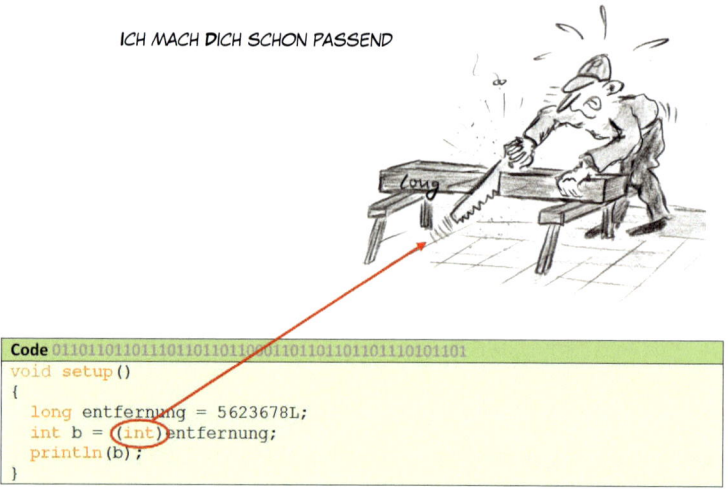

ICH MACH DICH SCHON PASSEND

```
Code 0110110110111011011011001101101101101110101101
void setup()
{
  long entfernung = 5623678L;
  int b = (int)entfernung;
  println(b);
}
```

Die Syntax schreibt vor, dass der Ziel-Datentyp, in den konvertiert werden soll, unmittelbar vor die Variable mit dem ursprünglichen Datentyp gesetzt werden muss. Dabei muss er in runden Klammern eingeschlossen werden.

(Zieldatentyp)Variable

Durch das Hinzufügen von *(int)*, also dem gewünschten Datentyp, wird eine *explizite Typkonvertierung*, auch *Casting* genannt, erzielt. Dieses Verfahren führt der Compiler allerdings nicht automatisch, also *implizit* durch. Dies liegt darin begründet, dass ein möglicher Datenverlust vermieden werden soll. Wir müssen eine solche Konvertierung also schon auf *unsere* Kappe nehmen und sie ausdrücklich anfordern. Bewegen wir uns jedoch nun in die andere

Richtung, also eine Konvertierung von einer kleineren Datenbreite zu einer größeren. Hier hat der Compiler keine Probleme und kann sie in Eigenregie durchführen.

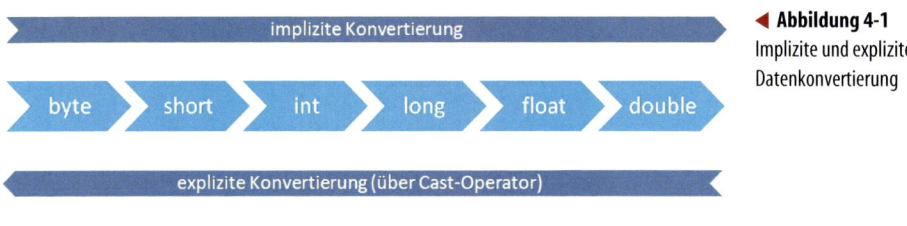

◀ **Abbildung 4-1**
Implizite und explizite Datenkonvertierung

Stopp, stopp! Ich habe zu der expliziten Typkonvertierung eine Frage. Mal angenommen, ich konvertiere von *short* nach *byte*. Wie habe ich mir da einen Datenverlust vorzustellen und warum kommt es dazu?

Hier müssen wir uns natürlich auf die Bit-Ebene begeben, also die Ebene, auf der der sich 1 und 0 *Gute Nacht* sagen. Schau Dir folgenden Code an:

```
void setup()
{
  short s = 1377;
  byte b = (byte)s;
  println(b);
}
```

Die Variable *s* ist vom Datentyp *short* und wurde mit der Zahl *1377* initialisiert. In der nächsten Zeile bekommen wir es mit einer *expliziten Typkonvertierung* zu tun, wie Du an *(byte)s* unschwer erkennen kannst. Die Variable *s* wird gezwungen, ihren Wert an die Variable *b* vom Datentyp *byte* zu übergeben. Das kann ja eigentlich nur schief gehen, da die Datenbreite von *short* 2 Byte und die von *byte* lediglich 1 Byte beträgt. Die beiden Wertebereiche sind vollkommen unterschiedlich und die Variable *s* mit dem Wert 1377 passt sicher nicht in *b* mit einem maximalen Wert von 127:

- *short* (-32768 bis 32767)
- *byte* (-128 bis 127)

Schauen wir uns – wie schon angedroht – die ganze Sache mal auf Bit-Ebene an:

Durch die Typkonvertierung werden beim *short*-Wert einfach die linken höherwertigen 8-Bit abgeschnitten. Sie kommen im wahrsten Sinn des Wortes **in die Tonne** und was übrig bleibt, ist das Ergebnis, das der Variablen vom Datentyp *byte* zugewiesen wird.

Wir wollen uns nun mal anschauen, wie es denn bei der Konvertierung von Fließkommazahlen in Ganzzahlen aussieht. Die Problematik ist hier ganz ähnlich gelagert. Zwar besitzen beide Datentypen eine Datenbreite von 4 Byte, doch der eine weist einen Dezimalanteil auf, den der andere nicht hat. Schau Dir noch einmal die *implizite Konvertierung* an:

Eine Konvertierung von *float* nach *int* funktioniert nur über eine *explizite Typkonvertierung*. Dies bedeutet, dass der Nachkommateil der Fließkommazahl bei der Konvertierung wegfällt.

```
void setup()
{
  float f = 23.987;
  int i = (int)f;
  println(i);
}
```

Das Ergebnis ist **23** und es wird *nicht* gerundet.

Konstanten

5

Das Gegenteil von *variabel* ist *konstant*. Wenn Du sicher gehen möchtest, dass eine Kenngröße in der Anwendung in *Stein gemeißelt*, also unveränderbar ist, kannst Du Konstanten verwenden. Wenn diese einmal *deklariert* und *initialisiert* sind, kann ihr Inhalt nicht mehr verändert werden. Hierzu dient der Zusatz *static final* vor der Angabe des Datentyps.

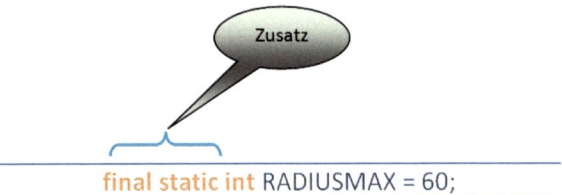

Es hat sich übrigens eingebürgert, dass Konstantennamen *GROSS-GESCHRIEBEN* werden. Du erinnerst Dich sicher, dass wir schon mehrfach mit *Konstanten* in Berührung gekommen sind.

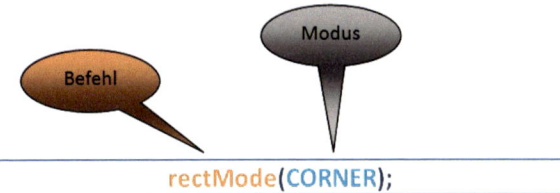

Processing stellt uns eine große Anzahl von Konstanten zur Verfügung. Ist jetzt wieder alles klar!? In diesem Zusammenhang erinnere ich Dich noch einmal die *Magic Numbers*. Hinter den Kulissen arbeitet Processing natürlich mit numerischen Werten. Der Code ist aber doch für Dich und andere so viel lesbarer, als wenn dort vielleicht **rectMode**(0) stünde. Denn dies ist der Wert, der sich hinter der Konstanten verbirgt. »Doch was bedeutet bloß der Parameter 0 ??« Du gibst mir sicher Recht, dass **CORNER** doch sofort ins Auge sticht! Es soll ja Programmierer geben, die mit voller Absicht ihren Code derart kryptisch verfassen, dass kein anderer den Code zu lesen bzw. zu verstehen vermag. Ich denke, dass Du das sicherlich nicht möchtest – oder!?

Wenn es um Konstanten geht, musst Du zwei Dinge unbedingt beherzigen:

- Konstanten müssen in der Deklarationszeile *initialisiert* werden.
- Konstanten können nicht neu initialisiert werden.

Schauen wir uns dazu mal den folgenden Code an:

```
final static int meineVariable = 10; // Korrekt
final static int deineVariable;      // Initialisierung fehlt!!!

void setup()
{
  meineVariable = 17; // auch nicht korrekt, da Reinitialisierung!!
}
```

Das Programm enthält zwei entscheidende Fehler.

1. In der zweiten Zeile wird eine Konstante deklariert, doch in derselben Codezeile muss die Initialisierung mit einem Wert erfolgen.

Die Fehlermeldung lautet:

> The blank final field deineVariable may not have been initialized

Übersetzt bedeutet dies, dass die als *final* deklarierte Variable, die durch den angefügten Zusatz zur Konstanten wird, nicht initialisiert wurde. Das ist jedoch auf jeden Fall erforderlich.

2. In der *setup*-Funktion wird versucht, einer Konstanten einen neuen Wert zuzuweisen. Eine Reinitialisierung ist nicht zulässig.

Die Fehlermeldung lautet:

> The final field sketch_jun22a.meineVariable cannot be assigned

Die Übersetzung lautet in etwa, dass die Konstante *meineVariable* nicht erneut initialisiert werden kann. Die Reinitialisierung einer Konstanten ist nicht zulässig.

Vielleicht wunderst Du Dich über die Schreibweise *sketch_jun22a.meineVariable*. In einer solchen Zeichenfolge kann der eigentliche Name der Konstanten schon mal untergehen. Der Name, der vor der Konstanten aufgelistet ist, weist auf den Sketchnamen hin und beide sind durch einen Punkt miteinander verbunden. Du musst also bei manchen Fehlermeldungen schon etwas genauer hinschauen. Es gibt eine gewisse Neigung, die Fehlermeldungen nicht genau zu lesen. »Schlimm genug, dass der Sketch nicht läuft! Und da soll man noch die Ruhe bewahren und alles genau lesen!? Das ist zuviel!«

MEIN GOTT! EIN FEHLER! MEIN HERZ! WO SIND MEINE PILLEN?

Operatoren

6

Nachdem Du so viel über Variablen erfahren hast, ist es an der Zeit, nun auch ein wenig mit ihnen zu arbeiten. Ich zeige Dir, was Du mit den Daten so alles anstellen kannst. Processing stellt, genau wie jede andere Programmiersprache, diverse *Operatoren* bereit. Durch einen *Operator* teilen wir dem Compiler mit, auf welche Weise mit den Daten verfahren werden soll. Die Operatoren sind hierbei in einzelne Kategorien unterteilt:

- Zuweisungsoperator
- Arithmetische Operatoren
- Inkrement- und Dekrement Operatoren
- Vergleichsoperatoren
- Logische Operatoren

Zuweisungsoperator

Den Zuweisungsoperator = hast Du ja schon mehrfach gesehen. Mit ihm können wir einer Variablen einen *Wert* oder einen *Ausdruck zuweisen*. Bei einer Zuweisung wird das, was auf der rechten Seite des Zuweisungsoperators steht, der Variablen auf der linken Seite zugewiesen. Ein *Ausdruck* ist dabei ein Konstrukt, das einen Wert zurückliefert. Die Syntax hierfür lautet folgendermaßen:

```
<variable> = Wert;
```

oder

```
<variable> = <ausdruck>;
```

Beispiel:

```
int breiteRechteck, laengeRechteck, flaecheRechteck;
void setup()
{
  // Wertezuweisungen
  breiteRechteck = 20; laengeRechteck = 70;
  // Ausdruckszuweisung
  flaecheRechteck = breiteRechteck * laengeRechteck
}
```

Arithmetische Operatoren

Folgende arithmetische Operatoren stehen zur Verfügung:

Operator	Operation	Bedeutung
+	Addition	*wert1 + wert2* berechnet die Summe von zwei Werten
-	Subtraktion	*wert1 - wert2* berechnet die Differenz von zwei Werten
*	Multiplikation	*wert1 * wert2* berechnet das Produkt von zwei Werten
/	Division	*wert1 / wert2* berechnet den Quotienten von zwei Werten
%	Modulo	wert1 % wert2 berechnet den Restwert von zwei Werten

```
void setup()
{
  // Addition
  println(17 + 4); // 21
  // Subtraktion
  println(50 - 8); // 42
  // Multiplikation
  println(11 * 2); // 22
  // Division
  println(17 / 6); // 2 Oops!!!
  // Modulo
  println(5 % 2);  // 1 Mhmm!?
}

void draw()
{
  // ...
}
```

Scheint nicht alles sofort klar zu sein, oder!? Die ersten drei Berechnungen sind ja simpel. Doch was danach kommt, macht einen schon stutzig, nicht wahr? Wenden wir uns zuerst der Division 17 / 6 zu. Da soll als Ergebnis 2 herauskommen? Eigentlich hätten wir doch so etwas wie 2.8333333 erwartet. Ein bekanntes Problem, nicht wahr.

Beide Werte, 17 und 6 werden als *Ganzzahlliterale* angesehen. Das Ergebnis ist wieder eine Ganzzahl, bei dem der Nachkommaanteil unter den Tisch fällt. Wenn Du das korrekte Ergebnis berechnen wolltest, müsstest Du einen Wert als Fließkommaliteral angeben. Also 17.0 wäre da als Beispiel ok. Probiere also einmal 17.0 / 6 aus. Das Ergebnis ist dann 2.8333333.

Treffen *unterschiedliche* Datentypen bei einer Operation aufeinander, werden *vor* der Operation alle Operanden auf den größeren Datentyp konvertiert.

Nun zur *Modulo-Division*. Es wird als Ergebnis der Restwert berechnet. Wie oft passt die Zahl 2 in die Zahl 5 hinein? Genau 2 mal. Das bedeutet, dass 2 * 2 = 4 ist. Bis zur 5 fehlt dann ein Rest von genau 1. Dieser Restwert stellt das Ergebnis dar. Aber schaue Dir dazu das folgende Diagramm an. Die Beispielaufgabe soll folgendermaßen lauten:

16 % 6 = ?

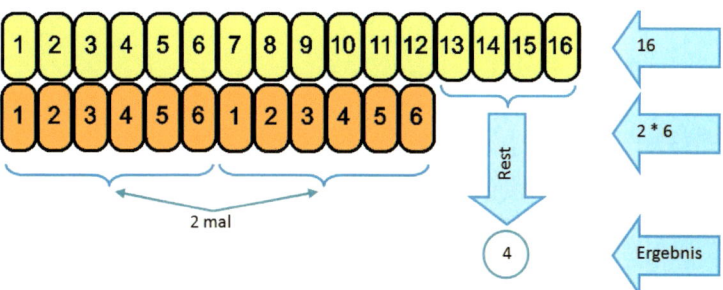

Du siehst, dass der Wert 6 genau zweimal in die 16 passt. Beim dritten Mal würde rechts etwas überhängen. Wie Du siehst, bleiben dann 4 Felder übrig, was genau dem Rest der *Modulo*-Division entspricht.

Hier ein kleiner Tipp für den Umgang mit dem *Modulo*-Operator:

Wenn du ermitteln willst, ob eine Zahl durch eine andere teilbar ist, dann überprüfe den Rest auf den Wert 0. Ist das der Fall, sind die beiden Werte teilbar.

Also z.B.: Ist *612 durch 17* teilbar?

Schreibe 612 % 17 und überprüfe das Ergebnis auf 0. Wie eine derartige Abfrage realisiert wird, kommt im Kapitel über die *Bedingungen*.

Inkrement- bzw. Dekrement-Operatoren

In der Programmierung gibt es unzählige Einsatzgebiete, wenn es darum geht, irgendetwas zu zählen. Versuche Dich noch einmal zu erinnern, was Du schon bezüglich der *draw*-Funktion gelernt hast. Schau Dir die entsprechenden Zuständigkeiten beim Programmfluß einmal an:

Hier erfolgt gerade die kontinuierlichen Abarbeitung des Anweisungsblocks, der sich innerhalb der *draw*-Funktion befindet. Wir haben es hier quasi mit einer *Endlosschleife* zu tun. Möchtest anzeigen, wie oft die Schleife schon durchgelaufen ist? Dies können wir mit einem Zähler bzw. einer Zählvariablen realisieren. Dabei handelt es sich um eine stinknormale Variable des ganzzahligen Datentyps *int*, die bei jedem Durchlauf um den Wert 1 erhöht wird.

```
// ...
int zaehler;
zaehler = zaehler + 1;
// ...
```

Es wird eine Ganzahlvariable, hier *int*, deklariert und um den Wert 1 erhöht. Dem Inhalt der Variablen *zaehler* wird der Inhalt der Variablen *zaehler plus den Wert 1* zugewiesen.

Die Frage, die Du Dir stellen solltest, ist folgende: »Deklariere ich eine *lokale* oder eine *globale* Variable?«

> Das ist einfach. Ich deklariere sie einfach dort, wo sie benötigt wird: in der *draw*-Funktion selber.

Ok, dann zeige mir bitte den Quellcode, den Du Dir dafür ausgedacht hast. Hast Du Dir auch wirklich genug Gedanken darüber gemacht? Na hoffentlich!

```
void setup()
{
  // ...
}

void draw()
{
  int schleifendurchlaufZaehler;
  schleifendurchlaufZaehler = schleifendurchlaufZaehler + 1;
  println("Durchlauf: " + schleifendurchlaufZaehler);
}
```

In diesem Ansatz sind gleich zwei Fehler zu finden. Zum Einen müssen *lokale Variablen* vor der Verwendung immer initialisiert werden. Die Fehlermeldung lautet in diesem Fall

```
The local variable schleifendurchlaufZaehler may not have been initialized
```

und gibt eindeutig an, dass die lokale Variable *schleifendurchlauf-Zaehler* nicht initialisiert wurde. Zum Anderen wird eine lokale Variable nach der Abarbeitung der Funktion aus dem Speicher gelöscht. Daher gäbe es hier niemals eine Schleifenvariable, deren Wert bei jedem Durchlauf um 1 erhöht wird. Du musst in solchen Fällen mit einer *globalen Variablen* arbeiten.

```
int schleifendurchlaufZaehler; // globale Variable

void setup()
{
  // ...
}

void draw()
{
  schleifendurchlaufZaehler = schleifendurchlaufZaehler + 1;
  println("Durchlauf: " + schleifendurchlaufZaehler);
}
```

Jetzt siehst Du die korrekte Ausgabe im Nachrichtenfenster:

◀ **Abbildung 6-1**
Inkrementieren der globalen Variablen

Für die Schreibweise

```
zaehler = zaehler + 1;
```

existiert in Processing wie auch unter Java oder C++ eine Kurz-schreibweise.

```
zaehler++;
```

Analog zur Erhöhung (Inkrementierung) um den Wert 1 gibt es die Verminderung (Dekrementierung) um den Wert 1, die mit der folgenden Anweisung erzielt wird:

```
zaehler--;
```

Doch schau Dir jetzt folgende Anweisung einmal genauer an. Diesmal steht die *Inkrement*-Anweisung nicht alleine in einer Zeile, sondern ist Bestandteil eines Ausdrucks.

```
void setup()
{
  int startwert = 41;
  int ergebnis = startwert++;
  println(ergebnis);
}

void draw()
{
  // ...
}
```

Im Nachrichtenfenster wird *41* angezeigt, obwohl Du vielleicht *42* erwartet hast – stimmt's!? Das hat natürlich ganz bestimmte Gründe:

- Die Variable *startwert* wird mit dem Wert *41* initialisiert
- Die Variable *ergebnis* in der nächsten Zeile wird mit der Variablen *startwert* initialisiert. Du musst dabei von *links* nach *rechts* vorgehen. Ich stelle das mal ein wenig vergrößert dar:

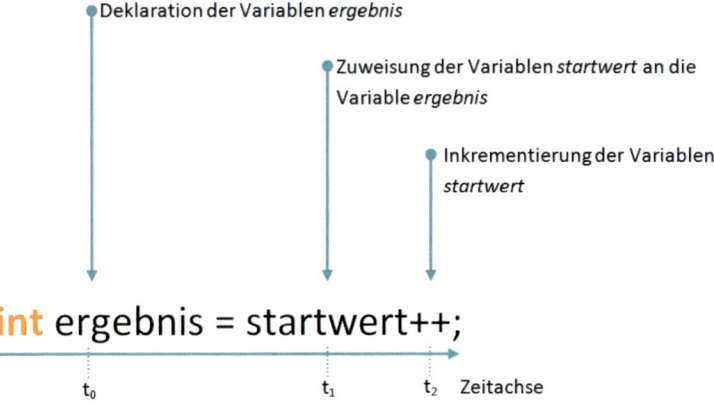

Kapitel 6: Operatoren

> Du würdest das Ganze doch nicht so detailliert erklären, wenn's nicht doch eine Lösung geben würde, damit 42 als Ergebnis angezeigt wird. Also, spann mich nicht so auf die Folter …

Um das gewünschte Ergebnis zu erzielen, musst Du folgendes berücksichtigen. Es gibt zwei unterschiedliche Notationen:

- *Präfix*-Notation
- *Postfix*-Notation

Je nachdem, ob Du den Operator *vor* oder *hinter* den Variablennamen setzt, hast Du ein abweichendes Verhalten.

Das Beispiel, das ich Dir eben gezeigt habe, fällt also in die Kategorie *Postfix*-Notation. Der Operator wird in diesem Fall *nach* der Auswertung des Ausdrucks ausgeführt. Soll die Ausführung *vor* der Auswertung erfolgen, muss eine *Präfix*-Notation zur Anwendung kommen.

Operator	Operation	Bedeutung
++	Inkrement	Inkrement-Operator für *Präfix*- bzw. *Postfix*-Notation
		Platzieren des Operators ++ vor eine Variable: *Präfix*-Notation (++i)
		Platzieren des Operators ++ hinter eine Variable: *Postfix*-Notation (i++)
--	Dekrement	Dekrement-Operator für *Präfix*- bzw. *Postfix*-Notation
		vor eine Variable: *Präfix*-Notation (--i)
		hinter eine Variable: *Postfix*-Notation (i--)

Vergleichsoperatoren

Liegt eine *Vergleichsoperation* vor, werden zwei Operanden miteinander verglichen und in der Auswertung ein Wahrheitswert in Form von *true* (wahr) oder *false* (falsch) zurückgeliefert. Als ich Dir die unterschiedlichen Datentypen von Processing vorgestellt habe, hast Du bereits einen solchen Vergleichsoperator kennengelernt, der *zwei* logische Zustände annehmen kann. Der Typ *boolean* kennt nur *true* (wahr) oder *false* (falsch). Es ist wie im richtigen Leben, in dem wir tagtäglich Entscheidungen bezüglich bestimmter Sachverhalte treffen. Schau Dir die folgenden Beispiele an, damit Du siehst, was ich damit meine:

SCHEISSWETTER   Aussage: *true (wahr)*

DAS *ALLES* MUSS ICH LESEN,   Aussage: *false (falsch)*
DAMIT ICH IN *PROCESSING*
PROGRAMMIEREN KANN!?

Kommen wir jetzt zu den einzelnen Operatoren. In der betreffenden Fachliteratur findest Du auch gelegentlich die Bezeichnung *Relationale Operatoren*.

Operator	Operation	Bedeutung
==	Gleichheit	(x == y) Liefert *true* zurück, wenn beide Operanden *gleich* sind
!=	Ungleichheit	(x != y) Liefert *true* zurück, wenn beide Operanden *ungleich* sind
<	Kleiner	(x < y) Liefert *true* zurück, wenn Operand x *kleiner* Operand y ist
>	Größer	(x > y) Liefert *true* zurück, wenn Operand x *größer* Operand y ist
<=	Kleiner gleich	(x <= y) Liefert *true* zurück, wenn Operand x *kleiner gleich* Operand y ist
>=	Größer gleich	(x >= y) Liefert *true* zurück, wenn Operand x *größer gleich* Operand y ist

Das folgende Beispielprogramm liefert ein paar Antworten im Hinblick auf Vergleichsoperationen:

```
int wert1 = 25;
int wert2 = 30;
boolean ergebnis;

void setup()
{
  println("Zu vergleichende Werte: " + wert1 + " und " + wert2);
  // Überprüfung auf Gleichheit
  ergebnis = wert1 == wert2;
  println("Gleichheit ?: " + ergebnis);
  // Überprüfung auf Ungleichheit
  ergebnis = wert1 != wert2;
  println("Ungleichheit ?: " + ergebnis);
  // Überprüfung auf Größer
  ergebnis = wert1 > wert2;
  println("Größer ?: " + ergebnis);
  // Überprüfung auf kleiner
  ergebnis = wert1 < wert2;
  println("Kleiner ?: " + ergebnis);
}
```

Die Ausgabe dazu lautet:

```
Zu vergleichende Werte: 25 und 30
Gleichheit ?: false
Ungleichheit ?: true
Größer ?: false
Kleiner ?: true
```

◀ **Abbildung 6-2**
Ausgabe der Ergebnisse
der Vergleichsoperationen

> Du überforderst mich im Moment aber ganz schön! Was soll denn bitte z.B. ergebnis = wert1 == wert2; bedeuten???

In dieser und den anderen Zeilen findet eine Zuweisung an eine Variable des Datentyps *boolean* statt. Doch direkt hinter dem Zuweisungsoperator = befindet sich eine Variable des Datentyps *int*. Wie soll denn da eine Zuweisung stattfinden? Etwa durch eine Konvertierung von *int* nach *boolean*? Das ist jedoch nicht möglich. Und dann ist da noch ein Vergleichsoperator mit einer weiteren Variablen aufgeführt.

Bei genauerer Betrachtung ist die Antwort recht einfach. Vergleichsoperatoren haben eine größere Priorität als der Zuweisungsoperator.
Aus diesem Grunde wird die Vergleichsoperation im ersten Schritt
ausgewertet und das Ergebnis im zweiten Schritt der Variablen
ergebnis zugewiesen.

Logische Operatoren

Wenn Du überprüfen musst, ob bestimmte Werte sich innerhalb
eines bestimmten Bereichs (*Range*) befinden, sind zwei spezielle
Werte zu berücksichtigen. Es gibt eine *Untergrenze*, die nicht unter-
schritten und eine *Obergrenze*, die nicht überschritten werden darf,
damit wir sagen können: »Es ist alles im grünen Bereich.«

> Eine gute Flasche Wein könnte ich mir heute mal gönnen. Es darf
> kein Fusel sein, also 10 Euro sollte er schon kosten. Aber mehr als 20
> Euro möchte ich auch nicht ausgeben. Ich denke, dass ich was Pas-
> sendes finden werde.

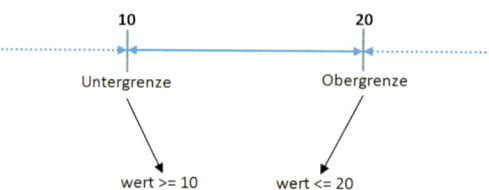

Wie bringen wir jetzt aber beide Grenzwerte unter einen Hut? Mit
Hilfe von *Logischen Operatoren* kannst Du Vergleichsoperationen
in einem Ausdruck zusammenfassen. In unserem Fall müssen beide
Bedingungen x>=10 *und* x<=20 *wahr* sein, damit der Gesamtaus-
druck *wahr* ist. Zu diesem Zweck nutzen wir den logischen *Und-
Operator &&* und formulieren die Bedingung folgendermaßen:

(x>=10) && (x<=20)

Wie Du sicherlich erkennst, sind beide Teilausdrücke jeweils mit
einem Klammerpaar versehen worden, da der *Und-Operator &&*
die einzelnen Ausdrücke als Ganzes erkennen soll. Doch jetzt zu
einem kleinen Beispielprogramm:

```
int preis; // Preis für eine gute Flasche Wein

void setup()
{
  println("Bereich 10 bis 20");
  preis = 9;
  println("Ergebnis für: " + preis + " " + ((preis>=10)&&(preis<=20)));
  preis = 10;
  println("Ergebnis für: " + preis + " " + ((preis>=10)&&(preis<=20)));
  preis = 15;
  println("Ergebnis für: " + preis + " " + ((preis>=10)&&(preis<=20)));
  preis = 20;
  println("Ergebnis für: " + preis + " " + ((preis>=10)&&(preis<=20)));
  preis = 21;
  println("Ergebnis für: " + preis + " " + ((preis>=10)&&(preis<=20)));
}
```

Dann eilen wir mal zur Ausgabe:

◀ **Abbildung 6-3**
Ausgabe der Ergebnisse der Vergleichsoperation mit logischen Operatoren

Abschließend zu diesem Thema liefere ich Dir natürlich noch die komplette Auflistung aller *logischen Operatoren*.

Operator	Operation	Bedeutung
&&	UND	Logische UND-Verknüpfung
||	ODER	Logische ODER-Verknüpfung
^	Exklusiv-ODER	Logische Exklusiv-ODER-Verknüpfung
!	Negation	Logische Negation (auch logisches NICHT genannt)

In diesem Zusammenhang zeige ich Dir noch zwei zusätzliche Tabellen, damit Du den Sachverhalt bei der Verknüpfung zweier Operanden besser verstehst:

Operand 1	Operand 2	UND	ODER	Ex-ODER
false	false	false	false	false
false	true	false	true	true
true	false	false	true	true
true	true	true	true	false

und (für einen Operanden)

Operand 1	NICHT
false	true
true	false

Zusammengesetzte Zuweisung

Dem Zuweisungsoperator = können wir zusätzlich eine *Operation* voranstellen, so dass *vor* der Zuweisung an den linken Operanden die Operation durchgeführt und das Ergebnis zugewiesen wird. Klingt ziemlich verwirrend, ist aber recht einfach. Schau Dir die folgende Operation an:

```
a = a + 5;
```

Dem Wert von a wird der Wert 5 hinzugefügt. Das ist nichts unbekanntes, doch schau Dir die folgende Schreibweise an:

```
a += 5;
```

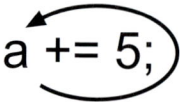

Bevor eine Zuweisung an sich selbst geschieht, wird die Variable *a* um 5 erhöht.

Programmierer versuchen nach Möglichkeit, alles zu vereinfachen und auf ein Minimum zu reduzieren, denn sie sind von Natur aus faul. Nehmen wir einmal an, der Variablenname wäre etwas länger und die Anweisung würde wie folgt lauten:

```
umfangMeinesGeliebtenRechtecks = umfangMeinesGeliebtenRechtecks + 42;
```

Das sieht schon ziemlich lang aus und die Frage, die sich die Programmierer sicherlich gestellt haben, ist folgende: »Wenn es nur darum geht, die *eine* Variable um einen bestimmten Wert zu erhöhen, warum muss ich sie dann *zweimal* in der Operation benennen?« Das ist eine berechtigte Frage und das Ergebnis ihrer Überlegungen ist die *Zusammengesetzte Zuweisung*. In der folgenden Tabelle findest Du alle zusammengesetzten Zuweisungsoperatoren, die im Moment wichtig sind:

Kapitel 6: Operatoren

Operator	Bedeutung
+=	a += b; ist gleichbedeutend mit a = a + b;
-=	a -= b; ist gleichbedeutend mit a = a - b;
*=	a *= b; ist gleichbedeutend mit a = a * b;
/=	a /= b; ist gleichbedeutend mit a = a / b;
%=	a %= b; ist gleichbedeutend mit a = a % b;

Ich muss Dich in dem Zusammenhang auf einen Fehler aufmerksam machen, der mir immer wieder unterläuft. Sieh Dir die folgende Zeile an, die auf den ersten Blick wie eine zusammengesetzte Zuweisung aussieht:

a=+5;

Leider wurden hier der Zuweisungsoperator und das Operationszeichen in der Reihenfolge vertauscht. Du weist der Variablen einfach die Zahl +5 zu, was ja eigentlich *syntaktisch korrekt* ist, aber sicher nicht beabsichtigt. Einen derartigen Fehler zu lokalisieren dürfte schon etwas Zeit in Anspruch nehmen.

Bitweise Operatoren

Die *Bitweisen Operatoren* habe ich bewusst an den Schluss dieses Kapitels gesetzt, da Du mit diesen vielleicht nicht so viel arbeiten wirst, ich sie aber dennoch erwähnen möchte. Du hast ja schon davon gehört, dass unsere *CPU*, also die zentrale Recheneinheit, lediglich mit *Einsen* und *Nullen* arbeiten kann. Jede Zahl wird auf unterster Ebene in eine *Binärzahl* konvertiert. Dieser Zahl liegt das *Dualsystem* zugrunde, in dem lediglich *zwei* logische Zustände vorkommen und das die Basis 2 hat.

Pegel	Wert
Low	0
High	1

Was bedeutet aber Basis *2*? In unserem *Dezimalsystem* haben wir die Basis *10*. Angenommen, wir haben es mit der Zahl *165* zu tun, dann hat jede Stelle bzw. Ziffer dieser Zahl einen festen Stellenwert:

Potenzen	$10^2 = 100$	$10^1 = 10$	$10^0 = 1$
Dezimalzahl	1	6	5

In Summe sind das: *5 * 1 + 6 * 10 + 1 * 100 = 165* (von rechts gesehen)

Die Anzahl der unterschiedlichen Werte errechnet sich wie folgt:

$$Anzahl\ der\ Werte\ =\ 10^{Anzahl\ der\ Stellen}$$

Mit unseren drei Stellen können wir *10³ = 1000* unterschiedliche Werte darstellen (*0 bis 999*). Wie würde die Zahl *165* jetzt als Binärzahl aussehen? Zuvor werfen wir noch einen Blick auf die Wertigkeiten der einzelnen Stellen im Dualsystem:

Potenzen	$2^7 = 128$	$2^6 = 64$	$2^5 = 32$	$2^4 = 16$	$2^3 = 8$	$2^2 = 4$	$2^1 = 2$	$2^0 = 1$
Binärzahl	1	0	1	0	0	1	0	1

In Summe sind das:
1 * 1 + 0 * 2 + 1 * 4 + 0 * 8 + 0 * 16 + 1 * 32 + 0 * 64 + 1 * 128 = 165

Kommen wir zu den Operatoren:

Operator	Operation	Bedeutung
&	UND	Bitweise UND-Verknüpfung
|	ODER	Bitweise ODER-Verknüpfung
^	Exklusiv-ODER	Bitweise Exklusiv-ODER-Verknüpfung
>>	Rechtsschieben	Bitweises Rechtsschieben
<<	Linksschieben	Bitweises Linksschieben
~	Einerkomplement	Alle Bits werden invertiert

Damit das Ganze nicht zu unübersichtlich wird, werden wir in den kommenden Beispielen unser Augenmerk lediglich auf die untersten 8 Bit lenken.

Die folgende Tabelle dient als Gedankenstütze für die drei Operationen *UND*, *ODER* und *Exklusiv-ODER*:

Operand 1	Operand 2	UND	ODER	Ex-ODER
0	0	0	0	0
0	1	0	1	1
1	0	0	1	1
1	1	1	1	0

Beginnen wir mit der bitweisen *UND*-Verknüpfung:

Nehmen wir zu Beginn *165* und *107*:

Wertigkeit	128	64	32	16	8	4	2	1	Dezimalwert
Binärzahl 1	1	0	1	0	0	1	0	1	165_{10}
Binärzahl 2	0	1	1	0	1	0	1	1	107_{10}
Ergebnis	0	0	1	0	0	0	0	1	33_{10}

◀ **Tabelle 6-1**
UND-Verknüpfung

Nur an *den* Stellen, an denen *beide* Zahlen eine *1* aufweisen, wird eine *1* als Ergebnis eingetragen. Somit bekommen wir den binären Wert 00100001_2, was dem dezimalen Wert 33_{10} entspricht. Du siehst, dass man zur besseren Übersicht die entsprechende Basis an die Zahl anhängt. Das ist immer dann von Vorteil, wenn mit Werten unterschiedlicher Zahlensysteme gearbeitet wird. Aber stimmt das auch alles? Überprüfen wir es doch mit Processing:

```
println(165 & 107);
```

◀ **Abbildung 6-4**
Donnerwetter, wir haben
richtig gerechnet

Nehmen wir doch die gleichen Zahlen und führen eine bitweise *ODER*-Verknüpfung durch. Wir bekommen an *den* Stellen eine *1* im Ergebnis, an denen bei Wert 1 *oder* Wert 2 eine *1* steht:

Wertigkeit	128	64	32	16	8	4	2	1	Dezimalwert
Binärzahl 1	1	0	1	0	0	1	0	1	165_{10}
Binärzahl 2	0	1	1	0	1	0	1	1	107_{10}
Ergebnis	1	1	1	0	1	1	1	1	239_{10}

◀ **Tabelle 6-2**
ODER-Verknüpfung

Was sagt Processing dazu?

```
println(165 | 107);
```

◀ **Abbildung 6-5**
Das stimmt schon wieder

Nun folgt das *Exklusiv-ODER*:

Tabelle 6-3 ▶
Exklusiv-ODER-Verknüpfung

Wertigkeit	128	64	32	16	8	4	2	1	Dezimalwert
Binärzahl 1	1	0	1	0	0	1	0	1	165_{10}
Binärzahl 2	0	1	1	0	1	0	1	1	107_{10}
Ergebnis	1	1	0	0	1	1	1	0	206_{10}

```
println(165 ^ 107);
```

Wenn Deine Entwicklungsumgebung das ^-Zeichen nicht akzeptiert, versuche es mit dem entsprechenden *ASCII-Code*. Halte die *Alt*-Taste gedrückt und gib nacheinander die Ziffern *9* und *4* ein. Dann lass die *Alt*-Taste wieder los.

Abbildung 6-6 ▶
Das sieht nicht schlecht aus

Möchtest Du alle Bits einer Binärzahl invertieren, brauchst Du sie nur mit dem Wert 255_{10} *Exklusiv-ODER* zu verknüpfen.

Kommen wir jetzt zum bitweisen Verschieben von Binärzahlen, zuerst zum *Rechtsschieben*:

									Bitweises Rechtsschieben:
Wertigkeit	128	64	32	16	8	4	2	1	Dezimalwert
Zahl	1	0	1	0	0	1	0	1	165_{10}
Ergebnis	0	1	0	1	0	0	1	0	82_{10}

Das scheint eine ganz schöne Arbeit zu sein. Das niederwertigste Bit wandert dabei in den Müll und wird nicht weiter beachtet.

Doch nun zum Code:

```
println(165 >> 1);
```

Mit dem Wert *1* habe ich das Bitmuster der Binärzahl um *eine* Stelle nach rechts geschoben. Wir können dort auch jede andere beliebige Ganzzahl einsetzen. Das Nachrichtenfenster zeigt, dass wir richtig gerechnet haben:

Das bitweise Verschieben nach links ist auch nicht weiter schwer.

Bitweises Linksschieben:									
Wertigkeit	256	128	64	32	16	8	4	2	1	Dezimalwert
Zahl	0	1	0	1	0	0	1	0	1	165_{10}
Ergebnis	1	0	1	0	0	1	0	1	0	330_{10}

Einschieben der *0*

Doch eines müssen wir hier beachten. Da wir die Bits nach *links* verschieben, benötigen wir auf der linken Seite noch ein weiteres Bit, so dass es in Summe *9* Bits sind. Auf der rechten Seite wird bei diesem Vorgang eine *0* eingeschoben. Im Kapitel über die *Variablen* und ihre Datenbreiten, hast Du gesehen, dass der Datentyp *int* 4 Bytes, also 32 Bits breit ist. Das gibt genügend Spielraum für viele Schiebeoperationen nach links. Wird eine Zahl binär um eine Stelle nach links verschoben, dann verdoppelt sich übrigens ihr Wert: 2 * 165 = 330

Hier der Code:

```
println(165 << 1);
```

Mich würde mal interessieren, wie die Daten so im Speicher des Computers abgelegt sind. Können wir nicht ein Programm schreiben, das die *Dezimalzahlen* in *Binärzahlen* wandelt und darstellt?

Dies stellt kein größeres Problem dar. Zur Bewerkstelligung können wir sogar den *Schiebebefehl* und die *UND*-Verknüpfung verwenden. Dann siehst Du auch, wozu sie gut sein können. Also, wie fangen wir an!? Wenn Du eine Binärzahl mit einem Wert *UND* verknüpfst, dann arbeitet der Wert wie eine Art Filter. Nur an *den* Stellen, an denen sich eine *1* befindet, kommen sozusagen auch die *Einsen* der Binärzahl durch. Sieh mal hier:

Tabelle 6-4 ▶
UND-Verknüpfung

Wertigkeit	128	64	32	16	8	4	2	1	Dezimalwert
Zahl	1	0	1	0	0	1	0	1	165_{10}
Filterwert	0	0	0	0	1	1	1	1	15_{10}
Ergebnis	0	0	0	0	0	1	0	1	5_{10}

Nur die vier niederwertigsten Bits der Binärzahl kommen durch den Filter hindurch, der hier farbig dargestellt ist. Die vier Höherwertigen haben keine Chance zu passieren, da an diesen Stellen der Filter nur *Nullen* aufweist. Jetzt wollen wir den Filter nur an der niederwertigsten Stelle mit einer 1 versehen. Das sieht dann wie folgt aus:

Tabelle 6-5 ▶
UND-Verknüpfung

Wertigkeit	128	64	32	16	8	4	2	1	Dezimalwert
Zahl	1	0	1	0	0	1	0	1	165_{10}
Filterwert	0	0	0	0	0	0	0	1	1_{10}
Ergebnis	0	0	0	0	0	0	0	1	1_{10}

Du fragst Dich bestimmt, was das soll. Wenn wir das alles einfach so lassen, war das Ganze nicht wirklich sinnvoll. Doch nun bringen wir den Schiebebefehl ins Spiel, und zwar den für das *Rechtsschieben*. Das Programm soll die Zahl *165* schrittweise immer um ein Bit nach rechts verschieben. Somit kommt jede Bitposition einmal an der Filterposition vorbei. Ist das Ergebnis *0*, hatte auch die Zahl an der Stelle eine *0*, bei einer *1* war auch in der Zahl an der Stelle eine *1*. Nach diesem Schema gehen wir alle *32* Bits einer Integerzahl durch und erhalten eine Binärzahl.

1, 0, 1, …

Wie könnte das Programm dazu aussehen?

```
// Datenbreite für Datentyp Integer
int ANZAHLBITS = 32;
void setup()
{
  size(100, 100);
  println(dez2bin(165));
}

// Konvertiere Dezimal nach Binär
String dez2bin(int a)
```

```
{
  // Lokale Variablen müssen initialisiert werden!!!
  String ergebnis = "";
  for(int i = 0; i < ANZAHLBITS; i++)
  {
    if(i % 8 == 0)
      // Nach 8 Bits eine Leerstelle einfügen
      ergebnis = " " + ergebnis;
    ergebnis = ((a >> i) & 1) + ergebnis;
  }
  // Das Ergebnis liegt in Form einer Zeichenkette vor
  return ergebnis;
}
```

Das Ergebnis für den Wert *165* liefert dann die folgende Bitkombination:

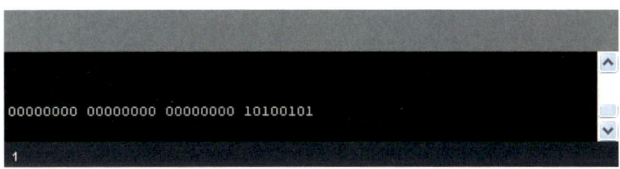

◀ **Abbildung 6-9**
Binärzahl für den
dezimalen Wert 165

Du kannst dies auch überprüfen. Du weißt ja inzwischen, wie es funktioniert.

Konvertiere doch mal ein paar *negative Ganzzahlen* in Binärwerte. Das höchstwertige Bit, das sich ganz links außen befindet, ist als Indikator für die Polarität des Wertes zuständig.

Bit	Polarität
0	positiv
1	negativ

Wie sieht es denn mit dem Wert *-1024* aus?

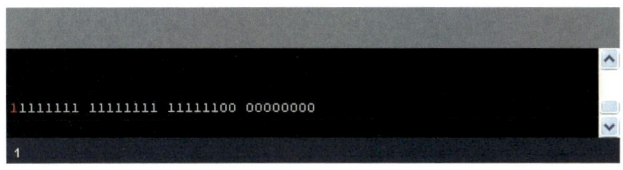

◀ **Abbildung 6-10**
Binärzahl für den
dezimalen Wert -1024

Das höchstwertige Bit im Bitmuster zeigt uns an, dass es sich um eine negative Zahl handelt.

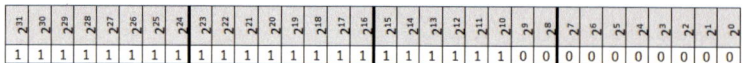

2^{31}	2^{30}	2^{29}	2^{28}	2^{27}	2^{26}	2^{25}	2^{24}	2^{23}	2^{22}	2^{21}	2^{20}	2^{19}	2^{18}	2^{17}	2^{16}	2^{15}	2^{14}	2^{13}	2^{12}	2^{11}	2^{10}	2^{9}	2^{8}	2^{7}	2^{6}	2^{5}	2^{4}	2^{3}	2^{2}	2^{1}	2^{0}
1	1	1	1	1	1	1	1	1	1	1	1	1	1	1	1	1	1	1	1	1	1	0	0	0	0	0	0	0	0	0	0

Das sieht ja nach einer gewaltigen Zahl aus. *Doch Stopp!* Es handelt sich um einen *negativen* Wert, dessen Wertigkeit nicht so ohne weiteres abzulesen ist. Welche Operationen müssen wir noch durchführen, um das Ergebnis zu erhalten? Es sind folgende Schritte:

- Einerkomplement bilden (alle Bits *toggeln* = umkehren)
- Eine 1 addieren

Ok, dann machen wir das jetzt:

Einerkomplement

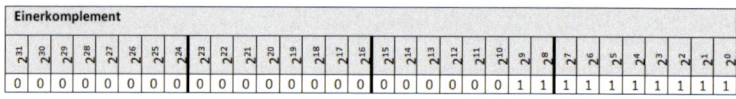

2^{31}	2^{30}	2^{29}	2^{28}	2^{27}	2^{26}	2^{25}	2^{24}	2^{23}	2^{22}	2^{21}	2^{20}	2^{19}	2^{18}	2^{17}	2^{16}	2^{15}	2^{14}	2^{13}	2^{12}	2^{11}	2^{10}	2^{9}	2^{8}	2^{7}	2^{6}	2^{5}	2^{4}	2^{3}	2^{2}	2^{1}	2^{0}
0	0	0	0	0	0	0	0	0	0	0	0	0	0	0	0	0	0	0	0	0	0	1	1	1	1	1	1	1	1	1	1

Eine 1 addieren

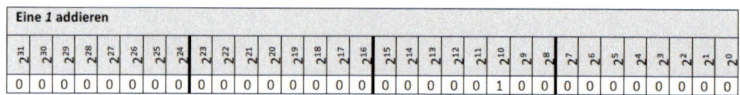

2^{31}	2^{30}	2^{29}	2^{28}	2^{27}	2^{26}	2^{25}	2^{24}	2^{23}	2^{22}	2^{21}	2^{20}	2^{19}	2^{18}	2^{17}	2^{16}	2^{15}	2^{14}	2^{13}	2^{12}	2^{11}	2^{10}	2^{9}	2^{8}	2^{7}	2^{6}	2^{5}	2^{4}	2^{3}	2^{2}	2^{1}	2^{0}
0	0	0	0	0	0	0	0	0	0	0	0	0	0	0	0	0	0	0	0	0	1	0	0	0	0	0	0	0	0	0	0

Wenn wir beide Schritte ausgeführt haben, ist das sogenannte *Zweierkomplement* gebildet worden. Das Zwischenergebnis lautet also wie folgt: $1 * 2^{10} = 1024$. Da wir es mit einer negativen Zahl zu tun haben, lautet das Endergebnis: *-1024*. Ich muss natürlich noch erwähnen, wie Du Binärzahlen *addierst*, was aber nicht weiter schwer ist.

Die Addition erfolgt nach dieser Regel:

Addition

$0 + 0 = 0$

$0 + 1 = 1$

$1 + 0 = 1$

$1 + 1 = 0 + 1$ Übertrag

$1 + 1 + 1 = 1 + 1$ Übertrag

Ein kleines Beispiel dazu:

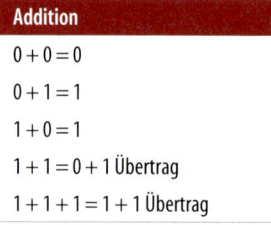

$$
\begin{array}{r}
1011_2 \\
+\ \underline{0011_2} \\
1110_2
\end{array}
$$

Kapitel 6: Operatoren

Bei der Addition beginnen wir von rechts:

- $1 + 1 = 0 + 1$
  Übertrag in die nächst höhere Stelle (zur Linken)
- $1 + 1 + 1 = 1 + 1$
  Übertrag in die nächst höhere Stelle (zur Linken)
- $0 + 0 + 1 = 1$
- $0 + 1 = 1$

Vielleicht ist Dir jetzt auch klar, warum sich der Wertebereich für eine *Intergervariable* nicht über die komplette 32-Bit Breite erstreckt. Dem Nutzanteil stehen lediglich 31-Bit zur Verfügung, da das höherwertigste Bit für das Vorzeichen reserviert ist: $2^{31} = 2147483648$. Diese Zahl ist der kleinste Wert des Wertebereichs. Der größtmögliche beträgt $2^{31} - 1$. Die -1 kommt deshalb zustande, weil ja das Vorzeichenbit eine Stelle einnimmt.

Programmfluss steuern

Kontrollstrukturen

Komplexere Anwendungen laufen nicht einfach immer so vor sich hin, ohne dass auf bestimmte Umstände reagiert wird, um den Programmablauf in gewünschte Bahnen zu lenken. Die vom Programmierer entwickelte Logik kann auf der Basis von *wahr* bzw. *falsch* Entscheidungen treffen. Wird eine Bedingung einer Bewertung unterzogen, soll daraufhin entsprechend verfahren werden. Dabei spielen die schon angesprochenen *Vergleichsoperatoren* eine entscheidende Rolle.

Damit es zu keiner Verwirrung im wahrsten Sinn des Wortes kommt, müssen *Bedingungen*, die einer *Bewertung* unterzogen werden, korrekt formuliert werden. Ein »*vielleicht*« oder »*mal sehen*« gibt es nicht. Harte Fakten zählen! Eine typische Wenn-dann-Situation sehen wir im Folgenden ...

> Wenn du nicht sofort bootest, dann ist's vorbei mit dir!!!

Das ist doch eine eindeutig formulierte Bedingung!

if-Anweisung

Mal sehen, was *wenn* übersetzt bedeutet: Genau, es ist das kleine Wörtchen *if*. Doch zu allererst möchte ich Dich mit dem *Flussdiagramm* vertraut machen. Es kann auch *Ablaufdiagramm* genannt werden; es visualisiert den Programmablauf einer bestimmten Stelle und macht ihn damit einprägsamer.

Die *if-Anweisung* wertet den *Ausdruck* bzw. die *Bedingung* aus. Die Anweisung bzw. die Anweisungen wird bzw. werden nur dann ausgeführt, wenn die Bewertung der Bedingung *true*, also »wahr« zurückliefert. Die Syntax für die *if-Anweisung* sieht so aus:

```
if (Ausdruck)
   Anweisung;
```

oder

```
if (Ausdruck)
{
   Anweisung;
   Anweisung;
}
```

Schauen wir uns dazu am besten direkt ein konkretes Beispiel an. Das folgende Programm lässt einen kleinen Punkt in der Mitte des Ausgabefensters von links nach rechts wandern. Hat er den rechten Rand des Fensters erreicht, erscheint er am linken Rand, und das Spiel beginnt von Neuem.

```
int xPos = 0;          // Startposition
int geschwindigkeit = 5; // Geschwindigkeit

void setup()
{
  size(400, 200);
}

void draw()
{
  background(0);
  stroke(255, 0, 0);
```

```
  strokeWeight(4);
  xPos = xPos + geschwindigkeit;
  if(xPos > width)
    xPos = 0;
  point(xPos, height/2);
}
```

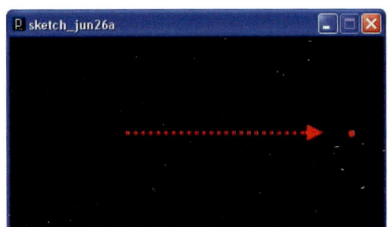

◀ **Abbildung 7-1**
Der rote Ball wandert von links nach
rechts über das Ausgabefenster.

Aber warum funktioniert das so?

- Deklaration der globalen Variablen *xPos*, die für die x-Koordinate des zu zeichnenden Punktes verantwortlich ist. Da sich der Punkt lediglich horizontal bewegen soll, reicht eine Variable zur Steuerung aus.

- Deklaration der globalen Variablen *geschwindigkeit*, die für die Erhöhung der Variablen *xPos* später benötigt wird.

- Innerhalb der *draw*-Funktion wird durch *background(0)* bei jedem Schleifendurchlauf alles gelöscht, sodass wir einen wandernden Punkt haben und keine Linie, die ihre horizontale Länge vergrößert.

- Mit der Anweisung *xPos = xPos + geschwindigkeit* wird der Inhalt der Variablen bei jedem Schleifendurchlauf um den Wert von *geschwindigkeit* erhöht. Experimentiere ein wenig mit dem Wert. Was passiert, wenn er kleiner, und was, wenn er größer wird?

- Dann kommt die *if-Abfrage*, die nach jeder Erhöhung des Variablenwertes in *xPos* nachschaut, ob der Wert größer ist als die Breite des Ausgabefensters. Du erinnerst Dich bestimmt an die Systemvariable *width*: Dort ist die Information enthalten. »Ist die Bedingung als *true*, also wahr erkannt worden (rechter Rand erreicht), setze den Wert der Variablen auf den Anfangswert 0 zurück.« Das bedeutet, dass der Punkt am linken Rand erneut zu wandern beginnt. Die Höhe des Punktes habe ich mit *height/2* auf die Hälfte des Wertes der Höhe des Ausgabefensters gesetzt. Das war's.

Ich habe wieder eine kurze Aufgabe, die es zu lösen gilt und sie ist diesmal schon etwas anspruchsvoller:

Der rote Ball soll, wie auch im letzten Beispiel am linken Bildschirmrand starten, nach rechts wandern, doch nicht beim Berühren des Randes wieder von links starten. Er muss quasi davon abprallen und wieder nach links laufen. Prallt er auch dort gegen die Wand, soll sich das ganze Spiel umdrehen. Der Ball titscht also immer innerhalb des Ausgabefensters horizontal hin und her. Na dann los!

Es gibt sicher unterschiedliche Lösungsansätze, und der Tipp, den ich Dir gebe, lautet: Ist der Geschwindigkeitswert *positiv*, wandert der Ball von *links* nach *rechts*. Ist er *negativ*, wandert er von *rechts* nach *links*.

Schau Dir die beiden hier an ...

Linker Fensterrand

Rechter Fensterrand

Nach einigem Grübeln habe ich folgende Lösung gefunden, und sie scheint auch zu funktionieren.

```
int xPos = 0;          // Startposition
int geschwindigkeit = 5; // Geschwindigkeit

void setup()
{
  size(400, 200);
}

void draw()
{
  background(0);
  stroke(255, 0, 0);
  strokeWeight(4);
  xPos = xPos + geschwindigkeit;
  if(xPos > width)
    geschwindigkeit *= -1;
  if(xPos < 0)
```

```
        geschwindigkeit *= -1;
    point(xPos, height/2);
}
```

Das sieht wirklich sehr gut aus, und eigentlich gibt es nichts zu bemängeln. Du hast richtig erkannt, dass man mit *(-1) das Vorzeichen umkehren kann, sodass der Geschwindigkeitswert sowohl beim Erreichen des rechten Randes (*xPos > width*) als auch beim Erreichen des linken Randes (xPos < 0) immer sein Vorzeichen ändert. Du kannst den Code noch optimieren, indem Du beide Ausdrücke über einen logischen Operator miteinander verknüpfst. Aber welcher mag das sein? Sprich mir einfach nach: »Die Richtung des Balls soll umgekehrt werden, wenn er den rechten *oder* den linken Rand erreicht.« Richtig, es ist die logische *Oder-Verknüpfung*.

```
...
if((xPos > width) || (xPos < 0))
    geschwindigkeit *= -1;
...
```

Die beiden Einzelausdrücke stehen weiterhin in runden Klammern, doch es ist unbedingt notwendig, zusätzlich ein rundes Klammerpaar um beide Ausdrücke zu setzen, damit die *if-Anweisung* diese als *einen* Ausdruck ansieht.

if-else-Anweisung

Die *if-Anweisung* stellt eine klare *Wenn-Dann*-Aussage dar. Es fehlt jedoch unter Umständen eine Alternative, die angeboten wird, falls die Bedingung *nicht* erfüllt wird.

> *Wenn* Dein Zimmer ordentlich aufgeräumt ist, *dann* bekommst Du was zu essen. *Andernfalls* gehst du hungrig ins Bett!

Klare Formulierung, nicht wahr!? Das Flussdiagramm dazu sieht folgendermaßen aus:

```
if (Ausdruck)
  Anweisung;
else
  Anweisung;
```

oder

```
if (Ausdruck)
{
  Anweisung;
```

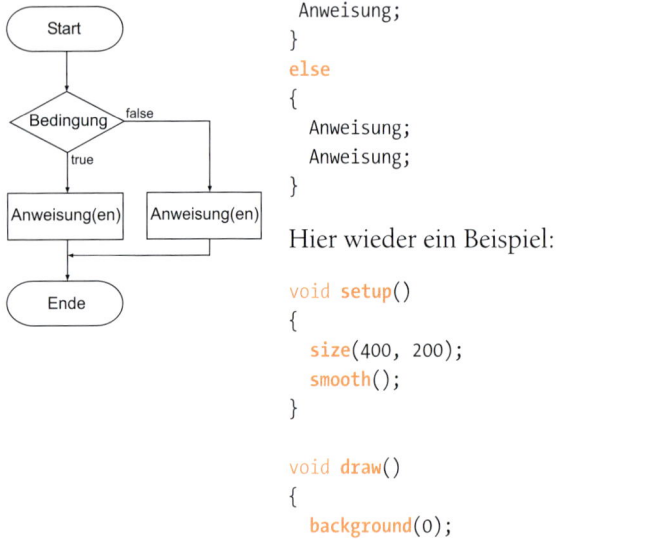

```
  Anweisung;
}
else
{
  Anweisung;
  Anweisung;
}
```

Hier wieder ein Beispiel:

```
void setup()
{
  size(400, 200);
  smooth();
}

void draw()
{
  background(0);
  stroke(255, 0, 0);
  strokeWeight(3);
  ellipse(width/2, height/2, mouseX, mouseX);
  if(mouseX > 100)
    fill(0, 255, 0);
  else
    fill(255, 255, 255);
}
```

Die Anwendung zeichnet einen Kreis mit einem Radius, abhängig von der *x-Koordinate* der Mausposition innerhalb des Ausgabefensters. Schiebst Du die Maus nach rechts, vergrößert sich der Inhalt der Systemvariablen *mouseX*, und der Kreis wird größer. Kommen wir jetzt zur *if-Anweisung*. Es wird kontinuierlich der Wert von *mouseX* überprüft. Ist er *größer 100*, wird die Füllfarbe auf die Farbe Blau *(fill(0, 255, 0))* gesetzt. Andernfalls bekommt der Kreis die Füllfarbe Weiß *(fill(255, 255, 255))*.

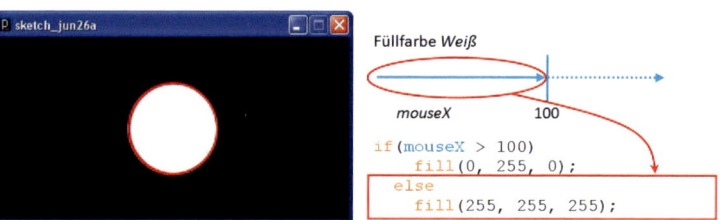

Abbildung 7-2 ▶
Ist der Radius <= 100,
hat der Kreis eine weiße Füllung.

Kapitel 7: Programmfluss steuern

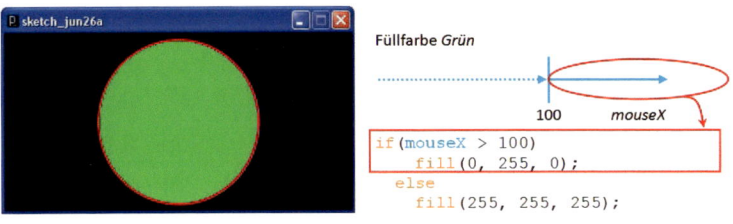

Füllfarbe *Grün*

100   *mouseX*

```
if(mouseX > 100)
    fill(0, 255, 0);
  else
    fill(255, 255, 255);
```

if-else-if-Anweisung

Möchtest Du eine Bedingung *mehrfach* hintereinander einer Bewertung unterziehen, um entsprechend verschiedene Operationen durchzuführen, kann sich die Mehrfachverzweigung mit einer *if-else-if-Anweisung* als nützlich erweisen.

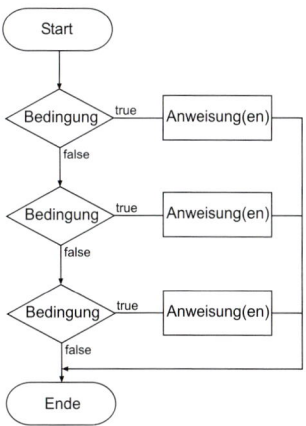

> Jeder, der zwischen 1,30m und 1,50m klein ist, geht nach links. Jeder, der zwischen 1,50m und 1,70m groß ist, geht nach rechts, und jeder, der größer als 1,70m ist, geht geradeaus. Also looooos!

Lass uns einen Blick auf das entsprechende Flussdiagramm werfen:

```
if (Ausdruck)
  Anweisung;
elseif
  Anweisung;

elseif
  Anweisung;
else
  Anweisung;
```

Natürlich kann anstelle einer einzelnen Anweisung auch hier wieder ein Anweisungsblock eingesetzt werden.

Die Ausdrücke werden von *oben* nach *unten* ausgewertet. Liefert ein Ausdruck *true* zurück, wird die Anweisung bzw. der Anweisungsblock ausgeführt und danach zum Ende gesprungen. Wird jedoch ein *false* zurückgeliefert, springt die Programmausführung zum nächsten *else if*, usw. Liefert keine der *if-* bzw. *else-if*-Abfragen ein *true* zurück, wird die Anweisung bzw. der Anweisungsblock hinter *else* ausgeführt.

Das folgende Beispiel reagiert ähnlich wie das letzte: Je nach Mausposition werden vier unterschiedliche Farben angezeigt.

```
void setup()
{
  size(400, 200);
  smooth();
}

void draw()
{
  background(0);
  stroke(255, 0, 0);
  strokeWeight(3);
  ellipse(width/2, height/2, mouseX, mouseX);
  if((mouseX > 100)&&(mouseX < 130))
    fill(0, 255, 0);      // Grün
  else if((mouseX > 130)&&(mouseX < 160))
    fill(0, 0, 255);      // Blau
  else if((mouseX > 160)&&(mouseX < 190))
    fill(255, 255, 0);    // Gelb
  else
    fill(255, 255, 255);  // Weiß
}
```

Switch-Anweisung

Eine weitere Kontrollstruktur möchte ich Dir nicht vorenthalten,
die eine einfache Form der *Mehrfachverzweigung* darstellt. Wenn es
darum geht, eine einzelne Variable der Datentypen *byte*, *char*, *short*
oder *int* zu überprüfen, kann die *switch*-Anweisung zum Einsatz
kommen. Die Übersetzung für *switch* lautet *schalten*. Die Variable,
die *switch* übergeben wird, dient als quasi als *Schalter*.

> Ok, Wert 1 ist angefahren. Die Anweisungen können ausgeführt wer-
> den.

Schau Dir dazu das Flussdiagramm an:

Weiterhin werden innerhalb der *switch*-Anweisung *Sprungmarken*
definiert, die abhängig von der Variablen ausgewählt werden. Die
Syntax sieht so aus:

```
switch (Ausdruck)
{  case KONSTANTE1: // Sprungmarke
      Anweisung1;
      Anweisung2;
   break;
   case KONSTANTE2: // Sprungmarke
      Anweisung1;
```

```
      Anweisung2;
  break;
  default:
      Anweisung1;
      Anweisung2;
}
```

Kommt es zu *keiner* Übereinstimmung des Ausdrucks mit den angegebenen Konstanten (Sprungmarken), wird mit der Abarbeitung hinter *default* fortgefahren.

Werfen wir einen Blick auf das folgende Programm. Wir nennen es *Zufallszahlenwettlauf*. Es werden Zufallszahlen zwischen 1 und 4 ermittelt und dann je nach Häufigkeit der einzelnen Zahlen der dazugehörige Fortschrittsbalken vergrößert.

```
int zufallswert;
int eins, zwei, drei, vier;
int breiteBalken = 30;

void setup()
{
  size(400, 200);
  background(0);
}

void draw()
{
  zufallswert = (int)(random(1, 5)); // Erzeugung einer Zufallszahl
  switch(zufallswert)
  {
  case 1:
    eins++; break;
  case 2:
    zwei++; break;
  case 3:
    drei++; break;
  case 4:
    vier++; break;
  }
  fill(255, 0, 0); rect(0, 0, eins, breiteBalken);      // rot
  fill(0, 255, 0); rect(0, 40, zwei, breiteBalken);     // grün
  fill(0, 0, 255); rect(0, 80, drei, breiteBalken);     // blau
  fill(0, 255, 255); rect(0, 120, vier, breiteBalken); // cyan
}
```

Kontrollstrukturen

Das Ausgabefenster sieht folgendermaßen aus:

Abbildung 7-4 ▶
Fortschrittsbalken der einzelnen
Farben. Welche Farbe liegt im
Zufallszahlenwettlauf vorn?

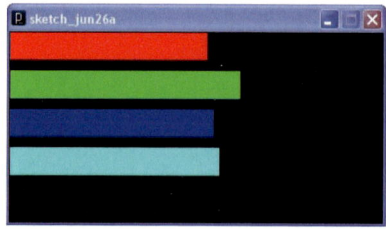

Du kannst erkennen, dass die Häufigkeit der Zufallszahlen ziemlich dicht beieinander liegt. Wir könnten zu diesem Zeitpunkt nicht unbedingt einen Gewinner oder Verlierer in dem Rennen ausmachen, obwohl im Augenblick Grün in Führung liegt.

Wir haben in diesem Beispiel eine Funktion genutzt, die uns Zufallszahlen generiert. Sie lautet *random* und wird im Kapitel über Zufallszahlen noch genauestens erläutert. Sei also nicht besorgt, dass wir an dieser Stelle eine kleine Anleihe aus diesem Kapitel gemacht haben. Du brauchst im Moment nur so viel zu wissen, dass zufällige Werte in einem vordefinierten Bereich ermittelt werden.

Schleifen

Das Wesen von *Schleifen* besteht darin, dass sie immer und immer wieder ausgeführt werden. Du hast bereits eine solche Schleife kennengelernt. Zwar für uns nicht direkt sichtbar, doch hinter den Kulissen von Processing wird die *draw*-Funktion kontinuierlich aufgerufen, bis das Programm beendet wird. In diesem Zusammenhang möchte ich Dir zwei weitere *Systemvariablen* vorstellen.

- frameRate
- frameCount

Ein *Frame* ist ein *Bildfeld* oder der *Bildschirminhalt*. Die *frameRate* legt also fest, wie of ein einzelnes Bild innerhalb des Zeitintervalls von 1 Sekunde neu geschrieben wird. Je niedriger dieser Wert ist, desto mehr flackert das Bild, da das Gehirn dann Einzelbilder wahrnimmt. Ist der Wert jedoch entsprechend hoch, wie z. B. der Standardwert 60, dann ist er für das Gehirn zu schnell und man sieht einen flüssigen Bildverlauf.

Die Systemvariable *frameRate* kannst Du mittels der *frameRate*-Funktion Deinen Bedürfnissen anpassen.

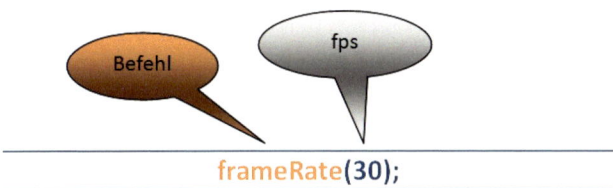

```
frameRate(30);
```

Die Abkürzung *fps* bedeutet *frames per second*.

Die Variable *frameCount* wird bei jedem neuen Frame, der geschrieben wird, inkrementiert. Der folgende Code wird Dir den Zähler der schon geschriebenen Frames kontinuierlich ins Nachrichtenfenster ausgeben.

```
void draw()
{
  println(frameCount);
}
```

Doch kommen wir jetzt zu *Schleifen*, die im Englischen *Loops* genannt werden. Diese wollen wir selbst programmieren und nach eigenen Vorstellungen anpassen. Doch wozu brauchen wir eigentlich Schleifen? Na klar, um Dinge immer und immer wieder zu wiederholen, wie Du das bei der *draw*-Funktion bereits gesehen hast. Schau Dir einmal das folgende Ausgabefenster an:

Abbildung 8-1 ▶
Raster im Ausgabefenster

Würde ich Dir jetzt die Aufgabe stellen, ein Programm zu schreiben, dass die folgende Ausgabe produziert, hättest Du sicherlich einiges zu tun. Wie würdest Du anfangen?

> Okay, das sind 5 horizontale und 9 vertikale Linien. Ich müsste noch die Dimensionen des Ausgabefensters wissen und den Abstand der Linien untereinander.

Gut, die *Breite* ist 401 Pixel und die *Höhe* 201 Pixel. Der Abstand der Linien untereinander beträgt 50 Pixel.

Meine Lösung sieht dann folgendermaßen aus:

```
void setup()
{
  size(401, 201);
  background(0);
}

void draw()
{
  stroke(255, 0, 0);
  // Vertikale Linien
  line(0, 0, 0, height);
  line(50, 0, 50, height);
  line(100, 0, 100, height);
```

```
  line(150, 0, 150, height);
  line(200, 0, 200, height);
  line(250, 0, 250, height);
  line(300, 0, 300, height);
  line(350, 0, 350, height);
  line(400, 0, 400, height);

  // Horizontale Linien
  line(0, 0, width, 0);
  line(0, 50, width, 50);
  line(0, 100, width, 100);
  line(0, 150, width, 150);
  line(0, 200, width, 200);
}
```

Das sind natürlich schon einige Zeilen, denn Du hast ja auch eine
Menge Linien zu zeichnen. Gleich zeige ich Dir eine Lösung dieser
Aufgabe mit einer Schleife. Doch zuerst einige Grundlagen zur
Schleifenprogrammierung.

for-Schleife

Die *for-Schleife* ist ein Programmkonstrukt, mit dem entweder eine
einzelne Anweisung oder auch ein Anweisungsblock wiederholt
ausgeführt wird. Dabei steht die Wiederholungsanzahl zu Beginn
der Schleife fest.

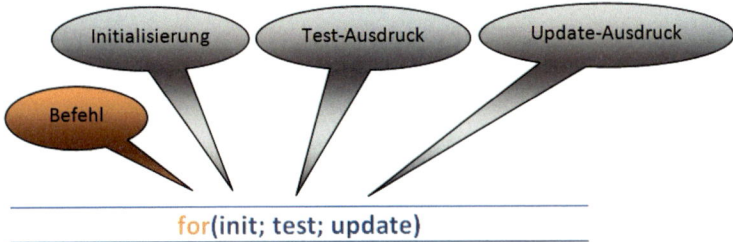

Die folgenden drei Elemente sind in der Regel Bestandteil einer *for-
Schleife*:

- *init* (Initialisierungselement initialisiert Schleifenzähler)
- *test* (Testelement bzw. Bedingung für den Abbruch)
- *update* (Veränderung des Schleifenzählers)

Sie gehen da rauf und streichen die Balkone der Etagen 5 bis 11.
Wenn Sie mit *einem* fertig sind, geben Sie mir umgehend Bescheid!

Wie könnten wir diese Anforderung umsetzten? Was sind die Randbedingungen?

- Startwert für Schleifenzähler ist 5 (*init*)
- Wenn Schleifenzähler kleiner gleich 11 ist, nächster Durchlauf
  (*test*)
- Schleifenzähler um 1 erhöhen (*update*)

Nun müssen wir die Umgangssprache in eine für den Compiler verständliche Form bringen. Doch werfen wir zuerst einem Blick auf
unser Flussdiagramm:

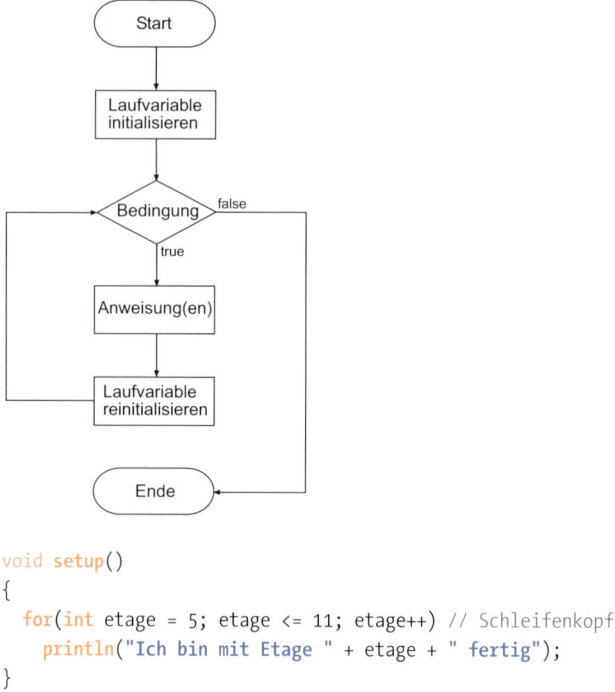

```
void setup()
{
  for(int etage = 5; etage <= 11; etage++) // Schleifenkopf
    println("Ich bin mit Etage " + etage + " fertig");
}
```

Die Ausgabe im Nachrichtenfenster lautet dann erwartungsgemäß
wie folgt:

Abbildung 8-2 ▶
Ausgabe der for-Schleife

```
Ich bin mit Etage 5 fertig
Ich bin mit Etage 6 fertig
Ich bin mit Etage 7 fertig
Ich bin mit Etage 8 fertig
Ich bin mit Etage 9 fertig
Ich bin mit Etage 10 fertig
Ich bin mit Etage 11 fertig
```
```
1
```

Kapitel 8: Schleifen

Doch wir wollen uns einige Schritte einmal etwas detaillierter anschauen. Was passiert genau mit der *Schleifenvariablen*, und wann ist die *Abbruchbedingung* erfüllt?

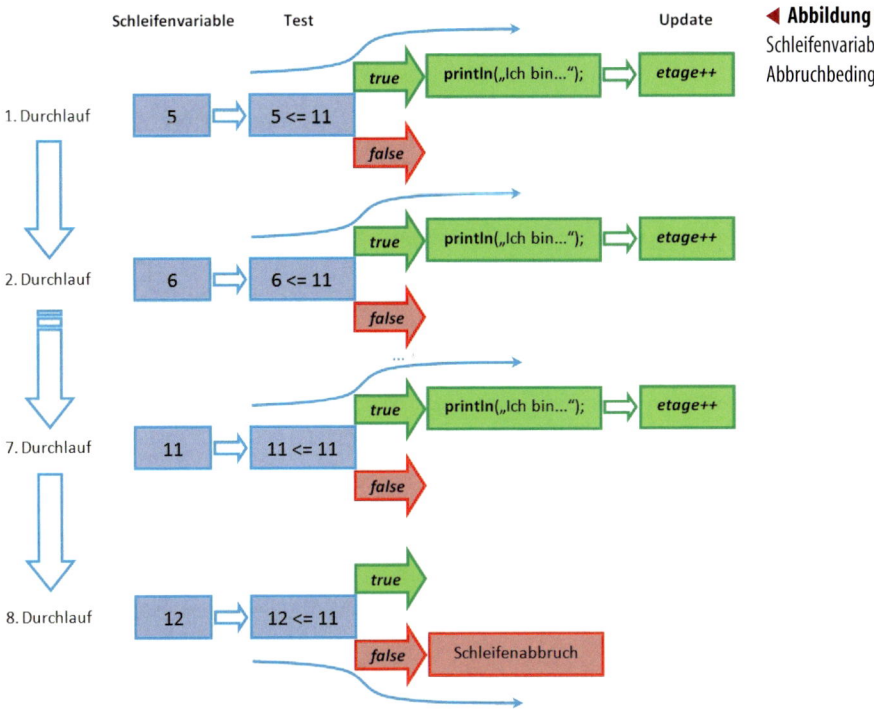

◀ **Abbildung 8-3**
Schleifenvariable und
Abbruchbedingung

Das ist mir alles so weit klar. Doch eine Sache irritiert mich ein wenig. Die Laufvariable *etage* wird in der Schleifendefinition deklariert. Warum ist das möglich?

Das hast Du gut beobachtet! Es handelt sich dabei um eine *lokale Variable*, die nur innerhalb der Schleife ihre *Gültigkeit* besitzt und auch nur dort *sichtbar* ist. Schau Dir dazu den folgenden Code an:

```
void setup()
{
  for(int etage = 5; etage <= 11; etage++)
    println("Ich bin mit Etage " + etage + " fertig");
  println(etage); // Fehler
}
```

Wenn Du das Programm laufen lässt, kommt es zu einem Fehler, da die Variable *etage* nach Verlassen der *for*-Schleife aus dem Speicher entfernt wurde. Sie ist einfach nicht mehr existent. Der *println()*-Befehl ist nicht Bestandteil der *for*-Schleife und kann daher nicht auf die vormals lokal erzeugte Variable *etage* zugreifen. Was ist mit dem folgenden Code?

```
void setup()
{
  int etage;
  for(etage = 5; etage <= 11; etage++)
    println("Ich bin mit Etage " + etage + " fertig");
  println(etage);
}
```

Der Code läuft ohne Probleme, da wir die lokale Variable *etage* in der *setup*-Funktion deklariert haben. Deshalb ist sie solange lebensfähig, bis die *setup*-Funktion beendet ist. Das heißt natürlich auch, dass sie innerhalb der *for*-Schleife, als Bestandteil der *setup*-Funktion, sichtbar ist. Am Ende der Funktion wird der Wert von *etage* mit dem Wert *12* ausgegeben. Daran kannst Du gut erkennen, dass die *for*-Schleife den Wert von *etage* noch einmal inkrementiert hat. Der spätere Test *12 <= 11* wurde mit *false* ausgewertet und die Schleife dann verlassen. Du kannst außerdem erkennen, dass lediglich *die* Befehlszeile, die dem Schleifenkopf unmittelbar folgt, von der Schleife berücksichtigt und ausgeführt wird. Wenn die Schleife mehrere Anweisungen umfassen soll, musst Du einen *Befehlsblock* mit geschweiften Klammern bilden.

```
...
for(...)
{
  // Anweisung 1
  // Anweisung 2
}
...
```

Natürlich können Schleifen nicht nur Werte hochzählen. Die andere Richtung ist ebenfalls möglich. Der folgende Code zählt in 2er-Schritten von 10 runter bis auf 0.

```
void setup()
{
  for(int countDown = 10; countDown >= 0; countDown-=2)
    println(countDown);
}
```

Jetzt komme ich endlich zur versprochenen Lösung der vorher gestellten Aufgabe, bei der nun Schleifen verwendet werden:

```
void setup()
{
```

```
  size(401, 201);
  background(0);
}

void draw()
{
  stroke(255, 0, 0);
  // Vertikale Linien
  for(int x = 0; x < width; x+=50)
    line(x, 0, x, height);
  // Horizontale Linien
  for(int y = 0; y < height; y+=50)
    line(0, y, width, y);
}
```

Du siehst, dass jeweils nur ein *line*-Befehl pro *for*-Schleife zum Einsatz kommt. Den Programmcode könntest Du beliebig modifizieren, um ein noch feineres Raster zu zeichnen. Wenn Du all dies ohne Schleifen realisieren wolltest, hättest Du eine Menge Arbeit, die zum einen zeitaufwändig ist und zum anderen sehr fehleranfällig.

while-Schleife

Im Gegensatz zu einer *for*-Schleife, bei der die Randbedingungen bezüglich der Anzahl der Schleifendurchläufe vor dem Start der Schleife feststehen und über die Laufvariable im Schleifenkopf gesteuert werden, übergeben wir der *while*-Schleife lediglich eine Bedingung. Solange diese den Wahrheitswert *true* zurückliefert, wird die Schleife abgearbeitet. Die logische Konsequenz daraus ist natürlich die, dass sich innerhalb des Schleifenkörpers mindestens eine Anweisung befinden muss, die den Wahrheitswert der Bedingung beeinflusst. Andernfalls provozieren wir eine *Endlosschleife*. Werfen wir zunächst wieder einen Blick auf unser Flussdiagramm.

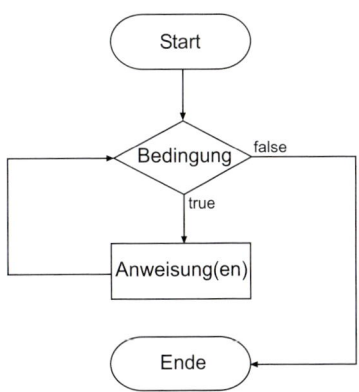

Die Syntax lautet wie folgt:

while(Bedingung)

Die Überprüfung, ob ein weiterer Schleifendurchlauf erfolgen soll, findet im Kopf der *while*-Schleife statt. Das kann natürlich dazu führen, dass die Bedingung gleich zu Anfang nicht erfüllt wird und der Schleifendurchlauf überhaupt nicht stattfindet.

Das kurze Programm zu dieser Anweisung lautet folgendermaßen:

```
int mauerHoehe;

void setup()
{
  // Schleifendurchlauf, solange Bedingung wahr ist
  while(mauerHoehe <= 150)
  {
    println("Mauerhöhe ist: " + mauerHoehe);
    mauerHoehe +=10;        // Wert in der Bedingung erhöhen
  }
}
```

Kommen wir wieder zu einem konkreten Beispiel:

```
void setup()
{
  size(400, 400);
  background(0);
}


void draw()
{
  int randPos = 0;
  stroke(255, 0, 0);
  while(randPos < width)
  {
    line(0, randPos, randPos, height);
    randPos += 20;
  }
}
```

Kapitel 8: Schleifen

Die Ausgabe sieht schon interessant aus, nicht wahr!?

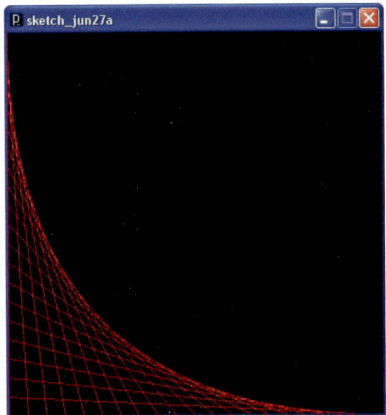

◀ **Abbildung 8-4**
Ausgabe von Linien über
die while-Schleife

Die Punkte werden miteinander verbunden, während der erste am linken Rand von oben nach unten (*x-Wert* ist immer 0) und der zweite am unteren Rand von links nach rechts (*y-Wert* ist immer maximal) wandert.

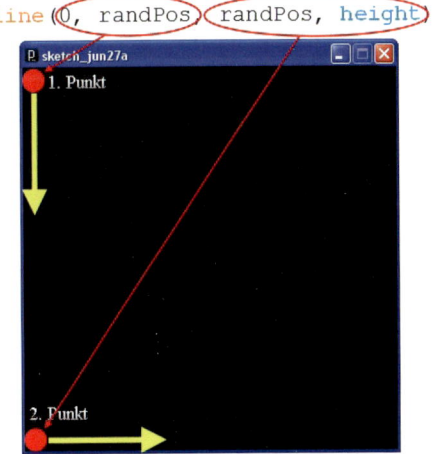

Notausstieg

Für die beiden Schleifenkonstrukte *for* und *while* besteht die Möglichkeit des vorzeitigen Verlassens. Nach Aufruf des *break*-Befehls innerhalb eines Schleifendurchlaufs, wird mit *der* Anweisung fortgefahren, die der Schleife unmittelbar folgt.

```
int i = 0;
while(true)
{
  println(i++);
  if(i > 1000)
  {
    println("Grenzwert erreicht!");
    break;
  }
}
println("Ende der Programmausführung.");
```

Normalerweise würde sich im Schleifenkopf der *while*-Schleife die Bedingung zur Fortführung der Schleife befinden. Durch das Konstrukt mit dem Wahrheitswert *true* generieren wir eine *Endlosschleife*. Das ist eine außerordentlich prekäre Situation. Wenn wir vergessen, eine geeignete Abbruchsituation zu integrieren, die hier nur über die *break*-Anweisung zu bewerkstelligen ist, kommen wir aus dieser Schleife nicht mehr heraus. Unser Programm hat sich ins Nirvana verabschiedet und von dort ist bekanntlich noch niemand zurückgekehrt. Aber in unserem Programmbeispiel hilft uns die implementierte *break*-Anweisung aus der Patsche und lenkt den Programmablauf auf geordnete Weise aus der vermeintlichen Endlosschleife heraus.

Die Ausgabe des Programms sieht dann folgendermaßen aus:

```
995
996
997
998
999
1000
Grenzwert erreicht!
Ende der Programmausführung.
```

Du wirst Dich möglicherweise fragen, was die eleganteste Methode ist, eine Endlosschleife mit der *for*- Schleife zu realisieren. Hier die Lösung: Lasse einfach alle Werte bzw. Ausdrücke im Schleifenkopf weg und schreibe lediglich die Semikolons. Das war's!

```
...
for(;;)
{
    ...
}
```

Ersetze die *while*-Schleife nun durch die derart modifizierte *for*-Schleife und teste das Verhalten.

Kapitel 8: Schleifen

Zufallszahlen

9

Bisher waren die Auswirkungen der Programme, die wir geschrieben haben, mehr oder weniger vorhersehbar. Das Programm hat genau das gemacht, was Du ihm in der Sprache von Processing *mitgeteilt* hast. Wir wollen nun auf eine Möglichkeit zu sprechen kommen, etwas Unvorhersehbares geschehen zu lassen. Das bedeutet, dass wir zur *Entwicklungszeit* unseres Programms nicht genau sagen können, wie sich die Dinge zur *Laufzeit* verhalten werden. Das macht die Sache ganz schön spannend, findest Du nicht auch!?

Wir nutzen dazu die Fähigkeit unseres Computers bzw. von Processing, sogenannte *Zufallszahlen* zu generieren. Diese Zahlen sind aber nur auf den ersten Blick zufällig, denn sie werden intern nach einem bestimmten Verfahren (Algorithmus) erzeugt und sind, wenn die Anfangsbedingungen bekannt sind, absolut reproduzierbar. Deshalb werden sie auch *Pseudozufallszahlen* genannt. Das soll uns aber nicht davon abhalten, sie *Zufallszahlen* zu nennen und mit ihnen zu arbeiten. Das Thema würde z.B. dann interessant, wenn es um Ver- bzw. Entschlüsselungsverfahren gehen würde.

Random

Zufallszahlen werden über die Funktion *random*, was so viel wie *willkürlich* bedeutet, generiert. Sie kann maximal *zwei* Werte übernehmen. Wir hatten diese Funktion eben schon in einem unserer Beispiele erwähnt. Hier kommt die versprochene Erläuterung:

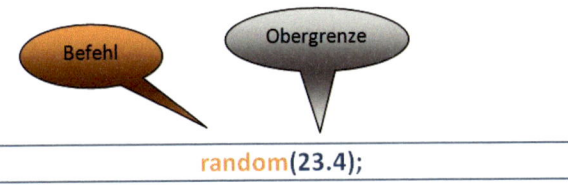

Befehl — Obergrenze

`random(23.4);`

Und jetzt mit zwei Übergabewerten:

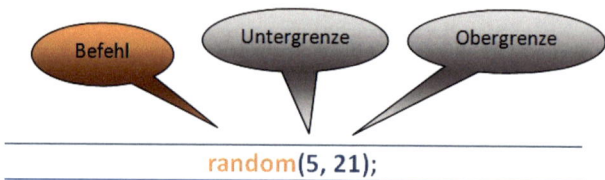

Wie Du vielleicht anhand der der beiden Beispielen gesehen hast, ist die *random*-Funktion in der Lage, sowohl *Fließkommazahlen*, als auch *Ganzzahlen* als Parameter zu verarbeiten. Der Rückgabetyp ist aber immer eine Zahl des Datentyps *float*. Kommen wir jetzt zu konkreten Beispielen:

```
float zufallszahl;

void draw()
{
  zufallszahl = random(23.4);
  println(zufallszahl);
}
```

Bei mir sah die Ausgabe folgendermaßen aus:

Abbildung 9-1 ▶
Generierte Zufallszahlen
im Nachrichtenfenster

```
5.138836
2.1705148
11.840949
1.5541377
0.61540633
3.0729396
14.200906
10.952626

1
```

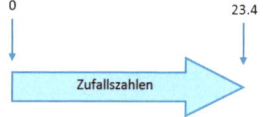

Das hier sind meine ganz persönlichen Zufallszahlen. Wenn Du das Programm startest, erhältst Du garantiert eine abweichende Folge von Zahlen. Du siehst, dass die Zufallszahlen *Fließkommazahlen* sind. Wenn Du lediglich einen Parameter angegeben hast, liegt der Bereich, in dem sich die Zufallszahlen bewegen, zwischen dem Wert 0 und dem Wert unterhalb des angegebenen Parameters.

Wenn Du Ganzzahlen als Zufallszahlen generieren möchtest, musst Du *Casten* anwenden, das Du ja bereits kennengelernt hast. Die Fließkommazahl muss in den Datentyp *int* konvertiert werden.

```
int zufallszahl;

void draw()
{
  zufallszahl = (int)random(5, 21);
  println(zufallszahl);
}
```

Hast Du zwei Übergabewerte angegeben, liegt der Bereich, in dem sich die Zufallszahlen bewegen, zwischen dem ersten Wert und unterhalb des zweiten Wertes.

Achte darauf, dass die Obergrenze von 21 *nicht* Bestandteil der generierten Zufallszahlen sein wird! Das ist ein oft gemachter Fehler, denn die Angabe der vermeintlichen Obergrenze lässt natürlich intuitiv vermuten, dass der Wert inklusive ist.

◀ **Abbildung 9-2**
Generierte Zufallszahlen.
Doch jetzt sind es Ganzzahlen

Die kolonnenartige Anzeige von zufälligen Zahlen ist auf Dauer recht unbefriedigend, und deshalb wollen wir mal schauen, wie wir die Werte grafisch darstellen können, damit das Auge auch etwas davon hat. Das folgende Programm sieht nur auf den ersten Blick etwas umfangreich aus, ist es aber keineswegs. Wir haben für die Füllfarbe drei Variablen R, G und B deklariert, für die Startposition des Rechtecks die Variablen *xRect* und *yRect* und schließlich noch die Breite und Höhe, die in den Variablen *widthRect* bzw. *heightRect* gespeichert werden. Alle Parameter werden über die Zufallsfunktion *random* initialisiert, so dass Rechtecke an unterschiedlichen Positionen mit verschiedenen Farben und wechselnden Dimensionen immer und immer wieder ins Ausgabefenster gezeichnet werden.

```
int R,G,B;
int xRect, yRect, widthRect, heightRect;

void setup()
{
  size(400, 200);
}
```

```
void draw()
{
  R = (int)random(255); G = (int)random(255); B = (int)random(255);
  fill(R, G, B);
  xRect = (int)random(width);
  yRect = (int)random(height);
  widthRect = (int)random(width); heightRect = (int)random(height);
  rect(xRect, yRect, widthRect, heightRect);
}
```

Nun wollen wir mal einen Blick auf das Ausgabefenster werfen:

Abbildung 9-3 ▶
Zufällig generierte Rechtecke

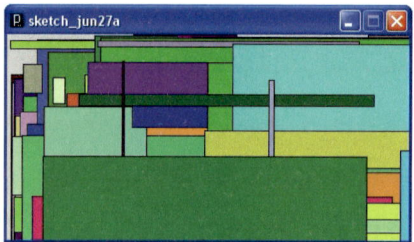

Perlin Noise

Wenn Du Dir die Zufallszahlen anschaust, die mit der *random*-Funktion erzeugt werden und Dein Augenmerk auf die Sprünge zwischen den einzelnen Werten lenkst, wirst Du feststellen, dass die Differenzen fast immer relativ groß sind. Hier einmal eine Liste von Zufallszahlen, die über die *random*-Funktion generiert wurden. In der linken Spalte findest Du die jeweilige Zufallszahl und in der rechten Spalte die Differenz zur jeweils folgenden Zahl:

Zufallszahl	Differenz
17	
	5
12	
	7
5	
	11
16	
	9
7	
	7
14	
	6
8	
	9
17	
	6
11	

Im kommenden Ausgabefenster siehst Du eine grafische Darstellung von Zufallszahlen. In der oberen Hälfte erkennst Du die senkrechten Striche der *random*-Funktion. Die Länge der Striche entspricht den generierten Werten: kurzer Strich, kleiner Wert - langer Strich, großer Wert. In der unteren Hälfte findest Du hingegen die Zufallszahlen, die über die *noise*-Funktion generiert wurden.

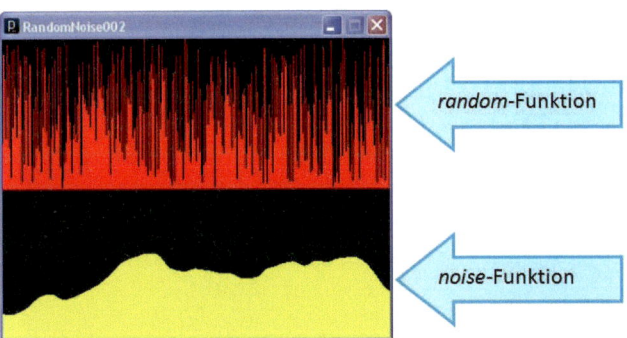

◀ **Abbildung 9-4**
Anzeige von Zufallszahlen über die random- bzw. noise-Funktion

Die Frage, die ich Dir jetzt stelle lautet: »Welchen offensichtlichen Unterschied gibt es?«

> Also, ich würde mal sagen, dass die oberen Zufallszahlen, die mittels *random* erzeugt wurden, wirklich sehr willkürlich aussehen. Ein einzelner Wert hat wenig mit seinem Vorgänger bzw. Nachfolger zu tun.
>
> Schaue ich mir dagegen die Zufallszahlen an, die über *noise* generiert wurden, sehe ich da einen gewissen Zusammenhang der einzelnen Werte untereinander. Ich würde das als *weiche Übergänge* bezeichnen. Das Bild schaut für mich fast wie ein realistisches Bergpanorama aus.

Das hast Du gut erkannt. Bevor wir aber zum Programm kommen, das die gezeigte Ausgabe liefert, werfen wir einen Blick auf die *noise*-Funktion.

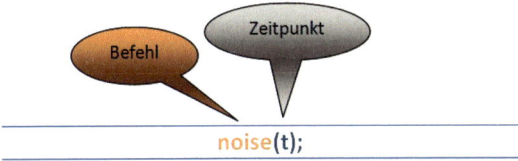

Aus Platzgründen werden wir uns die *noise*-Funktion nur hinsichtlich der ersten Raumdimension anschauen. Für die restlichen Dimensionen (zwei und drei) verweise ich auf die Internetseite von Processing.

Wenn Du für einen bestimmten Zeitpunkt *t* die *noise*-Funktion aufrufst, wird sie Dir einen Zufallswert zurückliefern. Ändert sich *t* nicht, dann erhältst Du immer den gleichen Wert.

```
float t = 0.0;

void draw()
{
  println(noise(t));
}
```

Das Ergebnis ist zur Laufzeit immer konstant und sah in meinem Beispiel wie folgt aus:

Abbildung 9-5 ▶
Zufallszahlen zu einem
festen Zeitpunkt

```
0.011688732
0.011688732
0.011688732
0.011688732
0.011688732
0.011688732
```

Wenn Du das Programm neu startest, ist der Wert ein anderer, dann jedoch zur Laufzeit wieder unverändert.

> Was soll ich denn mit einer Zufallszahlenfunktion, die mir immer den gleichen Wert liefert? Ich kann doch nicht immer wieder das Programm zu einer anderen Zeit neu starten, nur damit ich einen anderen Wert bekomme. Das ist recht merkwürdig!

Ich war zwar noch gar nicht fertig mit meinen Ausführungen, aber Du hast das eigentlich schon richtig erkannt, obwohl Du Dir dessen noch nicht ganz bewusst bist. Zu einem späteren bzw. anderen Zeitpunkt als dem vorherigen, liefert die Funktion einen anderen Wert zurück. Deshalb nimmt die *noise*-Funktionen u.a. ein Argument entgegen, das den zeitlichen Fortlauf simuliert. Inkrementierst Du also den Zeitwert *t* kontinuierlich um einen bestimmten Betrag, dann erhältst Du unterschiedliche Zufallszahlen.

Abbildung 9-6 ▶
Zufallszahlen zu unterschiedlichen
Zeitpunkten (t0 bis tn)

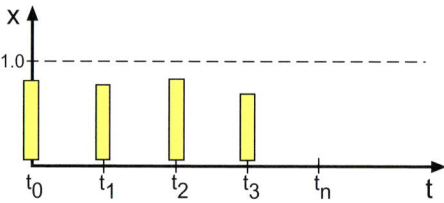

Das modifizierte Programm könnte folgendermaßen lauten:

```
float t = 0.0;

void draw()
{
  println(noise(t+= 0.1));
}
```

Das Nachrichtenfenster zeigt Dir jetzt fortlaufend unterschiedliche Zufallszahlen an.

```
0.50367826
0.48066035
0.49240428
0.49717188
0.4868591
0.51774406
```

Du hast sicherlich schon erkannt, dass sich der Wertebereich der Zahlen wie folgt gestaltet:

$$0.0 < n < 1.0$$

Doch kommen wir jetzt zum versprochenen Programm, das die beiden Funktionen *random* und *noise* in einem Ausgabefenster darstellt:

```
float start = 0.5;
float increment = 0.01;
boolean flag = false;

void setup()
{
  size(400, 300);
  background(0);
  for(int x=0; x<width; x++)
  {
    float rv = random(height/2);      // Random-Value
    float nv = noise(start+=increment); // Noise-Value
    stroke(255, 0, 0);
    line(x, height/2, x, rv);
    stroke(255, 255, 0);
    line(x, height, x, height - nv * 100);
  }
}
```

Experimentiere ein wenig mit dem Wert *increment*, der den zeitlichen Fortschritt bestimmt. Was passiert, wenn Du ihn verkleinerst oder vergrößerst? Das wollen wir uns ein bisschen genauer anschauen.

Inkrement-Wert	Auswirkung
0.005	
0.01	
0.05	

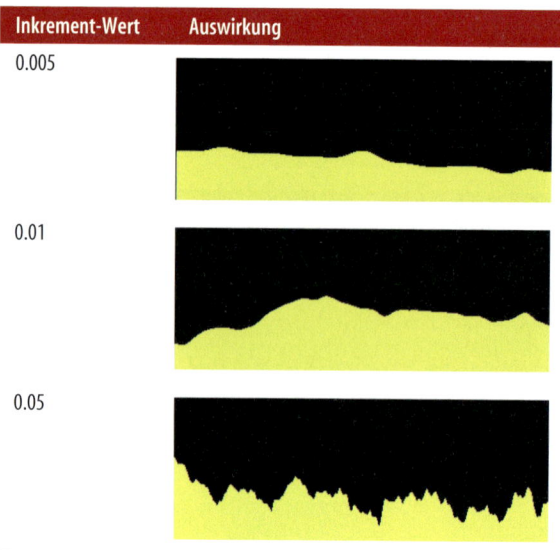

Du hast bestimmt bemerkt: Je kleiner der Inkrement-Wert ist, desto weicher sind Übergänge, und je größer er ist, desto zackiger und zerklüfteter sieht die Darstellung aus. Das folgende Programm zeigt Dir die weichen Übergänge über die Bewegung eines Punktes dessen Position sich nicht sprunghaft ändert.

```
float start1 = 0.0;
float start2 = 1.0;
float increment = 0.01;
int xPos, yPos;

void setup()
{
  size(300, 200);
  noStroke();
  background(0);
}

void draw()
{
  fill(0, 15);
  rect(0, 0, width, height);
```

```
xPos = (int)(noise(start1+= increment) * height);
yPos = (int)(noise(start2+= increment) * height);
fill(255, 0, 0);
ellipse(xPos, yPos, 10, 10);
}
```

Das Ausgabefenster zeigt Dir dann folgendes Verhalten, wobei ich eine interessante Technik angewendet habe, um die Bewegung der einzelnen Positionen des Punktes darzustellen. Wie das funktioniert, werde ich Dir gleich erklären.

◀ **Abbildung 9-8**
Bewegung eines Punktes
über die noise-Funktion

Damit sowohl für die *x-Position*, als auch für die *y-Position* unterschiedliche Koordinaten errechnet werden, ist es notwendig, abweichende Startzeitpunkte für die *noise*-Funktion zu definieren. Dies haben wir mittels der beiden ersten Zeilen getan:

```
float start1 = 0.0;
float start2 = 1.0;
float increment = 0.01;
...
```

Der Erhöhungswert *increment* ist für beide jedoch gleich. Du kannst ja spaßeshalber mal beide Startpunkte mit demselben Wert (start1 = start2) versehen. Es wird dann lediglich eine Bewegung des Punktes entlang einer Geraden im 45° Winkel stattfinden, da *xPos* und *yPos* sich immer um den gleichen Betrag ändern.

◀ **Abbildung 9-9**
Lineare Punktbewegung entlang
einer Geraden bei gleichen Start-
werten der noise-Funktionen

Doch kommen wir jetzt zu dem interessanten Nachzieheffekt, den Du bei der Bewegung erkennen kannst. Verantwortlich dafür sind die beiden folgenden Code-Zeilen:

```
...
fill(0, 10);
rect(0, 0, width, height);
...
```

Mit dem Befehl

```
fill(0, 10);
```

legst Du die Füllfarbe eines grafischen Objektes fest. Da Du es aber mit zwei Parametern zu tun hast, liegt hier *die* Variante mit Angabe eines *Grauwertes* plus *Alphawert* vor.

Der erste Wert 0 teilt uns Folgendes mit:: »Nimm bitte die Farbe Schwarz.« und der zweite Wert 15 besagt dies: »Setze für die Deckkraft, also der Alphawert, den Wert 15 ein.«

Jetzt kommt der entscheidende Punkt. Der Befehl

```
rect(0, 0, width, height);
```

legt über die komplette Fläche des Ausgabefensters ein Rechteck. Das Rechteck würde, wenn der *Alphawert* maximal wäre, also 255 betrüge, den kompletten Hintergrund löschen. Doch die Deckkraft ist mit dem Wert 15 versehen, so dass bei jedem Schleifendurchlauf der *draw*-Funktion mittels der *rect*-Anweisung die Farbe Schwarz

$$Deckkraft = \frac{15 * 100\%}{255} = 5,88\%$$

über das gesamte Ausgabefenster gelegt wird. Das wiederum bedeutet, dass alles, was Du siehst, mit der Zeit langsam verschwindet. Anschließend wird ein neuer Punkt an anderer Position mit 100% Rot geschrieben:

```
...
fill(255, 0, 0);
ellipse(xPos, yPos, 10, 10);
...
```

Ihm blüht aber das gleiche Schicksal, wie allen anderen Punkten. Er wird bei jedem Schleifendurchlauf der *draw*-Funktion langsam verblassen. Das bringt den gewünschten Nachzieheffekt und sieht wirklich *cool* aus – oder!?

Kapitel 9: Zufallszahlen

Doch schau Dir mal die folgenden Grafiken an, dann verstehst Du
den Vorgang vielleicht besser:

1. Durchlauf der *draw*-Funktion:

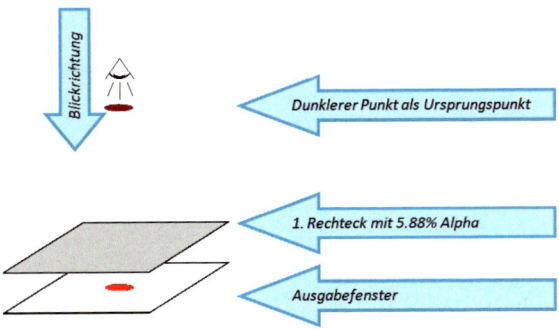

◀ **Abbildung 9-10**
Erster Durchlauf. Das Auge nimmt
einen dunkleren Punkt wahr.

2. Durchlauf der *draw*-Funktion:

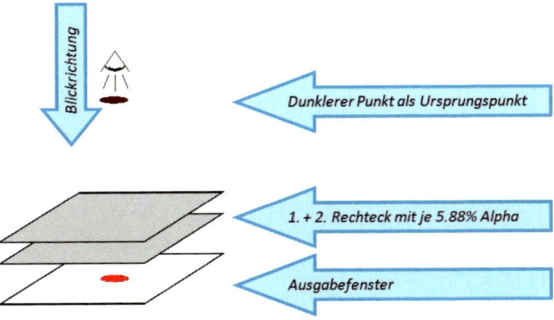

◀ **Abbildung 9-11**
Zweiter Durchlauf. Das Auge nimmt
einen noch dunkleren Punkt wahr.

3. Durchlauf der *draw*-Funktion:

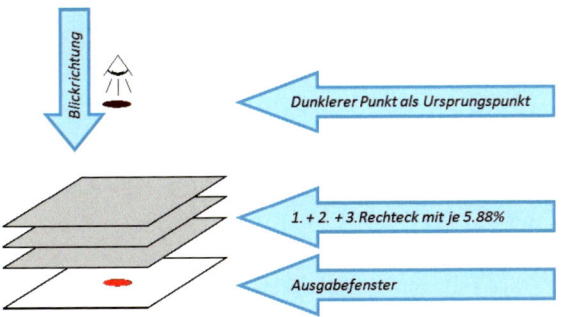

◀ **Abbildung 9-12**
Dritter Durchlauf. Das Auge nimmt
den Punkt fast nicht mehr wahr.

Mit jedem Durchlauf erscheint der vormals rote Punkt etwas dunk-
ler und verschwindet nach und nach im Schwarz, das er von oben
mehr und mehr aufgedrückt bekommt.

Interaktion

10

Kommen wir jetzt zu einem sehr interessanten Thema. Die Interaktion mit der Anwendung. Wie ich gerade erst erwähnte, stehen in Processing mehrere Funktionen zur Verfügung, die jedoch ohne entsprechenden Inhalt noch wenig zum Programmfluss beitragen können. Das wollen wir jetzt ändern. Ebenso stellt Processing diverse Variablen bereit, deren Inhalt für uns sehr interessant ist. Sie werden *Systemvariablen* genannt.

Mausschubsen

Die *Maus* ist neben der Tastatur eines unserer wichtigsten *Eingabegeräte* am Computer. Die Position der Maus in Deinem Ausgabefensters wird, wie sollte es anders sein, durch *Koordinaten* bestimmt. Für unser nächstes Beispiel wollen wir zwei Systemvariablen ausgeben, die Du schon kennergelernt hast und in denen die Koordinaten der Mausposition hinterlegt sind.

Systemvariable	Inhalt
mouseX	numerischer Wert der X-Koordinate
mouseY	numerischer Wert der Y-Koordinate

Schaue Dir nun bitte das folgende Programm an. Es erzeugt innerhalb der *setup*-Funktion das Ausgabefenster und legt dessen Hintergrundfarbe fest. Dies zur Initialisierung. Doch nun zum wichtigen Teil, in dem die Mausposition kontinuierlich abgefragt und über die *println*-Funktion an das Nachrichtenfenster übermittelt wird.

```
void setup()
{
  // Die Fenstergröße wird festgelegt
  size(300, 200);
```

```
  // Die Hintergrundfarbe wird gesetzt
  background(255);
}


void draw()
{
  // Die Anweisung wird kontinuierlich ausgeführt
  println("Koordinaten (x/y): " + mouseX + "/" + mouseY);
}
```

Wenn Du jetzt die Maus innerhalb des Ausgabefensters hin und her bewegst, werden die Koordinaten im Nachrichtenfenster angezeigt. Verlässt Du mit der Maus das Ausgabefenster, werden lediglich die letzten Werte angezeigt, über die Du mit Deiner Maus gefahren bist, als Du Dich noch innerhalb des Fensters befandest.

Hier die Ausgabe:

Abbildung 10-1 ▶
Ausgabe der Mausposition innerhalb des Nachrichtenfensters

Nachdem Du jetzt gesehen hast, wie sich über die Systemvariablen *mouseX* und *mouseY* die Mausposition ermitteln lässt, können wir endlich ein wenig Bewegung auf unserem Ausgabefenster erzeugen.

Nehmen wir dazu einfach mal die Dir schon bekannte *Ellipse*. Bisher hatten wir es ausschließlich mit statischen Ausgaben zu tun. Dies wollen wir jetzt hinsichtlich des Startpunktes ein wenig dynamisieren. Deswegen setzten wird das Zeichnen der Ellipse in der *draw*-Funktion.

```
void setup()
{
  // Die Fenstergröße wird festgelegt
  size(300, 200);
  // Die Hintergrundfarbe wird gesetzt
  background(0);
}


void draw()
{
  noFill();
  stroke(255, 0, 0);
```

```
    ellipse(mouseX, mouseY, 60, 40);
}
```

Was erwartest Du jetzt als Ausgabe? Haben wir es lediglich mit
einer Ellipse zu tun, die je nach Mausposition ihre Position ändert?
Überlege genau und schaue Dir den Code noch einmal an.

Ok, dann lass mal sehen...

Zuerst wird mit *noStroke* die Füllfarbe deaktiviert. Danach die Strichfarbe mit *stroke*(255, 0, 0) auf Rot gesetzt und zum Schluss des ersten
Durchlaufs die Ellipse an *die* Position gezeichnet, die der Mausposition innerhalb des Fensters entspricht. Danach fängt das Spiel von
vorne an. Füllfarbe löschen, Strichfarbe setzen und Ellipse zeichnen.

Ok, wenn ich die Maus bewege, dann werden viele Ellipsen an unterschiedlichen Positionen in Abhängigkeit der Mausbewegung gezeichnet.

Whow, das ist ja korrekt! Schau Dir dazu das Ausgabefenster an:

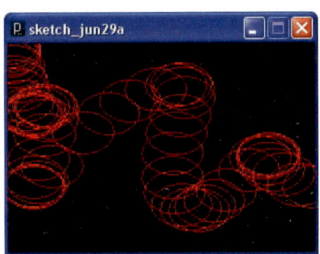

◀ **Abbildung 10-2**
Zeichnen mehrerer Ellipsen
im Ausgabefenster

Es wurden wirklich ganz viele Ellipsen an Positionen gezeichnet,
die der Mausbewegung gefolgt sind. Zum ersten Mal hast Du ein
Programm geschrieben, das nicht mehr stur seinen recht statischen
Anweisungen von oben bis unten folgt. Du konntest es auf eine
spezielle Weise modifizieren. Das ist fantastisch!

Auch hier wieder eine klitzekleine Aufgabe:

Wie musst Du den Code abändern, dass lediglich eine einzige Ellipse
der Mausposition innerhalb des Fensters folgt? Kleiner Tipp: Ein
Befehl muss verschoben werden!

Nun, wenn ich das richtig sehe, wird in der *setup*-Funktion der Hintergrund mit *background(0)* einmalig auf Schwarz gesetzt. Anschließend wird in der *draw*-Funktion immer und immer wieder die Ellipse
gezeichnet. Wenn ich also das »Quasi-Löschen« des Hintergrundes
mit *background(0)* vor das Zeichnen der Ellipse verschiebe, sollte es
den gewünschten Effekt haben. Hier also meine Lösung...

```
void setup()
{
  // Die Fenstergröße wird festgelegt
  size(300, 200);
  // Die Hintergrundfarbe wird gesetzt
  background(0);
}

void draw()
{
  background(0);
  noFill();
  stroke(255, 0, 0);
  ellipse(mouseX, mouseY, 60, 40);
}
```

Ich bin beeindruckt. Das ist die Lösung. Hinsichtlich der Mausposition existieren noch zwei weitere Systemvariablen, die ich an dieser Stelle ansprechen möchte, da sie außerordentlich interessant sind. Doch ich muss ein wenig ausholen und sogar eine Anleihe aus einem Thema machen, das wir noch nicht besprochen haben. Dazu benötige ich zwei Variablen, um die Mausposition zwischenzuspeichern-speichern.

Wir wollen ein Programm schreiben, das ein Kurve zeichnet und dabei unserer Mausposition folgt. Das Verhalten sollte vergleichbar sein sein mit der im folgenden Ausgabefenster gezeigten Funktionalität. Dir wird vielleicht die Funktion zum Zeichnen einzelner Punkte in den Sinn gekommen sein. Dieser Ansatz wäre gar nicht schlecht.

Abbildung 10-3 ▶
Zeichnen einer Kurve

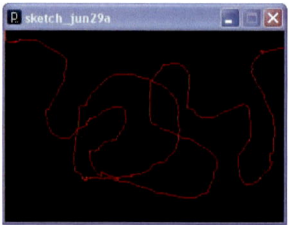

```
void setup()
{
  // Die Fenstergröße wird festgelegt
  size(300, 200);
  // Die Hintergrundfarbe wird gesetzt
  background(0);
}

void draw()
{
  noFill();
  stroke(255, 0, 0);
  point(mouseX, mouseY);
}
```

Kapitel 10: Interaktion

Doch wenn Du die *point*-Funktion nutzt, bekommst Du folgendes Ergebnis, das nicht ganz dem entspricht, was wir erreiche wollten.

◀ **Abbildung 10-4**
Zeichnen von Punkten entlang einer Linie

Ich gebe zu, dass das Ergebnis auch nicht schlecht aussieht, doch die Punkte sind nicht miteinander verbunden. Für meinen Geschmack gibt es zu viele Lücken. Deshalb möchte ich Dir den folgenden Code zeigen, der das gewünschte Verhalten bewirkt. Bedenke, dass dies lediglich ein Zwischenschritt zu dem Ziel ist, das ich eigentlich erreichen möchte.

```
int VorherMouseX;
int VorherMouseY;

void setup()
{
  // Die Fenstergröße wird festgelegt
  size(300, 200);
  // Die Hintergrundfarbe wird gesetzt
  background(0);
}

void draw()
{
  noFill();
  stroke(255, 0, 0);
  line(VorherMouseX, VorherMouseY, mouseX, mouseY);
  // Speichern der vorherigen Mausposition in zwei Variable
  VorherMouseX = mouseX;
  VorherMouseY = mouseY;
}
```

> Das ist ja schon mal etwas komplexer. Erkläre mir bitte die einzelnen Schritte!

Ok, dann lass uns direkt mit den Variablen beginnen. Variablen, auch Bezeichner genannt, sind aus der Datenverarbeitung nicht wegzudenken. Sie werden genutzt, um Informationen zu speichern, die dann später bei diversen Berechnungen verwendet werden. Zuvor müssen wir jedoch dem Compiler mitteilen, wie ihre Namen lauten und von welchem *Datentyp* sie sind. Einige Datentypen wie *int* bzw. *float* hast Du schon kennen gelernt. Doch dazu später mehr. Für unsere Zwecke müssen wir die X- und Y-Koordinaten der Mausposition speichern. Ich habe die beiden Variablen *Vorher-MouseX* und *VorherMouseY* genannt. Sie speichern die letzte X/Y-Position der Maus, bevor die Systemvariablen *mouseX* und *mouseY* mit aktuelleren Werten versorgt werden. Jetzt klingelt es vielleicht bei Dir!? Da die *line*-Funktion zwei Punkte miteinander verbindet, setzten wir sie an dieser Stelle ein.

```
line(VorherMouseX, VorherMouseY, mouseX, mouseY);
```

Die Anweisung an die Ausgabe ist eindeutig: »Verbinde die Koordinaten des alten, vorherigen Punktes mit denen des neuen, aktuellen.« Anschließend werden die vormals aktuellen Koordinaten in den Variablen *VorherMouseX* und *VorherMouseY*

```
VorherMouseX = mouseX;
VorherMouseY = mouseY;
```

gespeichert, damit sie beim nächsten Durchlauf in der *draw*-Funktion zur Verfügung stehen, wenn es dann heißt: »Verbinde die Koordinaten des alten...« Den Rest kennst Du ja schon.

Doch warum erzähle ich Dir das alles? Es gibt einen eleganteren Weg in Processing. Wer hätte das gedacht! Werfen wir einen Blick auf die folgende Tabelle:

Systemvariable	Inhalt
pmouseX	numerischer Wert der vorherigen X-Koordinate beim *draw*-Funktionsdurchlauf
pmouseY	numerischer Wert der vorherigen Y-Koordinate beim *draw*-Funktionsdurchlauf

Das kleine *p*, welches den schon bekannten Systemvariablen *mouseX* bzw. *mouseY* als Präfix voransteht, ist die Abkürzung des englischen Wortes *previous*, was *vorangehend* bedeutet.

Jetzt schau Dir den modifizierten Code an:

```
void setup()
{
  // Die Fenstergröße wird festgelegt
  size(300, 200);
```

```
  // Die Hintergrundfarbe wird gesetzt
  background(0);
}

void draw()
{
  noFill();
  stroke(255, 0, 0);
  line(pmouseX, pmouseY, mouseX, mouseY);
}
```

Ist das nicht fantastisch!? Die folgende Zeile übernimmt die ganze Arbeit und besagt: »Verbinde vorher mit jetzt!«

```
line(pmouseX, pmouseY, mouseX, mouseY);
```

Doch was bedeutet *vorher* und was *jetzt*? Wir haben sozusagen pro *draw*-Funktionsdurchlauf einen Generationenwechsel.

Das *jetzt* wird beim nächsten Durchlauf der *draw*-Funktion zum *vorher* usw. Beim ersten Durchlauf existieren natürlich noch keine *pmouseX* bzw. *pmouseY* Werte, die aus einer vorangegangenen Schleife stammten.

Ich hoffe, dass dieses Diagramm zum Verständnis beiträgt, so dass Du den Zusammenhang zwischen *vorher* und *jetzt* verstehst.

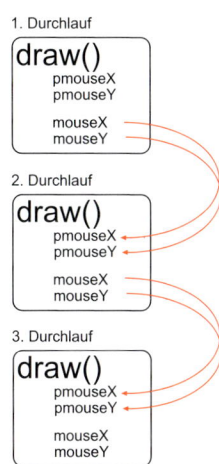

Wildes Klicken

Ich hatte bei der Einführung zum Thema Interaktion erwähnt, dass *Processing* diverse Funktionen zur Verfügung stellt, die darauf warten, mit Leben gefüllt zu werden. Ich hoffe *setup* und *draw* sind Dir jetzt vertraut, so dass ich Dir weitere Funktionen vorstellen kann. Jedes Mal, wenn Du die linke oder rechte Maustaste drückst, wird ein *Ereignis* ausgelöst. In der Programmierung das *Event* genannt. Dieser spezielle *Maus-Klick-Event* ist intern mit einer Funktion verknüpft, die immer dann aufgerufen wird, wenn das Event *feuert*, wie man so schön sagt.

Bei Processing könnte das etwa so ablaufen …

> Hey, da hat jemand an der Maus herumgespielt und eine Maustaste geklickert. Ruf mal eine die entsprechende Funktion dafür auf!

Jetzt müssen wir nur noch wissen, welche die passende Funktion für dieses Event ist.

mousePressed()

Der Funktionsname setzt sich aus zwei Worten zusammen. *Mouse* kennst Du schon und *pressed* bedeutet *gedrückt*. Es ist also klar, was damit gemeint ist. Jedes Mal, wenn die *rechte* oder *linke* Maustaste gedrückt wird, ruft Processing intern einmal für jedes Klick-Event die Funktion *mousePressed()* auf. Dies ist wie der Aufruf eines Unterprogramms, den ich schon erläutert habe.

Abbildung 10-5 ▶
Auftreten eines Events

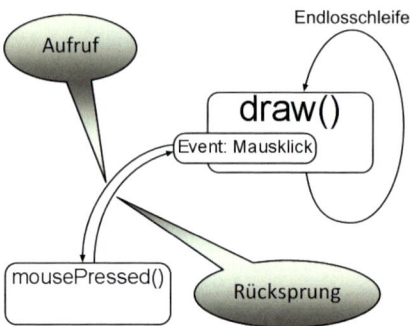

Wir bewegen uns innerhalb der *draw*-Funktion in einer Endlosschleife. Wird jedoch entweder die linke oder die rechte Maustaste gedrückt, dann verzweigt der Programmfluss in das Unterprogramm bzw. die Funktion *mousePressed()*. Die in ihr enthaltenen Anweisungen werden abgearbeitet. Anschließend wird zurück in die *draw*-Funktion gesprungen.

```
void setup()
{
  size(300, 200);
  background(0);
}

void draw()
{
  noFill();
  stroke(255, 0, 0);
  point(mouseX, mouseY);
  strokeWeight(1);
}
```

```
// Wird beim Drücken einer Maustaste aufgerufen
void mousePressed()
{
  strokeWeight(10);
}
```

Schauen wir mal, was dabei herauskommt, wenn wir die Maus bewegen und an verschiedenen Stellen die linke oder rechte Maustaste drücken.

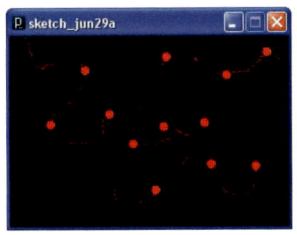

◀ **Abbildung 10-6**
Auf Maustastenereignisse wird reagiert

Ich denke, dass ich hier kurz etwas erläutern sollte. Wie Du schon weißt, bewegen wir uns zur Laufzeit der Abwendung in der Endlosschleife der *draw*-Funktion. In ihr werden diverse Befehle abgearbeitet. Doch schauen wir einfach mal direkt ins System hinein:

Als *Programmflussverantwortlicher* habe ich hier eine schreckliche Aufgabe! Immer und immer dasselbe machen. Auf Dauer ist das ganz schön stressig. Aber es wird halt von mir verlangt.

Doch dann ereignete sich etwas, was den Programmfluss in andere Bahnen lenkte.

Plötzlich.

Stopp! Unterbrich sofort hier Deine Arbeit! Es wurde eine Maustaste gedrückt. Fahre unmittelbar mit der *mousePressed*-Funktion fort! Anschließend kannst Du ja an dieser Stelle weitermachen.

Daraufhin ...

Na, das ist ja mal eine überschaubare Liste an Befehlen. Hier bin ich schnell fertig und kann mich dann wieder der Hauptfunktion *draw* widmen.

Es ist zwar schön und gut, dass ich weiß, ob eine Maustaste gedrückt wurde, doch vielleicht möchte ich gerne wissen, welche von beiden. Gibt's denn da keine Unterscheidungsmöglichkeit?

Doch, sicherlich gibt es eine Möglichkeit. Dabei kommt wieder eine Systemvariable ins Spiel. Sie nennt sich *mouseButton*. Setzen wir dazu einfach mal die Ausgabe der Variablen *mouseButton* in die *mousePressed*-Funktion. Das bedeutet, jedes Mal, wenn die linke oder die rechte Maustaste gedrückt wird, geben wir den betreffenden Inhalt in das Nachrichtenfenster aus.

Schauen wir mal, was dabei herauskommt.

```
void setup()
{
  size(300, 200);
}

void draw()
{
  // ...
}

void mousePressed()
{
  println(mouseButton); // Ausgabe der Systemvariablen
}
```

Die Ausgabe dazu könnte wie folgt aussehen:

Abbildung 10-7 ▶
Ausgabe der Systemvariablen mouseButton bei einem Links- bzw. Rechtsklick der Maus

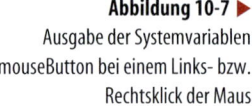
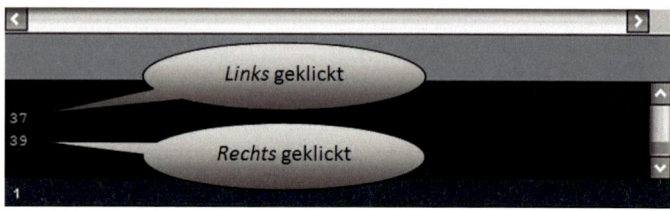

Aha, wir haben es mit zwei unterschiedlichen Werten zu tun, anhand derer wir die Unterscheidung vornehmen können. Ich höre Dich schon rufen: »*Nein, das sind ja Magic Numbers!*« Das stimmt und deshalb ist in Processing für Abhilfe gesorgt. Um festzustellen, ob und welche Maustaste gedrückt wurde, kannst Du auf *Konstanten* zurückgreifen. So ist der Code auf jeden Fall lesbarer, als wenn Du mit irgendwelchen ominösen Werten arbeitest.

```
void mousePressed()
{
  switch(mouseButton)
  {
    case LEFT:
      println("Linke Maustaste wurde gedrückt."); break;
    case RIGHT:
      println("Rechte Maustaste wurde gedrückt."); break;
  }
}
```

Das sieht doch schon recht ordentlich aus und ist wunderbar selbsterklärend. Abschließend zu diesem Thema hier noch ein kurzes Beispiel:

```
void setup()
{
  size(300, 200);
  background(0);
  stroke(255, 0, 0);
}

void draw()
{
  noFill();
  point(mouseX, mouseY);
  strokeWeight(1);
}

void mousePressed()
{
  switch(mouseButton)
  {
    case LEFT: stroke(255, 0, 0); strokeWeight(10); break;
    case RIGHT: stroke(0, 255, 0); strokeWeight(10); break;
  }
}
```

Die Ausgabe dazu könnte wie folgt aussehen:

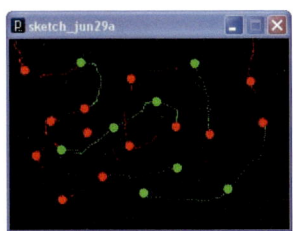

◀ **Abbildung 10-8**
Linke bzw. rechte Maustaste
wurde gedrückt

In Abhängigkeit von gedrückten Maustasten ändert sich die Zeichenfarbe:

- *Rot* bedeutet: Linke Maustaste gedrückt
- *Grün* bedeutet: Rechte Maustaste gedrückt

Mausschubsen Teil 2

Was gibt es denn sonst noch zum Mausschubsen zu sagen? Die aktuelle Mausposition innerhalb des Ausgabefensters wird doch in den schon erwähnten Systemvariablen *mouseX* und *mouseY* gespeichert. Diese Aussage ist absolut korrekt. Doch es wird, vergleichbar mit dem Drücken der *linken* bzw. *rechten* Maustaste, auch dann ein *Event* ausgelöst, wenn Du die Maus *bewegst*. Natürlich steht auch dafür eine eigene Funktion bereit.

mouseMoved()

Move bedeutet bewegen. Jedes Mal, wenn Du die Maus bewegst, werden also nicht nur aktuelle Positionswerte in die Systemvariablen geschoben, sondern sondern es wird außerdem die besagte Funktion aufgerufen. Nachfolgend findest Du wieder ein kleines Beispielprogramm:

```
void setup()
{
  size(300, 200);
}

void draw()
{
  background(0);
  stroke(0, 0, 255); // Strichfarbe auf Blau setzten
  strokeWeight(3);   // Strichdicke auf 3 setzten
  // Zeichnen der vertikalen Linien
  line(0,0,0,10); line(50,0,50,10); line(100,0,100,10);
  line(150,0,150,10); line(200,0,200,10); line(250,0,250,10);
}

void mouseMoved()
{
  noStroke();        // Strichfarbe deaktivieren
```

```
  fill(255, 0, 0);   // Füllfarbe auf Rot setzten
  rect(0,10, abs(pmouseX - mouseX), 20); // Rechteck zeichnen
}
```

> Das ist nicht Dein Ernst! Ich verstehe nicht mal die Hälfte...

Nun bleib mal ganz locker. Du kennst doch meine Strategie der kleinen Schritte. Starte doch einfach mal die Anwendung.

Die Ausgabe dazu könnte wie folgt aussehen:

◀ **Abbildung 10-9**
Vertikale Strichskala

Du siehst eine vertikale Strichskala, die aus 6 Skalenstrichen besteht. Wie sind die denn dort hingekommen? Schauen wir uns diesbezüglich die *draw*-Funktion mal genauer an.

```
...
void draw()
{
  background(0);
  stroke(0, 0, 255); // Strichfarbe auf Blau setzten
  strokeWeight(3);   // Strichdicke auf 3 setzten
  // Zeichnen der vertikalen Linien
  line(0,0,0,10); line(50,0,50,10); line(100,0,100,10);
  line(150,0,150,10); line(200,0,200,10); line(250,0,250,10);
}
...
```

Die Kommentare sprechen in dem Fall für sich. Alle Befehle werden zyklisch abgearbeitet:

- Hintergrund löschen
- Strichfarbe setzten
- Strichdicke setzten
- Vertikale Linien zeichnen

Zum Zeichnen der vertikalen Linien haben wir einfach sechs *line*-Befehle hintereinander platziert. Du siehst auch, dass pro Zeile mehr

als eine Anweisung zulässig ist. Warum? Ich sage nur: »*Semikolon!*«
Dadurch kann der Compiler die einzelnen Befehle voneinander trennen. Um Platz zu sparen, habe ich sie ein wenig zusammengerückt.
Übersichtlicher wird es dadurch nicht gerade und Du solltest Dir
angewöhnen, möglichst immer nur einen Befehl pro Zeile zu kodieren. Du fragst Dich jetzt sicherlich, was das Ganze soll. Das eigentliche Spektakel findet nämlich in der *mouseMoved*-Funktion statt.
Bisher war das alles ja noch nicht sonderlich aufregend.

Werfen wir auch hier wieder einen Blick auf den Code:

```
...
void mouseMoved()
{
  noStroke();          // Strichfarbe deaktivieren
  fill(255, 0, 0);     // Füllfarbe auf Rot setzten
  rect(0,10, abs(pmouseX - mouseX), 20); // Rechteck zeichnen
}
```

An dieser Stelle wird es schon ein wenig kniffliger, wobei die ersten
beiden Zeilen des Anweisungsblocks sicherlich kein Kopfzerbrechen bereiten:

- Strichfarbe setzten
- Füllfarbe auf Rot setzen

Doch nun zum interessanten Teil:

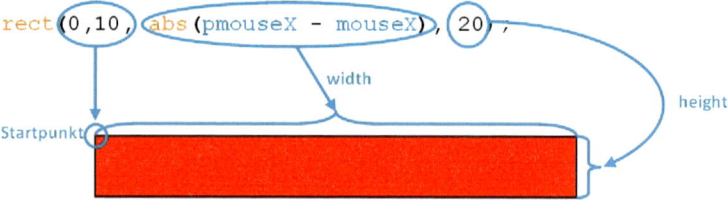

Anhand des Diagramms siehst Du, wie das Rechteck generiert wird.
Das Einzige, was Dir sicherlich noch Kopfschmerzen bereitet, ist die
Berechnung der Breite. Das ist auch verständlich, denn wir nutzten
an dieser Stelle eine Funktion, die den Namen *abs* trägt. Es ist die
Abkürzung für *absolut*. Der *Absolutwert* ist ein Wert ohne Berücksichtigung des Vorzeichens. Mathematisch ausgedrückt hieße das für
reelle Zahlen Folgendes:

$$|x| = \begin{cases} x \text{ für } x \geq 0 \\ -x \text{ für } x < 0 \end{cases}$$

Nachfolgend zwei Beispiele:

$abs(5) = 5$

$abs(-5) = 5$

Die Differenz, die zwischen *pmouseX* und *mouseX* gebildet wird, ist umso größer, je schneller die Maus in X-Richtung, also der Horizontalen, bewegt wird. Starte also das Programm noch einmal und bewege die Maus so schnell wie möglich auf der Horizontalen hin und her.

Das Ergebnis sollte also ungefähr so aussehen wie im folgenden Ausgabefenster.

◀ **Abbildung 10-10**
Unser Geschwindigkeitsbalken

Du schaffst das bestimmt noch besser, so dass der Balken noch weiter nach rechts größer wird. Die gebildete Differenz der beiden Werte ist also gleichbedeutend mit der Geschwindigkeit, mit der Du die Maus über Deine Unterlage in X-Richtung jagst.

> Das mit der Differenz verstehe ich, aber nicht, warum wir die *Absolutfunktion* aufrufen müssen.

Der Grund hierfür ist ganz simpel. Schau Dir die folgende Tabelle an, in der ich die beiden möglichen Mausbewegungen auf der Horizontalen aufgelistet habe:

Mausbewegung	Feststellung	Ergebnis der Differenz (pmouseX – mouseX)
Von rechts nach links ()	pmouseX > mouseX	> 0
Von links nach rechts ()	pmouseX < mouseX	< 0

Du erkennst sicher, dass bei einer Bewegung von *links nach rechts*, negative Werte als Ergebnis der Differenz herauskommen. Diese

Werte führen zu *keinem* Programmabbruch. Der Effekt ist aber der, dass das Rechteck nicht angezeigt wird.

Processing kennt eine Kombination aus *Mausschubsen* und *Mausklicken*. Die Funktion nennt sich

mouseDragged()

Diese Funktion wird immer dann aufgerufen, wenn bei gedrückter Maustaste die Position der Maus verändert wird. Du kennst das sicherlich schon, denn Dein Betriebssystem stellt diese Fähigkeit z.B. im Explorer zur Verfügung, wenn Du eine Datei von einer Stelle im Dateisystem an eine andere kopieren bzw. verschieben möchtest. Dazu klickst Du ja auch die Datei an und schiebst sie bei gedrückter Maustaste an die neue Position.

```
void setup()
{
  size(300, 200);
}

void draw()
{
  // ...
}

void mouseDragged()
{
  print(".");
}
```

Wenn Du nach dem Start des Programms die Maus bei gedrückter Maustaste bewegst, werden Dir jedes Mal einzelne Punkte im Ausgabefenster angezeigt.

Tastatur

Natürlich ist die *Tastatur* ebenfalls ein Eingabegerät, das wir nutzen können, um den Programmablauf zu beeinflussen. Die Vermutung liegt natürlich nahe, dass auch wieder eine Funktion vom System zur Verfügung gestellt wird, die automatisch aufgerufen wird, wenn eine Taste gedrückt wird. Woll'n Mal sehen. Also bei der Maustaste, die gedrückt wurde, hat Processing die Funktion *mousePressed* aufgerufen. Da *Taste* übersetzt *key* heißt, könnten wir es mit *keyPressed* versuchen. Damit haben wir genau ins Schwarze getroffen.

keyPressed()

Eine kleine Beispielanwendung könnte wie folgt lauten:

```
void setup()
{
  size(300, 200);
}

void draw()
{
  // ...
}

void keyPressed()
{
  println("Du hast eine Taste gedrückt!");
}
```

Für uns wäre es natürlich äußerst interessant zu wissen, *welche* Taste auf der Tastatur gedrückt wurde. Die Auswahl ist ja riesig und wir hätten eine wundervolle Möglichkeit unser Programm nach Belieben zu beeinflussen. Höre ich da jemand *Systemvariable* sagen? Richtig! Auch für dieses Event existiert eine Systemvariable, in der die letzte Tasteneingabe gespeichert wird.

Systemvariable	Inhalt
key	zuletzt gedrückte *Taste* (z. B. '*a*', '*5*', '*+*', etc.)
keyCode	zuletzt gedrückter *TastenCode* (z. B. *65* für *a*)

```
void setup()
{
  size(300, 200);
}
```

```
void draw()
{
  // ...
}

void keyPressed()
{
  println("Du hast die Taste '" + key + "' gedrückt!");
  println("Der Tastaturcode lautet: " + keyCode);
}
```

Schauen wir uns das Nachrichtenfenster genauer an. Drückst Du eine Sonder- bzw. Steuertaste, wie z.B. den Pfeil nach oben oder die Steuerungstaste *Strg*, dann wird lediglich ein **?** angezeigt. In der Systemvariablen *keyCode* findest Du jedoch den eindeutigen Wert hinterlegt.

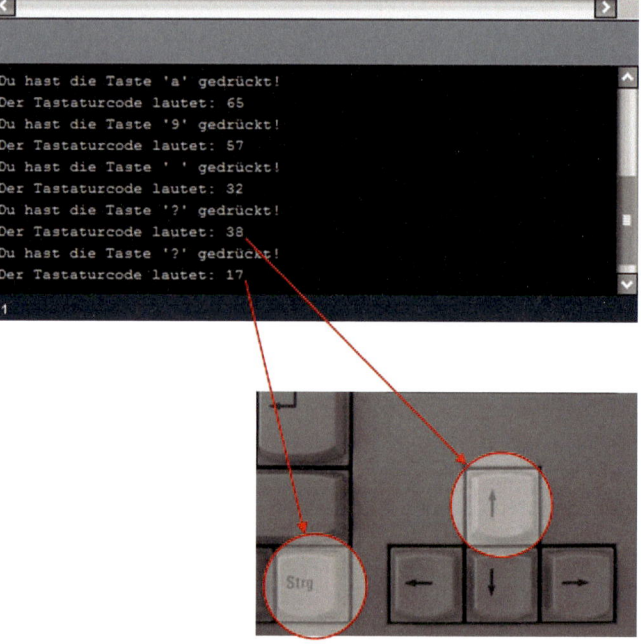

Das folgende Programm erlaubt es mit den Tasten *WASD* auf der Tastatur einen Punkt im Ausgabefenster zu bewegen.

```
int xPos, yPos;
int geschwindigkeit;

void setup()
{
  size(300, 200);
  smooth();
  geschwindigkeit = 5;
  xPos = width/2;
  yPos = height/2;
}

void draw()
{
  background(0);
  stroke(255, 0, 0);
  strokeWeight(15);
  point(xPos, yPos);
}

void keyPressed()
{
  switch(key)
  {
    case 'w': yPos -= geschwindigkeit; break;
    case 'a': xPos -= geschwindigkeit; break;
    case 's': yPos += geschwindigkeit; break;
    case 'd': xPos += geschwindigkeit; break;
  }
}
```

Schieß auf die Scheibe

Kommen wir zum ersten Programm, das Deine Aufmerksamkeit ganz in Anspruch nehmen wird. Deine Reaktionszeit ist dabei von entscheidender Bedeutung. Die Aufgabe des kleinen Spiels besteht darin, eine rote Scheibe, die an unterschiedlichen Positionen eine bestimmte Zeit lang sichtbar ist, mit der Maus anzuklicken, bevor sie wieder verschwindet. Wenn Du es schaffst, verkürzt sich die Zeit der Sichtbarkeit und es wird beim nächstem Mal schwieriger. Im Gegenzug bleibt die Scheibe länger sichtbar, wenn Du bei einem Versuch daneben klickst.

```
int xPos, yPos;       // Koordinaten des Kreises
int radius;           // Radius des Kreises
int counter;          // Zähler
int geschwindigkeit;  // Je kleiner der Wert, desto schneller

void setup()
{
  size(400, 200);
  smooth();
  radius = 20;
  geschwindigkeit = 50;
}
```

```
void draw()
{
  background(0);     // Hintergrund löschen
  fill(255, 0, 0);   // Füllfarbe auf Rot setzten
  counter++;         // Zähler inkrementieren
  if(counter > geschwindigkeit)
  {
    xPos = (int)random(width);  // Zufallszahl generieren
    yPos = (int)random(height); // Zufallszahl generieren
    counter = 0;                // Zähler zurücksetzten
  }
  ellipse(xPos, yPos, radius*2, radius*2); // Kreis zeichnen
}

void mousePressed()
{
  if (dist(mouseX, mouseY, xPos, yPos) < radius)
  {
    geschwindigkeit-=5;  // Geschwindigkeit erhöhen
    println(">>> Treffer! (" + geschwindigkeit + ")");
  }
  else
  {
    geschwindigkeit+=5;  // Geschwindigkeit verringern
    if(geschwindigkeit > 60)
      geschwindigkeit = 60;
    println("Daneben! (" + geschwindigkeit + ")");
  }
}
```

> Oh nee! Das ist aber 'ne Menge Code, den ich noch nicht verstehe. Da muss ich mal wieder passen!

Bleib locker! So langsam müsstest Du doch meine Devise kennen: »Immer Schrittchen für Schrittchen!« Schauen wir uns zunächst die *draw*-Funktion an. Sie zeichnet in Abhängigkeit von den x/y-Koordinaten, die über die Zufallsfunktion *random* generiert werden, einen Kreis mit einem bestimmten Radius. Für die Koordinaten bzw. den Radius des Kreises wurden drei globale Variablen deklariert:

```
int xPos, yPos;   // Koordinaten des Kreises
int radius;       // Radius des Kreises
...
```

Wir erinnern uns noch einmal:

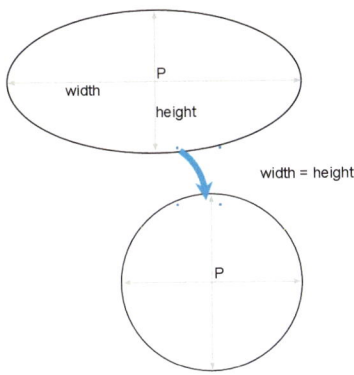

Sind bei einer Ellipse die Angaben für *Breite* bzw. *Höhe* gleich, wird ein *Kreis* gezeichnet. Wenn Du den Wert des Radius in der Variablen *radius* speichern möchtest, musst Du ebenfalls bedenken, dass die Parameter für *width* bzw. *height*, die ja identisch sind, sich auf den Durchmesser beziehen. Soll der angegebene Wert dem *Radius* entsprechen, dann musst Du ihn mit dem Faktor *2* multiplizieren. Das ist die Erklärung für den Code, den Du beim Zeichnen der Ellipse siehst.

```
...
ellipse(xPos, yPos, radius*2, radius*2);
...
```

Kommen wir jetzt zur Logik des Kreiszeichnens. Wenn Du mittels der *draw*-Funktion immer wieder einen Kreis an unterschiedliche Positionen durch die *draw*-Funktion zeichnen lassen wolltest, würde das in Abhängigkeit von der *frameRate* durchaus sehr schnell passieren und Du hättest keine Chance zu reagieren. Das Spiel soll aber Spaß machen und auch ein Erfolgserlebnis vermitteln, keinen Frust! Aus diesem Grund haben wir die globale Variable *counter* eingebaut, die als Zähler arbeitet und bei jedem Durchlauf der *draw*-Funktion inkrementiert wird. Außerdem existiert eine globale Variable mit Namen *geschwindigkeit*, der ein fester Wert zugewiesen wird. Die *if*-Anweisung prüft bei jedem Durchlauf, ob der Wert der Variablen *counter* größer ist, als der Wert der Variablen *geschwindigkeit*. Erst wenn dies der Fall ist, und ein wenig Zeit vergangen ist, werden neue Koordinaten für den Kreis angefordert und der Zähler wieder auf 0 gesetzt. Dann beginnt alles wieder von vorne. Ich habe diesen Vorgang mal in ein Flussdiagramm übersetzt.

Das Ergebnis sollte also ungefähr so aussehen wie im folgenden Ausgabefenster.

Abbildung 10-11 ▶
Flussdiagramm für
»Schieß auf die Scheibe«

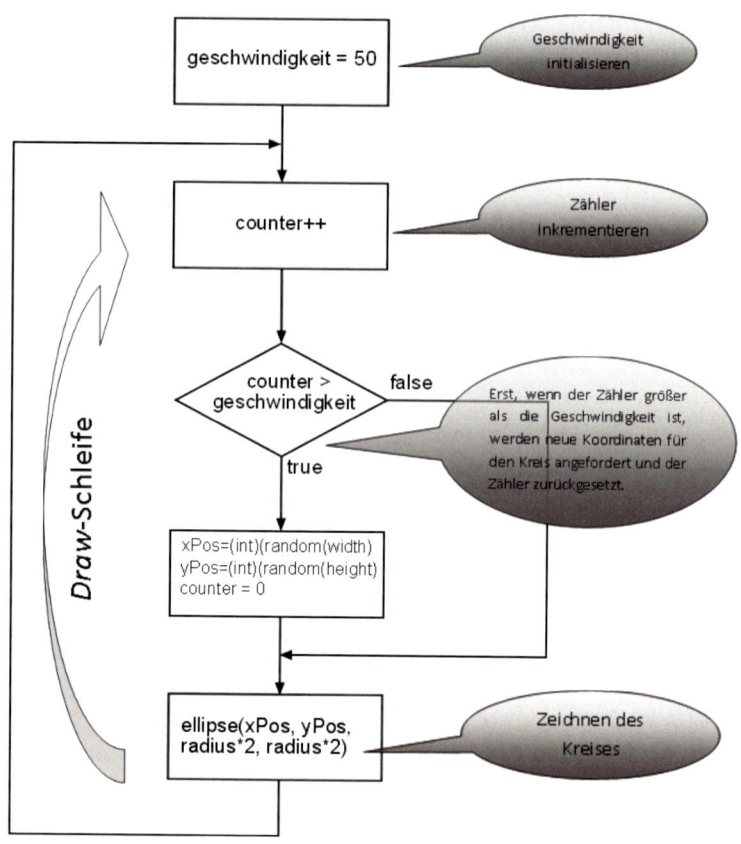

Den Grund für den Zähler habe ich noch nicht so richtig verstanden. Bitte erkläre mir den noch einmal!

Das ist recht einfach. Der Computer benötigt zur Abarbeitung eines Befehls natürlich *Zeit*. Dieser *natürliche* Effekt wird an dieser Stelle genutzt, um Zeit zu schinden. Dazu wird ein Wert hochgezählt. Erst wenn der Wert des Zählers einen bestimmten Grenzwert (hier die Geschwindigkeit) überschritten hat, werden neue Zufallszahlen für die Kreisposition erzeugt und der Zähler wird auf 0 gesetzt. Beachte aber Folgendes: Je größer der Wert für die Geschwindigkeit ist, desto mehr Zeit wird benötigt und umso langsamer erfolgt die Neuzeichnung des Kreises an den neuen Koordinaten.

Kommen wir jetzt zum *Interaktiven Teil* der Anwendung. Die Aufgabe des Spiels ist natürlich den Mauszeiger dorthin zu lenken, wo sich der Kreis befindet, um dort zu klicken, bevor er an einer neuen Position erscheint. Wie können wir dies erreichen? Natürlich mit der *mousePressed*-Funktion. Das stellt soweit kein Problem dar. Die Frage, die Du Dir stellen solltest lautet: »Wie kannst Du ermitteln, ob sich der Mauszeiger während des Klickens *innerhalb* des Kreises befindet?« Das scheint auf den ersten Blick erst einmal eine schwierige Angelegenheit zu sein, doch die Lösung liegt näher, als Du denkst. Schauen wir uns zunächst einmal einen Kreis mit dem Mittelpunkt M und den Radius r an, der von zwei Punkten $P1$ und $P2$ begleitet wird.

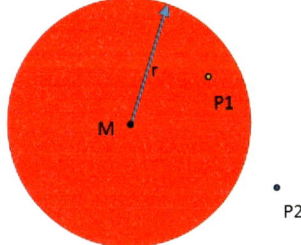

Was erkennst Du, wenn Du den roten Kreis mit den beiden Punkten siehst?

- Der Punkt $P1$ liegt innerhalb des Kreises und
- der Punkt $P2$ liegt außerhalb des Kreises.

Das ist vollkommen korrekt! Und dieser Ansatz bedeutet schon die Hälfte der Strecke hin zur Lösung des Problems. In der folgenden Zeichnung habe ich zusätzlich den Abstand der beiden Punkte $P1$ und $P2$ vom Mittelpunkt M eingezeichnet. Ich nenne den Abstand der Einfachheit halber auch *Radius*.

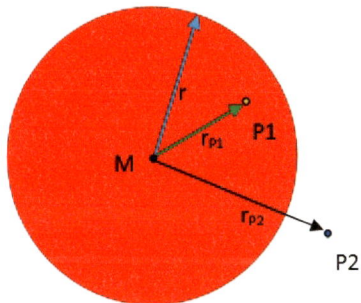

Wir können also jetzt Folgendes festhalten:

Feststellung	Ergebnis
P1 innerhalb	$r_{P1} < r$
P2 außerhalb	$r_{P2} > r$

Die Schlussfolgerung daraus lautet:

1. Wenn die Entfernung eines Punktes *P* zum Mittelpunkt *M* des Kreises kleiner ist, als der Radius des Kreises, dann befindet der Punkt *P* sich innerhalb des Kreises.

2. Wenn die Entfernung eines Punktes *P* zum Mittelpunkt *M* des Kreises größer ist, als der Radius des Kreises, dann befindet der Punkt *P* sich außerhalb des Kreises.

Du hast doch sicherlich schon einmal etwas vom *Satz des Pythagoras* gehört, oder!? Für ein rechtwinkliges Dreieck gilt:

Die Summe der Quadrate über den Katheten ist gleich dem Quadrat über der Hypotenuse.

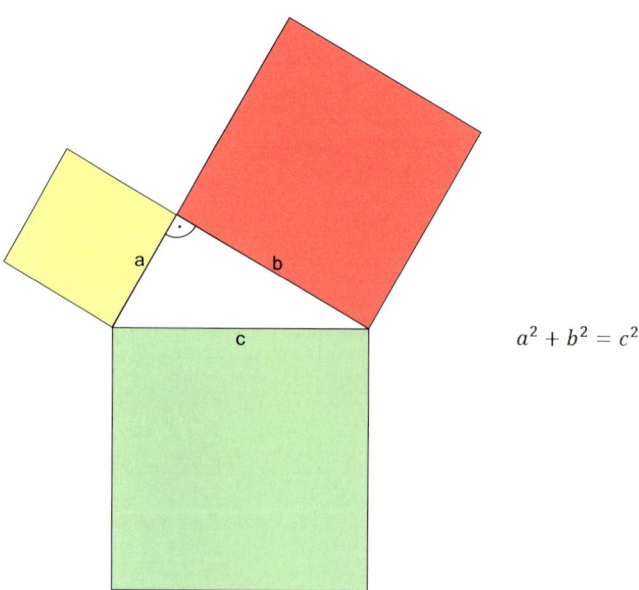

$$a^2 + b^2 = c^2$$

Diesen Satz benötigen wir nämlich, um die Entfernung zweier Punkte bestimmen zu können. Zwar wenden wir in unserem Programm eine spezielle Funktion mit dem Namen *dist* (*distance* = Entfernung) an, doch es ist gut zu wissen, wie diese arbeitet. Das folgende Diagramm zeigt Dir die beiden Punkte *P1* und *P2* im Koordinatensystem, über die ein *rechtwinkliges Dreieck* gelegt wurde. Die Länge der Strecke *c* entspricht somit der Entfernung der beiden Punkte voneinander.

Das Ergebnis sollte also ungefähr so aussehen wie im folgenden Ausgabefenster.

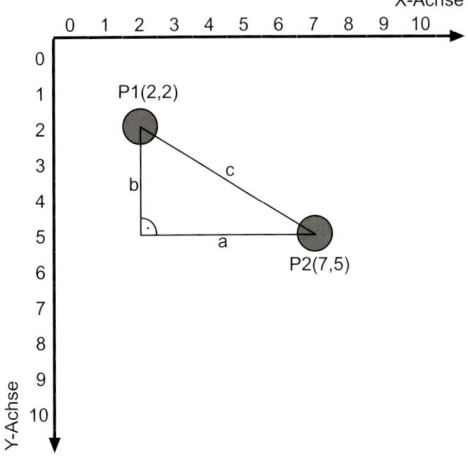

◀ **Abbildung 10-12**
Ein rechtwinkliges Dreieck
im Koordinatensystem

Du musst also lediglich die Strecken *a* bzw. *b* ermitteln, um an die Entfernung zu gelangen. Die Strecke *a* verläuft in Richtung der *X-Achse* und die Strecke *b* in Richtung der *Y-Achse*.

Wir können dann allgemein schreiben:

$a = x_{P2} - x_{P1}$

$b = y_{P2} - y_{P1}$

Im Speziellen schreibst Du dann:

$a = 7 - 2 = 5$

$b = 5 - 2 = 3$

Diese beiden Werte müssen wir noch in die nach *c* aufgelöste Formel einsetzen:

$$c = \sqrt{a^2 + b^2} = \sqrt{25 + 9} = 5.83$$

Der entsprechende Befehl von Processing lautet:

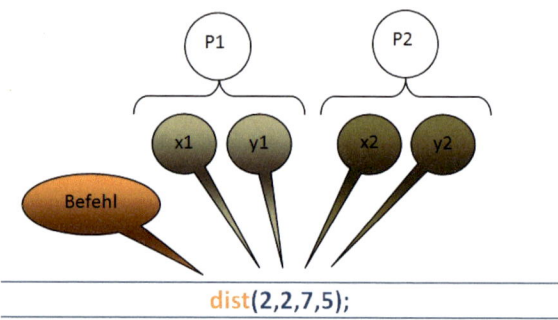

dist(2,2,7,5);

Schreibe folgenden Code und Du kannst Dich von der Richtigkeit der Lösung überzeugen:

```
println(dist(2,2,7,5));
```

Die *if-else*-Anweisung überprüft jetzt, ob die ermittelte Entfernung *kleiner* oder *größer* ist, als der festgelegte Radius. In Abhängigkeit vom Resultat wird beim Treffen des Kreises die Geschwindigkeit erhöht bzw. beim Verfehlen verringert. Das Nachrichtenfenster liefert Dir die Ergebnisse.

Keine Magic Numbers

Bevor wir das Kapitel über die *Interaktion* beschließen, ist mir noch eines aufgefallen. Wenn die Cursortasten *links*, *rechts*, *hoch* oder *runter* gedrückt werden, können wir das lediglich über den Tastaturcode *keyCode* in Erfahrung bringen. Ich habe das einmal ausprobiert und für links ist das der Code 37, für hoch 38, für rechts 39 und unten 40. Ich finde das irgendwie nicht gut. Gibt es keine Möglichkeit, das ohne *Magic Numbers* hinzubekommen?

Gut, dass Du das an dieser Stelle ansprichst! Es gibt tatsächlich eine bessere Variante. Processing stellt zu diesem Zweck *Konstanten* zur Verfügung:

Abbildung 10-13 ▶
Für die Cursortasten stehen Konstanten zur Verfügung

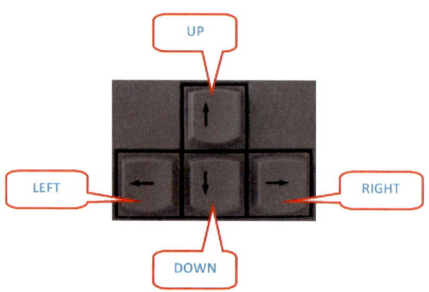

Die Cursortasten gehören, wie auch **CONTROL** (Strg), **ALT** und **SHIFT** in die Kategorie *Steuertasten*, die intern als **CODED** geschlüsselt sind. Die Namen der Konstanten, die uns Processing zur Verfügung stellt, sind die oben genannten. Was fällt denn alles in die Kategorie **CODED** und was nicht? Das lässt sich ganz leicht herausfinden. Das kurze Programm liefert die Antwort unmittelbar nach einem Tastendruck. Wundere Dich nicht, dass beim Drücken der *Escape*-Taste die Programmausführung verlassen wird. Das ist so beabsichtigt, um eine laufende Anwendung schnell zu beenden.

```
void keyPressed()
{
  if(key == CODED)
    println("'CODED'-Taste.");
  else
    println("Keine 'CODED'-Taste.");
}
```

Das folgende Programmfragment fragt die besagten Steuertasten, die **CODED** sind ab und gibt eine Meldung im Nachrichtenfenster aus:

```
void keyPressed()
{
  if(key == CODED)
    switch(keyCode)
    {
      case LEFT: println("Links"); break;
      case UP: println("Hoch"); break;
      case RIGHT: println("Rechts"); break;
      case DOWN: println("Runter"); break;
      case CONTROL: println("Strg"); break;
      case ALT: println("Alt"); break;
      case SHIFT: println("Shift"); break;
    }
  else
    println("Keine 'CODED'-Taste.");
}
```

Hier eine Liste von Tasten, die man eigentlich als Steuertasten ansehen könnte, die aber nicht **CODED** sind.

- RETURN bzw. ENTER
- Tabulator-Taste
- Backspace-Taste
- Escape-Taste

Weitere Informationen findest Du auf der Internetseite von Processing.

Mauszeiger anpassen

Vielleicht hast Du noch nicht weiter darüber nachgedacht, weil die Benutzung der Computermaus einem heutzutage in Fleisch und Blut übergegangen ist. Bewegst Du die Maus über Deine Unterlage, dann hast Du es meistens mit dem *Standard Mauszeiger* zu tun, der einem nach oben gerichteten Pfeil gleicht. Du hast aber die Möglichkeit, den Mauszeiger Deinen Wünschen entsprechend anzupassen. Hier ein paar Processing eigene-Zeiger, die Du bei Bedarf alternativ verwenden kannst:

Mauszeiger	Typ	Konstante
⬉	Standard	ARROW
✋	Hand	HAND
+	Kreuz	CROSS
✥	Verschieben	MOVE
I	Text	TEXT
⧖	Warten	WAIT

Die aufgelisteten Konstanten dienen zur Auswahl des gewünschten Mauszeigers. Hinter jedem Namen steckt natürlich ein bestimmter Wert, doch die Namen sind einfach einprägsamer, als die eben angesprochenen *Magic Numbers*.

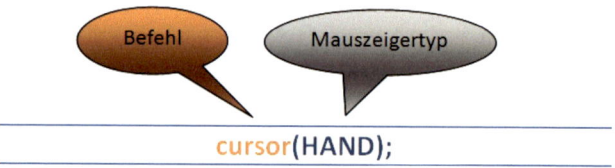

In bestimmten Situationen kann es sich sogar als hinderlich erweisen, wenn der Mauszeiger überhaupt zu sehen ist. Stell Dir vor, dass Du ein nettes Spiel programmiert hast, bei dem Du mit der Maus einen Schläger über das Spielfeld bewegst. Dann fungiert dieser Schläger, der ja der Mausbewegung folgt, quasi als Rückmeldung über die derzeitige Schlägerposition. Was brauchst Du dann noch den Mauszeiger, der zusätzlich den Bewegungen folgt? Das stört nur und trübt das Gesamtbild. Schalte den Zeiger einfach aus. Wie? Ganz einfach mit dem folgenden Befehl:

noCursor();

Wenn der Cursor nicht mehr zu sehen ist, wie kann ich dann noch die Mausposition abfragen?

Keine Panik! Der Cursor wird durch diesen Befehl lediglich *ausgeblendet* und befindet sich weiterhin im Hintergrund. Natürlich kannst Du immer noch auf die Systemvariablen *mouseX* und *mouseY* zugreifen, um die aktuelle Mausposition zu ermitteln. Ist der Zeiger dennoch irgendwann notwendig, dann steht auch eine Funktion zur Verfügung, um ihn wieder von den Scheintoten zu erwecken und sichtbar zu machen.

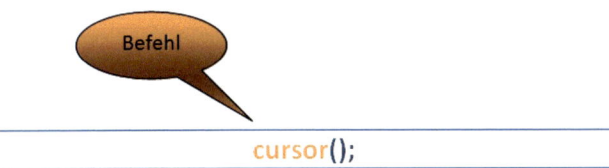

cursor();

Funktionen

11

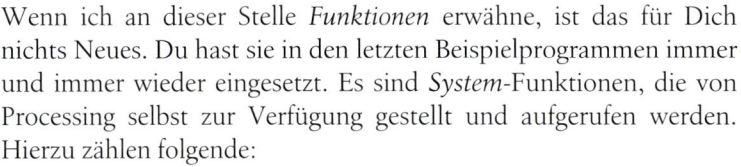

Ihre heutige Funktion als »Putzteufel« unter meiner Führung wird sein:

- Toiletten schrubben
- Waschbecken schmirgeln
- Fußböden runderneuern
- Heizungen streichen

Wenn Sie fertig sind, melden Sie Vollzug. Also »Marsch!«

Wenn ich an dieser Stelle *Funktionen* erwähne, ist das für Dich nichts Neues. Du hast sie in den letzten Beispielprogrammen immer und immer wieder eingesetzt. Es sind *System*-Funktionen, die von Processing selbst zur Verfügung gestellt und aufgerufen werden. Hierzu zählen folgende:

- setup()
- draw()
- mousePressed()
- keyPressed()
- usw.

Du hast gesehen, dass einer *Funktion* eine bestimmte *Aufgabe*, eben eine *Funktion* zugewiesen wurde. Sie kapselt quasi eine bestimmte Abfolge von Befehlen und stellt ihre Funktionalität beim Aufruf ihres Namens zur Verfügung. Du kannst eigene Funktionen erstellen, die gewisse Schritte beinhalten, die zur Lösung eines (Teil-)Problems notwendig sind. Funktionen werden meistens dort eingesetzt, wo immer wiederkehrende Aufgaben anfallen. Ich zeige Dir das am besten an einem konkreten Beispiel. Stell Dir vor, Du müsstest für eine Anwendung u.a. ein Fadenkreuz programmieren, also eine Zielvorrichtung, mit der Du per Maus etwas anvisierst. Dies soll folgendes Aussehen haben, wobei der mittlere Punkt der Spitze des Mauszeigers entsprechen soll:

Wir wollen mal sehen, wie viele einzelne Elemente wir hier haben:

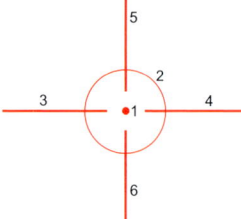

- Punkt
- Kreis
- Waagerechte Linien (2x)
- Senkrechte Linien (2x)

Das sind in Summe 6 Elemente, die in Abhängigkeit von der Mausposition gezeichnet werden müssen. Zur Vereinfachung habe ich sie nummeriert, um sie gleich im Quellcode besser zuordnen zu können.

```
int xPos, yPos;

void setup()
{
  size(500, 300);
}

void draw()
{
  background(0);
  stroke(255, 0, 0); noFill(); strokeWeight(2);
  xPos = mouseX; yPos = mouseY;
  // 6 Schritte zum Generieren des Fadenkreuzes
  point(xPos, yPos);                        // (1) Punkt
  ellipse(xPos, yPos, 45, 45);              // (2) Kreis
  line(xPos - 20, yPos, xPos - 40, yPos);   // (3) horiz. Linie
  line(xPos + 20, yPos, xPos + 40, yPos);   // (4) horiz. Linie
  line(xPos, yPos - 20, xPos, yPos - 40);   // (5) vert. Linie
  line(xPos, yPos + 20, xPos, yPos + 40);   // (6) vert. Linie
}
```

Die 6 Schritte, die zum Zeichnen des Fadenkreuzes notwendig sind, werden durch die *draw*-Funktion immer und immer wieder abgearbeitet. Das klappt doch eigentlich ganz wunderbar. Doch es trägt nicht gerade zur Übersichtlichkeit bei, die Befehle dort zu platzieren. Es ist ratsam, hierfür eine eigene Funktion zu schreiben, die mit einem *sprechenden Namen* versehen, die betreffende Aufgabe übernimmt. Wir *kapseln* dadurch bestimmte zusammenhängende Schritte und stellen sie unter einem Oberbegriff zur Verfügung. Wir nennen die Funktion hier passenderweise *drawCrosslines*, um uns diesmal am Englischen zu orientieren.

```
...
void drawCrosslines()
{
  point(xPos, yPos);                       // (1) Punkt
  ellipse(xPos, yPos, 45, 45);             // (2) Kreis
  line(xPos - 20, yPos, xPos - 40, yPos);  // (3) horiz. Linie
  line(xPos + 20, yPos, xPos + 40, yPos);  // (4) horiz. Linie
  line(xPos, yPos - 20, xPos, yPos - 40);  // (5) vert. Linie
  line(xPos, yPos + 20, xPos, yPos + 40);  // (6) vert. Linie
}
```

Schauen wir uns jetzt das Programm einmal genauer an:

Das Programm funktioniert auf diese Weise tadellos, doch etwas stört. Kannst Du Dir vorstellen, was das sein könnte? Ich gebe Dir einen kleinen Tipp: Globale Variablen! Die Funktion *drawCrosslines* greift auf die beiden lokalen Variablen *xPos* und *yPos* zu. Wie Du aber schon bei der *println*-Funktion gesehen hast, kann man einer Funktion einen oder auch mehrere Werte bzw. Ausdrücke mitgeben.

Sie werden in den runden Klammern, durch Komma getrennt, aufgelistet. Natürlich müssen wir die Funktionsdefinition von *draw-Crosslines* entsprechend anpassen, denn sie muss dafür vorbereitet werden, die beiden Argumente *mouseX* und *mouseY* zu übernehmen.

Der Aufruf der Funktion *drawCrosslines* sieht dann folgendermaßen aus:

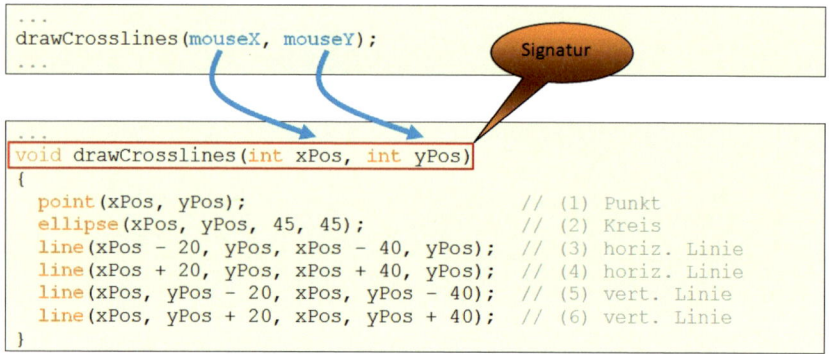

Die beiden Parameter *xPos* und *yPos* werden in der Funktionsdefinition als Variablen vom Datentyp *int* deklariert. Sie bilden die sogenannte *Signatur*, die eine formale Schnittstelle zur Funktion darstellt. Sie besteht aus:

1. Rückgabetyp

2. Funktionsname

3. Parameterliste mit Datentypen

Für unsere Funktion *drawCrosslines* wären das die folgenden drei Bestandteile:

```
void drawCrosslines(int xPos, int yPos)
```

Wird beim Rückgabetyp das Schlüsselwort *void,* was *leer* bedeutet, verwendet, dann liefert die Funktion keinen Wert zurück.

> Beim Aufruf einer Funktion mit Übergabewerten musst Du auf Folgendes unbedingt achten:
>
> - Anzahl der Übergabewerte muss mit der in der Parameterliste übereinstimmen.
>   – Stimmt die Anzahl nicht überein, bekommst Du einen Fehler angezeigt.
> - Die Datentypen der Übergabewerte müssen denen der Parameterliste gleichen.
> - Die Reihenfolge der Übergabewerte muss denen in der Parameterliste folgen.
>   – Stimmt die Reihenfolge nicht, bekommst Du unter Umständen keinen Fehler, doch das Programm arbeitet nicht wie gewünscht. Die Fehlersuche gestaltet sich dann äußerst schwierig!

Sieh Dir dazu die folgenden drei Beispiel an:

1. Im ersten Beispiel stimmt die Anzahl der Übergabewerte nicht mit der in der Parameterliste überein:

```
void setup()
{
  berechneSumme(6, 7, 9);
}

void berechneSumme(int a, int b)          !!!? Oops!!!
{
 println(a + b);
}
```

Der Aufruf übergibt der Funktion mehr Werte, als sie entgegennehmen kann. Dies führt zu folgendem Fehler:

The method berechneSumme(int, int) in the type sketch_jun30a is not applicable for the arguments (int, int, int)

Die Funktion *berechneSumme* ist nicht passend für die drei Argumente.

> Wundere Dich bitte nicht darüber, dass in der Fehlermeldung
> *Methode* statt *Funktion* geschrieben wird. Das hat tiefere Gründe, auf
> die wir noch zu sprechen kommen, wenn es um Objekte geht. Lass
> Dir nur so viel gesagt sein, dass in der *objektorientierten Programmie-*
> *rung* die Funktionen *Methoden* genannt werden. Doch dazu später
> mehr.

2. Im zweiten Beispiel stimmt der Datentyp des übergebenen Wer-
    tes nicht mit dem in der Parameterliste überein.

WILLST DU NICHT PASSEN, SO
BRAUCH' ICH GEWALT!

```
void setup()
{
  berechneSumme(6, 7.0);
}
                              !!! Das Literal 7.0 ist vom Datentyp float. !!!
void berechneSumme(int a, int b)
{
 println(a + b);
}
```

Die Fehlermeldung gleicht der aus dem ersten Beispiel. Du erkennst
sicher, dass das zweite Argument vom Datentyp *float* und somit
nicht mit *int* kompatibel ist.

The method berechneSumme(int, int) in the type sketch_jun30a is not applicable for the arguments (int, float)

3. Das dritte Beispiel zeigt die Gefahr beim Vertauschen der Rei-
    henfolge der Übergabewerte in der Auflistung. Das kann unter
    Umständen sehr kritisch werden, da es möglicherweise zu kei-
    ner Fehlermeldung kommt.

Kapitel 11: Funktionen

```
void setup()
{
  size(250, 150);
  int R = 100; // Wert für Rot
  int G = 150; // Wert für Grün
  int B = 200; // Wert für Blau
  setzeFarbe(G, R, B);  // Fehlerhafte Reihenfolge der Werte
}

void setzeFarbe(int R, int G, int B)
{
  fill(R, G, B);           // Setzt Füllfarbe
  rect(10, 10, 200, 100); // Zeichne Rechteck
}
```

Du siehst, dass die Variable G für *Grün* an den Parameter R für *Rot* übergeben wurde und die Variable R für *Rot* an den Parameter G für *Grün*. Damit hat das Programm keine Probleme, doch es ist sicherlich nicht das gewünschte Ergebnis.

Statt des korrekten Rechtecks mit der bläulichen Farbe

◀ **Abbildung 11-1**
Das wäre die korrekte Ausgabe mit der richtigen Farbe

erhältst Du eines, das in fliederartiger Farbe erstrahlt.

◀ **Abbildung 11-2**
Auch nicht schlecht, aber vollkommen falsch ...

Das Beispiel an sich ist noch als eher unkritisch einzustufen. Wirklich übel wird es, wenn sich aufgrund eines Zahlendrehers falsche Werte ergeben, die in anderen Berechnungen zu merkwürdigen Ergebnissen führen. Dann ist *guter Rat* teuer und das große Suchen geht los.

Rückgabewert

Die Funktionen, die wir bisher kennen gelernt haben, hatten immer den Rückgabedatentyp *void*. Sie lieferten also nichts an den Aufrufer zurück. Möchtest Du aber z.B. die Fläche eines Rechtecks berechnen und das Ergebnis an den Aufrufer zurückliefern, dann musst Du die Funktion etwas anders definieren. Dafür musst Du an zwei Stellen Du eine Anpassung vornehmen:

- Anpassen des Rückgabedatentyps
- Hinzufügen einer *Return*-Anweisung als letzten Befehl des Funktionskörpers

Die Fläche eines Rechtecks, die wir mit *A* für *Area* bezeichnen,

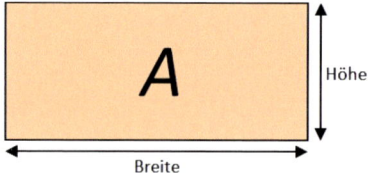

berechnet sich wie folgt:

$$A = Breite * Höhe$$

Die Funktion nennen wir am besten *areaRect* und wir geben ihr zwei Übergabeparameter vom Datentyp *float* mit auf den Weg. Der Rückgabedatentyp ist ebenfalls *float*.

Schau Dir dazu das folgende Programm an:

```
void setup()
{
  size(250, 150);
  float area = areaRect(20.6, 7.59);   // Rufe Funktion areaRect auf
  println(area);
}

float areaRect(float w, float h)
{
  float area = w * h;        // Berechnung der Fläche
  return area;               // area zurückgeben
}
```

> Besitzt eine Funktion einen Rückgabedatentyp ungleich *void*, muss sie einen entsprechenden Wert mittels *return* zurückliefern!

Wirf nun mal einen Blick auf den folgenden Code:

```
void setup()
{
  size(250, 150);
  dummy(43);  // Übergabe der magischen Zahl 42
}

void dummy(int antwort)
{
  if(antwort == 42)
  {
    println("Die Antwort auf die Frage nach dem Leben,");
    println("dem Universum und dem ganzen Rest.");
    return;
  }
  println("Ich bin deprimiert!");
}
```

Was fällt Dir dort möglicherweise auf?

> Das Einzige, was mir hier *spanisch* vorkommt, ist die Tatsache, dass wir den Rückgabetyp *void* haben, aber dennoch eine *return*-Anweisung vorhanden ist.

Der erste Gedanke ist meistens der Beste! Gut! Wir können die *return*-Anweisung in diesem Fall verwenden, obwohl der Rückgabetyp *void* vorliegt. Wird die *if*-Anweisung mit *true* bewertet, gelangt die Ausführung zur *return*-Anweisung, die jedoch *keinen* Wert zurückliefern darf. Die Funktion wird daraufhin augenblicklich verlassen. Das erkennst Du daran, dass die Codezeile

```
...
println("Ich bin deprimiert!");
```

in diesem Fall nicht mehr ausgeführt wird.

Die Entwicklungsumgebung ist sogar so intelligent, dass sie nicht erreichbaren Code identifizieren kann. Der folgende Code birgt eine derartige Falle in sich, die aber zum Glück sofort erkannt wird:

```
void setup()
{
  size(250, 150);
  dummy(42);  // Übergabe der magischen Zahl 42
}

void dummy(int antwort)
{
  return;
  println("Ich bin deprimiert!");
}
```

Die *return*-Anweisung würde die Programmausführung veranlassen, die Funktion unmittelbar zu verlassen. Was ist aber mit dem Code, der nach return folgt? Richtig! Er würde niemals erreicht werden. Da wir aber nicht frustriert werden sollen, wird dieser *logische Fehler* glücklicherweise mit einer entsprechenden Meldung quittiert:

Unreachable code

Unreachable bedeutet übersetzt *unerreichbar*.

Doch nun wieder zurück zu unserer Funktion.

Du kannst eine *Funktion* als eine Art *Black Box* ansehen. Eine Kiste also, deren Inhalt für den Anwender uninteressant ist. Es ist eigentlich nur wichtig, die *Schnittstelle* zu kennen. Das ist die Verbindung von *draußen* nach *drinnen*. Was innerhalb der Kiste vor sich geht, kann uns eigentlich egal sein. Der Programmierer muss natürlich wissen, wie er die Box mit Leben füllt, damit sie eine entsprechende Funktionalität vorweisen kann. Wenn allerdings z.B. ein anderer Programmierer ein Problem hat, und die entsprechende Funktion kann ihm bei seiner Lösungsfindung behilflich sein, kann er diese für sich nutzbar machen. Alles was er kennen muss, ist die *Schnittstelle* und den *Rückgabedatentyp*.

Hier kommen wir zu zwei wichtigen Schlagworten:

- Modularisierung
- Wiederverwendbarkeit

Der Code, der möglicherweise an unterschiedlichen Stellen im Programm mehrfach verwendet werden muss, wird in eine *Funktion* ausgelagert. Er wird *modularisiert*. Ein *Modul* hat mehrere entscheidende Vorteile:

- Der Code wird lesbarer und übersichtlicher und Du musst weniger Code schreiben.

- Wenn der Code einer Anpassung unterzogen werden muss, erfolgt das zentral an einer Stelle, wodurch die Fehleranfälligkeit minimiert wird. Stell Dir vor, Du hättest an mehreren Stellen in Deinem Programm redundanten, also gleichartigen Code und müsstest jetzt aufgrund eines vorherigen Fehlers alle betreffenden Stellen ausfindig machen, um den Code zu modifizieren. Das birgt potentielle Gefahren in sich:

  - Führst Du wirklich überall die gleichen Änderungen durch?

  - Hast Du *alle* erforderlichen Stellen geändert?

Von der Wiederverwendbarkeit profitierst sowohl Du, wenn Du in Deinem nächsten Projekt eine ähnlich gelagerte Problematik hast, als auch andere Programmierer, falls Du Deinen Code zur Verfügung stellen solltest. Warum immer wieder das Rad neu erfinden, wenn schon jemand eine Lösung anzubieten hat?

> Die Übergabeparameter sind vom Datentyp *float*. Kann ich denn auch Ganzzahlen vom Typ *int* übergeben? Oder muss ich dafür eine neue Funktion schreiben?

Dafür musst Du keine neue Funktion schreiben. Schaue Dir noch einmal die Datentypkonvertierungen an:

In Pfeilrichtung bedeutet *implizite Konvertierung*, und die kannst Du ohne Weiteres durchführen.

Fassen wir noch einmal kurz zusammen:

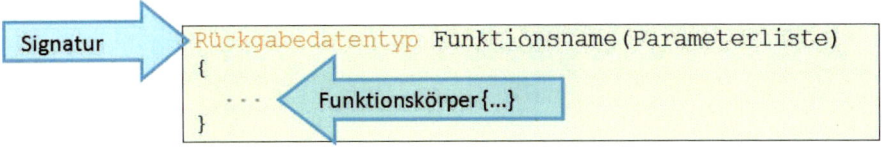

> Argument? Parameter? Eine Sache hat mich noch ein wenig verwirrt. Was ist der Unterschied zwischen *Argument* und *Parameter*?

Argumente sind Werte oder Ausdrücke, die an *formale Parameter* übergeben werden. Die Parameter einer Funktion sind *lokale Variablen*, mit denen in der Regel im Funktionskörper irgendetwas berechnet wird.

Fallstrick

Du hast jetzt gesehen, dass eine Funktion, die einen Rückgabedatentyp ungleich *void* besitzt, immer einen Wert zurückliefern muss. Dann sieh Dir einmal den folgenden Code an:

```
void setup()
{
  size(250, 150);
  println(checkZero(2));
}

int checkZero(int wert)
{
 if(wert == 0)
   return 0;
 else if(wert > 0)
   return 1;
}
```

Die Funktion *checkZero* soll folgendermaßen reagieren:

- Liefere *0* zurück, wenn der Wert *0* ist
- Liefere *1* zurück, wenn der Wert > *0* ist

Das ist vollkommen korrekt kodiert und doch wird Dir bei der Ausführung des Programms eine Fehlermeldung angezeigt:

```
This method must return a result of type int
```

Du sagst Dir bestimmt: »Ja aber meine Methode liefert doch einen *int*-Wert zurück. Was soll da nicht stimmen?«

Und ich sage Dir, dass Du vielleicht nicht ganz zu Ende gedacht hast. Die *if*-Abfrage hat zwei Verzweigungen:

- if(wert == 0)
- if(wert > 0)

Was passiert aber, wenn der Wert z.B. *-1* ist? Dann wird *keine* der beiden Abfragen *true* ergeben und dementsprechend auch keine *return*-Anweisung ausgeführt. Die Funktion würde beendet, ohne dass ein Wert über *return* zurückgeliefert werden kann. Processing legt also wieder so viel Intelligenz an den Tag, dass alle möglichen Zweige dahingehend überprüft werden, ob auch immer eine *return*-Anweisung erreicht wird. Du musst also den Code erweitern, um erfolgreich starten zu können. Füge zum Schluß eine weitere *return*-Anweisung hinzu, die dann greift, wenn keine der beiden oberen erreicht wird.

```
...
int checkZero(int wert)
{
 if(wert == 0)
   return 0;
 else if(wert > 0)
   return 1;
 return -1;
}
```

Abschließend zum Kapitel über Funktionen möchte ich noch erwähnen, dass es sich natürlich von selbst versteht, Funktionsnamen *eindeutig* zu vergeben. Zwei Funktionen mit gleichem Namen sind nicht erlaubt, wenn ihre *Signatur* gleich ist. Ich werde im Kapitel über *Objekte* noch einmal darauf zu sprechen kommen, wie Du trotzdem gleichnamige Funktionen erstellen kannst. Sicherlich hast Du Dich ja schon darüber gewundert, warum z.B. die Funktion *stroke()* zur Festlegung der Zeichenfarbe mit unterschiedlicher Parameteranzahl aufgerufen werden kann. Mit nur einem Parameter für *Graustufen*, mit drei Parametern für *RGB-Werte* und mit vier Parametern für *RGB-Werte* plus *Alphakanal*. Aber dazu später mehr.

Objekte

12

Grundlagen

Das nun folgende Kapitel befasst sich mit der *Objektorientierten Programmierung* - kurz *OOP* genannt. Na, das kann ja *heiter* werden und das wird es auch! Der Ausdruck *objektorientiert* bedeutet, dass wir unser Augenmerk auf *Objekte* lenken. Doch was sind *Objekte*? Schau Dich einfach mal in Deinem Zimmer um, und Du wirst so viele Objekte sehen, dass Du es kaum glaubst. Du bist regelrecht von ihnen umzingelt und es wird Dir schwer fallen, *kein* Objekt zu erblicken. Wenn ich in meinem Zimmer einmal von links nach rechts schaue, dann sehe ich:

- Telefon
- Schreibtischlampe
- Staubsauger (was macht der denn hier?)
- Computer mit TFT, Tastatur und Maus
- Modell des Raumschiff Enterprise
- Tür
- usw.

Diese Aufzählung beschreibt Objekte in meinem Raum. Es sind reale Dinge, die ich anfassen und mit denen ich etwas machen kann. Nehmen wir doch als Beispiel einfach mal das Modell des *Raumschiff Enterprise*.

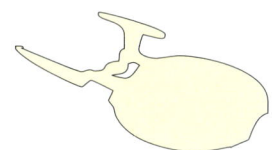

Stellen wir uns vor, dass ich der Konstrukteur dieses Raumschiffs wäre. Ich mache mir natürlich vor dem Bau ein paar Gedanken über beispielsweise folgende Merkmale:

- Aussehen
- Größe
- Spezifikationen
- Bewaffnung

Man baut ja nicht so einfach drauf los, sondern erstellt vorher einen Konstruktionsplan, der alle Details über die spätere Realisierung des Projektes enthält. Diese Vorlage dient dann dazu, ein *einzelnes* Raumschiff oder auch eine *ganze Flotte* zu erschaffen.

Klassen und Objekte

Führen wir jetzt den Sprung zur *Objektorientierten Programmierung* durch. Eine Vorlage wird *Klasse* genannt. Diese *Klasse* dient quasi als Schablone für zu erschaffende *Objekte*.

Der Übergang von einer Klasse zum Objekt wird *Instanziierung* genannt. Das reale Objekt ist eine *Instanz* der Klasse geworden.

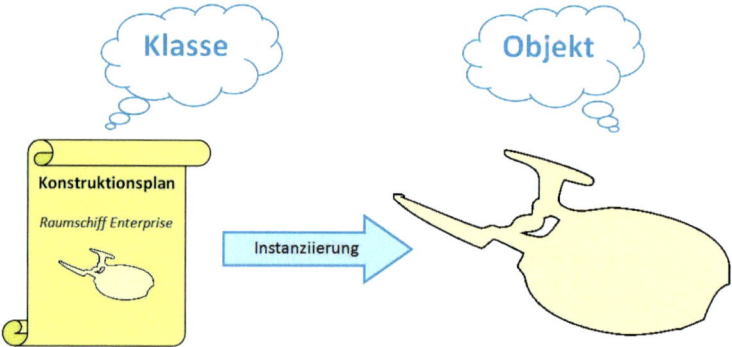

Gehen wir mal ein wenig ins Detail. Was hat unser Raumschiff z.B. für *Eigenschaften?* Das könnten z.B. folgende sein:

- Dimension (Länge, Breite, Höhe)
- Bautyp
- Geschwindigkeit
- Besatzung
- Waffen
- Schutzschild
- Position

Als zweiten wichtigen Aspekt haben wir noch die *Funktion* oder das *Verhalten* eines Objektes, die bzw. das in der OOP *Methode* genannt wird. Für unser Raumschiff könnten das z.B. folgende sein:

- Beschleunigen
- Verlangsamen
- Photonentorpedos abfeuern
- Umgebung scannen
- Grüße aussenden

Das sind also alles Aktionen, die wir mit unserem Raumschiff durchführen können.

> Also noch mal kurz zusammengefasst:
> - Eine *Klasse* ist ein Bauplan (Schablone) für ein oder mehrere zu erschaffende Objekte.
> - Ein *Objekt* ist das *reale Ding*, was mittels Klasse erschaffen wurde.
> - Eine *Eigenschaft* ist ein Merkmal eines Objektes.
>
> Eine *Methode* beschreibt das Verhalten eines Objektes.

> Ich bin jetzt vollkommen verwirrt! Wie sollten wir einerseits *Eigenschaften* und andererseits das *Verhalten* speichern? Das ist mir schleierhaft.

Ich gebe ja zu, dass es hier ein bisschen knifflig wird, doch lass es Dir so erklären: Eine *Eigenschaft* ist, wie ich schon sagte, ein bestimmtes Merkmal eines Objektes. Nehmen wir z.B. die Besatzung des Raumschiffs. Es handelt sich also um einen positiven Ganzzahlwert, der in einer *Variablen* gespeichert wird. Das *Verhalten* eines Objektes beschreibt die möglichen ausführbaren Operationen. Du kannst z.B. das Raumschiff *bewegen*, die *Waffen aktivieren* oder die *Grußfrequenzen verschicken*. *Funktionen* sind in der Lage, *Operationen* auszuführen; das Verhalten wird durch sie beschrieben.

Im Kontext der *OOP* bekommen *Variablen* und *Funktionen* eine andere Bezeichnung. Keine Panik, denn das ist lediglich formeller Natur. Ihr Verhalten ist das gleiche.

- Eine *Variable* wird zu einem *Feld* oder einer *Feldvariablen*.
- Eine *Funktion* wird zu einer *Methode*.

Doch schauen wir uns einmal an, wie eine Klasse definiert wird. Das Grundgerüst für eine Klasse wird mit dem Schlüsselwort *class* erstellt.

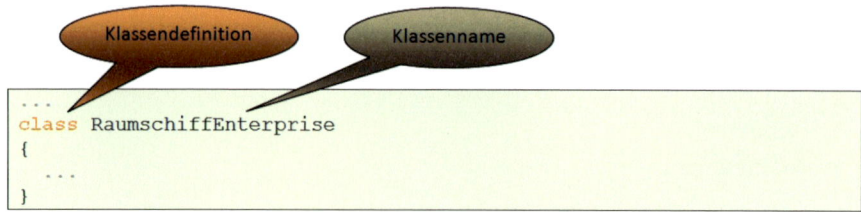

```
...
class RaumschiffEnterprise
{
    ...
}
```

Auf diese Weise haben wir lediglich eine leere Hülle erzeugt, die kein Leben in sich trägt. Sie hat nichts und sie kann nichts. Der Klassendefinition folgen die geschweiften Klammern, in denen sowohl die *Eigenschaften* als auch die *Methoden* ihren Platz finden.

Man hat sich übrigens darauf geeinigt, dass Klassennamen mit einem Großbuchstaben beginnen.

Bisher haben wir Variable und Funktionen frei definiert. Sie standen nicht unbedingt in einem engen *sichtbaren* Verhältnis zueinander.

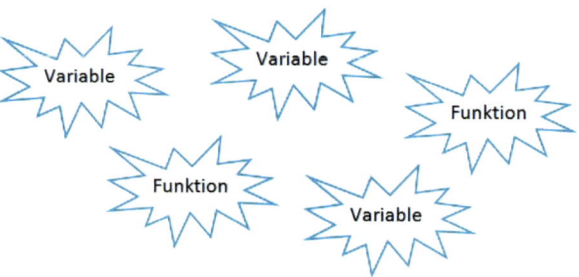

Bei einer *Klasse* ist das etwas anders. Sie vereinigt *Variablen* und *Funktionen*, so dass sie eine Einheit bilden.

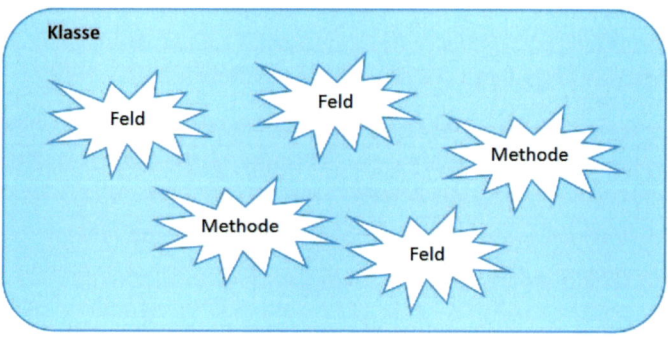

Der Zugriff auf ein Element der Klasse kann nur *über* die Klasse bzw. über das spätere instanziierte Objekt erfolgen. Hauchen wir unserer Klasse *RaumschiffEnterprise* mal ein wenig Leben ein, indem wir mit ein paar Feldern und Methoden beginnen:

```
class RaumschiffEnterprise
{
  // Felder
  float lange, breite, hoehe;
  int geschwindigkeit, besatzung;
  int xPos, yPos;
  // Methoden
  void bewege()
  {
     ...
  }
  void zeige()
  {
     ...
  }
}
```

Lenken wir unser Augenmerk doch zu Beginn einmal auf die *Position*, die der Einfachheit halber lediglich über die x- und die y-Koordinate definiert wird. Der 3-dimensionale Raum kommt erst später, so dass Du Dich noch ein wenig gedulden musst. Das ist aber auch nicht weiter schlimm, denn es geht hier um Klassen und Objekte und nicht um 3-dimensionale Darstellungen.

Du siehst, dass die Variablen, hier *Felder* genannt, und ebenso die Funktionen, hier *Methoden* genannt, *innerhalb* der Klasse deklariert werden. Im Kontext der *OOP* benutze ich in Zukunft jetzt nur noch diese Ausdrücke. Doch füllen wir jetzt die Klasse mit Leben, damit wir ein Objekt erschaffen können. Das Raumschiff soll im Ausgabefenster erscheinen und sich bewegen, und das nicht nur als Punkt, sondern etwas realistischer.

Im folgenden Code siehst Du Altbekanntes, aber auch die neue *Klassendefinition*. Betrachte die Definition einfach als das Erstellen eines neuen Variablentyps. Bisher hast Du lediglich die primitiven Typen wie *int, float, etc.* kennengelernt. Jetzt wird es komplexer, was nicht bedeutet, dass es wirklich schwierig wird. Du erkennst in der ersten Zeile die Deklaration der globalen Variablen *meinRaumschiff* und der Datentyp ist eben der Name der neuen Klassendefinition. Genau genommen ist es nicht ganz korrekt, hier von einer *Variablen* zu sprechen, da es sich eigentlich um ein *Objekt* handelt.

```
RaumschiffEnterprise meinRaumschiff;                    ◀ Objektdeklaration

void setup()
{
  size(500, 400);
  meinRaumschiff = new RaumschiffEnterprise();          ◀ Instanziierung
}

void draw()
{
  background(0);
  meinRaumschiff.bewege();                              ◀ Methodenaufruf
}
class RaumschiffEnterprise
{
  // Felder
  int xPos, yPos;
  // Methoden
  void bewege()                                         ⎫
  {                                                     ⎪
    xPos +=1;                                           ⎪
    if(xPos > width)                                    ⎪
      xPos = 0;                                         ⎪
    zeige();                                            ⎬ Klassendefinition
  }                                                     ⎪
  void zeige()                                          ⎪
  {                                                     ⎪
    ellipse(xPos, height/2, 100, 10);                   ⎪
    rect(xPos + 5, height/2 - 20, 15, 15);              ⎪
    ellipse(xPos + 30 , height/2 - 20, 90, 10);         ⎪
    rect(xPos - 40, height/2 - 20, 15, 15);             ⎪
    ellipse(xPos - 50, height/2 - 15, 70, 5);           ⎪
  }                                                     ⎪
}                                                       ⎭
```

Doch gehen wir hier wieder Schritt für Schritt zu den einzelnen Zeilen, damit das Verständnis nicht auf der Strecke bleibt. Wie ich eben schon sagte, wird in der ersten Zeile ein neues Objekt deklariert.

```
RaumschiffEnterprise meinRaumschiff;
```

Instanziierung

Das Objekt *meinRaumschiff* ist jetzt vom Datentyp *Raumschiff-Enterprise*. Als nächstes wird die *setup*-Funktion aufgerufen. Dort wird das Objekt meinRaumschiff *instanziiert*.

```
meinRaumschiff = new RaumschiffEnterprise();
```

> Ich vermute, dass das kleine Wörtchen *new* etwas damit zu tun hat, oder?

Das ist vollkommen korrekt! Die eigentliche Erschaffung des Objekts erfolgt mit dem Schlüsselwort *new*. Dabei geschieht etwas im Hintergrund, was auf den ersten Blick nicht zu erkennen ist. Es wird nämlich bei jeder Instanziierung eine bestimmte Methode aufgerufen. Doch wie heißt diese Methode? Kann man ihren Namen frei wählen? Natürlich kann man den Namen *nicht* frei wählen, denn wie sollte Processing denn dann wissen, wie sie heißt und was aufzurufen ist. Wir müssen uns also die folgende Frage stellen: »Was ist bei einer Klassendefinition eindeutig?« Die Antwort liegt recht nahe: Der *Name* natürlich! Aus diesem Grund wird implizit eine *Methode* aufgerufen, die den Namen der Klassendefinition trägt. Für unser Beispiel wäre das die Methode *RaumschiffEnterprise()*. Das ist auch der Grund für das runde Klammernpaar hinter dem Klassennamen bei der Instanziierung.

```
meinRaumschiff = new RaumschiffEnterprise();
```

> Warum sollte denn bei der Instanziierung irgendeine Methode aufgerufen werden?

Der Grund dafür liegt auf der Hand. Wenn Du eine primitive Variable initialisierst, dann weist Du ihr einen initialen Wert zu. Dies ist ein Anfangswert, der eine definierte Ausgangsposition darstellt. Doch wie funktioniert das bei Deinem Objekt?

Konstruktor Grundlagen

Zu diesem Zweck wird ein sogenannter *Konstruktor* angeboten. Das ist eine spezialisierte Methode, die den gleichen Namen trägt, wie die Klassendefinition.

> Da muss ich aber mal kurz unterbrechen! Wir haben im letzten Beispiel keine Methode mit dem Namen der Klassendefinition angegeben. Wie soll denn das bitte funktionieren???

Das ist vollkommen korrekt, denn wenn der Konstruktor nicht angegeben wird, wird er *implizit* erstellt und aufgerufen. Er hat dann halt keinen Inhalt und macht auch nichts Besonderes. Wir kommen aber gleich noch einmal darauf zurück, wenn wir etwas Kodieren, um das Objekt bei seiner Instanziierung zu modifizieren.

Schau Dir die folgenden Codezeilen bitte mal genauer an:

```
void draw()
{
  background(0); fill(128);
  meinRaumschiff.bewege();          Methodenaufruf
}
```

Ich meine hier speziell *die* Zeile, die die Methode *bewege()* aufruft. Du kannst jetzt nicht einfach wie zuvor eine Funktion mit ihrem Namen aufrufen. Wenn Du einfach

```
bewege();   // Fehlerhafter Aufruf!!!
```

schreiben würdest, erhieltest Du unweigerlich eine Fehlermeldung. »Warum«, fragst Du Dich vielleicht. Der Grund liegt in einer Tatsache begründet, die ich eingangs schon erläutert habe. *Felder* und *Methoden* sind Elemente der *Klasse*, die zuvor definiert wurde. Ein Zugriff auf eine Methode kann nur über das zuvor instanziierte Objekt erfolgen!

Punktnotation

Deshalb musst Du zunächst den Objektnamen, gefolgt vom Punktoperator (.), anführen. Jetzt kannst Du die gewünschte Methode angeben, die aufgerufen werden soll. Allgemein sieht das dann folgendermaßen aus:

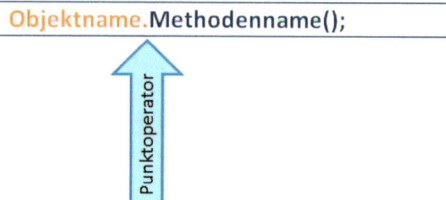

Methodenaufruf

Die *Methode* wird immer im Zusammenhang mit dem dazugehörigen Objekt aufgerufen, an das sie gebunden ist.

```
// Methoden
void bewege()
{
    xPos +=1;
    if(xPos > width)
        xPos = 0;
    zeige();
}
void zeige()
{
    ellipse(xPos, height/2, 100, 10);
    rect(xPos + 5, height/2 - 20, 15, 15);
    ellipse(xPos + 30 , height/2 - 20, 90, 10);
    rect(xPos - 40, height/2 - 20, 15, 15);
    ellipse(xPos - 50, height/2 - 15, 70, 5);
}
```

Wenn Du *bewege()* aufrufst, ist auch die Feldvariable *xPos* betroffen, die ebenfalls Bestandteil der Klassendefinition ist. Sie wird verwendet, um später die *horizontale Position* des Raumschiffs zu bestimmen.

> Hier muss ich aber wieder einmal unterbrechen! Eben hast Du mir noch gesagt, dass ich *vor* der Benutzung von Klassenelementen immer den Objektnamen zu setzen habe. Jetzt ist das wohl nicht mehr notwendig! Warum müssen wir nicht
>
> ```
> meinRaumschiff.xPos +=1;
> ```
>
> schreiben, um auf die Feldvariable zuzugreifen???

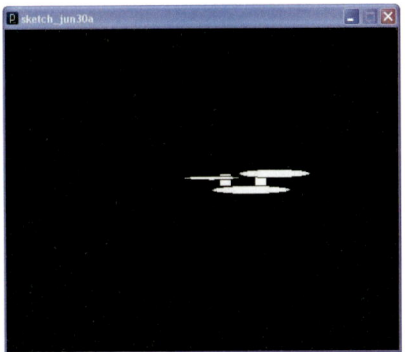

Das ist an dieser Stelle nicht notwendig, da sowohl die Methode *bewege()* als auch die Feldvariable *xPos* Elemente der Klassendefinition sind. Du sprichst ja auch innerhalb der Familie die Familienmitglieder nicht mit Vor- und Zunamen an. Der Vorname reicht, da alle Mitglieder innerhalb einer Familie untereinander bekannt sind. Alles klar!?

Deshalb ist auch der Aufruf von *zeige()* aus der Methode *bewege()* heraus zulässig. *zeige()* greift ihrerseits wieder auf die Feldvariable *xPos* zu, die durch *bewege()* verändert wurde.

Auf diese Weise erhältst Du im Ausgabefenster folgende Abbildung, die das Raumschiff, wenn auch etwas vereinfacht, darstellt:

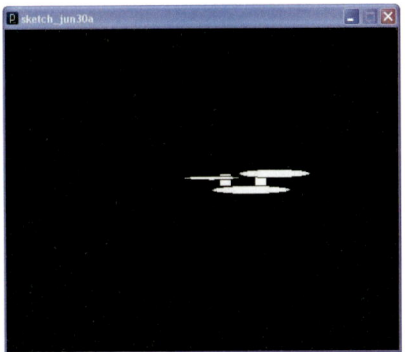

◀ **Abbildung 12-1**
Raumschiff Enterprise auf dem Weg durch die binären Galaxien

Zugriff auf Felder

Ebenso wie bei den Methoden kannst Du auch auf die *Felder* des Objektes über die Punktnotation zugreifen. Wenn Du die Zeile

```
println(meinRaumschiff.xPos);
```

hinter den Aufruf der Methode *meinRaumschiff.bewege()* einfügst, werden Dir die x-Koordinaten des Raumschiffs während seines Fluges im Nachrichtenfenster angezeigt.

Konstruktor Teil 2

Wie versprochen komme ich noch einmal auf den Konstruktor zurück, der dafür genutzt werden kann, das Objekt in einen bestimmten Ausgangszustand zu versetzten. Verpassen wir unserem Raumschiff bei der Instanziierung eine bestimmte Farbe. Der Klassendefinition müssen zu diesem Zweck folgende Zeilen hinzugefügt werden:

```
class RaumschiffEnterprise
{
  ...
  // Konstruktor
  RaumschiffEnterprise(int R, int G, int B)
  {
    fill(R, G, B);
  }
  ...
}
```

> Es ist zu bemerken, dass ein Konstruktor *niemals* einen Wert zurückliefert. Er bekommt nicht einmal den Zusatz *void* vorangestellt.

Wenn Du jetzt das modifizierte Programm ausführen würdest, dann gäbe Probleme, denn Der Aufruf des Konstruktors erfolgt bei der Instanziierung. Schauen wir uns den Aufruf noch einmal an. Er funktioniert wie der Aufruf einer Funktion bzw. Methode:

```
meinRaumschiff = new RaumschiffEnterprise();
```

Du übergibst der Methode, die in unserem Fall *Konstruktor* genannt wird, *keine* Argumente. Diese werden aber erwartet. Die Fehlermeldung ist eindeutig:

```
The constructor sketch_jun30a.RaumschiffEnterprise() is undefined
```

Es existiert *kein* parameterloser Konstruktor. Klar, denn er erwartet drei Argumente vom Typ *int*. Du musst den Aufruf also z.B. folgendermaßen ändern:

```
meinRaumschiff = new RaumschiffEnterprise(255, 255, 0);
```

Damit wird die Hintergrundfarbe innerhalb des Konstruktors auf *Gelb* gesetzt und das Raumschiff erstrahlt jetzt in dieser Farbe. Wir haben damit das Erstellen des Objektes Raumschiff *parametrisiert* und können je nach Lust und Laune unterschiedliche RGB-Werte angeben.

Eine Vorlage, viele Objekte

Hast Du erst einmal eine Vorlage erstellt, die Deinen Erwartungen entspricht, kannst Du so viele Objekte damit erstellen, wie es Dein Arbeitsspeicher zulässt. Das schauen wir uns jetzt einmal genauer an, indem wir der Einfachheit halber, drei Raumschiffe erstellen. Diese sollen unterschiedliche Farben, Geschwindigkeiten und Positionen aufweisen.

Doch hier zuerst einmal der entsprechende Code:

```
RaumschiffEnterprise meinRaumschiff1;
RaumschiffEnterprise meinRaumschiff2;
RaumschiffEnterprise meinRaumschiff3;

void setup()
{
  size(500, 400);
  meinRaumschiff1 = new RaumschiffEnterprise(255, 255, 0, 1, height/2);
  meinRaumschiff2 = new RaumschiffEnterprise(255, 0, 0, 4, height/3);
  meinRaumschiff3 = new RaumschiffEnterprise(255, 0, 255, 8, height/4);
}

void draw()
{
  background(0);
  meinRaumschiff1.bewege(); // Gelb
  meinRaumschiff2.bewege(); // Rot
  meinRaumschiff3.bewege(); // Lila
}

class RaumschiffEnterprise
{
  // Felder
  int xPos, yPos, geschwindigkeit;
  int R, G, B;
  // Konstruktor
  RaumschiffEnterprise(int Rot, int Gruen, int Blau, int V,
                       int yPosition)
  {
    R = Rot; G = Gruen; B = Blau;
    geschwindigkeit = V;
```

```
        yPos = yPosition;
    }
    // Methoden
    void bewege()
    {
        xPos += geschwindigkeit;
        if(xPos > width)
          xPos = 0;
        zeige();
    }
    void zeige()
    {
      fill(R, G, B);
      ellipse(xPos, yPos, 100, 10);
      rect(xPos + 5, yPos - 20, 15, 15);
      ellipse(xPos + 30 , yPos - 20, 90, 10);
      rect(xPos - 40, yPos - 17, 15, 15);
      ellipse(xPos - 50, yPos - 15, 70, 5);
    }
}
```

Das ist ja schon recht umfangreich, doch wir werden wieder alles gemeinsam aufdröseln, damit das Verständnis nicht auf der Strecke bleibt. Schauen wir uns zunächst wieder das Ausgabefenster an:

Abbildung 12-2 ▶
Mehrere Objekte des gleichen Typs

In dieser statischen Ansicht ist es natürlich nicht möglich, die entsprechenden Geschwindigkeiten darzustellen, doch sie verhalten sich wie folgt:

- Gelb ist langsam
- Rot ist schneller
- Lila ist am schnellsten

Aber gehen wir der Reihe nach vor. Da wir es mit drei unterschiedlichen Objekten gleichen Typs zu tun haben, basieren alle auf der gleichen Klassenbeschreibung:

Kapitel 12: Objekte

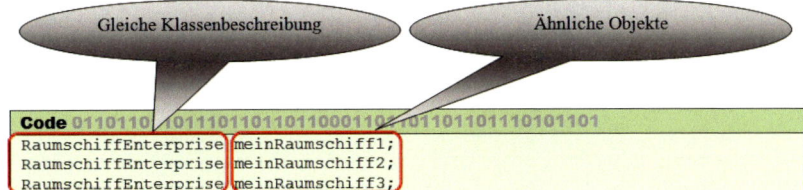

```
Code 0110110  10111011011011000110 101101101110101101
RaumschiffEnterprise meinRaumschiff1;
RaumschiffEnterprise meinRaumschiff2;
RaumschiffEnterprise meinRaumschiff3;
```

Diese allesamt *ähnlichen* Objekte werden, mit unterschiedlichen Argumenten versehen, instanziiert. *Ähnlich* bedeutet, dass ihnen eine *gemeinsame Klassenbeschreibung* zugrunde liegt, sie sich jedoch in gewissen Details unterscheidet (z.B. Farbe, Geschwindigkeit).

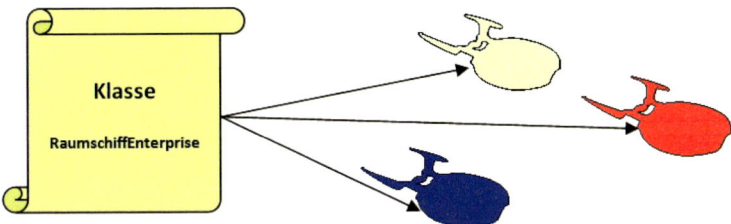

Die Instanziierung erfolgt innerhalb der *setup*-Funktion.

```
meinRaumschiff1 = new RaumschiffEnterprise(255, 255, 0, 1, height/2);
meinRaumschiff2 = new RaumschiffEnterprise(255, 0, 0, 4, height/3);
meinRaumschiff3 = new RaumschiffEnterprise(255, 0, 255, 8, height/4);
```

Dabei wird jedes Objekt mit anderen Argumenten versehen. Schauen wir uns das wieder im Detail an einem Objekt an:

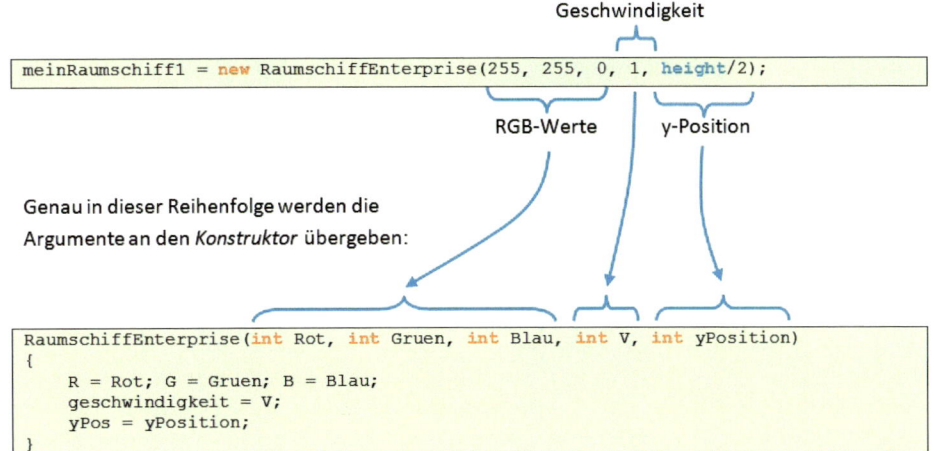

Die Variablen der *Konstruktor-Signatur* sind – wie sollte es anders sein – *lokale Variablen*. Sie werden beim Konstruktoraufruf initialisiert und geben ihrerseits die Werte an die deklarierten *Feldvariablen* ab, um sie später zu verwenden:

```
RaumschiffEnterprise(int Rot, int Gruen, int Blau, int V, int yPosition)
{
    R = Rot; G = Gruen; B = Blau;

    geschwindigkeit = V;

    yPos = yPosition;
}
```

Durch die unterschiedliche Instanziierung der einzelnen Objekte gleichen sie sich zwar hinsichtlich der Klassenbeschreibung, unterscheiden sich aber in Bezug auf folgende Merkmale:

- RGB-Farbe
- Geschwindigkeit
- Vertikale Position

Werfen wir zunächst einen Blick auf die RGB-Farbe der einzelnen Objekte. Sie wird in der *zeige*-Methode verwendet:

```
void zeige()
{
    fill(R, G, B);
    ellipse(xPos, yPos, 100, 10);
    rect(xPos + 5, yPos - 20, 15, 15);
    ellipse(xPos + 30 , yPos - 20, 90, 10);
    rect(xPos - 40, yPos - 20, 15, 15);
    ellipse(xPos - 50, yPos - 15, 70, 5);
}
```

Die *fill*-Funktion greift jetzt auf die zuvor über den Konstruktor initialisierten Feldvariablen *R, G, B* zu und legt damit die Füllfarbe für die kommenden zu zeichnenden Objekte (*ellipse* und *rect*) fest.

Die Geschwindigkeit des Objektes wird über die Änderung der anzuzeigenden x-Position bestimmt. Der Wert wurde beim Konstruktoraufruf an die Feldvariable *geschwindigkeit* übergeben. Je größer die Änderung des Wertes, umso schneller scheint sich das Objekt von links nach rechts zu bewegen.

```
void bewege()
{
    xPos += geschwindigkeit;
    if(xPos > width)
        xPos = 0;
    zeige();
}
```

Und schließlich kommen wir noch zur vertikalen Position des Objektes. Sie wird ebenfalls in der *zeige*-Methode verwendet und wurde beim Konstruktoraufruf an die Feldvariable *yPos* übergeben, die dort mehrfach zur Positionierung der einzelnen Raumschiffelemente verwendet wird.

```
void zeige()
{
  fill(R, G, B);
  ellipse(xPos, yPos, 100, 10);
  rect(xPos + 5, yPos - 20, 15, 15);
  ellipse(xPos + 30 , yPos - 20, 90, 10);
  rect(xPos - 40, yPos - 20, 15, 15);
  ellipse(xPos - 50, yPos - 15, 70, 5);
}
```

Wenn beliebig viele Raumschiffe erschaffen werden sollen, ist es natürlich recht unpraktikabel bzw. schlichtweg unmöglich, derart viele Objektvariablen zu benennen. Aus diesem Grund gibt es *Arrays*, die das Problem lösen und mit denen wir uns im nächsten Kapitel befassen werden.

Interaktion mit Objekten

Bisher hatten wir nach dem Anzeigen der einzelnen Objekte im Ausgabefenster keinen Einfluss mehr auf deren Positionen. Das wollen wir jetzt ändern. Einzelne Objekte sollen über die Maus neu positioniert werden, wenn die Maustaste gedrückt ist und sie sich über dem entsprechenden Objekt befindet. Das Verfahren wird übrigens *Drag and Drop* genannt, was so viel wie Ziehen und Fallenlassen bedeutet. Wir machen uns dafür die Funktionalität des Mausevents *mouseDragged* zunutze. Wir erinnern uns, dass diese interne Funktion immer dann aufgerufen wird, wenn bei gedrückter Maustaste die aktuelle Position der Maus verändert wird.

Aber es wird leichter, als es auf diesem Bild aussieht! Zu Beginn wollen wir jedoch erst einmal ein Programm schreiben, das uns signalisiert, wenn wir ein Objekt mit der Maus *überfahren*, also quasi ein *mouseOver*-Event.

Gehen wir der Reihe nach vor:

- Es sollen sich eine bestimmte Anzahl von Kreisen (Objekte) im Ausgabefenster befinden, deren Positionen einem Zufallsprinzip folgen.
- Beim Überfahren mit der Maus soll das jeweilige Objekt reagieren und seine Strichstärke vergrößern.

- Beim Verlassen des Objektes mit der Maus soll die Ursprungs-strichstärke wieder hergestellt werden.
- Wemn mehrere übereinander liegende Objekte mit der Maus überfahren werden, sollen diese alle entsprechend der o.g. Kriterien reagieren.

> Und hepp...

Die Anzahl der Kreise wird in der Variablen *ANZAHL*, der Radius in *radius* gespeichert. Die Hauptfunktionalität ist in einer *Klasse* gekapselt, die uns mit entsprechenden Feldvariablen und Methoden zur Seite steht.

```
int ANZAHL = 10, radius = 80;
Kreis[]  obj;
void setup()
{
  obj = new Kreis[ANZAHL];
  size(400, 300); smooth(); noFill(); stroke(255, 0, 0);
  for(int i = 0; i < ANZAHL; i++)
    obj[i] = new Kreis((int)random(width), (int)random(height));
}

void draw()
{
  background(0);
  for(int i = 0; i < ANZAHL; i++)
    obj[i].zeige();
}

class Kreis
{
  int xKoordinate, yKoordinate;
  boolean istUeber = false;
  // Konstruktor
  Kreis(int x, int y)
  {
    xKoordinate = x; yKoordinate = y;
  }

  void zeige()
  {
    ueber();
    ellipse(xKoordinate, yKoordinate, radius, radius);
  }
```

```
void ueber()
{
  if(dist(mouseX, mouseY, xKoordinate, yKoordinate) < radius/2)
  {
    istUeber = true; strokeWeight(4);
  }
  else
  {
    istUeber = false; strokeWeight(1);
  }
}
}
```

Wie funktioniert das Ganze denn nun? Zu Beginn wird eine vorher definierte Anzahl von Objekten in der *setup*-Funktion generiert.

```
...
for(int i = 0; i < ANZAHL; i++)
    obj[i] = new Kreis((int)random(width), (int)random(height));
...
```

Die Zufallszahlenfunktion *random* sorgt für eine zufällige Positionierung der Objekte, bei denen es sich um Kreise handelt, die eben an unterschiedlichen Positionen innerhalb des Ausgabefensters platziert werden. Die x- bzw. y-Koordinate wird dem Konstruktor mit auf den Weg gegeben, der sie dann intern an die passenden Feldvariable *xKoordinate* und *yKoordinate* weiterreicht.

```
...
// Konstruktor
  Kreis(int x, int y)
  {
    xKoordinate = x; yKoordinate = y;
  }
...
```

Die Frage, die wir uns jetzt stellen sollten, lautet folgendermaßen: »Wie werden die einzelnen Objekte denn angezeigt?« Ganz einfach! Die Klasse Kreis hat eine Methode implementiert, die sich *zeige()* nennt. Sie wird über die *draw*-Funktion kontinuierlich aufgerufen:

```
...
void draw()
{
  background(0);
  for(int i = 0; i < ANZAHL; i++)
    obj[i].zeige();
}
...
```

Doch was steckt im Inneren dieser Methode? Schauen wir uns das mal genauer an:

```
...
void zeige()
  {
    ueber();
    ellipse(xKoordinate, yKoordinate, radius, radius);
  }
...
```

Dies scheint eindeutig zu sein. Über die *ellipse*-Funktion wird an den xy-Koordinaten ein Kreis gezeichnet, da die Radien beide gleich sind. Doch eine Kleinigkeit ist noch anzumerken. Vor dem Aufruf zum Zeichnen des Kreises wird eine weitere Methode aufgerufen, die den Namen *ueber()* aufweist.

Was hat es damit nun wieder auf sich? Wie Du siehst, haben wir es hier mit mit einer ganzen Kette von Abläufen zu tun, die in einer bestimmten, festgelegten Reihenfolge abgearbeitet werden. Werfen wir jetzt einen Blick auf die Methode *ueber()*. Der Name lässt vermuten, dass es etwas mit der Maus zu tun hat, die sich vielleicht *über* einem Objekt befindet.

```
...
void ueber()
  {
    if(dist(mouseX, mouseY, xKoordinate, yKoordinate) < radius/2)
    {
      istUeber = true; strokeWeight(4); // Dicker Rand
    }
    else
    {
      istUeber = false; strokeWeight(1); // Dünner Rand
    }
  }
...
```

In der *if*-Anweisung wird jetzt ermittelt, ob sich die momentane Mausposition innerhalb des Kreises befindet. Wird dies mit *ja* beantwortet, erhält der Kreis vor dem Zeichnen einen dicken Rand, andernfalls einen dünnen. Falls Dir die Berechnung Schwierigkeiten bereitet, schlage noch einmal im Kapitel *Schieß auf die Scheibe* nach. Dort findest Du die genaue Erklärung.

Die Feldvariable *istUeber* wird entsprechend gesetzt, kommt aber im Moment noch nicht zur Auswertung. Wir benötigen sie später für unser nächstes Beispiel. Da jetzt über die *draw*-Funktion alle instanziierten Objekte angesprochen werden, wird die Auswertung, ob die Maus sich *inner-* bzw. *außerhalb* befindet, auf alle Kreise angewendet.

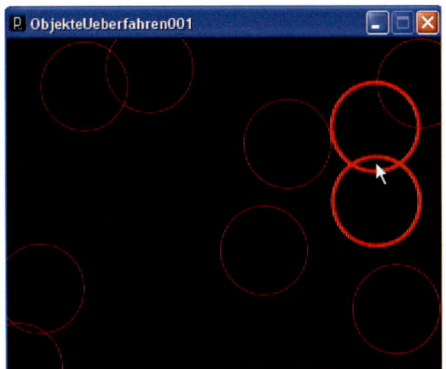

Du kannst in diesem Beispiel erkennen, dass sich die Maus innerhalb von zwei Kreisen befindet und das Programm korrekt reagiert, indem es beide Objekte mit dickeren Rändern versieht.

Kommen wir jetzt zur Möglichkeit, die Kreise nicht nur mit der Maus zu überfahren, so dass sie sich zu erkennen geben, sondern auch neu zu Positionieren. Wir bedienen uns der *mouseDragged*-Funktion, die schon kurz im Kapitel *Interaktion* angesprochen wurde. Füge einfach den folgenden Code z.B. hinter der *draw*-Funktion hinzu und Du wirst erkennen, dass sich die Kreise nun verschieben lassen.

```
...
void mouseDragged()
{
  for(int i = 0; i < ANZAHL; i++)
  {
    if(obj[i].istUeber)
    {
        obj[i].xKoordinate = mouseX;
        obj[i].yKoordinate = mouseY;
    }
  }
}
...
```

Doch wie funktioniert das Ganze? Keine Sorge, hier kommt die Erklärung! Jedes Mal, wenn die Maus bei gedrückter Taste bewegt wird, durchläuft die *for*-Schleife alle Objekte. Kommt sie an eine Stelle, an der sich die Maus über einem Kreis befindet, was über die *istUeber*-Methode ermittelt wird, dann wird dem Kreis unmittelbar die neue xy-Position der Maus zugeweisen. Auf diese Weise folgt der entsprechende Kreis der Maus. Eines ist jedoch noch zu beachten: Wenn Du bei gedrückter Maustaste einen Kreis neu positionierst und dabei in die Nähe eines anderen Kreises gelangst, wird dieser ebenfalls eingefangen und folgt der Maus. Somit hast Du zwei Kreise an derselben Position, die nicht mehr zu trennen sind. Dieser Effekt kann gewünscht sein, vielleicht aber auch nicht.

Überladen von Methoden

Im Kapitel über *Funktionen* hatte ich schon angesprochen, dass Funktionsnamen eindeutig sein müssen, da es sonst zu einer Fehlermeldung über eine doppelt vergebene Methode kommt. Nun haben wir in Processing z.B. die Funktion *stroke()*, die für die Festlegung der Zeichenfarbe verwendet wird. Es gibt also acht *stroke*-Versionen, die alle nebeneinander existieren. Für die kommenden Beispiele werde ich mir einfach mal drei heraussuchen:

- stroke(Graustufenwert)
- stroke(R, G, B)
- stroke(R, G, B, Alpha)

Zum Aufruf einer dieser Funktionen wird immer der gleichlautende Funktionsname *stroke* verwendet. Woher weiß Processing aber, welche Version wir denn nun aufzurufen wünschen? Das ist nicht weiter schwer, denn anhand der unterschiedlichen *Signaturen* ist eine eindeutige Zuordnung möglich. Schauen wir doch mal, wie das von *stroke* gehandhabt wird:

Stroke: *Oh, da kommt ein einzelner Parameter angeflogen. Da muss ich den Grauwert für das Zeichnen von grafischen Objekten setzten!*

Stroke: *Aha, da kommen gleich drei Parameter auf mich zu. Wolln Mal sehen ... ah ja, das sind die Farb-Werte für Rot, Grün und Blau.*

Die Frage, die Du Dir stellen solltest, lautet: »*Warum um Himmels Willen wurde das so gemacht?*«

Die Antwort ist recht einfach und liegt auf der Hand. Da wir es mit acht unterschiedlichen stroke-Versionen zu tun haben, müssten anderenfalls acht verschiedene Funktionsnamen vergeben werden. Für die drei oben genannten Funktionen würden diese dann z.B. wie folgt lauten:

- strokeGrauwert()
- strokeRGB()
- strokeRGBAlpha()

Das würde die Anzahl aller verfügbaren Funktionen in Processing enorm in die Höhe treiben und man müsste ständig nachdenken: *Wie hieß noch gleich der Funktionsname für RBG-Werte plus Alphakanal???* Aus diesem Grund gibt die Technik der *Überladung* von Funktionen bzw. Methoden, die ein fester Bestandteil der objektorientierten Programmierung ist. Programmieren wir doch einfach selbst einmal drei Methoden, die den gleichen Namen aufweisen, sich jedoch hinsichtlich der *Signatur* unterscheiden.

```
Berechnungen b = new Berechnungen();
void setup()
{
  size(100, 100);
  println(b.addiere(4, 7, 3)); // Version 2 würde aufgerufen
}

class Berechnungen
{
  // Addition von zwei int-Werten
  int addiere(int wert1, int wert2)
  {
    println("1. Version");
    return wert1 + wert2;
  }
  // Addition von 3 int-Werten
  int addiere(int wert1, int wert2, int wert3)
  {
    println("2. Version");
    return wert1 + wert2 + wert3;
  }
  // Addition von 2 int/float-Werten
  float addiere(int wert1, float wert2)
  {
    println("3. Version");
    return wert1 + wert2;
  }
}
```

Drei *Versionen* mit gleichem Namen, aber unterschiedlichen Signaturen.

Bombardieren wir unsere *addiere*-Methoden doch mal mit unterschiedlichen Argumenten und sehen, wie sie reagieren. Bedenke, dass von außerhalb der Klasse lediglich eine einzige Methode sichtbar ist.

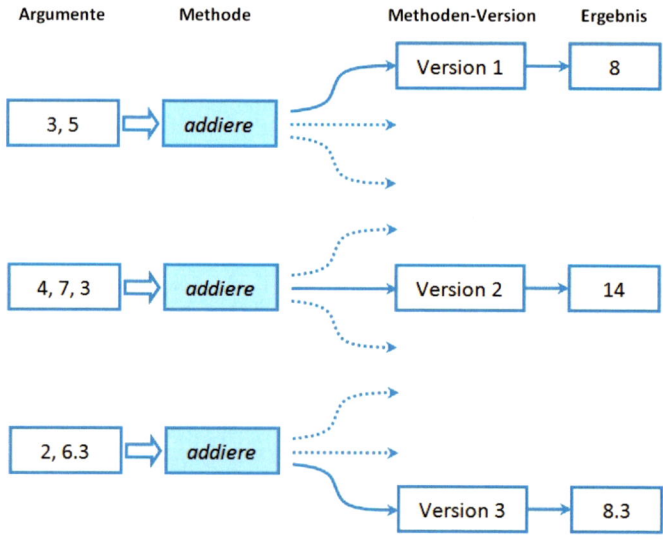

Kapitel 12: Objekte

Wir fassen noch einmal zusammen:

> Funktionen und Methoden können in Processing *überladen* werden. Wir verstehen darunter die Deklaration gleicher Namen, die sich jedoch in der *Signatur* unterscheiden müssen, das bedeutet entweder in der *Anzahl der Parameter* oder im *Datentyp*. Ein unterschiedlicher Rückgabetyp kann *nicht* zur Unterscheidung herangezogen werden.

Klassen in eine Datei auslagern

Du hast vielleicht bemerkt, dass wenn Du eine Klasse in einem Programm hinzufügst, dieses unter Umständen recht lang wird. Das ewige rauf- und runterscrollen ist manchmal ganz schön nervig und trägt nicht zur Übersichtlichkeit bei. Der Abnutzungsfaktor für Nerven und Mausrad ist extrem hoch!

> Gehören die Zeilen, die ich jetzt sehe, zur Klasse oder ist das Code aus meinem Hauptprogramm?? Moment, ich muss mal hochscrollen. Mist, doch in die andere Richtung.

Die ganze Logik in *einer einzigen* Datei zu speichern, wie wir das bisher gehandhabt haben, ist nicht immer vorteilhaft. Deshalb bietet der Processing-eigene Editor die Möglichkeit, Codepassagen in eine separate Datei auszulagern. Das bietet sich immer dann an, wenn logische Programmeinheiten, wie eine oder mehrere Klassen, vorkommen. Werfen wir einen Blick auf die Processing *IDE* und halten inne. Der kleine Pfeil rechts oben ist mir zuerst auch nie aufgefallen, doch er hat einen bestimmten Zweck:

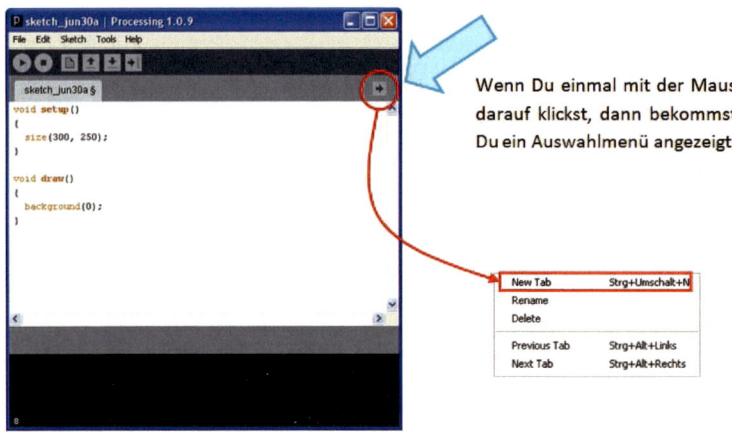

Wenn Du einmal mit der Maus darauf klickst, dann bekommst Du ein Auswahlmenü angezeigt.

◀ **Abbildung 12-4**
Hinzufügen eines neuen Tab-Reiters

Direkt der erste Menüpunkt lautet *New Tab*, was übersetzt *Neuer Tabulator* bedeutet. Wenn Du darauf klickst, erscheint im Editor-fenster der folgende Dialog, der es uns ermöglicht, einen Namen für die auszulagernde Datei zu vergeben.

Angenommen, ich tippe dort den Namen *Berechnungen* ein und bestätige mit *Ok* oder drücke die *Enter-Taste*, dann sieht meine *IDE* im Anschluss folgendermaßen aus:

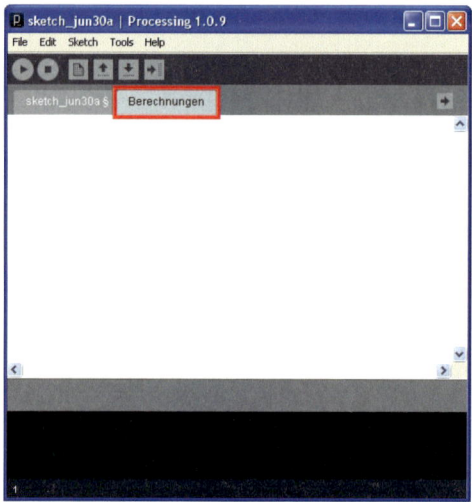

Wir haben eine neue *Registerkarte* im Editor erzeugt, die mit dem zuvor vergebenen Namen bezeichnet wurde. Dort können wir jetzt z.B. die Klassendefinition aus unserem letzten Beispiel eintragen. Wenn Du zwischen den einzelnen Ansichten wechseln möchtest, klickst Du mit der Maus einfach auf die gewünschte Registerkarte mit dem entsprechenden Namen. Die Hauptdatei bleibt dabei immer am linken Rand positioniert, während die zusätzlichen Dateien in alphabetischer Reihenfolge von links nach rechts gelistet werden.

Jetzt hast Du den Code entzerrt und besitzt für Deinen Sketch einzelne Passagen, die jeweils eine logische Einheit bilden. Dies trägt

Kapitel 12: Objekte

Der *Index* den Du Dir wie einen *Zeiger* vorstellen kannst, der nach links oder rechts wandert spricht die unterschiedlichen *Elemente* des Arrays an. Sie werden, wie schon erwähnt, über ihn *adressiert*.

Die gezeigt Art der Initialisierung belegt alle Elemente des Arrays mit dem Wert 0. Damit wird eine definierte Ausgangssituation für das Array mit seinen Elementen geschaffen. Das eigentliche Zuweisen von Werten kann dann auf unterschiedliche Weise erfolgen.

Wertezuweisung

Hinter der *Initialisierung* steht normalerweise eine Wertezuweisung, wie Du sie schon bei Variablen gesehen hast. In Fall von Arrays haben wir es eigentlich mit zwei unterschiedlichen Initialisierungen zu tun. Die Zeile

```
int[] meinMausposXArray = new int[6];
```

initialisiert das Array mit all seinen Elementen mit dem Wert 0. Es existiert jedoch noch eine zweite Variante, bei der wir der obigen Zeile, in leicht abgewandelter Form, direkt Werte mitgeben können:

```
int[] meinMausposXArray = {17, 4, 0, 3, -23, 2};
```

> Stopp! Eine Sache ist mir bei dieser Zeile schleierhaft. Das Schlüsselwort *new* fehlt und außerdem die Anzahl der Elemente, die das Array enthalten soll

Das lässt sich erklären. Das Schlüsselwort *new* ist nicht mehr notwendig, wenn einzelne Werte zur Initialisierung des Arrays in geschweiften Klammern und durch Komma getrennt angeben werden. Die Größe des Arrays errechnet sich automatisch über die Anzahl der Elemente, die aufgeführt wurden. Die letzte Zeile könntest Du auch etwas umständlicher kodieren, was aber vollkommen okay wäre:

```
int[] meinMausposXArray = new int[6];

void setup()
{
  meinMausposXArray[0] = 17;
  meinMausposXArray[1] = 4;
  meinMausposXArray[2] = 0;
  meinMausposXArray[3] = 3;
```

```
    meinMausposXArray[4] = -23;
    meinMausposXArray[5] = 2;
    for(int i=0; i<6; i++)
      println(meinMausposXArray[i]);
}
```

Ich habe am Schluss noch eine *for*-Schleife gesetzt, die die Elemente des Arrays an das Nachrichtenfenster ausgibt:

Abbildung 13-1 ▶
Ausgabe der Elemente des Arrays

Simulierter Herzmonitor

Wir wollen ein Programm schreiben, dass unseren Herzschlag simuliert auf den Bildschirm bringt. Du hast solche Anzeigen möglicherweise schon einmal auf einer Intensivstation im Krankenhaus gesehen. Die Herzfrequenz wird grafisch dargestellt und wandert z.B. von rechts nach links über den Monitor.

Abbildung 13-2 ▶
Simulierter Herzschlag

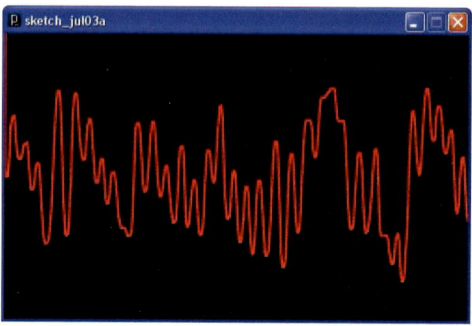

Natürlich simulieren wir die Sache nur, und zwar durch das Bewegen der Maus in vertikaler Richtung. Wie können wir das erreichen? Wir müssen die *y-Koordinate* jedes Punktes *auf der x-Achse* speichern können. Sicherlich bietet sich wie sollte es anders sein? ein Array dazu an. Das Array muss also genau so groß dimensioniert sein wie die *Breite* des Ausgabefensters. Wie Du schon weißt,

steckt diese Information in der Systemvariablen *width*. Die Befehls-
zeilen dafür könnten folgendermaßen aussehen:

```
int[] yPos;

void setup()
{
  size(500, 300);
  yPos = new int[width];
}
...
```

Dadurch kannst Du das Programm recht flexibel in Bezug auf die
Breite programmieren. Änderst Du die Dimension des Ausgabefensters über *size(x, y)*, passt sich die Größe des Arrays automatisch
an. Wir nehmen der Übersicht halber für das Ausgabefenster mal
eine Breite von 10 Pixeln an. Dann könnte das Array mit zufälligen
Werten folgendermaßen aussehen:

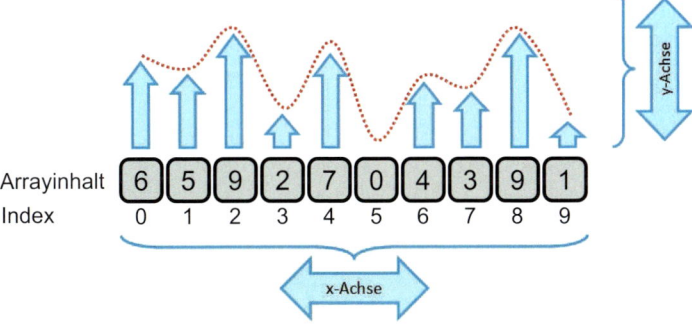

Die gestrichelte rote Linie zeigt uns den angenäherten Kurvenverlauf. Der Indexwert repräsentiert hierbei den horizontalen Wert auf
der *x-Achse*, während der Wert der einzelnen Elemente dem vertikalen Wert auf der *y-Achse* entspricht. Weil wir keine *neuen* Werte
haben, ist das eine recht statische Angelegenheit.

Unsere Ausgabe soll von *rechts* nach *links* wandern, was bedeutet,
dass auf der rechten Seite ein neuer Wert hinzugefügt werden soll.
Doch was passiert mit den restlichen? Sie müssen jeweils um eine
Position nach links verschoben werden. Das lässt sich leicht über
eine *for*-Schleife realisieren.

Schau Dir das folgende Diagramm an.

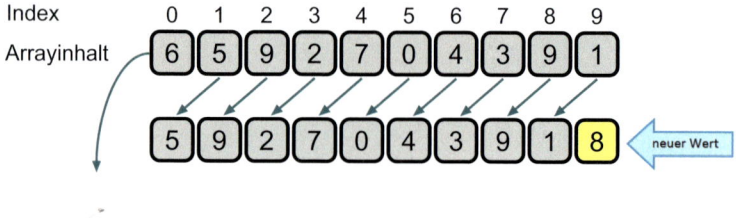

Index 0 1 2 3 4 5 6 7 8 9

Arrayinhalt 6 5 9 2 7 0 4 3 9 1

5 9 2 7 0 4 3 9 1 8 ◄ neuer Wert

Die Prozedur läuft in zwei Schritten ab:

1. Verschieben der Array-Elemente um eine Indexposition nach links

2. Hinzufügen eines neuen Array-Elements an die rechte Position

Es ist zu erkennen, dass beim ersten Schritt das linke Element auf der Strecke bleibt und *verloren geht*: Es wird nicht weiter benötigt.

Schau Dir dazu den entsprechenden Code an:

```
...
// (1) Array-Werte nach links verschieben
for(int x = 1; x < width; x++)
  yPos[x-1] = yPos[x];

// (2) Anhängen der neuen Mauskoordinate am rechten Ende des Arrays
yPos[width - 1] = mouseY;
...
```

Durch den Indexausdruck *x-1* wird *das* Element angesprochen, das in Bezug auf *x* um eine Position weiter links steht. Ihm wird der Wert des Elements zugeordnet, das an Position *x* steht. Sprichst Du auf diese Weise alle Elemente an, werden sie nach links kopiert, also verschoben. Auf der Position *rechts außen* wird auf diese Weise ein Element frei, das somit bereit ist, einen neuen Wert aufzunehmen. Das geschieht durch die Anweisung *yPos[width-1] = mouseY*. Erinnere Dich an die Array-Grenze, dann verstehst Du auch, warum Du *width-1* schreiben musst!

Ganz am Schluss lässt Du das komplette Array mit einer *for*-Schleife anzeigen und hast das gewünschte Ergebnis:

```
int[] yPos;

void setup()
```

```
{
  size(500, 300); smooth();
  yPos = new int[width];
}

void draw()
{
  background(0);
  stroke(255, 0, 0); strokeWeight(3);
  int yPosPrev = 0, xPosPrev = 0;
  // Array-Werte nach links verschieben
  for(int x = 1; x < width; x++)
    yPos[x-1] = yPos[x];
  // Anhängen der neuen Mauskoordinate
  // ans rechte Ende des Arrays
  yPos[width - 1] = mouseY;
  // Anzeigen des Arrays
  for(int x = 0; x < width; x++)
  {
    if(x > 0)
      line(xPosPrev, yPosPrev, x, yPos[x]);
    xPosPrev = x;         // Speichern der letzten x-Position
    yPosPrev = yPos[x]; // Speichern der letzten y-Position
  }
}
```

Damit nicht lediglich einzelne Punkte der Kurve dargestellt werden, habe ich eine Line vom letzten zum neuen Punkt zeichnen lassen. Deswegen existieren die beiden Variablen *xPosPrev* und *yPosPrev*. Du kannst natürlich auch die beiden Variablen weglassen und folgenden Code schreiben:

```
...
  // Anzeigen des Arrays
  for(int x = 0; x < width; x++)
    point(x, yPos[x]);
...
```

Die Ausgabe würde dann wie folgt aussehen:

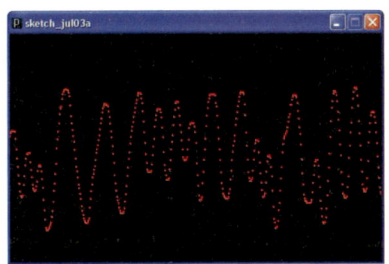

◀ **Abbildung 13-3**
Simulierter Herzschlag mit
einzelnen Punkten statt mit
einer durchgehenden Linie

Größe eines Arrays

Vielleicht ist Dir aufgefallen, dass Du beim Erstellen eines Arrays das kleine Wörtchen *new* verwendet hast. Da liegt der Verdacht nahe, dass es sich bei einem Array vielleicht um ein *Objekt* handelt, wie wir es im letzten Kapitel über Objekte schon gesehen haben. Wir haben es also *nicht* mit einem der primitiven Datentypen zu tun. Du hast auch schon gelesen, dass man über definierte Felder, die ja nichts weiter sind als Objektvariablen, etwas über das Objekt erfahren kann.

Vielleicht können wir das auch auf ein Array übertragen. Ich meine damit nicht, dass wir zusätzliche Felder programmieren, sondern dass das Processing uns den entsprechenden Feldnamen zur Verfügung stellt, den wir für unsere Zwecke nutzen können. Hier mal wieder ein Beispiel:

```
int[] meineZahlen;

void setup()
{
  meineZahlen = new int[]{3, -24, 9, 0, 17, -2};
}
```

Das Array *meineZahlen* wird mit sechs Werten initialisiert. Jetzt sollst Du eine Schleife programmieren, die Dir alle Werte im Nachrichtenfenster ausgibt. Wenn die Anzahl der Werte vorher bekannt ist, sollte das kein allzu großes Problem bedeuten. Du schreibst dann

```
...
for(int i = 0; i < 6; i++)
    println(meineZahlen[i]);
```

und bekommst das entsprechende Ergebnis angezeigt. Doch gesetzt den Fall, Du kennst die Array-Grenzen nicht: Wie weit kannst Du den Index hochzählen, ohne dass es zu einem Fehler kommt?

```
ArrayIndexOutOfBoundsException: 6
```

Diesen Fehler bekommst Du unweigerlich angezeigt, wenn Du die definierte Grenze verletzt und für das letzte Beispiel den Wert 7 statt 6 angibst. Ein Herantasten ist daher nicht praktikabel und endet ganz sicher mit einem Programmabsturz oder Elementen, die beim Schleifendurchlauf nicht berücksichtigt werden. Wir müssen eine andere Lösung finden. Die Information über die Größe des Arrays steckt natürlich im Array selbst.

Bei der Angabe eines falschen Wertes kann so manches schiefgehen ...

Das Feld, das wir im Umgang mit Arrays kennenlernen, ist *length*. Übersetzt bedeutet das *Länge*. Die Länge eines Arrays ist eine Kenngröße über die Anzahl der in ihr enthaltenen Elemente.

Arrayname   Feldname

meineZahlen.length;

In unserem Programm würde das folgendermaßen aussehen:

```
int[] meineZahlen;

void setup()
{
  meineZahlen = new int[]{3, -24, 9, 0, 17, -2};
  println(meineZahlen.length);
}
```

Das Ergebnis der Abfrage an das Array über die Anzahl der enthaltenen Elemente ist 6. Verwechsle das nicht mit dem höchsten zulässigen Indexwert, der 5 ist! Werfen wir dazu noch einmal einen Blick auf die folgende Grafik:

Index   0   1   2   3   4   5
Arrayinhalt 3 -24 9   0   17 -2

Länge des Arrays: 6

Mit dieser Information kannst Du jetzt die Schleife universal programmieren, indem Du den festen Wert 6 durch den Feldnamen *length* des Arrays ersetzt:

```
int[] meineZahlen;

void setup()
{
  meineZahlen = new int[]{3, -24, 9, 0, 17, -2};
  for(int i = 0; i < meineZahlen.length; i++)
```

```
    println(meineZahlen[i]);
}
```

Die Ausgabe des Nachrichtenfensters zeigt das korrekte Ergebnis an:

Abbildung 13-4 ▶
Ausgabe der Elemente
des Arrays über length

Mehrdimensionale Arrays

AHA, 1. DIMENSION!

Du hast bisher das Array lediglich in der *1. Dimension* kennengelernt.

Das ist jetzt soweit klar, aber stell Dir mal eine rechteckige Kiste vor. Sie hat sowohl mehrere Felder in der x- als auch in der y-Richtung. Und jedes Feld kann eindeutig über eine Koordinatenangabe angesprochen werden, wie Du es auch schon beim Adressieren eines Punktes innerhalb des kartesischen Koordinatensystems gesehen hast.

OHH, 1. UND 2. DIMENSION!

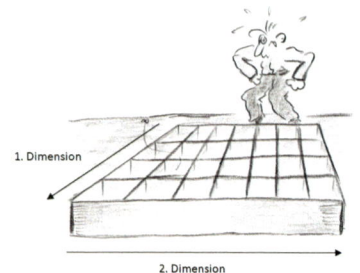

Um ein derartiges zweidimensionales Array in Processing zu erstellen, musst Du lediglich das bisher Bekannte ein wenig erweitern. Schauen wir uns noch einmal die Deklarationszeile für das eindimensionale Array an:

```
int[] meinEindimensionalesArray;
```

Das leere eckige Klammerpaar steht für die erste Dimension; nichts Neues also. Wie könnte sich jetzt wohl die Deklaration eines zweidimensionalen Arrays gestalten? Richtig, Du setzt einfach ein weiteres Klammerpaar dahinter:

Erste Dimension
Zweite Dimension

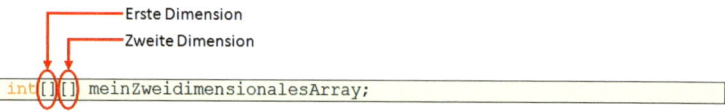

```
int[][] meinZweidimensionalesArray;
```

Kommen wir jetzt zur Initialisierung des zweidimensionalen Arrays. Es erfolgt analog zur eindimensionalen Initialisierung. Das folgende Beispiel initialisiert bzw. deklariert ein Array von 10 mal 8 Feldern.

```
int[][] meinZweidimensionalesArray;
meinZweidimensionalesArray = new int[10][8];
```

Um ein einzelnes Element innerhalb des Arrays anzusprechen, nennst Du die x- bzw. y-Koordinate.

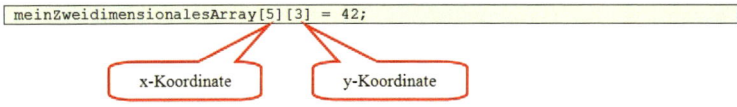

Das folgende Diagramm zeigt Dir das eben generierte Array mit dem gerade angesprochenen Element.

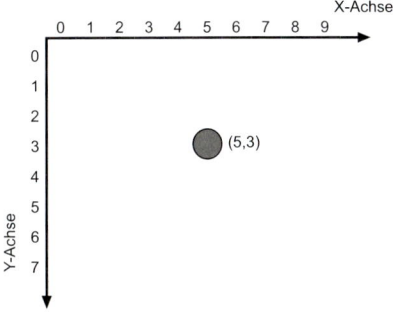

Spielvorbereitung, Teil 1

Wir wollen das zweidimensionale Array sofort für ein Beispielprogramm nutzen, bei dem Du einen Punkt mit den Cursortasten steuerst. Die Position wird jedoch nicht direkt ins Ausgabefenster geschrieben, sondern erst in das Array übertragen. Anschließend erfolgen das Abrufen der Daten und die Darstellung im Fenster.

Doch was rede ich hier so viel … schauen wir uns die Sache gemeinsam an. Es dürfte Dir ja mittlerweile keine Schwierigkeiten mehr bereiten, die Cursortasten abzufragen. Doch zur Auffrischung hier noch einmal die *KeyCodes* der Pfeiltasten:

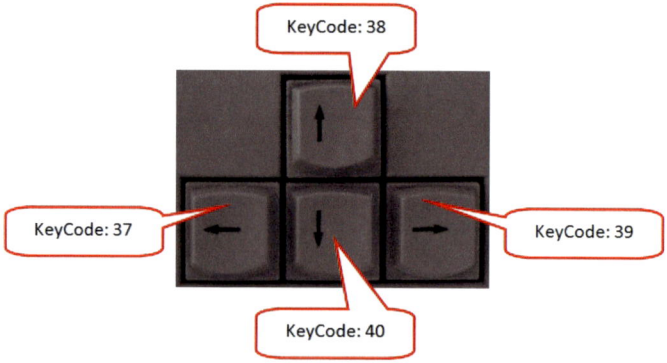

Du kannst Dir das folgendermaßen ganz gut merken: Du beginnst bei der Pfeiltaste mit dem Wert 37 und zählst im Uhrzeigersinn weiter.

> Hey, stopp! Ich habe Dich da vor Kurzem doch eindringlich darauf hinweisen hören, dass sogenannte *Magic Numbers* verpönt sind. Jetzt kommst Du hier mit ein paar ominösen Werten um die Ecke. Gibt's denn da keine passenden Konstanten?

Huch! Na, wenigstens passt Du auf. Natürlich gibt's dafür ein paar Konstanten. Schau her, ich habe das letzte Diagramm mit den entsprechenden Konstanten versehen. Das macht die Sache natürlich viel besser lesbarer.

Dann jetzt weiter im Text: Die aktuelle Position des Punktes speichern wir in den beiden globalen Variablen

```
int xPos, yPos;
```

Jetzt benötigen wir aber noch zusätzlich zwei Variablen, in denen die Richtung hinterlegt wird, in die sich der Punkt bewegen soll. Ich habe sie

```
int xD, yD;
```

genannt. In ihnen ist der *Inkrementwert* hinterlegt, der zu den beiden Variablen *xPos* und *yPos* addiert werden soll. Dadurch wird die Position schrittweise jeweils um den Absolutwert 1 geändert. Wann und in welcher Weise das geschehen soll, wird in der *keyPressed*-Funktion abhängig von der gedrückten Pfeiltaste entschieden.

```
void keyPressed()
{
  xD = 0; yD = 0; // Zurücksetzen der Bewegungswerte
  switch(keyCode)
  {
    case LEFT:  xD = -1; break;  // Pfeil links
    case UP:    yD = -1; break;  // Pfeil hoch
    case RIGHT: xD = +1; break;  // Pfeil rechts
    case DOWN:  yD = +1; break;  // Pfeil runter
  }
}
```

Werfen wir noch mal einen Blick auf das Koordinatensystem:

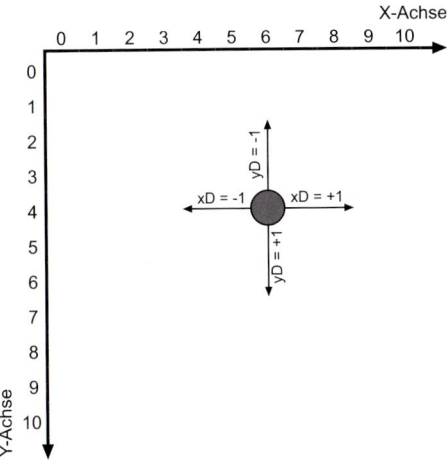

- Bei einer Bewegung nach *links* wird der Wert von *xPos* verringert (xD = -1).
- Bei einer Bewegung nach *oben* wird der Wert von *yPos* verringert (yD = -1).

- Bei einer Bewegung nach *rechts* wird der Wert von *xPos* erhöht (xD = +1).

- Bei einer Bewegung nach *unten* wird der Wert von *yPos* erhöht (yD = +1).

Du stellst Dir jetzt sicherlich die Frage, wie es denn nun zu einer Bewegung des Punktes kommt. Ganz einfach: Der Wert, der sich in *xD* bzw. *yD* befindet, wird bei jedem Schleifendurchlauf der *draw*-Funktion zu den Variablen von *xPos* und *yPos* hinzuaddiert. Das sieht dann folgendermaßen aus:

```
void draw()
{
  xPos += xD; yPos += yD;
  point(xPos, yPos);
}
```

Und hier das komplette Programm:

```
int xPos, yPos;
int xD, yD;

void setup()
{
  size(300, 200);
  stroke(255, 0, 0); strokeWeight(4);
  xPos = width/2; yPos = height / 2;
  smooth(); background(0);
  xD = 1; // Startrichtung
}

void draw()
{
  xPos += xD; yPos += yD;
  point(xPos, yPos);
}

void keyPressed()
{
  xD = 0; yD = 0; // Zurücksetzen der Bewegungswerte
  switch(keyCode)
  {
    case LEFT:  xD = -1; break;  // Pfeil links
    case UP:    yD = -1; break;  // Pfeil hoch
    case RIGHT: xD = +1; break;  // Pfeil rechts
    case DOWN:  yD = +1; break;  // Pfeil runter
  }
}
```

Ich habe noch ein paar Zusätze in der *setup*-Funktion untergebracht, damit zum einen der Punkt in der Mitte des Fensters startet und zum anderen die Startrichtung nach rechts weist. Sonst würde der Punkt erst loslaufen, wenn Du eine der Pfeiltasten drücken würdest. Nach einigem Hin- und Hernavigieren könnte das Bild vielleicht so aussehen:

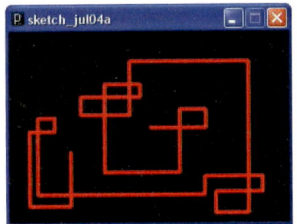

◀ **Abbildung 13-5**
Die Schlange wächst …

> Ich hab' da mal 'ne bescheidene Frage: Was hat das alles mit Arrays zu tun? Ich dachte, dass es in diesem Kapitel darum geht!

Moment, nicht so eilig! Das war lediglich die Vorbereitung zu dem, was jetzt kommt. Im nächsten Teil möchte ich wie schon angekündigt die Position des Punktes nicht direkt im Ausgabefenster anzeigen lassen, sondern zuerst in das *zweidimensionale Array* schreiben. Im Anschluss sollen dann die Daten aus dem Array abgerufen und zur Anzeige gebracht werden.

Spielvorbereitung, Teil 2

Wie schon sehnsüchtig erwartet, wird zu Beginn das zweidimensionale Array des Datentyps *long* deklariert:

```
long[][] xyPos;
```

Die im letzten Beispiel deklarierten Variablen für die aktuelle Position des Punktes bzw. die Änderungen habe ich einfach übernommen, da wir sie hier ebenfalls benötigen:

```
int xPos, yPos;
int xD, yD;
```

Bisher haben wir noch keine Angaben über die Array-Größe gemacht, denn das Array soll das komplette Ausgabefenster mit seinen Positionen speichern können. Um flexibel zu sein, machen wir die Array-Initialisierung natürlich von der Größe des Ausgabefensters abhängig. Das erfolgt in der *setup*-Funktion:

```
void setup()
{
  size(300, 200);
  xyPos = new long[width][height];
  ...
}
```

Doch kommen wir jetzt zur Speicherung der Positionsdaten unseres Punktes in das Array. Bei jedem Schleifendurchlauf der *draw*-Funktion wird die aktuelle Punktposition in das Array übertragen. Bei der Initialisierung sind alle Elemente des Arrays mit dem Wert 0 versehen worden. Das bedeutet in unserem Fall, dass *keine* Punktposition darin gespeichert ist. Dann legen wir willkürlich fest, dass der Wert *1* eines Array-Elements einen gesetzten Punkt im Ausgabefenster repräsentieren soll.

```
void draw()
{
  background(0);
  xPos += xD; yPos += yD; // Berechnung der aktuellen Punktposition
  xyPos[xPos][yPos] = 1;  // 1=Punkt gesetzt
  ...
}
```

Hierzu ein kleines Beispiel, bei dem die Größe des Ausgabefensters der Übersicht halber auf 10 mal 8 reduziert wurde:

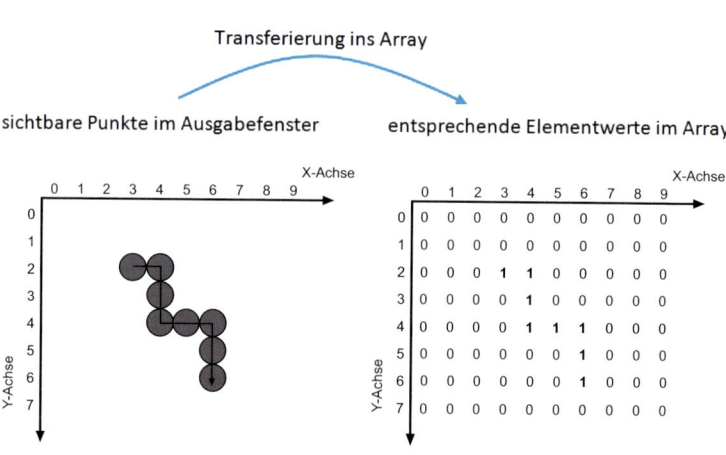

Jetzt sind wir soweit, die einzelnen Elemente des Arrays abzufragen, um entsprechende Punkte im Ausgabefenster zu setzen. Ist der Wert eines Elements gleich 1, soll ein Punkt angezeigt werden, andernfalls nicht. Die Frage, die sich uns jetzt aufdrängt, ist: »Wie

Kapitel 13: Arrays

können wir alle Elemente eines Arrays nacheinander ansprechen?«
Die Antwort lautet: »Mit zwei *for*-Schleifen!« Die Technik, die wir
dort erstmalig anwenden, arbeitet mit *verschachtelten Schleifen*.
Dazu schauen wir uns ein kurzes Beispiel an.

```
for(int x=0; x<4; x++)
  for(int y=0; y<2; y++)
    println("Außen (x): " + x + " , Innen (y): " +y);
```

Im Nachrichtenfenster erhältst Du dann folgende Ausgabe:

```
Außen (x): 0 , Innen (y): 0
Außen (x): 0 , Innen (y): 1
Außen (x): 1 , Innen (y): 0
Außen (x): 1 , Innen (y): 1
Außen (x): 2 , Innen (y): 0
Außen (x): 2 , Innen (y): 1
Außen (x): 3 , Innen (y): 0
Außen (x): 3 , Innen (y): 1

1
```

◀ **Abbildung 13-6**
Ausgabe bei
verschachtelten Schleifen

Das Zusammenspiel der beiden Schleifen verhält sich folgendermaßen: Zuerst beginnt die *äußere* Schleife zu zählen. Das ist die mit der
Laufvariablen *x*, die zuerst genannt wird. Sie startet mit dem Wert 0.
Jetzt kommt die *innere* Schleife mit der Laufvariablen *y* und startet
ebenfalls bei 0. Diese Schleife wird aber jetzt komplett durchlaufen,
bevor die *äußere* Schleife mit ihrem nächsten Wert weitermacht und
die *innere* Schleife wieder mit ihren Durchläufen startet.

> Kurze Frage: Du hast den Begriff der *Laufvariablen* fallen gelassen. Ist
> das eine besondere Variable?

»Laufvariablen« werden in der Regel Variablen genannt, die innerhalb einer Schleife ihren Dienst verrichten. Sie *durchlaufen* alle
Werte, die der definierten Bedingung entsprechen. Doch nun wieder zurück zum vorherigen Beispiel. Alle Durchläufe sind beendet,
wenn die äußere und die innere Schleife komplett ihre Bereiche
abgearbeitet haben. Ist Dein Code optimal eingerückt, so wie es
sein soll, kannst Du optisch sehr gut erkennen, dass die zweite
innere Schleife unterhalb der *äußeren* angesiedelt ist.

Du kannst das mit dem Minuten- bzw. Stundenzeiger einer Uhr
vergleichen: Der Stundenzeiger ist die *äußere* Schleife, der erst zur
nächsten Stunde weiterrückt, wenn der Minutenzeiger der *inneren*
Schleife alle Minuten von 0 bis 59 durchlaufen hat.

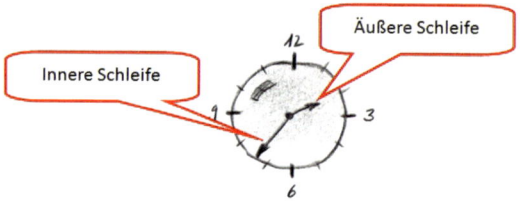

Doch kommen wir jetzt wieder zu unserem konkreten Beispiel, bei dem alle Array-Elemente angesprochen werden sollen.

```
for(int x = 0; x < width; x++)
  for(int y = 0; y < height; y++)
    if(xyPos[x][y] == 1) // Wenn Punkt=1, dann anzeigen
      point(x, y);
```

Die beiden Schleifen arbeiten wieder Hand in Hand und arbeiten ihre Werte ab. Die *äußere* Schleife ist für die horizontale x-Richtung und die *innere* für die vertikale y-Richtung verantwortlich. Wirf bitte einen Blick auf die folgenden Diagramme.

Die *äußere* Schleife startet mit dem horizontalen Wert 0, und die *innere* arbeitet kontinuierlich alle Werte für die Vertikale ab.

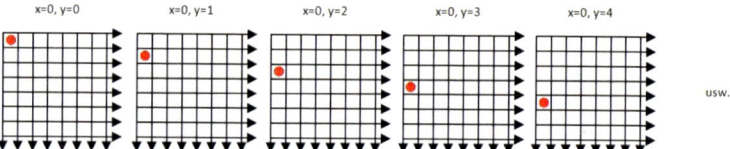

Erst wenn die *innere* Schleife den kompletten Bereich abgearbeitet hat, erhöht die *äußere* ihren Wert, damit die *innere* wieder von vorne beginnen kann.

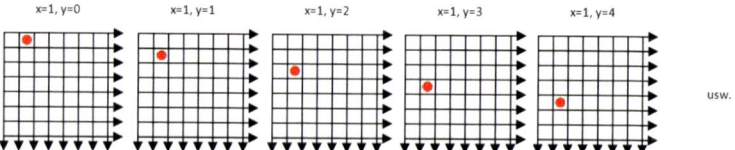

Auf diese Weise werden alle Elemente erreicht. Es wird jedoch nicht jedes Array-Element in einen Punkt des Ausgabefensters umgewandelt. Das jeweilige Element muss den Wert 1 gespeichert haben, denn das war unsere *Festlegung für die Sichtbarkeit*.

Kommen wir jetzt zum kompletten Programm, das unter anderem um eine Funktion mit Namen *rand* erweitert wurde. Sie überwacht die aktuelle Punktposition und verhindert ungültige Indexwerte für das Array beim Erreichen des Randes. Wird der Rand des Ausgabefensters erreicht, erscheint der Punkt auf der gegenüberliegenden Seite.

```
long[][] xyPos;
int xPos, yPos;
int xD, yD;

void setup()
{
  size(300, 200);
  xyPos = new long[width][height];
  xPos = width/2; yPos = height/2;
  stroke(255, 0, 0); strokeWeight(4);
  smooth(); background(0);
  xD = 1;  // Startrichtung
}

void draw()
{
  background(0);
  xPos += xD; yPos += yD;      // Aktuelle Punktposition
  rand();                       // Ist der Rand erreicht?
  xyPos[xPos][yPos] = 1;        // 1=Punkt gesetzt
  for(int x = 0; x < width; x++)
    for(int y = 0; y < height; y++)
      if(xyPos[x][y] == 1)      // Wenn Punkt=1, dann anzeigen
        point(x, y);
}

void rand()
{
  if(xPos > width - 1) xPos = 0; if(xPos < 0) xPos = width -1;
  if(yPos > height - 1) yPos = 0; if(yPos < 0) yPos = height -1;
}

void keyPressed()
{
  xD = 0; yD = 0; // Zurücksetzen der Bewegungswerte
  switch(keyCode)
  {
    case LEFT:  xD = -1; break; // Pfeil links
    case UP:    yD = -1; break; // Pfeil hoch
    case RIGHT: xD = +1; break; // Pfeil rechts
    case DOWN:  yD = +1; break; // Pfeil runter
  }
}
```

Wenn Du das Programm startest, wirst Du sehen, dass es sich ähnlich zu der letzten Version ohne Verwendung eines Arrays verhält. Du kannst Dir jetzt sicherlich die berechtigte Frage stellen, warum wir das alles machen, da es doch vorher ohne Array auch funktioniert hat. Doch ich möchte das kleine Spiel noch ein wenig erweitern, damit es eine zusätzliche interessante Funktionalität bekommt.

Spielvorbereitung, Teil 3

Vielleicht kennst Du das alte Konsolenspiel *Snake*. Du bewegst eine Schlange in Form einer Linie über den Bildschirm, deren Richtung Du mit bestimmten Tasten beeinflussen kannst. Die Schwierigkeit besteht darin, dass der Schlangenkopf nicht seinen Körper, sprich die Line, berühren darf. Die Schlange hat dabei eine bestimmte Länge, die sich im Laufe des Spiels jedoch vergrößert, sodass das Navigieren mit der Zeit immer schwieriger wird.

Das Knifflige in der Programmierung besteht also darin, die Schlange mit einer *bestimmten Länge* über das Ausgabefenster wandern zu lassen. Bewegt sich der Kopf in eine Richtung, muss der Schwanz nachfolgen und das auch um die Ecken herum. Aus diesem Grund ist es von Vorteil, jeden einzelnen Punkt mit seinen Koordinaten in ein Array zu schreiben, um die volle Kontrolle zu haben. Doch wir benötigen nicht nur seine Koordinaten. Der zeitliche Verlauf bzw. die Position innerhalb der *Punktesequenz* ist von entscheidender Bedeutung. Jeder Punkt bekommt beim Schreiben in das Array eine *Sequenznummer*, anstatt des immer gleichen Wertes 1 aus dem letzten Beispiel. Ist der Wert eines Elements größer als 0, soll der Punkt angezeigt werden. Angenommen, der Punkteverlauf erfolgt entlang der im linken Diagramm gezeigten Linie, hat das Array im rechten Diagramm folgende Werte gespeichert:

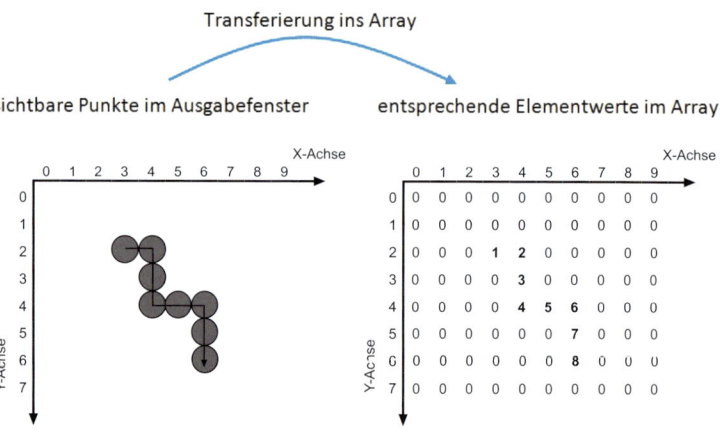

Kapitel 13: Arrays

Statt der Zeile

```
void draw()
{
  ...
  xyPos[xPos][yPos] = 1;  // 1=Punkt gesetzt
  ...
}
```

schreiben wir jetzt

```
void draw()
{
  ...
  xyPos[xPos][yPos] = sequenz++;  // Erhöhen der Sequenznummer
  ...
}
```

Natürlich wird diese Variable vorher noch deklariert, aber dazu später mehr im kompletten Code. Die Schlange soll natürlich eine gewisse Länge besitzen, die sich im Laufe der Zeit aber – um die Sache interessant zu machen – verlängert. Die Länge in der Angabe der einzelnen Pixel speichern wir in der Variablen *laenge* ab.

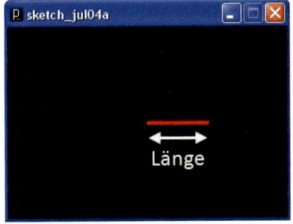

◀ **Abbildung 13-7**
Die aktuelle Länge der Schlange

Die Verlängerung wird in der Variablen *verlaengerungswert* gespeichert. Schauen wir uns einfach mal einen zeitlichen Verlauf der einzelnen Punkte an, damit Du siehst, unter welchen Bedingungen Punkte gelöscht werden. Zuvor halten wir Folgendes fest:

- Die Länge der Schlange ist in der Variablen *laenge* hinterlegt.
- Bei jedem Schleifendurchlauf wird die Variable *sequenz* inkrementiert (*sequenz++*), damit jeder neue Punkt die nächsthöhere Nummer bekommt.

In unserer Betrachtung werden wir wieder der Einfachheit halber die Anzahl der zu untersuchenden Punkte reduzieren. Wir sagen: *laenge* = 4.

Die Bedingung zum Löschen eines Punktes lautet dann ausformuliert so:

Wenn *aktuelle Sequenznummer – Sequenznummer des Punktes* größer der *Länge der Schlange – 1* ist, dann soll der Punkt als gelöscht markiert werden.

Wenn Du das in eine für Processing verständliche Form überträgst, erhältst Du das hier:

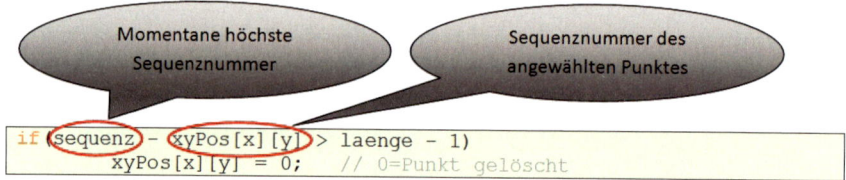

```
if (sequenz - xyPos[x][y] > laenge - 1)
    xyPos[x][y] = 0;    // 0=Punkt gelöscht
```

Kommen wir jetzt zur Betrachtung des zeitlichen Verlaufs:

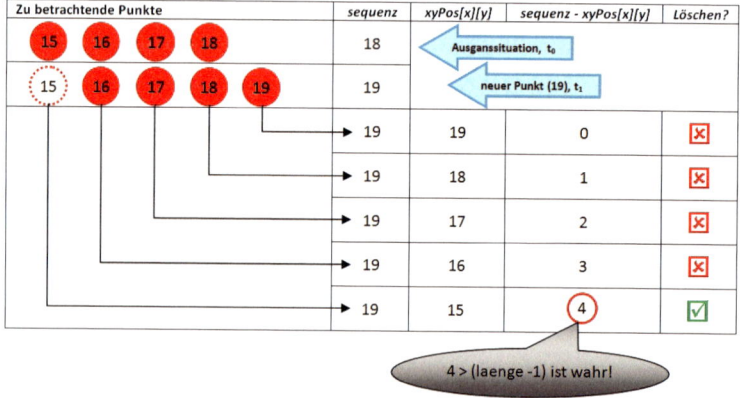

Die Ausgangssituation t_0 zeigt Dir vier Punkte, wobei die höchste Sequenznummer 18 ist. Beim nächsten Schleifendurchlauf der *draw*-Funktion bei t_1 bekommst Du einen neuen Punkt dazu. Die Sequenznummer hat sich auf 19 erhöht. Jetzt läuft die Prozedur zur Löschung der *alten* Punkte ab. Der entsprechende Code lautet so:

```
for(int x = 0; x < width; x++)
  for(int y = 0; y < height; y++)
  {
    if(sequenz - xyPos[x][y] > laenge - 1)
      xyPos[x][y] = 0;    // 0=Punkt gelöscht
    if(xyPos[x][y] != 0) // Wenn Punkt ungleich 0, dann anzeigen
      point(x, y);
  }
```

Kapitel 13: Arrays

Du erkennst am Beispiel, dass der Punkt mit der Sequenznummer 19 hinzugekommen ist und der Punkt mit der Sequenznummer 15 rausfällt. Auf diese Weise bewegt sich die Schlange vorwärts: Vorne einen dran und hinten einen weg. Das funktioniert sogar fantastisch um Ecken herum.

Wie versprochen, kommen wir jetzt zu dem Feature, dass die Schlange mit der Zeit ihre Länge vergrößert. Auf Dauer wäre eine kurze Schlange etwas langweilig und der Anspruch des Spiels recht niedrig. Doch je länger sie wird, desto schwieriger wird es, dem eigenen Körper auszuweichen.

Damit Du ein wenig experimentieren kannst, speichern wir den Verlängerungswert in der Variablen *verlaengerung* ab. Der entsprechende Code lautet

```
if(sequenz % verlaengerungszeit == 0)
  laenge+= verlaengerungswert;
```

Das Prinzip ist recht einfach und funktioniert folgendermaßen: Immer wenn der *Sequenzwert* durch den *Verlängerungszeitwert* teilbar ist, soll eine Verlängerung um den Verlängerungswert erfolgen. Wir nutzen den *Modulo-Operator*, der nur dann den Restwert 0 herausgibt, wenn die Division aufgeht und *kein* Nachkommaanteil existiert.

Ansonsten besitzt das Programm die *rand*-Funktion aus dem letzten Beispiel, damit beim Erreichen des Ausgabefensterrandes die Grenzen eigehalten werden. Ansonsten bekämen wir beim Überschreiten einen unzulässigen Indexwert für unser Array, das mit einem Absturz quittiert würde. Das macht dann irgendwann keinen Spaß mehr. Doch jetzt zum kompletten Quellcode:

```
long[][] xyPos;
int xD, yD, laenge, verlaengerungszeit, verlaengerungswert;
int xPos, yPos;
long sequenz;

void setup()
{
  size(300, 200);
  xyPos = new long[width][height];
  xPos = width/2; yPos = height/2;
  stroke(255, 0, 0); strokeWeight(4);
  smooth(); background(0);
  xD = 1;                     // Startrichtung
  verlaengerungszeit = 300;// Wann eine Verlängerung stattfinden soll
```

```
    laenge = 50;              // Länge der Schlange am Anfang
    verlaengerungswert = 50; // Um welchen Wert die Verlängerung
                              // erfolgen soll
}

void draw()
{
  background(0);
  xPos += xD; yPos += yD;
  rand(); // Ist der Rand erreicht?
  xyPos[xPos][yPos] = sequenz++;  // Element mit Sequenznummer
                                  // versehen

  if(sequenz % verlaengerungszeit == 0)
    laenge+= verlaengerungswert;
  for(int x = 0; x < width; x++)
    for(int y = 0; y < height; y++)
    {
      if(sequenz - xyPos[x][y] > laenge - 1)
        xyPos[x][y] = 0;   // 0=Punkt gelöscht
      if(xyPos[x][y] != 0) // Wenn Punkt ungleich 0, dann anzeigen
        point(x, y);
    }
}

void rand()
{
  if(xPos > width - 1) xPos = 0; if(xPos < 0) xPos = width -1;
  if(yPos > height - 1) yPos = 0; if(yPos < 0) yPos = height -1;
}

void keyPressed()
{
  xD = 0; yD = 0; // Zurücksetzen der Bewegungswerte
  switch(keyCode)
  {
    case LEFT:  xD = -1; break;  // Pfeil links
    case UP:    yD = -1; break;  // Pfeil hoch
    case RIGHT: xD = +1; break;  // Pfeil rechts
    case DOWN:  yD = +1; break;  // Pfeil runter
  }
}
```

Kollision

Das funktioniert ja jetzt ganz gut. Doch wie bekommt man eine *Kollision* mit dem Schlangenkörper mit? Der Sinn des Spiels ist ja gerade, diese zu verhindern. Überlegen wir mal ... Bei jedem Schleifendurchlauf der *draw*-Funktion wird eine neue xy-Koordinate für den Punkt ermittelt, um diese dann in das Array zu schreiben. Das Array ist aber ein Abbild des Spielfeldes mit all seinen Punkten.

Wenn wir *vor* dem Übertragen der xy-Koordinate in das Array prüfen, ob diese spezielle Koordinate schon mit einem Sequenzwert versehen wurde, kann die Aussage getroffen werden, ob es zu einer Kollision gekommen ist.

```
...
void draw()
{
  background(0);
  xPos += xD; yPos += yD;
  rand(); // Ist der Rand erreicht?


  // Kollision??
  if(xyPos[xPos][yPos]!=0)
  {
    stroke(255, 255,0);
    println(sequenz);
    noLoop();
  }


  xyPos[xPos][yPos] = sequenz++;  // Element mit Sequenznummer versehen
  ...
}
...
```

Zwischen dem Aufruf der *rand*-Funktion und dem Zuweisen der neuen Sequenznummer an die neue Koordinate wird der markierte Block eingefügt. Bei einer Kollision wechselt die Farbe der Schlange von *Rot* nach *Gelb*, und die Sequenznummer wird ausgegeben. Je höher die Nummer, desto weiter hast Du es im Spiel gebracht. Die Funktion *noLoop()* stoppt übrigens die Abarbeitung der *draw*-Schleife, wogegen die Funktion *loop()* die Abarbeitung der *draw*-Schleife wieder startet. Um den Reiz zu erhöhen, könntest Du das Fenster vielleicht noch ein wenig kleiner gestalten.

Objekt-Array

Ich hatte schon erzählt, dass ein Objekt wie ein neuer Datentyp anzusehen ist. Ein Array des Datentyps *int* zu deklarieren und zu initialisieren, dürfte Dir an dieser Stelle kein Problem mehr bereiten. Versuchen wir die ganze Sache doch einmal mit einem Objekt. Die Klasse des *Raumschiff Enterprise* hast Du im letzten Kapitel dreimal instanziiert, und für jedes Objekt musstest Du Dir einen

neuen Namen aussuchen, was für eine Flotte von z.B. *150* Raumschiffen schon mühselig wird. Wir wollen das hier vereinfachen
und ein Raumschiff-Array erstellen. Die Klassendefinition habe ich
nicht verändert. Lediglich die Deklaration und die Initialisierung
wurden angepasst und farblich hervorgehoben. Schauen wir uns
zunächst den Code im Ganzen an, um danach auf die Details einzugehen.

```
RaumschiffEnterprise[] meineFlotte;
final static int ANZAHL = 10;

void setup()
{
  size(500, 400);
  meineFlotte = new RaumschiffEnterprise[ANZAHL];
  for(int i=0; i< meineFlotte.length; i++)
    meineFlotte[i] = new RaumschiffEnterprise(
    (int)random(255), (int)random(255), (int)random(255),
    (int)random(1,8), (int)random(height));
}

void draw()
{
  background(0);
  for(int i=0; i< meineFlotte.length; i++)
    meineFlotte[i].bewege();
}

class RaumschiffEnterprise
{
  // Felder
  int xPos, yPos, geschwindigkeit;
  int R, G, B;
  // Konstruktor
  RaumschiffEnterprise(int Rot, int Gruen, int Blau, int V,
  int yPosition)
  {
    R = Rot; G = Gruen; B = Blau;
    geschwindigkeit = V;
    yPos = yPosition;
  }
  // Methoden
  void bewege()
  {
      xPos += geschwindigkeit;
      if(xPos > width)
        xPos = 0;
```

```
      zeige();
  }
  void zeige()
  {
    fill(R, G, B);
    ellipse(xPos, yPos, 100, 10);
    rect(xPos + 5, yPos - 20, 15, 15);
    ellipse(xPos + 30 , yPos - 20, 90, 10);
    rect(xPos - 40, yPos - 17, 15, 15);
    ellipse(xPos - 50, yPos - 15, 70, 5);
  }
}
```

Die Ausgabe des Programms bestätigt die Vermutung, dass wir es mit einer ganzen Reihe von Raumschiffen zu tun haben.

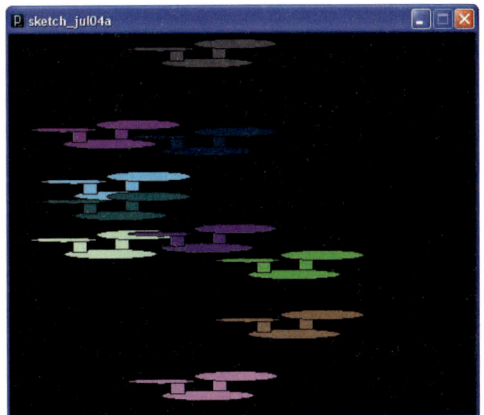

Doch widmen wir uns nun den Details. Mit den Zeilen

```
RaumschiffEnterprise[] meineFlotte;
final static int ANZAHL = 10;
```

habe ich in der ersten Zeile des Arrays *meineFlotte* deklariert und in der zweiten die Konstante *ANZAHL* deklariert und initialisiert, um die Anzahl der Raumschiffe in meiner Flotte an einer Stelle zu bestimmen.

```
...
meineFlotte = new RaumschiffEnterprise[ANZAHL];
for(int i=0; i< meineFlotte.length; i++)
  meineFlotte[i] = new RaumschiffEnterprise(
  (int)random(255), (int)random(255), (int)random(255),
  (int)random(1,8), (int)random(height));
...
```

Du siehst, dass bei der Initialisierung des Arrays *meineFlotte* die Konstante *ANZAHL* genutzt wird. In der darauffolgenden Zeile werden mithilfe der *for*-Schleife die einzelnen Raumschiffe mit Zufallswerten für

- Farbe,
- Geschwindigkeit und
- vertikale Position

initialisiert. Beachte, dass die Zufallswerte, *bevor* sie an den Konstruktor übergeben werden, in den Datentyp *int* gecastet (konvertiert) werden, da die Klassendefinition unverändert geblieben ist. Falls notwendig, wirf noch mal einen Blick in das Kapitel über *Casting*. Zum Schluss wird für jedes Array-Objekt die *bewege*-Methode aufgerufen:

```
...
  background(0);
  for(int i=0; i< meineFlotte.length; i++)
    meineFlotte[i].bewege();
...
```

Das erfolgt über die Laufvariable *i* der *for*-Schleife. Sie arbeitet als *Indexwert* und spricht nacheinander jedes Array-Objekt an.

Array erweitern

Wenn Du Dir die Zeilen zum Deklarieren und Initialisieren anschaust,

```
meineFlotte = new RaumschiffEnterprise[ANZAHL];
```

dann ist das wie in Stein gemeißelt. Nachträglich an der Größe etwas zu ändern, ist mit den bisherigen Kenntnissen nicht machbar. Es gibt jedoch eine Möglichkeit, ein Array-Element an das bestehende Array anzuhängen. Zu diesem Zweck wurde die Funktion *append()* geschaffen.

Angenommen, wir besitzen eine Raumschifflotte mit drei Schiffen. Das Array *meineFlotte* wurde mit dem Befehl

```
meineFlotte = new RaumschiffEnterprise[3];
```

initialisiert und ist im Speicher bildlich gesehen wie folgt vorhanden: Wie bekomme ich ein neues Raumschiff an das Array-Ende angehängt, sodass ich es über *meineFlotte[3]* ansprechen kann?

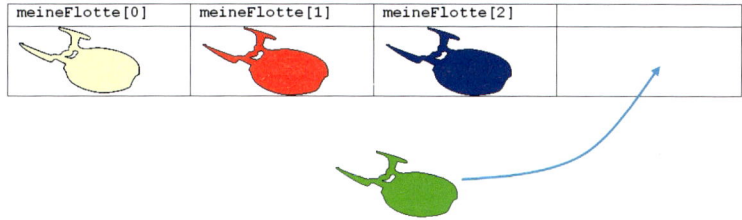

Schauen wir uns den entsprechenden Befehl genauer an. Er lautet, wie schon erwähnt, *append()*.

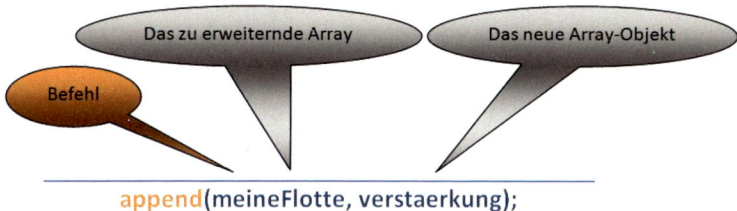

append(meineFlotte, verstaerkung);

Bevor wir die Funktion jedoch aufrufen, müssen wir das neue anzuhängende Objekt erst einmal erschaffen. Das dürfe kein Problem darstellen ...

```
RaumschiffEnterprise verstaerkung = new RaumschiffEnterprise(
  (int)random(255), (int)random(255), (int)random(255),
  (int)random(1,8), mouseY);
```

Danach erfolgt die Erweiterung des Arrays *meineFlotte*, die auf den ersten Blick etwas verwirrend anmutet.

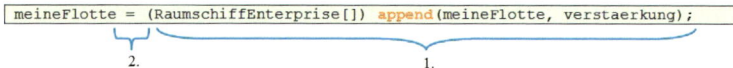

Zweierlei ist erwähnenswert:

1. Die Funktion *append()* hat einen Rückgabewert, der in den Typ des Ziel-Arrays (*RaumschiffEnterprise*) gecastet werden muss.

2. Der Rückgabewert muss dem Ziel-Array zugewiesen werden.

Doch wann soll diese Erweiterung erfolgen? Du ahnst es vielleicht, da die vertikale Position bei der Initialisierung des neuen Raumschiffs der y-Koordinate (*mouseY*) der Maus entspricht: Natürlich müssen wir den kompletten Code in der *mousePressed()*-Funktion unterbringen.

```
void mousePressed()
{
  RaumschiffEnterprise verstaerkung = new RaumschiffEnterprise(
  (int)random(255), (int)random(255), (int)random(255),
  (int)random(1,8), mouseY);
  meineFlotte = (RaumschiffEnterprise[])
                append(meineFlotte, verstaerkung);
}
```

Wenn Du jetzt an unterschiedlichen Stellen im Ausgabefenster mit der linken Maustaste klickst, wird jedes Mal ein neues Raumschiff an der gewählten y-Koordinate der Maus erschaffen und beteiligt sich am Flug über das Fenster.

Minimum und Maximum

Na, erinnerst Du Dich noch an das Kapitel über die Variablen? Da hatte ich erstmals die beiden Funktionen *min* und *max* zur Feststellung der Extremwerte angesprochen. Leider konnten die beiden lediglich 2 bzw. 3 Argumente entgegennehmen. Das kann in vielen Fällen zu wenig sein. Aus diesem Grund gibt es in Processing die Variante, um ein *Array* als Argument zu übergeben.

```
int[] meinArray = {12, -45, 18, -4, 39, 0, 2, 21};
void setup()
{
  size(100, 100);
  int minimum = min(meinArray);
  int maximum = max(meinArray);
  println("Minimum: " + minimum);
  println("Maximum: " + maximum);
}
```

Das Array enthält eine gewisse Anzahl von Elementen, die durch die beiden Funktionen auf die Extremwerte hin untersucht werden.

Abbildung 13-9 ▶
Anzeigen der Extremwerte

```
Minimum: -45
Maximum: 39
```

Sortieren

Haben wir ein Array, das eine bestimmte Anzahl von Elementen vor-weist, können wir es über die *sort*-Funktion sortieren lassen. Was bedeutet aber *Sortieren*? Dabei werden die Elemente neu angeordnet und innerhalb des Arrays *so* positioniert, dass der kleinste Wert am *Anfang* und der größte am *Ende* steht. Mit »Anfang« ist die Indexpo-sition *0* gemeint, und mit »Ende« der letzte und höchste Indexwert. Die Anzahl der Elemente wird durch das Sortierverfahren *nicht* beeinflusst. Folgende Datentypen können sortiert werden:

- int
- float
- String

Ja, sogar Zeichenketten können wir sortieren. Wie das funktio-niert? Jeder einzelne Buchstabe hat eine bestimmte Position im Alphabet bzw. einen *ASCII*-Wert. Jeder Buchstabe jedes Wortes wird hinsichtlich dieses Wertes analysiert.

Hier die Syntax des *sort*-Befehls:

Das folgende Programm generiert eine festgelegte Anzahl von Zufallswerten und initialisiert damit ein Array. Im ersten Schritt wird es unsortiert ausgegeben und im zweiten Schritt sortiert und wieder ausgegeben. Das Ergebnis findet sich im Nachrichtenfenster.

```
int[] werte;
int ANZAHL = 6;
void setup()
{
  werte = new int[ANZAHL];
  // Array mit Zufallswerten initialisieren
  for(int i = 0; i < ANZAHL; i++)
    werte[i] = (int)random(0, 101);
  // Ausgabe des unsortieren Arrays
  println("Unsortiert:");
  for(int i = 0; i < ANZAHL; i++)
    println(werte[i]);
  // Array sortieren und sich selbst zuweisen
```

```
werte = sort(werte);
// Ausgabe des sortierten Arrays
println("Sortiert:");
for(int i = 0; i < ANZAHL; i++)
  println(werte[i]);
}
```

Mal schauen, was die Ausgabe so *sagt*:

Abbildung 13-10 ▶
Anzeigen des unsortierten
und sortierten Arrays

```
Unsortiert:
79
39
27
88
11
85
Sortiert:
11
27
39
79
85
88
```

Falls Du das vormals unsortierte Array mit seinen Werten nicht mehr benötigst, kannst Du ihm das Ergebnis der *sort*-Funktion zuweisen, das ja wiederum ein Array ist.

Genau das haben wir hier mit der folgenden Zeile gemacht.

```
...
  werte = sort(werte);
...
```

Natürlich kannst Du das Ergebnis auch einem anderen Array zurückgeben. Das bleibt Dir überlassen.

> Kannst Du mir mal erklären, wie Processing das macht? Na, ich meine das Sortieren von Zahlen. Wie kann man – falls überhaupt – das selber programmieren?

Natürlich können wir das selber programmieren! Einen passenden Algorithmus für eine Menge von Zahlen zu finden, ist aber nicht immer ganz einfach und hängt im Grunde von Qualität der zu sortierenden Daten ab. Was habe ich für Daten und wie groß ist das Datenvolumen? Es gibt zahllose Sortierverfahren, unter anderem diese hier:

- Shellsort
- Selectionsort
- Insertionsort

- Quicksort
- Bubblesort

All diese Fragen lassen wir aber mal außen vor und konzentrieren uns auf zu sortierende Ganzahlen von geringem Volumen. Ich wende für das kommende Beispiel das *Selectionsort*-Verfahren an. Wie es vorgeht? Zuerst einmal haben wir ein unsortiertes Array mit einer Anzahl von Elementen. Dann werden folgende Punkte durchgeführt:

- Nimm das *erste* Element und vergleiche es nach und nach mit jedem anderen folgenden Element. Findest Du ein Element mit einem kleineren Wert, vertausche das erste mit diesem.

- Nach diesem Durchgang hat das Array im ersten Element den kleinsten Wert gespeichert. Diese Position bleibt im nächsten Durchlauf unangetastet, da das Array bis dahin sortiert ist.

- Nimm das *zweite* Element und vergleiche es nach und nach mit jedem folgenden Element. Findest Du ein Element mit einem kleineren Wert, vertausche das zweite mit diesem. Denk daran, dass das erste Element nicht an diesen Vergleichen beteiligt war!

- Nach diesem Durchgang ist das Array in den ersten beiden Elementen sortiert.

- Es wird entsprechend weiteriteriert ...

Hier ist der komplette Code zum Sortieren eines Arrays mit eigenem implementiertem *Selectionsort*-Algorithmus:

```
int[] meinArray = {12, 45, 18, -4, 39, 0, 2, -2};
void setup()
{
  size(100, 100);
  // Ausgabe des unsortieren Arrays
  println("Unsortiert:");
  for(int i = 0; i < meinArray.length; i++)
    println(meinArray[i]);
  // Sortieren aufrufen
  meinArray = sortieren(meinArray);
  // Ausgabe des sortierten Arrays
  println("Sortiert:");
  for(int i = 0; i < meinArray.length; i++)
    println(meinArray[i]);
}

// Selection-Sort-Algorithmus
int[] sortieren(int[] a)
```

```
{
  int temp;
  for(int i = 0; i < a.length - 1; i++)
    for(int j = i + 1; j < a.length; j++)
    {
      if(a[i] > a[j])
      {
        temp = a[i];
        a[i] = a[j];
        a[j] = temp;
      }
    }
    return a;
}
```

Unsere selbst kodierte Funktion *sortieren* nimmt als Parameter ein Array des Datentyps *int* entgegen und liefert als Rückgabewert ebenfalls ein Array des gleichen Typs zurück. Zum Vergleichen der einzelnen Elemente untereinander benötigen wir zwei unabhängige Schleifen. Mit der äußeren Schleife wird *ein* Element und mit der inneren jeweils das *nächste* Element angefahren. Dann erfolgt ein Vergleich der beiden. Ist das Element der äußeren Schleife größer als das der inneren, tauschen beide ihre Positionen, was bedeutet, dass das kleinere von beiden jetzt in der Position weiter nach links gerutscht ist.

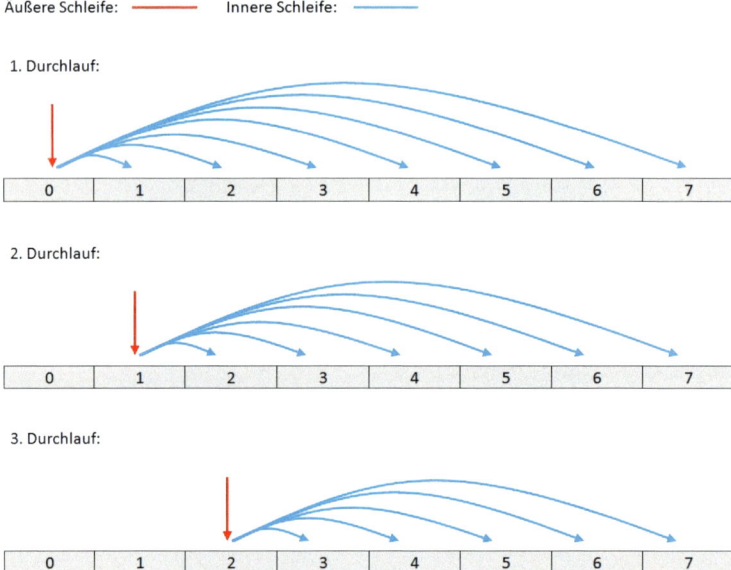

...

Letzter Durchlauf:

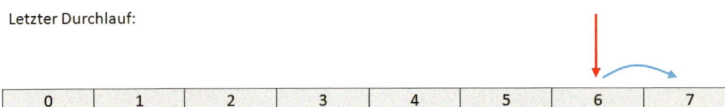

| 0 | 1 | 2 | 3 | 4 | 5 | 6 | 7 |

Was erkennen wir?

- Die *äußere* Schleife startet beim ersten Element und läuft bis zum vorletzten. Deshalb lautet der Code
  `for(int i = 0; i < a.length - 1; i++)`.

- Die *innere* Schleife vergleicht immer *das* Element, das der äußeren Schleife um *1* nach rechts folgt (*+1*), mit dem Element der *äußeren* Schleife und läuft bis zum letzten. Deshalb lautet der Code `for(int j = i + 1; j < a.length; j++)`.

Schauen wir uns das noch ein wenig genauer auf der Wertebene an, wobei die blau markierten Felder *die* Werte darstellen, die aufgrund eines Größenvergleichs ihre Positionen tauschen. Nach erfolgtem Tausch erhält der linke Tauschpartner den Status »endgültige Position« und wird beim weiteren Sortieren nicht mehr berücksichtigt. Das sind die Felder, die mit Rosa markiert wurden.

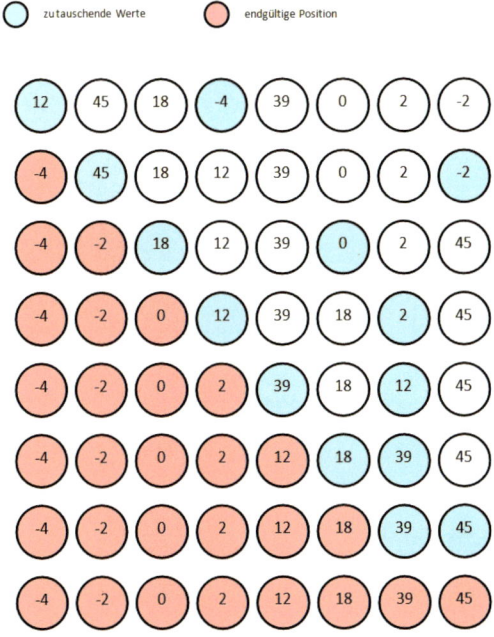

Jetzt dürfte das Ganze hoffentlich etwas klarer sein!

Sinus & Co(s).

14

Du hast in den vergangenen Kapiteln so einiges über die Möglichkeiten von Processing in *zwei Dimensionen* erfahren. Die *dritte Dimension*, also das Räumliche, kommt etwas später. Widmen wir uns zunächst ein wenig der grafischen Darstellung von Funktionen, die Du sicherlich noch aus dem Mathematikunterricht kennst: *Sinus*, *Cosinus* und *Tangens* sind elementare trigonometrische Funktionen, die wir uns in diesem Kapitel einmal genauer anschauen werden.

Vom Einheitskreis zu Sinus und Cosinus

Werfen wir noch mal einen Blick auf den uns schon bekannten Einheitskreis, bei dem der Radius *1* ist. Betrachten wir nur einmal das eingezeichnete Dreieck und analysieren es.

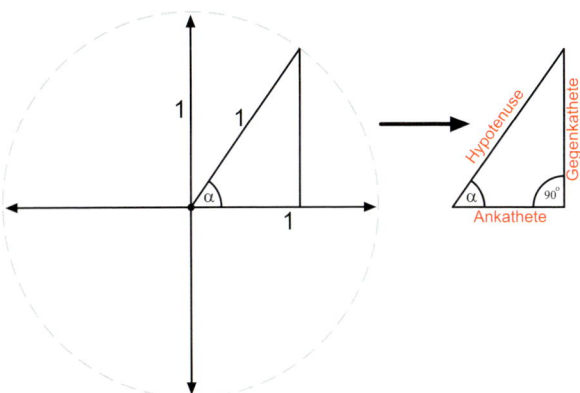

Folgendes gilt:

$$\text{Der } Sinus \text{ des Winkels } \alpha \; = \; \frac{Gegenkathete}{Hypotenuse}$$

$$\text{Der } Cosinus \text{ des Winkels } \alpha \; = \; \frac{Ankathete}{Hypotenuse}$$

Für den *Sinus* bedeutet das:

$$\sin(\alpha) = \frac{Gegenkathete}{1} = Gegenkathete$$

Und für den *Cosinus*:

$$\cos(\alpha) = \frac{Ankathete}{1} = Ankathete$$

Da aufgrund des Einheitskreises die *Hypotenuse* immer 1 ist, können wir Folgendes festhalten:

- Der *Sinus* ist immer gleich dem Betrag der *Gegenkathete*.
- Der *Cosinus* ist immer gleich dem Betrag der *Ankathete*.

Übertragen wir den zeitlichen Umlauf eines Kreises in ein Koordinatensystem und dann den umlaufenden Punkt der Kreisbahn in Diagramme, kommen wir zu folgendem Ergebnis:

Abbildung 14-1 ▶
Entstehung von Sinus und Cosinus über den Einheitskreis

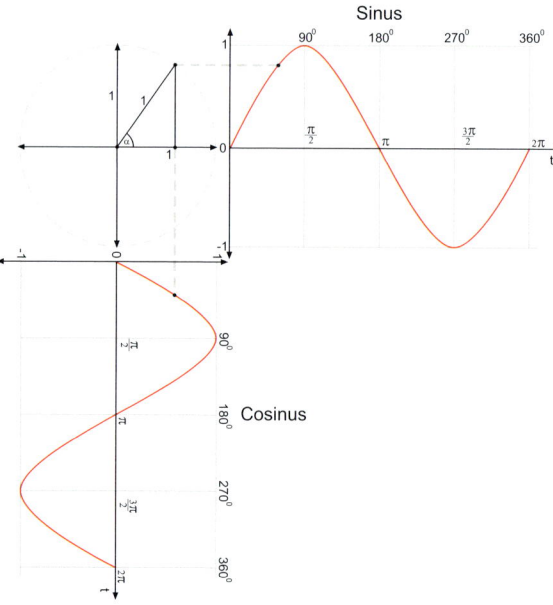

Wenn Du den Punkt auf der Kreisbahn sich einmal um 360⁰ bewegen lässt, wirst Du erkennen, dass immer wenn der *Sinus* sein Maximum erreicht hat, *Cosinus* null ist und umgekehrt. Tragen wir beide trigonometrischen Funktionen in ein Diagramm ein, wird die sogenannte *Phasenverschiebung* zwischen *Sinus* und *Cosinus* deutlich.

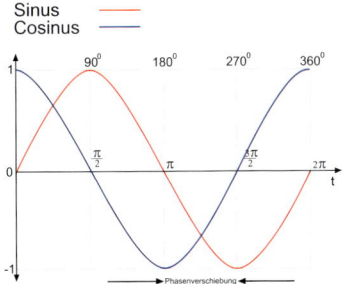

◀ **Abbildung 14-2**
Sinus und Cosinus
mit gleicher Frequenz

Aufgrund dieser Phasenverschiebung können wir Folgendes sagen:

Gradmaß: $\sin(\alpha) = \cos(\alpha - 90°)$

Bogenmaß: $\sin(\alpha) = \cos(\alpha - \frac{\pi}{2})$

Das Ausgabefenster stellt die beiden Funktionen wie folgt dar:

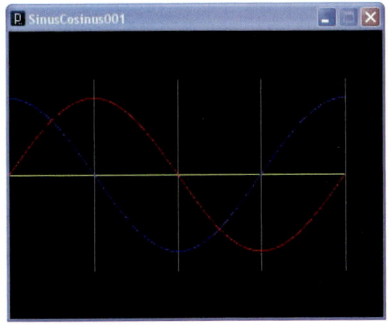

◀ **Abbildung 14-3**
Sinus (rot) und Cosinus (blau)
im Ausgabefenster

Jetzt ist es an der Zeit, einen Blick auf unseren Code zu werfen, der die beiden trigonometrischen Funktionen darstellt.

```
int verstaerkung;
void setup()
{
  size(400, 300); smooth();
  verstaerkung = 80;
}
```

```
void draw()
{
  background(0);
  graph();
  for(float x = 0; x < 360; x += 0.5)
  {
    // Sinus
    stroke(255, 0, 0);
    point(x, height/2 - verstaerkung * sin(radians(x)));
    // Cosinus
    stroke(0, 0, 255);
    point(x, height/2 - verstaerkung * cos(radians(x)));
  }
}

void graph()
{
  // Plot Graph-Lines
  stroke(255, 255, 0); line(0, height/2, 360, height/2);
  for(int i = 90; i <= 360; i += 90)
  {
    stroke(128);
    line(i, 50, i, height - 50);
  }
}
```

Den Kern des Programms bildet die *for*-Schleife innerhalb der *draw*-Funktion, die von 0 bis 360 die einzelnen Gradwerte anfährt, um das Ergebnis der *Sinus*- bzw. *Cosinusfunktion* darzustellen.

Die Variable *verstaerkung* wird benötigt, da sich das Ergebnis von *Sinus* bzw. *Cosinus* in den Grenzen von -1 <= y <= +1 bewegt und die Punkte in der Vertikalen einfach zu dicht beieinander liegen, um sie grafisch auflösbar darzustellen. Die selbst erstellte *graph*-Funktion zeichnet die vertikalen Hilfslinien, damit die markanten Punkte, wie *Nulldurchgänge* bzw. *Maximum* und *Minimum*, besser zu erkennen sind.

Um mit der *Amplitude* das ist die maximale Auslenkung in y-Richtung zu spielen, kannst Du die folgende Zeile hinter den *background*-Befehl setzen:

```
...
void draw()
{
  background(0);
  verstaerkung = mouseX;
...
```

Wenn Du jetzt die Maus in horizontaler Richtung bewegst, ändert sich der Verstärkungswert und dementsprechend auch die Amplitude.

Kreisbahn

Wir haben den Einheitskreis dafür genutzt, durch die Angabe eines bestimmten Winkelwertes einen virtuellen Punkt auf der Kreisbahn laufen zu lassen. Diesen Punkt haben wir bisher nicht sichtbar gemacht und uns lediglich den *Sinus-* bzw. *Cosinuswert* des Winkels errechnen und anzeigen lassen. Im folgenden Beispiel wollen wir die xy-Koordinaten des Punktes bei unterschiedlichen Gradzahlen des Winkels bestimmen. Schau Dir dazu noch mal den Einheitskreis an, der diesmal mit x- bzw. y-Abschnitten versehen wurde:

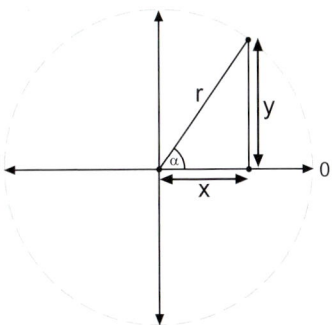

Was *Hypotenuse*, *An-* und *Gegenkathete* sind, weißt Du jetzt. In diesem Diagramm wurden jedoch die *An-* bzw. *Gegenkathete* durch die entsprechenden Koordinatenabschnitte *x* und *y* ersetzt. Auf diese Weise können wir für die xy-Koordinaten folgende Formeln aufstellen:

$$\cos(\alpha) = \frac{x}{r} \; ; \; \sin(\alpha) = \frac{y}{r}$$

Stellst Du die Formeln entsprechend nach x bzw. y um, erhältst Du die xy-Koordinaten des Punktes, der sich in Abhängigkeit des Winkels auf der Kreisbahn bewegt.

$$x = r * \cos(\alpha)$$

$$y = r * \sin(\alpha)$$

Doch kommen wir zur Realisierung des Programms, das einen Punkt entlang der Kreisbahn bewegen soll.

```
float winkel, radius;

void setup()
{
  size(600, 400);
  smooth(); noFill();
  winkel = 0.0; // Angabe im Bogenmaß, z.B. PI oder PI/2
  radius = 150.0;
}

void draw()
{
  background(0);
  // Vollkreis darstellen
  stroke(255, 255, 0); strokeWeight(1);
  ellipse(width/2, height/2, radius * 2, radius * 2);
  // xy-Koordinaten berechnen
  float x = width/2 + radius * cos(winkel);
  float y = height/2 - radius * sin(winkel);
  // Kreispunkt darstellen
  stroke(255, 0, 0); strokeWeight(10);
  point(x, y);
  // rechtwinkliges Dreieck darstellen
  stroke(0, 0, 255); strokeWeight(1);
  line(width/2, height/2, x, y);
  line(x, height/2, x, y);
  line(x, height/2, width/2, height/2);
  winkel += 0.005; // Erhöhung des Winkelwertes
}
```

Wenn sich beim Start des Programms der rote Punkt genau den gezeichneten Kreis entlang bewegt, sind die Berechnungen für die xy-Koordinaten korrekt gewesen.

Abbildung 14-4 ▶
Bewegung eines Punktes
entlang der Kreisbahn

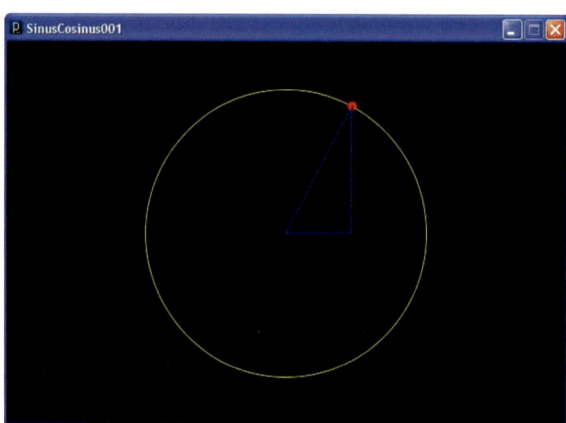

Kapitel 14: Sinus & Co(s).

Das blaue rechtwinklige Dreieck zeigt Dir während des Umlaufs sowohl den Radius als auch den x- und y-Abschnitt.

Wurfparabel bzw. schiefer Wurf

Wird ein Körper wie hier beim *Miese Kollegen Weitwurf* auf die Reise geschickt, beschreibt er eine bestimmte Flugbahn. Es handelt sich beim sogenannten *schiefen Wurf*, der hier stattfindet, um eine *Wurfparabel*.

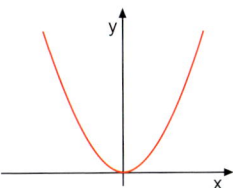

Du kennst bestimmt eine *Parabel* noch aus dem Matheunterricht.

Die Funktionsgleichung dafür lautet bekannterweise:

$f(x) = x^2$

Drehst Du sie aber auf den Kopf, bekommst Du die Flugbahn der Wurfparabel.

Entscheidend für den Flug des Körpers, also *Höhe* und *Weite*, sind folgende Faktoren, wobei wir den Luftwiderstand nicht berücksichtigen:

- Anfangsgeschwindigkeit
- Abschusswinkel

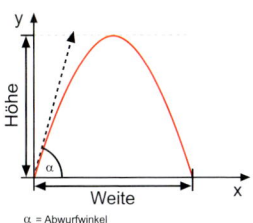

α = Abwurfwinkel

Die Flugbahn, die der Körper im freien Raum beschreibt, lässt sich in

- horizontale und
- vertikale

Bewegung aufteilen, wobei beide *unabhängig* voneinander sind. Die *Hypotenuse* in der folgenden Grafik stellt die resultierende Flugbahn dar, die sich aus *horizontaler* und *vertikaler* Komponente zusammensetzt.

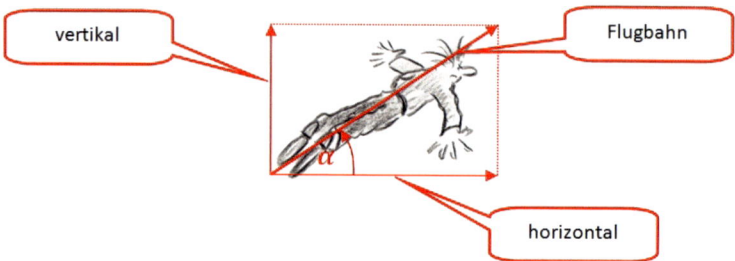

vertikal

Flugbahn

horizontal

Horizontale Betrachtung:

Betrachten wir also erst die *horizontale Komponente*. Der Körper fliegt mit der konstanten Geschwindigkeit *v*, da keine Kraft bei Vernachlässigung des Luftwiderstandes auf ihn wirkt. Die Formel für die *Weite* lautet

$$\cos(\alpha) = \frac{Ankathete}{Hypotenuse} = \frac{weite}{v * t}$$

Umgestellt nach der *Weite* lautet die Formel:

$$weite = v * t * \cos(\alpha)$$

Vertikale Betrachtung:

Die vertikale Komponente ist schon etwas schwieriger, da sehr wohl eine Kraft auf unseren Kollegen ausgeübt wird: die *Erdanziehungskraft g*, die dem Flug nach oben in genau entgegengesetzter Richtung entgegenwirkt. Sie beträgt

$$g = 9.81 \, \frac{m}{s^2}$$

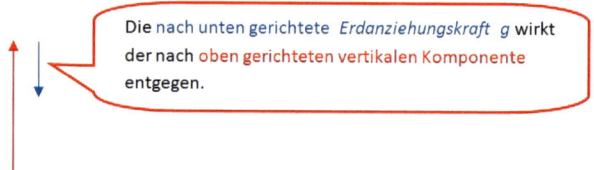

Die nach unten gerichtete *Erdanziehungskraft g* wirkt der nach oben gerichteten vertikalen Komponente entgegen.

Die Formel für die Höhe lautet

$$\sin(\alpha) = \frac{Gegenkathete}{Hypotenuse} = \frac{höhe}{v * t}$$

Umgestellt nach der *Höhe* lautet die Formel

$$höhe = v * t * \sin(\alpha)$$

Da sich aber, wie schon erwähnt, die Erdanziehungskraft g mit der Zeit immer mehr auf die vertikale Komponente auswirkt, müssen wir sie von der resultierenden Höhe noch abziehen. Doch zuerst nenne ich Dir die Formel für die Erdanziehungskraft:

$$s = \frac{g * t^2}{2}$$

Die Endformel für die *vertikale Komponente* lautet demnach

$$höhe = v * t * \sin(\alpha) - \frac{g * t^2}{2}$$

Kommen wir jetzt endlich zum eigentlichen Programm, das uns die Flugbahn grafisch darstellt. Ich habe es etwas interaktiv gestaltet, sodass Du die Abschussgeschwindigkeit *v* und den Abschusswinkel nach Bedarf anpassen und über die Cursortasten steuern kannst.

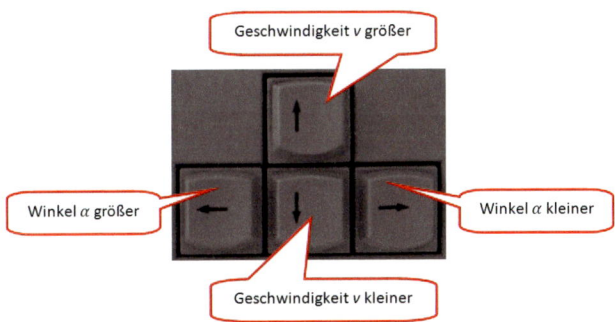

Hier das Programm:

```
float hoehe, weite, geschwindigkeit, g;
int winkel;
void setup()
{
  size(800, 400);
  smooth();
  geschwindigkeit = 60;
  winkel = 45;
  g = 9.81; // Erdbeschleunigung g = gravity
}
```

```
void draw()
{
  background(0);

  for(float t = 0.0; t < 26.0; t+=0.3)
  {
    hoehe = geschwindigkeit * t * sin(radians(winkel)) - g * pow(t, 2)/2;
    weite = geschwindigkeit * t * cos(radians(winkel));
    // zeichne Flugbahn
    stroke(255, 0, 0);
    strokeWeight(4);
    point(weite, height - hoehe);
    println("Winkel: " + winkel);
    println("Geschwindigkeit: " + geschwindigkeit);
    println("-----------------------------------");
  }
  // zeichne Abschusswinkel
  stroke(255, 255, 0); strokeWeight(1);
  line(0, height, width, height - width * tan(radians(winkel)));
}

void keyPressed()
{
  switch(keyCode)
  {
    case LEFT:  winkel+=1; break; // Winkel größer
    case RIGHT: winkel-=1; break; // Winkel kleiner
    case UP:    geschwindigkeit+=1; break; // Geschwindigkeit größer
    case DOWN:  geschwindigkeit-=1; break; // Geschwindigkeit kleiner

  }

}
```

Im Code habe ich die bisher noch nicht vorgekommene Funktion *pow* verwendet, die es unter anderem ermöglicht, das *Quadrat* eines Wertes zu bilden. Wir benötigen für unser Beispiel t^2.

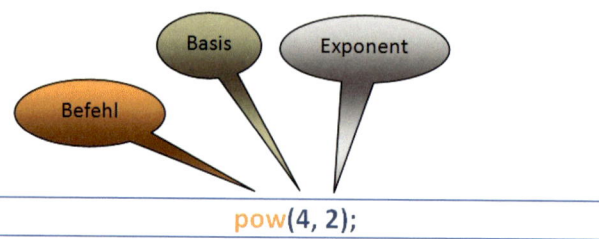

Kapitel 14: Sinus & Co(s).

Der Befehl *pow(4, 2)* würde 4^2 bedeuten. Natürlich sind auch andere Exponenten als nur die 2 möglich.

Die Übergabewerte können vom Datentyp *int* oder *float* sein, wobei der Rückgabewert der Funktion *pow* vom Datentyp *float* ist. In diesem Zusammenhang erwähne ich auch die Funktion *sqrt*: Das ist die Abkürzung für *square root* und bedeutet übersetzt *Quadratwurzel*.

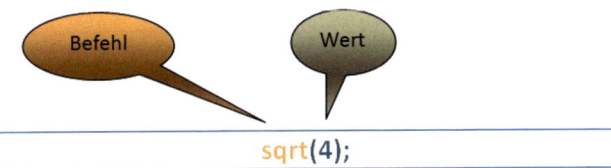

sqrt(4);

Die Wurzel aus 4 ist bekanntlich 2.

Auch hier kann der Übergabeparameter vom Datentyp *int* oder *float* sein, wogegen der Rückgabewert vom Datentyp *float* ist. Doch nun wieder zurück zu unserem Programm. Schauen wir uns die Ausgabe an:

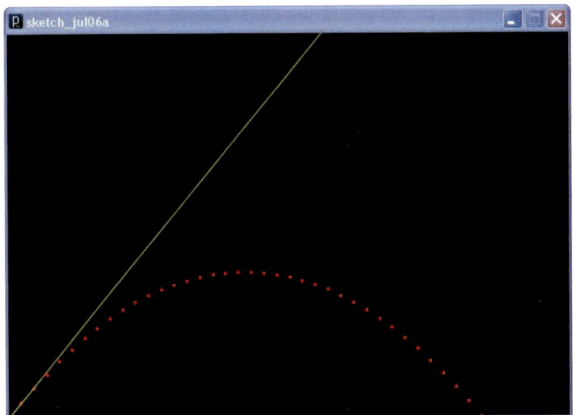

◀ **Abbildung 14-5**
Die Wurfparabel

Die roten Punkte beschreiben die Bahnkurve unseres abgeschossenen Körpers und die gelbe Linie den entsprechenden Winkel.

Experimentiere einmal ein wenig mit den Parametern Abschussgeschwindigkeit und Abschusswinkel. Vielleicht wirst Du erkennen, dass beim Abschusswinkel $\alpha = 45^0$ und gleichbleibender Geschwindigkeit *v* die größte Distanz zu erreichen ist. Die entsprechenden Parameter werden Dir im Nachrichtenfenster ausgegeben. Und wie habe ich das mit der gelben Geraden hinbekommen, die

den Abschusswinkel anzeigt? Dazu benötigst Du eine weitere trigonometrische Funktion, die ich bisher noch nicht genannt habe.

Folgendes gilt:

$$\text{Der } \textit{Tangens} \text{ des Winkels } \alpha = \frac{\textit{Gegenkathete}}{\textit{Ankathete}}$$

Lissajous-Figuren

Sicherlich hast Du schon einmal ein *Oszilloskop* gesehen, das im
Bereich der Elektronik zur zeitlichen Darstellung von Spannungen
eingesetzt wird. In der Regel ist die *horizontale x-Achse* für die zeitliche Komponente und die *vertikale y-Achse* für den zu messenden
Spannungswert vorgesehen.

Du siehst hier auf dem Bild den zeitlichen Verlauf einer *Sinuskurve*,
die Dir ja nun bestens bekannt ist. Die Ablenkung des Kathoden-
strahls in der Horizontalen wird in diesem Modus vom internen
Zeitablenkgenerator gesteuert. In der Vertikalen wird diese Ablenkung durch das Eingangssignal vorgenommen. Handelt es sich um
ein Zweikanal-Oszilloskop, kann man den zweiten Kanal dazu
benutzen, die horizontale Ablenkung auf diesen zu legen und den
internen Zeitablenkgenerator zu deaktivieren.

Auf diese Weise können sehr interessante Gebilde entstehen, die *Lis-
sajous-Figuren* genannt werden. So werden Graphen genannt, die
durch die Überlagerung harmonischer Schwingungen entstehen. Der
französische Physiker *Jules Antoine Lissajous* hat dieses Phänomen
als Erster entdeckt. Wir schauen uns im Folgenden die Sinusschwin-
gung etwas genauer an. Zwei sich überlagernde Schwingungen können sich in den Punkten des

- Frequenzverhältnisses und der
- Phasenverschiebung

unterscheiden. Die *Phasenverschiebung* zwischen Sinus- und der
Cosinusfunktion hast Du schon gesehen. Sie wird mit dem griechi-
schen Buchstaben ϕ (Phi) gekennzeichnet und beträgt *90⁰*.

Die beiden folgenden Sinusschwingungen haben ein Frequenzverhältnis von 1:2.

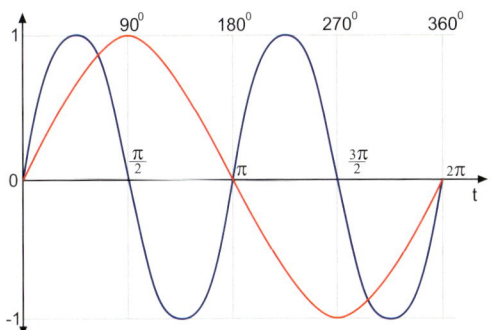

◀ **Abbildung 14-6**
Zwei Sinusschwingungen in einem
Frequenzverhältnis von 1:2

Die Schwingungsfrequenz der blauen Kurve ist doppelt so hoch wie
die der roten. Lenken wir die eine Schwingung auf die horizontale
x-Achse und die andere auf die vertikale y-Achse, bekommen wir in
Abhängigkeit von *Frequenzverhältnis* und *Phasenverschiebung* sehr
interessante Ergebnisse.

Fangen wir zuerst mit dem *Frequenzverhältnis* an:

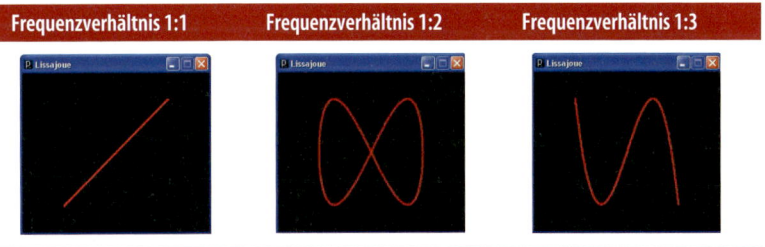

Und jetzt unterschiedliche *Phasenverschiebungen*:

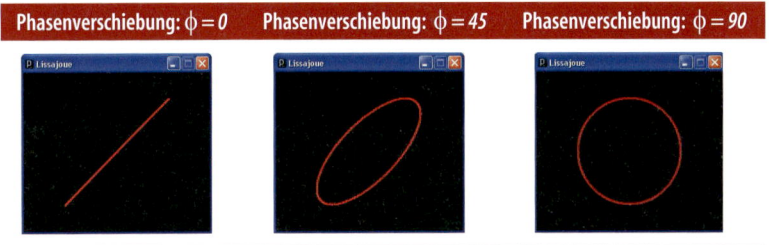

Der entsprechende Code dazu ist eigentlich relativ simpel, und es
macht riesigen Spaß, mit den unterschiedlichen Parametern herum-
zuspielen, wenn man kein Oszilloskop zur Hand hat. Im Code habe

ich das Frequenzverhältnis mit *ratio* und die Phasenverschiebung
mit *delta* bezeichnet.

```
float xPos, yPos;
float xPosPrev, yPosPrev;
float ratio, delta;
void setup()
{
  size(300, 250); smooth(); strokeWeight(3);
  ratio = 1; delta = 0;
}

void draw()
{
  background(0);
  stroke(255, 0, 0);
  for(float x = 0; x < 360;  x++)
  {
    xPos = height/3 * calcSin(x, 0) + width/2;
    yPos = height/2 - height/3 * calcSin(x * abs(ratio), delta);
    line(xPosPrev, yPosPrev, xPos, yPos);
    xPosPrev = xPos; yPosPrev = yPos;
  }
}

float calcSin(float x, float d)
{
  return(sin(radians(x + d)));
}

void keyPressed()
{
  switch(keyCode)
  {
    case LEFT:  ratio = ratio - 1; break;  // left
    case RIGHT: ratio = ratio + 1; break;  // right
    case UP:    delta = delta + 45; break; // up
    case DOWN:  delta = delta - 45; break; // down
  }
  println("Ratio: " + ratio + " / Delta: " + delta);
}
```

Der Aufruf der Funktion *calcSin* erfolgt über die beiden hier gezeigten Zeilen innerhalb der *for*-Schleife:

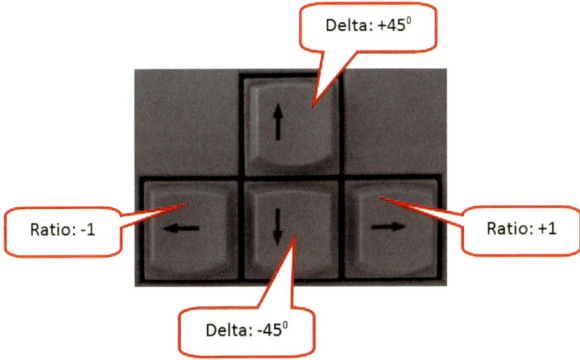

```
    ...
    for(float x = 0; x < 360;  x++)
    {
        xPos = height/3 * calcSin(x, 0) + width/2;
        yPos = height/2 - height/3 * calcSin(x * abs(ratio), delta);
        ...
    }
    ...
```

Aufruf ohne Deltawert: $\varphi = 0$

Aufruf mit Deltawert

Für die *x-Position* wird die Funktion ohne, für die *y-Position* mit einem Deltawert aufgerufen.

Du kannst das Verhalten wieder mit den Cursortasten steuern, wobei die aktuellen Werte im Nachrichtenfenster ausgegeben werden:

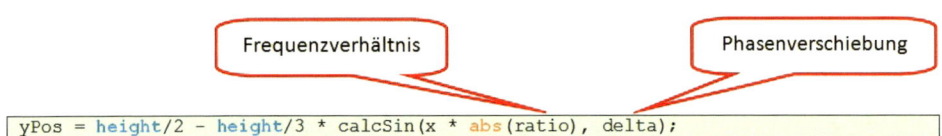

Delta: +45^0

Ratio: -1

Ratio: +1

Delta: -45^0

Die *for*-Schleife geht alle Werte von 0^0 bis 360^0 durch und ermittelt über die benutzerdefinierte Funktion *calcSin* den Sinuswert. Für die x-Achse wird der Sinuswert mit der Phasenverschiebung $\phi = 0$ berechnet.

```
xPos = height/3 * calcSin(x, 0) + width/2;
```

Für die y-Achse hingegen haben wir die Möglichkeit, sowohl das *Frequenzverhältnis* als auch die *Phasenverschiebung* zu manipulieren.

Frequenzverhältnis   Phasenverschiebung

```
yPos = height/2 - height/3 * calcSin(x * abs(ratio), delta);
```

Mach einmal folgenden Versuch: Stell ein Frequenzverhältnis von 1:2 ein und halte z.B. eine Taste für die Phasenverschiebung gedrückt. Als Ergebnis stellt sich ein 3-D-Effekt ein, bei dem Du das Gefühl hast, dass die Figur um die vertikale Achse rotiert.

Zeichenketten

15

In unseren letzten Programmen haben wir es immer wieder mit Zeichenketten zu tun gehabt. Denk nur daran, was Du über die *println*-Funktion alles ans das Nachrichtenfenster geschickt hast. Wir haben aber bisher nie eine Zeichenkette auch *String* genannt einer Variablen zugewiesen. Einen derartigen Datentyp haben wir noch nicht besprochen.

Genau genommen ist eine Zeichenkette nichts weiter als eine Aneinanderreihung von einzelnen Buchstaben. Den Datentyp *char* kennst Du mittlerweile. Er ist in der Lage, einen einzelnen Buchstaben zu speichern. Denk einmal nach: Wie könnte man mehrere Buchstaben speichern, die ja alle den gleichen Datentyp vorweisen? Dafür gibt es ein Konstrukt, mit dem Du schon Kontakt hattest.

DAS ARRAY!!!

Perfekt! Dann lass uns mal einen Blick auf die Syntax werfen.

```
char[] meinText = {'P','r','o','c','e','s','s','i','n','g'};
```

Das gezeigte *char*-Array *meinText* hat eigentlich den Wortlaut *Processing* gespeichert. Doch Du kannst Dir sicherlich vorstellen, dass diese Art der Kodierung für längere Strings etwas mühselig wird. Deshalb stellt Processing uns einen speziellen Datentyp zur Verfügung. Es handelt sich dabei nicht um einen primitiven Datentyp wie *int* oder *float*; genau genommen haben wir es mit einem *Objekt* zu tun. Der neue Datentyp heißt – wie sollte es anders sein *String*. Die eben gezeigte Zuweisung an das *char*-Array würde im übertragenen Sinne beim Objekt *String* wie folgt lauten:

```
String meinText = "Processing";
```

Du hast schon bemerkt, dass Zeichenketten immer von doppelten Hochkommata eingeschlossen werden, wohingegen es bei einzelnen Zeichen beim Datentyp *char* einfache Hochkommata sind. Bring beide Varianten nicht durcheinander, sonst bekommst Du es mit dem Compiler zu tun, der immer gnadenlos ist.

> Was ist eigentlich, wenn ich in meiner Zeichenkette ein doppeltes Hochkomma beinhalten soll? Es kennzeichnet doch den Beginn bzw. das Ende der Zeichenkette und wird nicht mit ausgegeben.

Da hast Du vollkommen Recht, denn das geht nicht so ohne Weiteres. Möchtest Du z.B. die folgende Zeichenkette an das Nachrichtenfenster schicken, dann wird's auf den ersten Blick problematisch.

Abbildung 15-1 ▶
Ausgabe von doppelten Hochkommata

Die Darstellung von Sonderzeichen innerhalb einer Zeichenkette muss mit einem sogenannten *Backslash* (\) eingeleitet werden und nennt sich dann *Escape-Sequenz*. Ich nenne Dir in der folgenden Tabelle ein paar wichtige Sequenzen:

Escape-Sequenz	Bedeutung
\"	doppeltes Hochkomma
\n	Zeilenvorschub
\t	horizontaler Tabulator
\\	Backslash

Zeichenketten werden in Processing durch die Klasse *String* abgebildet. Das bedeutet, dass uns einige *Methoden* zur Verfügung stehen, und die wollen wir uns genauer anschauen.

Methoden

Na, was waren doch gleich Methoden? Das sind eigentlich Funktionen, die im Kontext von Klassen jedoch Methoden genannt werden. Sie arbeiten als Schnittstelle für das Objekt und gestatten uns die Kommunikation mit dem Objekt, um z.B. genauere Informationen über seinen Zustand zu erhalten.

Länge der Zeichenkette

Das erste Merkmal, das sofort ins Auge sticht, ist die Länge einer Zeichenkette. Es handelt sich also um die Anzahl der einzelnen Zeichen.

Schauen wir uns das Wort *Processing* an:

DURCHZÄHLEN!!!

1 - 2 - 3

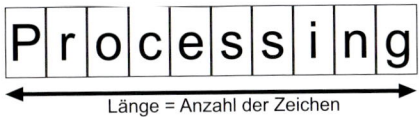

Länge = Anzahl der Zeichen

Die entsprechende Methode zur Ermittlung der Länge der Zeichenkette heißt *length()*:

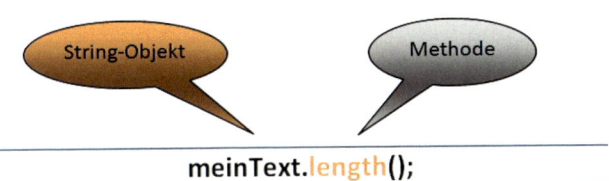

String-Objekt   Methode

meinText.length();

> Bitte verwechsle eine Methode, wie in diesem Fall, nicht mit einem Feldnamen. Wir haben *length* schon bei Arrays kennen gelernt. Dort war es jedoch ein Feldname und hatte am Ende keine runden Klammern. Eine Methode besitzt immer diese Klammern. Man kann das sehr leicht durcheinander bringen!

ACHTUNG

Schauen wir uns dazu wieder den Code an:

```
String meinText = "Processing";
println(meinText.length());
```

Das Ergebnis lautet in diesem Fall *10*.

Vergleichen von Zeicheketten

Möchtest Du zwei Zeichenketten vergleichen, kannst Du auf die Methode *equals()* zugreifen. Mit ihr werden beide String-Objekte Zeichen für Zeichen miteinander verglichen.

GLEICH?

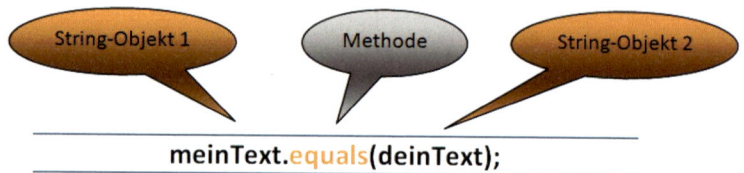

```
meinText.equals(deinText);
```

Schauen wir uns das wieder etwas genauer im Quellcode an:

```
String meinText = "Processing";
String deinText = "Processing";
if(meinText.equals(deinText))
  println("Texte sind gleich.");
else
  println("Texte sind ungleich.");
```

Die Frage, was wir als Ausgabe erwarten, ist in diesem Fall nicht schwer zu beantworten:

Abbildung 15-2 ▶
Beide Texte sind gleich

Aber denk dran, dass zwischen Groß- und Kleinschreibung unterschieden wird. Änderst Du z. B. den Inhalt der Variablen *meinText* so, dass Du den ersten Buchstaben kleinschreibst,

```
String meinText = "processing";
String deinText = "Processing";
...
```

dann sieht die Sache schon anders aus:

Abbildung 15-3 ▶
Beide Texte sind nicht gleich

> Schau Dir einmal die beiden Zeichenketten an. Was denkst Du, wird der Vergleich sagen?

```
String meinText = " Processing";
String deinText = "Processing ";
...
```

Kapitel 15: Zeichenketten

Oops, das hätte ich fast nicht gesehen! Da sind *Leerzeichen* in beiden Strings enthalten. Der erste hat am Anfang, der zweite am Ende ein Leerzeichen. Der Vergleich müsste demnach aussagen, dass beide Texte ungleich sind!

Leerzeichen entfernen

Gut aufgepasst! Das ist absolut korrekt. Der Vergleich wird, wie Du schon richtig erkannt hast, beide Strings als ungleich ansehen. Ein Leerzeichen im Englischen auch *Whitespace* genannt ist ein Zeichen, genau wie jedes andere auch. Es ist halt nur nicht sichtbar und wird meistens zur optischen Trennung von aufeinanderfolgenden Zeichenketten verwendet. Jedes Zeichen wird intern über den sogenannten *ASCII-Code* verwaltet.

ASCII steht für **A**merican **S**tandard **C**ode *for* **I**nformation **I**nterchange.

Das Leerzeichen hat z.B. den Code *32*. Du kannst das leicht überprüfen, indem Du Dir die folgende Codezeile genauer anschaust:

```
println((char)65);
```

Eigentlich handelt es sich hier um die simple Ausgabe der Zahl 65 im Nachrichtenfenster. Aber halt, vor der Zahl steht in runden Klammern das kleine Wörtchen *char*. Erinnerst Du Dich an die Typumwandlung über das *Casting*? Klar doch! Die numerische Zahl 65 wird *vor* der Ausgabe in einen einzelnen Buchstaben umgewandelt, einen *Character*. Auf diese Weise erfährst Du, welches Zeichen hinter dem ASCII-Code 65 steckt: Es ist der Buchstabe *A*. Die umgekehrte Richtung ist natürlich auch möglich. Der folgende Code *castet* den Buchstaben *A* in einen Integerwert.

```
println((int) 'A');
```

Doch nun zurück zum eigentlichen Thema des Entfernens von *führenden* bzw. *nachfolgenden* Leerzeichen in einer Zeichenkette. Damit beide Strings ohne die existierenden Leerzeichen am Anfang bzw. am Ende verglichen werden können, nutzen wir die Methode *trim()*.

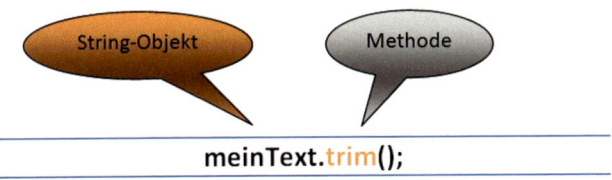

Für sich alleine ergibt diese Anweisung wenig Sinn, darum schauen wir uns die Sache im entsprechenden Kontext an:

```
String meinText = " Processing";
String deinText = "Processing ";
if(meinText.trim().equals(deinText.trim()))
  println("Texte sind gleich.");
else
  println("Texte sind ungleich.");
```

Das sieht auf den ersten Blick ein wenig gewöhnungsbedürftig aus, aber es steckt eine klare Logik dahinter. Gehen wir die Sache Schrittchen für Schrittchen von links nach rechts durch:

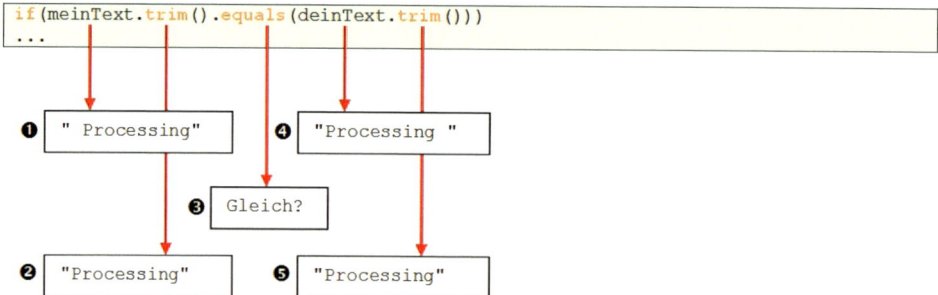

Zu Beginn wird in den Schritten ❶ und ❷ das führende Leerzeichen entfernt. Der Vergleich in Schritt ❸ wird erst *dann* ausgeführt, wenn Schritt ❺ beendet und das Leerzeichen am Ende entfernt worden ist. Das Ergebnis wird den Wahrheitswert *true* liefern, da die Zeichenketten in ❷ und ❺ jetzt ohne störende Leerzeichen absolut identisch sind.

Einzelnes Zeichen ansprechen

Möchtest Du aus einem String ein bestimmtes Zeichen ansprechen bzw. selektieren, ist das kein Problem. Denn dafür kannst Du wiederum eine spezielle Methode in Anspruch nehmen. Sie lautet *charAt()* und bedeutet frei übersetzt *ZeichenAnPosition*.

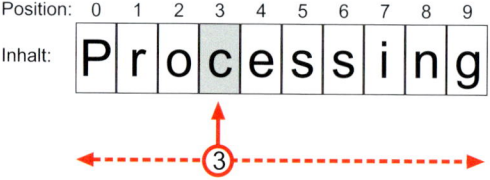

```
String meinText = "Processing";
println(meinText.charAt(3));
```

Dadurch wird der Buchstabe c ausgegeben.

Du wirst Dich an dieser Stelle sicherlich an Arrays erinnert fühlen, denn hier läuft das Ganze ähnlich, da ein String eigentlich nichts anderes ist als ein Array, das sich aus einzelnen Buchstaben zusammensetzt.

> Schreibe doch mal ein kleines Programm, das das Wort *Processing* rückwärts ausgibt!

Hier noch ein kleiner Zusatz, der Dir bisher noch nicht bekannt war:

> Wenn Du den Befehl *println* nutzt, wird nach jeder Ausgabe ein Zeilenumbruch stattfinden. Das besagt das kleine Anhängsel *ln* hinter *print*. Lässt Du es weg und verwendest den Befehl *print*, werden alle Ausgaben hintereinander in eine Zeile geschrieben.

Bedenke, dass die Zählweise zur Positionierung des Zeigers auf ein bestimmtes Zeichen links bei 0 beginnt! Die Lösung dafür wird natürlich wieder über eine *for*-Schleife realisiert. Weißt Du eigentlich, was ein *Palindrom* ist? Das sind Wörter bzw. Texte, die vorwärts wie rückwärts gelesen gleich klingen. Das hier ist der wohl bekannteste Satz:

```
String meinText = "Ein Neger mit Gazelle zagt im Regen nie";
for(int i = meinText.length() - 1; i >= 0; i--)
  print(meinText.charAt(i));
```

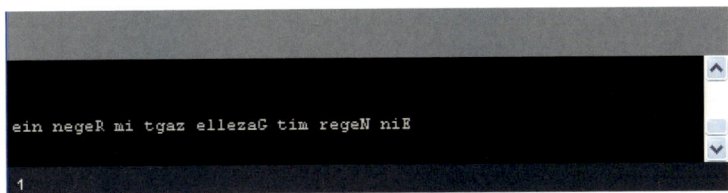

◀ **Abbildung 15-4**
Etwas schwer zu lesen und dennoch gleichlautend zum Ursprungssatz

Einzelne Zeichen ansprechen

Im letzten Beispiel hast Du gesehen, wir Du *ein einzelnes* Zeichen innerhalb einer Zeichenkette ansprechen kannst. Es ist aber auch möglich, *mehrere* Zeichen zu selektieren. Wir machen das mit der Methode *substring()*, was übersetzt *Unterzeichenkette* bedeutet. Du hast es also mit einer Zeichenkette innerhalb einer anderen Zeichenkette zu tun. Natürlich müssen wir zusätzlich Angaben machen, die besagen, welchen Teil wir aus einer vorhandenen Zeichenkette extrahieren wollen.

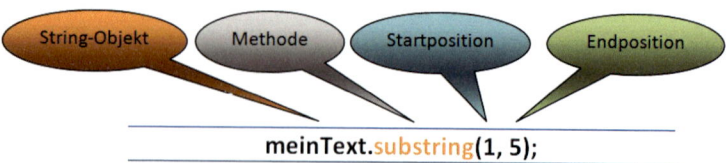

Schauen wir uns das wieder an einem konkreten Beispiel an:

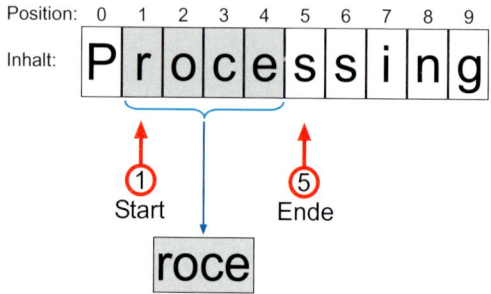

Achte auf die recht merkwürdige Weise der Auswertung der *Endposition*. Sie weist nämlich *hinter* das Zeichen des Teilstrings, der extrahiert werden soll. Du bekommst also einen String zurück geliefert, der von *Startposition* bis *Endposition -1* reicht. Das wird recht oft vergessen und führt immer wieder zu Verwirrung!

Der entsprechende Code lautet wie folgt:

```
String meinText = "Processing";
println(meinText.substring(1, 5));
```

Es existiert aber noch eine weitere Variante der Methode *substring()*. Lässt Du die *Endposition* weg und nutzt lediglich die *Startposition*, bekommst Du als Rückgabewert alle Zeichen ab der *Startposition* als Resultat.

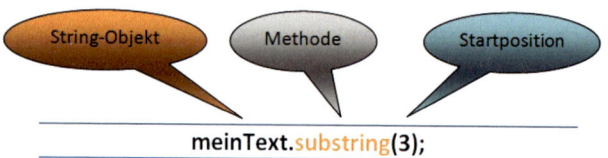

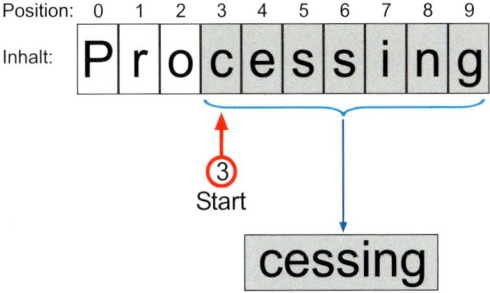

Der entsprechende Code lautet wie folgt:

```
String meinText = "Processing";
println(meinText.substring(3));
```

Umwandeln von Zeichenketten

In Processing stehen uns zwei Methoden zur Verfügung, die es uns erlauben, alle Zeichen einer Zeichenkette entweder in *Groß-* oder *Kleinbuchstaben* umzuwandeln.

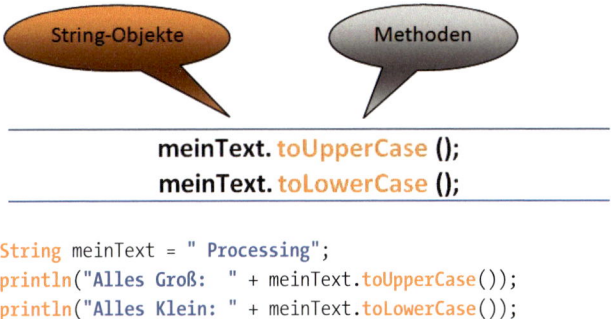

ALLES AUUUF!!!

```
String meinText = " Processing";
println("Alles Groß:  " + meinText.toUpperCase());
println("Alles Klein: " + meinText.toLowerCase());
```

Ausgabe im Nachrichtenfenster:

◄ **Abbildung 15-5**
Umwandlung in Groß- bzw. Kleinbuchstaben

Suchen innerhalb von Zeichenketten

Wer suchet, der findet! Na, *vielleicht* jedenfalls. In Processing können wir eine Zeichenkette nach einem bestimmten Zeichenmuster durchsuchen. Die entsprechende Methode nennt sich *indexOf()*. Dabei wird das erste Vorkommen der Zeichenkette ermittelt und als Ergebnis zurückgeliefert. Schauen wir uns doch einmal das hier rechts im Bild gezeigte Beispiel an.

Die zu durchsuchende Zeichenkette lautet *ComputerSystem*.

Die Zeichenketten nach der gesucht werden soll, lautet *System*.

Ich habe Dir schon gesagt, dass eine Zeichenkette Arraycharakter besitzt. Das bedeutet, dass der Index des ersten Buchstaben den Wert 0 hat.

Abbildung 15-6 ▶
Suchen innerhalb einer
Zeichenkette

Du kannst an diesem Beispiel erkennen, dass das Wort *System* eine Übereinstimmung in der zu durchsuchenden Zeichenkette an der Indexposition 8 aufweist. Das wird das Ergebnis der Methode *indexOf()* für dieses Beispiel sein. Die Syntax lautet wie folgt:

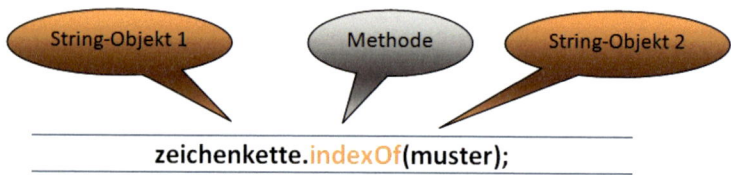

Wird keine Übereinstimmung gefunden, liefert die Methode den Wert *-1* zurück.

Werfen wir einen Blick in unseren Code:

```
String zeichenkette = "ComputerSystem";
String muster = "System";
int indexPosition = zeichenkette.indexOf(muster);
if(indexPosition > -1)
  println("Gefunden an Position: " + indexPosition);
else
  println("Keine Übereinstimmung!");
```

Kapitel 15: Zeichenketten

Die Ausgabe lautet wie erwartet so:

◀ **Abbildung 15-7**
Resultat der Suche innerhalb
der Zeichenkette

Achte darauf, dass die Suche *Casesentive* ist. Das bedeutet, dass zwischen Groß- bzw. Kleinschreibung unterschieden wird. Schreibst Du als Muster *system* statt *System*, wird die Suche mit dem Wert *-1* abgeschlossen.

Das ist einleuchtend. Kann ich denn auch nach dem Vorkommen *aller* erkannten Übereinstimmungen suchen?

Das ist natürlich ebenfalls möglich. Angenommen, Du hättest folgende Situation:

- Die zu durchsuchende Zeichenkette lautet *Processing*.
- Die Zeichenkette, nach der gesucht werden soll, lautet *s*.

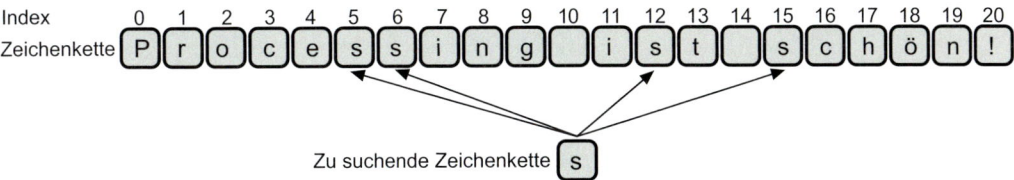

Wir sehen, dass der Buchstabe *s* an den Indexpositionen *5*, *6*, *12* und *15* im Satz enthalten ist. Wie können wir das mit der Methode *indexOf()* realisieren? Von der *indexOf*-Methode existieren zwei Varianten. Die eine hast Du jetzt kennengelernt. Sie kann lediglich ein Argument für die zu suchende Zeichenkette entgegennehmen. Die Suche beginnt immer am Anfang der zu durchsuchenden Zeichenkette, also bei Indexposition *0*. Die zweite Variante kann *2* Argumente entgegennehmen: zum einen die zu suchende Zeichenkette und zum anderen die Indexposition, bei der die Suche beginnen soll. Das bedeutet in unserem konkreten Fall, dass die Suche mehrfach über die zu durchsuchende Zeichenkette erfolgen muss. An Position 5 wurde das erste *s* gefunden. Die Suche soll im nächsten Schritt aber an Position 5 + 1 fortgeführt werden, usw.

▲ **Abbildung 15-8**
Suchen innerhalb
einer Zeichenkette

```
String zeichenkette = "Processing ist schön!";
String muster = "s";
int indexPosition = -1;
while(true)
{
  indexPosition = zeichenkette.indexOf(muster, indexPosition + 1);
  if(indexPosition == -1)
    break;
  println("Position: " + indexPosition);
}
println("Suchlauf beendet.");
```

Wie erwartet, sieht die Ausgabe folgendermaßen aus:

Abbildung 15-9 ▶
Ausgabe der ermittelten
Indexpositionen bei der Suche

```
Position: 5
Position: 6
Position: 12
Position: 15
Suchlauf beendet.
```

Wir benutzen in unserem Programm innerhalb der *while*-Schleife die Möglichkeit des Notausstiegs. Du erinnerst Dich doch sicher daran, als wir die Schleifen besprochen haben? Liefert die Methode den Wert *-1* zurück, hat sie keine Übereinstimmung mehr gefunden, und wir verlassen die Endlosschleife über die *break*-Anweisung.

Zeichenketten aufsplitten

ZACK!

Es ist gar nicht unüblich, in Dateien Daten abzuspeichern, die dann zur späteren Verwendung wieder gelesen werden müssen. Das Lesen von Dateien wird in einem gesonderten Kapitel genauestens unter die Lupe genommen; wir wollen an dieser Stelle ein bisschen Vorarbeit leisten. Dazu schauen wir uns folgende Situation an: Es liegt eine Zeichenkette vor, die mehrere *Tokens* also einzelne Wörter enthält, die allesamt durch ein Trennzeichen miteinander verbunden sind. So ein Trennzeichen wird in diesem Kontext auch *Delimiter* genannt.

Wirf ein Blick auf das folgende Programm: Die Methode *split()* splittet die gegebene Zeichenkette in einzelne Tokens auf und weist jedes einem Arrayelement zu, auf das wir später komfortabel zugreifen können. Sollten wir das zu Fuß programmieren, wäre einiges zu tun. Der *Delimiter* ist in unserem Fall das Semikolon.

```
String zeichenkette = "Das;ist;eine;tolle;Programmiersprache";
char delimiter = ';';
```

```
String[] teile = split(zeichenkette, delimiter);
for(int i = 0; i < teile.length; i++)
  println("Array-Element [ " + i + " ]= " + teile[i]);
```

Die Ausgabe im Nachrichtenfenster bestätigt unsere schlimmsten
Erwartungen: Wir haben alles richtig gemacht!

```
Array-Element [ 0 ]= Das
Array-Element [ 1 ]= ist
Array-Element [ 2 ]= eine
Array-Element [ 3 ]= tolle
Array-Element [ 4 ]= Programmiersprache

1
```

Die Methode *split()* nimmt zwei Argumente entgegen und liefert ein
Array als Ergebnis zurück.

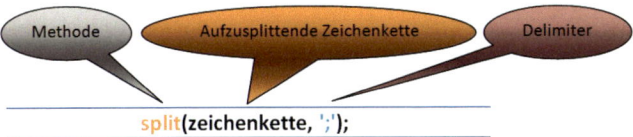

Bei einem *normalen Satz* sind die enthaltenen *Tokens* eigentlich durch
Leerzeichen voneinander getrennt, sogenannte *Whitespaces*. Natürlich kannst Du das auch mit der folgenden Codezeile realisieren:

```
...
char delimiter = ' ';
...
```

Leerzeichen

Jetzt setze ich noch einen drauf! Es ist sogar möglich, dass der *Delimiter* sich aus mehreren Zeichen zusammensetzt. Dann muss er
natürlich vom Datentyp *String* sein. Schauen wir uns das einmal am
folgenden Beispiel an:

Wer soll das noch verstehen???

```
String zeichenkette = "DaspipapoistpipapoeinepipapotollepipapoProgrammiersprache";
String delimiter = "pipapo";
String[] teile = split(zeichenkette, delimiter);
for(int i = 0; i < teile.length; i++)
  println("Array-Element [ " + i + " ]= " + teile[i]);
```

Aus diesem auf den ersten Blick sinnlosen Kauderwelsch entschlüsselt das Programm die richtigen Tokens, was uns zeigt, dass auch mehrere Zeichen für einen *Delimiter* erlaubt sind.

Probleme beim Casting

Das Casting haben wir schon durchgenommen, doch ich bin bei den Zeichenketten auf ein Problem gestoßen, dass ich nicht in der Lage bin zu lösen. Schau Dir bitte folgenden Code an. Ich möchte eine Zeichenkette in einen Integerwert wandeln:

```
void setup()
{
  String s = "4712";
  int a = (int)s;
  println(a);
}
```

Das sieht ja auf den ersten Blick völlig klar aus. Wir haben eine Variable *s* vom Datentyp *String* und wollen sie über einen Cast-Operator in den Datentyp *int* umwandeln, wobei das Ergebnis der Variablen *a* zugewiesen wird. Dennoch bekommst Du hier Schwierigkeiten. Das Resultat des Casting lautet

```
Cannot cast from String to int
```

Die Umwandlung kann irgendwie nicht durchgeführt werden, obwohl es offensichtlich funktionieren sollte. Das Problem liegt darin begründet, dass wir einen *Objekttyp* nicht in einen *primitiven Datentyp* umwandeln können. Jedenfalls *nicht* mit dem Cast-Operator.

Das hat natürlich seine Gründe, denn falls die zu konvertierende Zeichenkette wie im folgenden Beispiel keinen gültigen numerischen Wert enthält,

```
...
  String s = "4712ab";
...
```

kann es zu keiner Umwandlung in den gewünschten Datentyp kommen. Aus diesem Grund gibt es in Processing die *int*-Funktion, die eine Art *Parsing* vornimmt, also so viel wie eine Syntaxanalyse. Deshalb müssen wir unser Programmbeispiel folgendermaßen modifizieren:

```
void setup()
{
  String s = "4712";
  int a = int(s);
  println(a);
}
```

Falls das *Parsing* wie z.B. bei der Zeichenkette *4712abc* fehlschlagen sollte, bricht das Programm nicht mit der Ausführung ab, sondern liefert Dir den Wert *0* zurück.

Formatierung

Die Funktion *println* hast Du ja schon intensiv genutzt, um diverse Informationen an das Nachrichtenfenster zu schicken. Stell Dir einmal eine Programmsituation vor, bei der Du mehrere Zahlen untereinander ausgeben musst. Das nun folgende kleine Programm zeigt Dir, was ich meine.

```
int[] irgendwelcheZahlen = {10, 4, 103, 20, 1024, 1, 16234, 17};
void setup()
{
  size(100, 100);
  for(int i = 0; i < irgendwelcheZahlen.length; i++)
  {
    println(irgendwelcheZahlen[i]);
  }
}
```

Wie sieht das Ganze dann im Nachrichtenfenster aus?

◀ **Abbildung 15-11**
Ausgabe von nicht
formatierten Zahlenwerten

Die einzelnen Werte in einen Bezug zueinander zu stellen, ist bei dieser Ausgabe nicht so einfach. Wir sind es gewohnt, dass Werte meistens rechtsbündig untereinander stehen, wo wir sicher sind, dass das Komma der einzelnen Zahlen an der gleichen Stelle ist. So haben wir eine bessere Kontrolle hinsichtlich der Größenverhältnisse, was auch z.B. beim Addieren von Vorteil sein kann.

Processing stellt für diesen Zweck eine Funktion bereit, die Zahlenwerte in formatierte Zeichenketten konvertiert. Die erste Version nimmt Werte des Datentyps *int* entgegen.

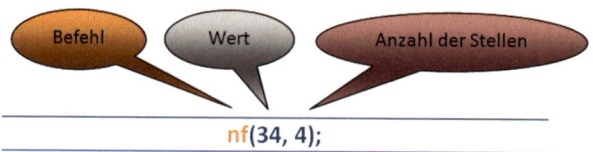

nf(34, 4);

Die Zahl *34* besteht aus *2* Ziffern und ist demnach 2-stellig. Die Anforderung an die *nf*-Funktion lautet jedoch: »Stelle mir die übergebene Zahl mit vier Stellen dar.«

Der gezeigte Befehl formatiert den Ganzzahlwert *34* so, dass er rechtsbündig positioniert wird und die fehlenden Stellen auf der *linken* Seite hinzugefügt werden. Die Ausgabe sieht also folgendermaßen aus:

0034

Ich habe das letzte Programm ein wenig umkodiert. Zum einen habe ich die Stellenanzahl der größten Zahl des Arrays ermittelt und zum anderen die *nf*-Funktion eingesetzt, damit die Werte von nun an formatiert ausgegeben werden.

```
int[] irgendwelcheZahlen = {10, 4, 103, 20, 1024, 1, 16234, 17};
void setup()
{
  size(100, 100);
  String maximum = Integer.toString(max(irgendwelcheZahlen));
  int stellen = maximum.length();
  for(int i = 0; i < irgendwelcheZahlen.length; i++)
  {
    println(nf(irgendwelcheZahlen[i], stellen));
  }
}
```

Sehen wir mal nach, was die Ausgabe im Nachrichtenfenster so sagt:

Abbildung 15-12 ▶
Ausgabe von
formatierten Zahlenwerten

```
00010
00004
00103
00020
01024
00001
16234
00017
```

Das ist doch genau so, wie es sein sollte, nicht wahr?

Rendern von Text

16

Bisher hast Du zur Textdarstellung das Nachrichtenfenster genutzt. Es wurde von Dir in den meisten Fällen zur Überprüfung von Variableninhalten oder zur Ausgabe von Statusinformationen genutzt. Natürlich liefert es unschätzbare Dienste beim *Debuggen*, also bei der Fehlersuche. Doch wenn Du eine Anwendung programmiert hast und sie als *Applet* speichern möchtest, um sie auch anderen Usern zugänglich zu machen, dann hast Du *kein* Nachrichtenfenster. Vielleicht möchtest Du aber trotzdem Textinformationen sichtbar für den User innerhalb der Grafik platzieren. Das ist natürlich ebenfalls möglich und Thema des folgenden Kapitels.

> Kann ich mal kurz unterbrechen? Was ist denn genau ein *Applet*?

Ein *Applet* ist ein Java-Programm, das z.B. aus einer HTML-Seite heraus aufgerufen werden kann. Dazu ist ein Webbrowser wie der *Firefox* oder der *Internet Explorer* notwendig, um nur zwei zu nennen. Eine weitere Möglichkeit wäre ein sogenannter *Applet-Viewer*.

Natürlich verfolgt uns jetzt die *objektorientierte Programmierung* auf Schritt und Tritt, und wenn wir einen Text auf dem Ausgabefenster rendern wollen, kommen wir nicht umhin, ein entsprechendes *PFont*-Objekt zu erstellen. Der Ausdruck *Font* bezeichnet in diesem Zusammenhang eine Schriftart. Es existieren bei Processing zwei unterschiedliche Ansätze, um Text darzustellen, auf die ich im Folgenden eingehe.

createFont

Über die Funktion *createFont* kann ich auf eine Schrift zugreifen, die unter dem momentanen Betriebssystem verfügbar ist. Diese Schrift wird über ihren Namen angesprochen, der z. B. über die entsprechende Methode *list()* des *PFont*-Objektes zu ermitteln ist. Der Code hierfür lautet

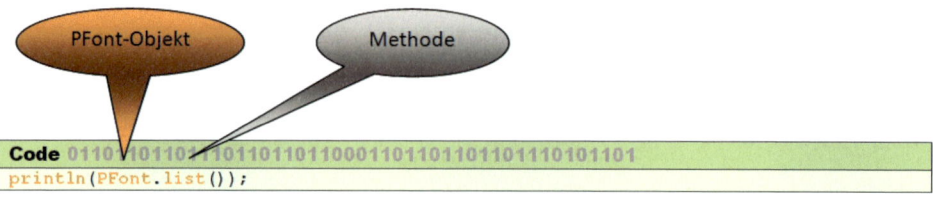

```
println(PFont.list());
```

Als Beispiel nutze ich die auf meinem Rechner lokal installierte Schriftart *Cooper Black*. Werfen wir kurz einen Blick auf die generierte Liste bzw. auf die installierten Schriften, damit Du siehst, was ich meine:

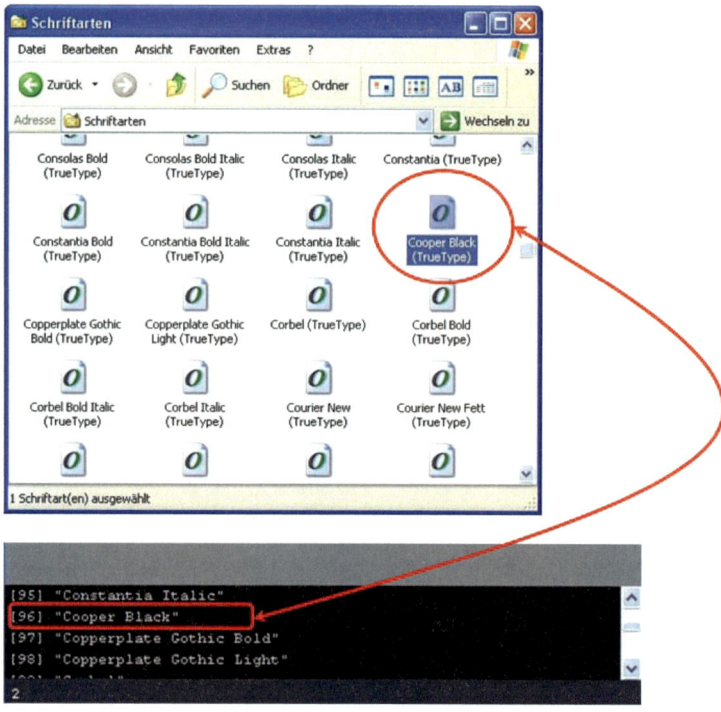

Der über die Funktion *createFont* unter Processing erstellte Font ist frei skalierbar, was bedeutet, dass bei Vergrößerungen *keine* Qualitätsverluste in Form von *Klötzchengrafiken* auftreten. Sonst würde man sicherlich sagen: »Das ist aber *pixelig* geworden!« Werfen wir einen Blick auf unseren Code:

```
PFont font;
void setup()
{
  size(400, 100); background(0);
  font = createFont("Courier New", 12, true);
  textFont(font, 48);
  text("Hallo User!", 50, 50);
}
```

Hier die Funktion *createFont* mit ihren Parametern:

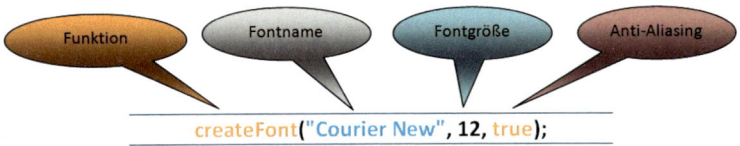

Der Parameter für Anti-Aliasing akzeptiert die Werte *true* bzw. *false*, mit dem es ein- bzw. ausgeschaltet wird. Im Beispielcode sind noch zwei weitere Befehle, die einer Erklärung bedürfen. Der Befehl *textFont* legt fest, welchen *Font* und welche *Größe* ich beim darauffolgenden Befehl *text* verwenden möchte, der wiederum die *Textposition* über zwei Argumente entgegennimmt. Die Position beschreibt die linke untere Ecke des ersten Buchstaben des Textes.

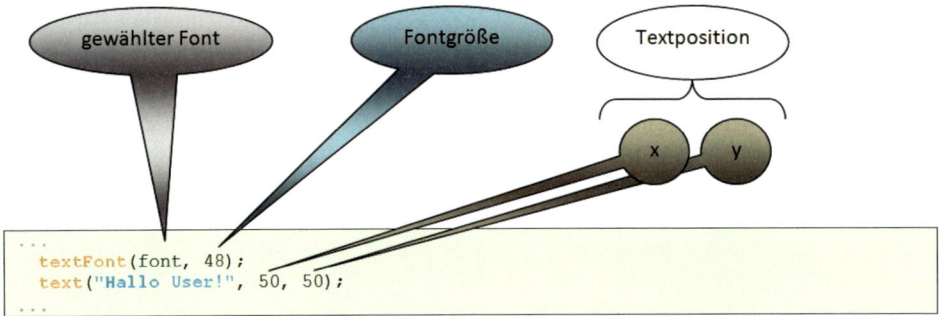

Unser Text erscheint jetzt nicht im *Nachrichtenfenster*, sondern wird im *Grafikfenster* gerendert.

Abbildung 16-1 ▶
Textausgabe im Grafikfenster

An dieser Stelle muss ich Dir etwas über eine Neuerung in der Processing Version 1.1 erzählen. Bis zur Version 1.0.9 war es zwingend notwendig, vor der Nutzung der *text*-Funktion die *textFont*-Funktion aufzurufen, um den gewünschten Font mit dessen Größe zu definieren. Das ist mit der Version 1.1 nicht mehr erforderlich. Es wird dann standardmäßig der Font »*SansSerif*« verwendet, der aber plattformabhängig sein kann.

Diesen Fehler wirst Du dann beim Weglassen des textFont-Befehls nicht mehr zu Gesicht bekommen, er gehört der Vergangenheit an:

```
Use textFont() before text()
```

Wenn Du z.B. einen größeren Wert für die Fontgröße angibst, wirst Du sehen, dass die Vergrößerung ohne Qualitätsverlust vonstatten geht. Der Font ist *frei skalierbar*. Lassen wir uns im nächsten Programmbeispiel doch einfach mal die *xy-Werte* der aktuellen Mausposition anzeigen.

```
PFont font;
void setup()
{
  size(400, 300);
  font = createFont("Courier New", 12, false);
  textFont(font, 14);
}


void draw()
{
  background(0);
  fill(0, 255, 0); // Textfarbe in Grün
  text(mouseX + "/" + mouseY, mouseX + 20, mouseY + 20);
}
```

Das Programm liefert je nach Mausposition die aktuellen Koordinaten und platziert den Text rechts neben dem Mauszeiger. Ich habe die Position mit dem Wert *+20* etwas nach rechts bzw. nach unten versetzt.

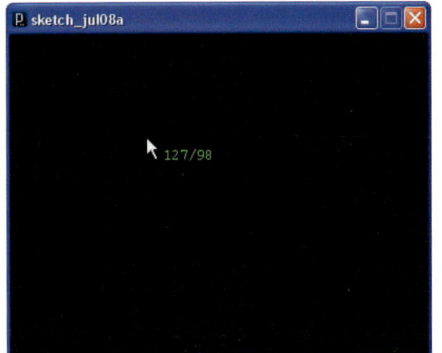

◀ **Abbildung 16-2**
Anzeigen der aktuellen
xy-Koordinaten der Mausposition

Fassen wir die einzelnen Schritte noch mal kurz zusammen, die nötig sind, um einen bestimmten Font mit definierter Größe zu verwenden.

1. Schritt:

Eine *PFont*-Objektvariable deklarieren:

```
PFont font;
```

2. Schritt:

Initialisierung der zuvor deklarierten Variablen *font* über die Funktion *createFont* mit folgenden Argumenten:

- Fontname
- Fontgröße
- Antialiasing (true|false)

```
font = createFont("Courier New", 12, false);
```

3. Schritt:

Auswahl des zu verwendenden Textfonts über die Funktion *textFont* mit folgenden Argumenten:

- Fontvariable
- Fontgröße

```
textFont(font, 14);
```

4. Schritt:

Festlegen der Fontfarbe über den uns schon bekannten *fill*-Befehl mit diesen Parametern:

- R (für Rot)
- G (für Grün)
- B (für Blau)

```
fill(0, 255, 0); // Textfarbe in Grün
```

5. Schritt:

Aufruf der Funktion *text* mit diesen Argumenten:

- Anzeigetext
- Textposition in Form von xy-Koordinaten

```
text(mouseX + "/" + mouseY, mouseX + 20, mouseY + 20);
```

> Moment mal kurz! Wenn ich das richtig verstanden habe, dann lade ich einen Font über die Funktion *createFont* der vom Betriebssystem zur Verfügung gestellt wird. Was passiert aber, wenn ich mein Programm an einen Freund weiter gebe und er diesen Font bei sich nicht installiert hat? Kommt es da nicht zu Problemen?

Das ist ein guter Einwand, der absolut berechtigt ist! Ist der angeforderte Font nicht verfügbar, wird ein *Standardfont* verwendet. Es kommt nicht zu einem Fehler, der das Programm vielleicht abstürzen lässt. Um ein derartiges Problem zu umgehen, stellt Processing eine zweite Möglichkeit zur Verfügung, auf die ich jetzt zu sprechen komme.

loadFont

Mit der Funktion *loadFont* gehst Du einen anderen Weg, den ich Dir jetzt vorstelle. Der Ansatz ist der, dass Du Dir über ein Dialogfenster den gewünschten Font aussuchst, der auf Deinem Rechner installiert ist. Danach legt Processing einen Ordner mit dem Namen *data* unterhalb Deines Projektes an, in dem sich der Font befindet. Jetzt greifst Du mit der Funktion *loadFont* darauf zu und hast somit keine Probleme, Dein Programm an andere weiterzugeben. Du lieferst ihnen auf diese Weise den Font einfach mit. Schauen wir uns die Sache an.

Das Dialogfenster zur Auswahl des gewünschten Dialogs findest Du unter dem Menüpunkt Tools|CreateFont.

Abbildung 16-3 ▶
Menüpunkt zum Öffnen
des Dialogs zur Fontauswahl

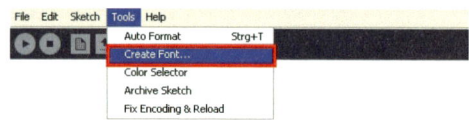

Kapitel 16: Rendern von Text

Im Anschluss öffnet sich das Dialogfenster zur Auswahl des von Dir gewünschten Fonts.

Für dieses Beispiel habe ich die Schriftart *Adler* ausgesucht. Sie ist standardmäßig nicht auf dem Windows-Betriebssystem verfügbar. Lenke Dein Augenmerk auf jeden Fall auf den im Dialog angegebenen *Filename samt Endung*. Für unser Beispiel ist das der Name *Adler-48.vlw*, der sich entsprechend der gewählten Größe (Size) ändern wird.

```
PFont font;
void setup()
{
  size(400, 300);
  font = loadFont("Adler-48.vlw"); // loadFont statt createFont
  textFont(font, 48);
}

void draw()
{
  background(0);
  fill(0, 255, 0); // Textfarbe in Grün
  text(mouseX + "/" + mouseY, mouseX + 20, mouseY + 20);
}
```

Hier die Funktion *loadFont* mit ihren Parametern:

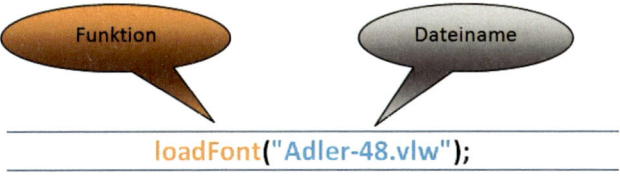

Die Ausgabe sieht dann folgendermaßen aus:

Abbildung 16-5 ▶
Ausgabe des Texts, der über die
Funktion loadFont geladen wurde

Mit der Funktion *loadFont* laden wir quasi den zuvor selektierten Font des *CreateFont-Dialogs*.

Schau Dir einfach mal im Windows-Explorer die Dateistruktur an.

Abbildung 16-6´ ▶
Filestruktur des
Processing-Sketches

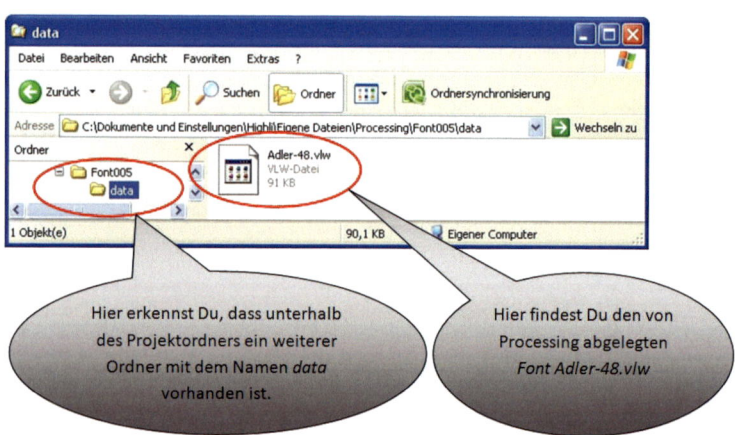

Bedenke, dass die Funktion *loadFont* in den Ordner *data* hinein-schaut und genau *den* Font dort sucht, den Du in der Funktion angegeben hast. Hast Du Dich verschrieben oder rufst einen Font mit anderer Größe auf, wobei die Größenangabe ebenfalls Teil des Namens ist, bekommst Du einen Fehler angezeigt. Angenommen, Du schreibst die folgende Codezeile mit einer abweichenden Grö-ßenangabe,

```
font = loadFont("Adler-12.vlw");
```

dann kann Processing den Font nicht finden und quittiert Dein Bestreben mit der folgenden aussagekräftigen Fehlermeldung:

Could not load font Adler-12.vlw. Make sure that the font has been copied to the data folder of your sketch.

Das Programm kann den Font *Adler-12.vlw* nicht laden, und Du solltest sicherstellen, dass er sich im *data* Verzeichnis Deines Sketches befindet.

Über die Zeile

```
textFont(font, 48);
```

legst Du fest, welcher Font mit welcher Größe verwendet werden soll. Ersetzt Du hier den Wert *48* z.B. durch *100*, bekommst Du es auf jeden Fall mit einem Qualitätsverlust zu tun, da der Font nicht frei skalierbar ist. In der folgenden Ausgabe siehst Du die Klötzchengrafik, die ich schon erwähnt habe:

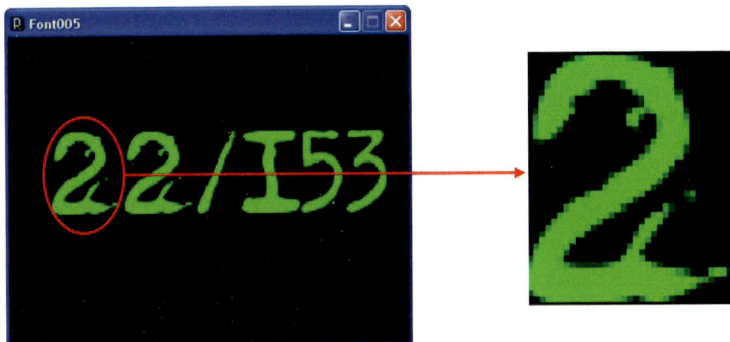

◀ **Abbildung 16-7**
Qualitätsverlust bei Skalierung

Die einzelnen Schritte zur Vorgehensweise werde ich hier nicht noch einmal aufführen, denn der einzige Unterschied ist die Zeile, in der der Funktionsname *createFont* durch *loadFont* ersetzt wurde.

> Bedenke!
> - Bei der Funktion *createFont* gibst Du den Font-Namen an, der im *Schriftarten*-Verzeichnis zu finden ist.
> - Bei der Funktion *loadFont* gibst Du den Dateinamen an, der im *data*-Verzeichnis des Projektordners zu finden ist.

Wirf doch mal einen Blick auf die folgenden Diagramme, die die Unterschiede zwischen *createFont* und *loadFont* verdeutlichen. Falls Du noch Verständnisprobleme hast, werden sie hoffentlich hier ausgeräumt.

Abbildung 16-8 ▶

Ablauf bei createFont

createFont

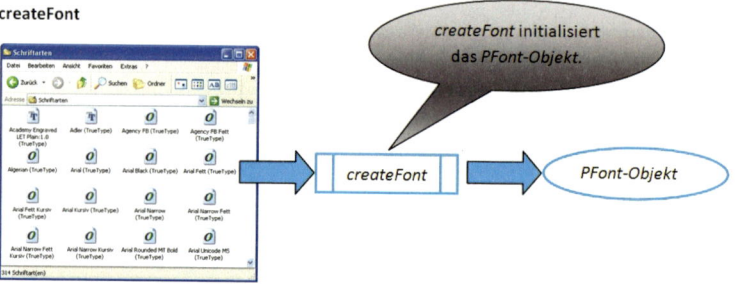

Abbildung 16-9 ▶

Ablauf bei loadFont

loadFont

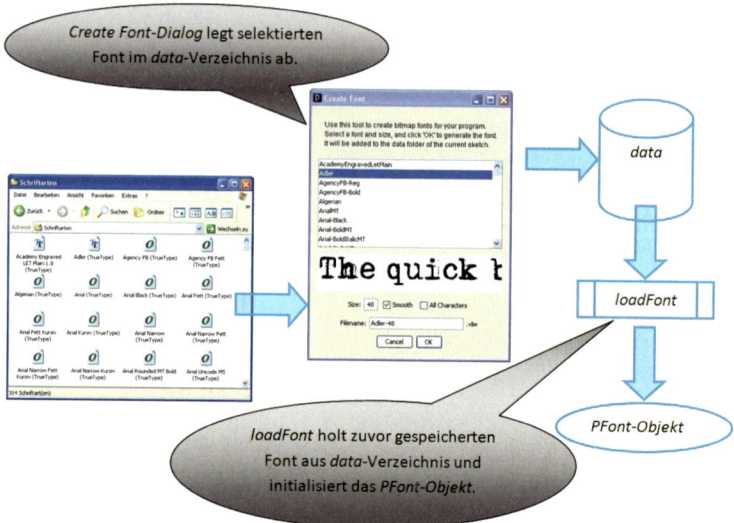

Textausrichtung

Wenn Du schon einmal mit einem Textverarbeitungsprogramm wie z.B. *Word* gearbeitet hast, ist Dir sicherlich das Formatieren des Textes nach den Kriterien wie

- linksbündig,
- rechtsbündig oder
- zentriert

geläufig.

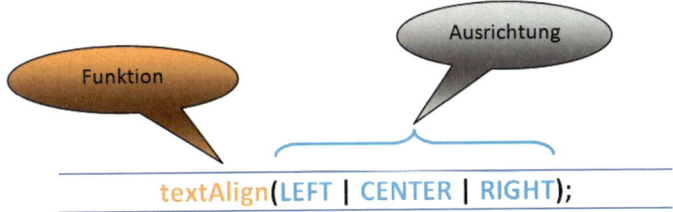

```
textAlign(LEFT | CENTER | RIGHT);
```

Es existiert jedoch ein kleiner, aber feiner Unterschied zwischen Word und Processing: In Word bezieht sich die Ausrichtung des Textes in der Regel auf die komplette Blattbreite. Processing orientiert sich an der x-Koordinate der *text*-Funktion. Um das zu verdeutlichen, habe ich das folgende Programm so programmiert, dass eine rote senkrechte Linie auf der Basis der Mausposition gezeichnet wird. Die x-Position der Textausgabe orientiert sich an diesem Wert. Die drei Orientierungsmöglichkeiten der Texte werden dann anhand der sich ändernden Mausposition angezeigt.

```
PFont font;
void setup()
{
  size(400, 150);
  font = createFont("Courier New", 12, false);
  textFont(font, 16);
}

void draw()
{
  background(0); stroke(255, 0, 0);
  line(mouseX, 0, mouseX, height);
  fill(0, 255, 0); // Textfarbe in Grün
  textAlign(LEFT);
  text("Links bündig.", mouseX, 10);
  textAlign(RIGHT);
  text("Rechts bündig.", mouseX, 30);
  textAlign(CENTER);
  text("Zentriert.", mouseX, 50);
}
```

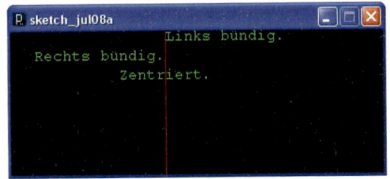

◄ **Abbildung 16-10**
Die Textpositionen ändern sich entsprechend der x-Koordinate der Mausposition.

Textbreite

Platzieren wir einen Text in das Grafikfenster, haben wir zwar Kontrolle über die Startposition, die wir über die xy-Koordinaten der *text*-Funktion übergeben, jedoch können wir nicht genau sagen, wie viel Pixel sich der Text nach rechts erstreckt. Die Endposition ist nicht zu ermitteln, denn sie hängt ja maßgeblich von der *Fontgröße* ab, die wir in der *textFont*-Funktion angegeben haben.

Abbildung 16-11 ▶
Ausgabe von Text im Grafikfenster

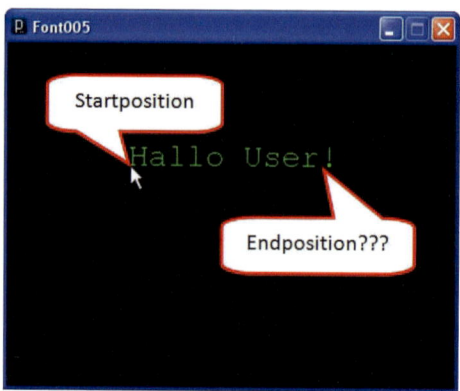

Ich würde nicht so darauf herumreiten, wenn es nicht doch eine Möglichkeit geben würde: Die *textWidth*-Funktion liefert uns die fehlende Information.

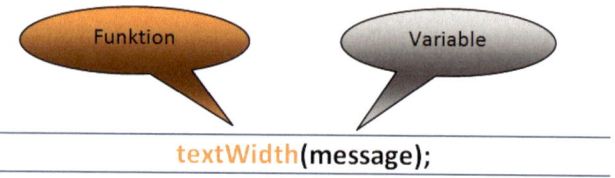

Die Funktion liefert einen Wert des Datentyps *float* zurück. Schauen wir uns dazu den folgenden Code genauer an. Er platziert einen Text, der in der Variablen *message* abgelegt wurde, an die aktuelle Mausposition. Wir wollen über das Programm feststellen lassen, wann der Text den rechten Bildschirmrand berührt, und daraufhin die Textfarbe ändern. Wird der Rand nicht mehr berührt, soll die alte Textfarbe wieder sichtbar sein.

```
PFont font;
String message = "Hallo User!";
float w;
void setup()
```

```
{
  size(400, 150);
  font = createFont("Courier New", 12, false);
  textFont(font, 28);
  w = textWidth(message);
}

void draw()
{
  background(0);
  text(message, mouseX, mouseY);
  if(mouseX + w > width)
    fill(255, 0, 0);
  else
    fill(0, 255, 0);
}
```

Die entscheidende Abfrage findet sich in der Zeile

```
...
if(mouseX + w > width)
...
```

Ist die x-Position plus der Breite der Zeichenkette größer als die Breite des Ausgabefensters, berührt sie den rechten Rand des Fensters. Verwende einfach unterschiedliche Texte mit verschiedenen Längen und unterschiedlichen Fontgrößen Du wirst sehen, dass es immer korrekt funktioniert.

Befindet sich die Textbreite noch komplett innerhalb des Grafikfensters, ist die Textfarbe grün.

◀ **Abbildung 16-12**
Die Textbreite hat den rechten Rand noch nicht erreicht.

Hat der Text den rechten Rand erreicht und überschritten, wird die Textfarbe auf rot gesetzt.

◀ **Abbildung 16-13**
Die Textbreite hat den rechten Rand überschritten.

Textbreite ————————————————————————

Rotierender Text

Bisher ging es bei Textausgaben, sei es im Nachrichtenfenster oder im Grafikfenster, immer mit *rechten* Dingen zu tun. Das heißt, der Textfluss verlief stets horizontal. Im nun folgenden Kapitel möchte ich Dir eine Möglichkeit vorstellen, die zwar erst ausführlich im Kapitel über 3-D-Grafiken besprochen wird, doch hier schon erwähnenswert ist. Wir machen also einen kleinen Vorgriff, der nicht schadet.

Wollen wir einen Text innerhalb des Grafikfensters schreiben, verwenden wir den Befehl

```
text(message, xPos, yPos);
```

Auf diese Weise wird der Text, der der Variablen *message* übergeben wurde, horizontal ausgerichtet, und zwar an der Koordinate *xPos* bzw. *yPos* platziert. Wie aber kann der Text rotieren? Es existiert keine weitere Variante des *text*-Befehls für die Aufnahme einer Winkelangabe. Es muss eine andere Lösung her. *Processing* stellt uns einen Befehl zur Verfügung, der grafische Objekte – inklusive Texte im Ausgabefenster rotieren lässt. Schauen wir uns dazu den folgenden Code an:

```
PFont font;
String message = "Hallo User!";
float winkel = 0;
void setup()
{
  size(400, 150);
  font = createFont("Courier New", 12, false);
  textFont(font, 20);
}

void draw()
{
  background(0);
  rotate(winkel); // Rotationsbefehl
  text(message, 0, 0);
  winkel += 0.03;
}
```

Innerhalb der *draw*-Funktion befindet sich unmittelbar vor dem *text*-Befehl ein neuer interessanter Befehl, der sich *rotate* nennt. Die

Ausgabe liefert einen rotierenden Text, der sich im Uhrzeigersinn um den aktuellen Nullpunkt (0, 0) dreht.

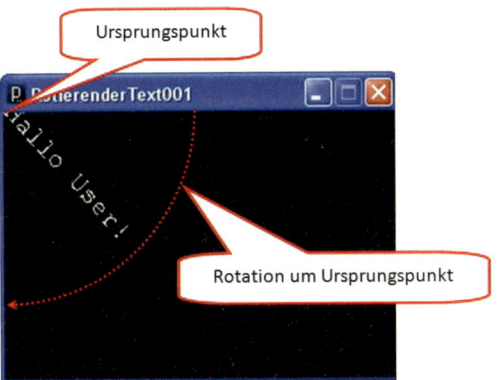

Ok, da ist aber noch eine Sache, die mir Kopfzerbrechen bereitet. Warum müssen wir die Variable *winkel* bei jedem Schleifendurchlauf der *draw*-Funktion um den Wert 0.03 inkrementieren? Reicht es nicht aus, bei jedem Durchlauf *rotate(0.03)* zu schreiben? Es würde dann immer um den angegebenen Wert rotiert werden!?

Die Überlegung ist vollkommen korrekt, doch Dir fehlt ein entscheidender Hinweis, der mit dem Rotationsbefehl und der *draw*-Funktion zusammenhängt.

Du musst Dir im Klaren sein, dass der Aufruf der *rotate*-Funktion immer nur für einen Schleifendurchlauf der *draw*-Funktion Gültigkeit hat. Beim nächsten Schritt ist alles wieder beim alten, so als wenn *rotate* vormals noch nie aufgerufen wäre. Deswegen musst Du auch beim nächsten Durchlauf den Winkel erhöhen, damit sich der Rotationseffekt bemerkbar macht.

Der Rotationsbefehl *rotate* nimmt ein Argument entgegen, das im *Bogenmaß* bewertet wird.

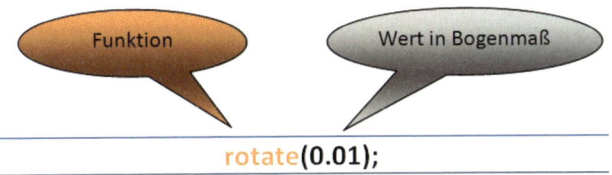

Möchtest Du den Wert als Gradzahl angeben, musst Du auf die *radians*-Funktion zurückgreifen, wie das folgende Beispiel mit einer *45⁰*-Drehung zeigt.

```
rotate(radians(45));
```

Möchtest Du die Rotation gegen den Uhrzeigersinn laufen lassen, verwendest Du ganz einfach negative Werte.

Rotationswert	Rotationsbewegung
positiv	Im Uhrzeigersinn (CW)
negativ	Gegen den Uhrzeigersinn (CCW)

Im Englischen bedeutet CW *clockwise* also im Uhrzeigersinn, wogegen CCW *counter-clockwise* bedeutet gegen den Uhrzeigersinn.

Jetzt stellt sich uns natürlich die Frage, ob die Rotation lediglich im Ursprungspunkt *(0, 0)* möglich ist. Die Antwort lautet: Nein!

Verschobener Text

Dazu muss ich Dir einen weiteren Befehl von Processing vorstellen, der sich *translate* nennt. Translation bedeutet übersetzt *Verschiebung*. Diese Funktion nimmt bei einer zweidimensionalen Fläche zwei Argumente entgegen, die den neuen Ursprungspunkt festlegen.

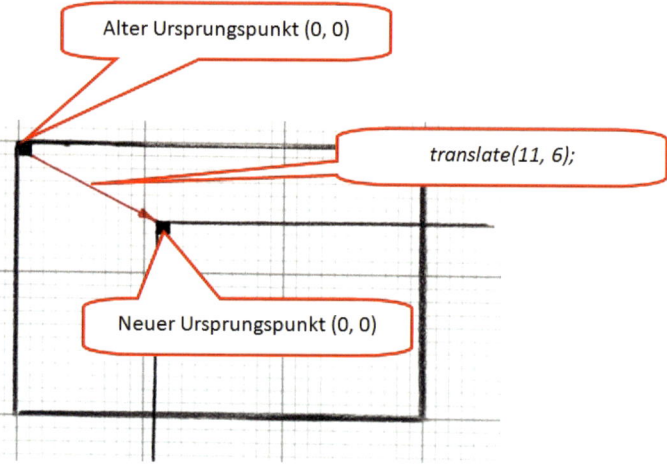

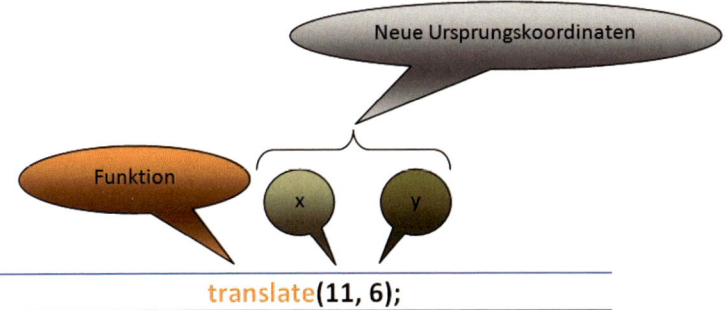

translate(11, 6);

Schauen wir uns das wieder an einem konkreten Beispiel an, bei dem sich der Ursprungspunkt in der Mitte des Ausgabefensters befinden soll. Die Koordinaten der Mitte des Fensters werden immer mit *width/2, height/2* festgelegt.

```
PFont font;
String message = "Hallo User!";
float winkel = 0;
void setup()
{
  size(400, 150);
  font = createFont("Courier New", 12, false);
  textFont(font, 20);
}

void draw()
{
  background(0);
  translate(width/2, height/2);      Translationsbefehl
  rotate(winkel);
  text(message, 0, 0);               Rotationsbefehl
  winkel += 0.03;
}
```

Wir sehen, dass der Ursprungspunkt jetzt in der Mitte des Ausgabefensters liegt.

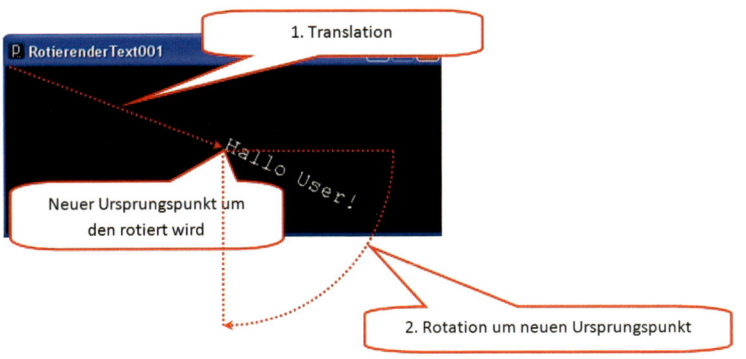

◀ **Abbildung 16-15**
Rotation des Textes
nach der Verschiebung

Du musst unbedingt die Reihenfolge der beiden Befehle für *Translation* und *Rotation* berücksichtigen. Vertauschst Du sie, hat das einen völlig anderen Effekt. Der Ursprungspunkt für die Rotation bleibt in der linken oberen Ecke, doch der Startpunkt zum Schreiben des Textes wird verschoben.

```
...
  rotate(winkel);
  translate(width/2, height/2);
...
```

Die Ausgabe sieht dann ein wenig anders aus, wobei der Text trotzdem rotiert wird, jedoch verschoben und um den ursprünglichen Punkt herum.

Abbildung 16-16 ▶

Rotation des Textes
vor der Verschiebung

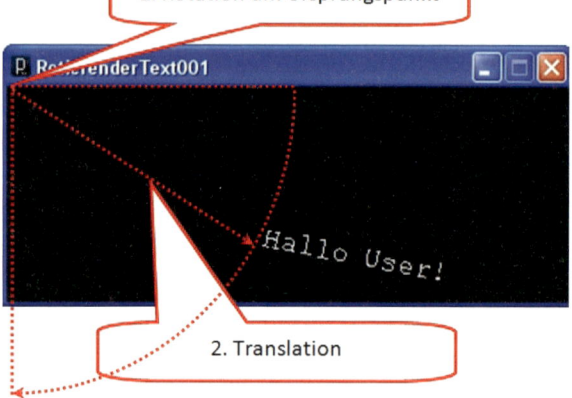

Spiel einfach ein bisschen mit der Reihenfolge der Befehle und den Werten herum, damit Du ein Gespür für *das* bekommst, was da abläuft.

Wie ist es eigentlich möglich, einen Text um seinen Mittelpunkt rotieren zu lassen?

Wenn ich Deine Frage richtig verstanden habe, dann möchtest Du z. B. den Text

Hallo∘User!

Kapitel 16: Rendern von Text

um seinen Mittelpunkt rotieren lassen, den ich hier rot markiert habe. Das ist absolut simpel! Du benötigst einfach eine weitere Anweisung im *setup*-Block. Erinnere Dich an die Textausrichtung eines anzuzeigenden Textes im Grafikfenster. Genau, es ist die Funktion *textAlign*, die hier die richtige Antwort ist. Ich habe den Code etwas abgeändert, damit der Effekt besser zu erkennen ist:

- *background(0)* in den *setup*-Block verschoben, damit nicht alles gelöscht wird.
- Textfarbe wird mit *fill()* festgelegt.
- Eine Verzögerung der Abarbeitung mit der *delay*-Funktion wird eingefügt (erkläre ich später).

```
PFont font;
String message = "Hallo User!";
float winkel = 0;
void setup()
{
  size(400, 150);
  font = createFont("Courier New", 12, false);
  textFont(font, 20);
  background(0);
  textAlign(CENTER);
}

void draw()
{
  fill(0, 255, 0);
  translate(width/2, height/2);
  rotate(winkel);
  text(message, 0, 0);
  winkel += 0.3;
  delay(200);
}
```

Die Ausgabe sieht dann folgendermaßen aus:

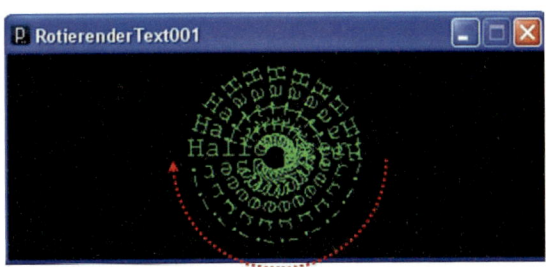

◄ **Abbildung 16-17**
Rotation des Textes um seinen Mittelpunkt über textAlign(CENTER)

Du solltest natürlich die *background*-Funktion wieder in den *draw*-Block schieben, sonst wird es mit der Zeit etwas konfus im Ausgabefenster. Kommen wir jetzt zur *delay*-Funktion. Sie hat ein Argument, das angibt, für wie viele Millisekunden die Abarbeitung unterbrochen werden soll.

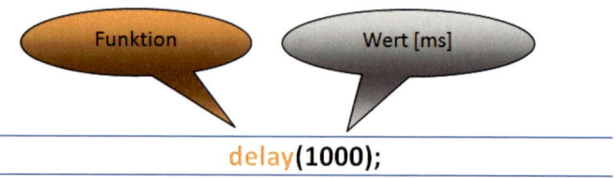

Hier einige Beispielwerte:

Wert (in ms)	Unterbrechungszeit
500	0,5 Sekunden
1000	1 Sekunde
10000	10 Sekunden

> Ist es eigentlich ohne große Probleme möglich, z.B. zwei Text gegeneinander rotieren zu lassen?

Das ist natürlich ebenfalls möglich. Denken wir einmal scharf nach: Der erste Text wird durch den Wert, der in der Variablen *winkel* steht, *CW* rotiert. Der zweite Text muss aber in entgegengesetzter Richtung *CCW* rotieren. Das bedeutet zum einen, dass er *negativ* im Gegensatz zum ersten Winkelwert sein muss. Zum anderen müssen wir den Wert *vor* der Rotation auf *0* zurücksetzen und dann noch einmal um denselben Betrag weiter in die andere Richtung. Die folgende Codezeile leistet diese Arbeit:

```
rotate(-2 * winkel);
```

Und jetzt natürlich der komplette Code:

```
PFont font;
String message1 = "Rechts rum.";
String message2 = "Links rum.";
float winkel = 0;
void setup()
{
  size(400, 150);
  font = createFont("Courier New", 12, false);
  textFont(font, 20);
```

```
  textAlign(CENTER);
}

void draw()
{
  background(0); fill(0, 255, 0);
  translate(width/2, height/2);
  rotate(winkel); text(message1, 0, 0);
  rotate(-2 * winkel); text(message2, 0, 0);
  winkel += 0.03;
}
```

Die Ausgabe liefert tatsächlich den gewünschten Effekt.

◀ **Abbildung 16-18**
Zwei entgegengesetzt
rotierende Texte

Rotierender Buchstabensalat

Jetzt hast Du gesehen, wie man unterschiedliche Drehrichtungen zur gleichen Zeit darstellen kann. Im nächsten Beispiel wollen wird das Gelernte anwenden und mehrere Buchstaben mit den folgenden Eigenschaften im Ausgabefenster darstellen:

- Buchstabe (A–Z)
- Größe
- Farbe
- Position im Ausgabefenster
- Drehrichtung
- Drehgeschwindigkeit

Das ist eine Menge an Eigenschaften, die wir alle in einer extra dafür entwickelten *Klasse* kapseln wollen. Wir gehen Schritt für Schritt vor, damit Du auf keinen Fall auf der Strecke bleibst. Vorab zeige ich Dir beispielhaft das Ausgabefenster, damit Du Dir einen ersten Eindruck von dem gewünschten Ergebnis machen kannst.

Abbildung 16-19 ▶
Rotierender Buchstabensalat

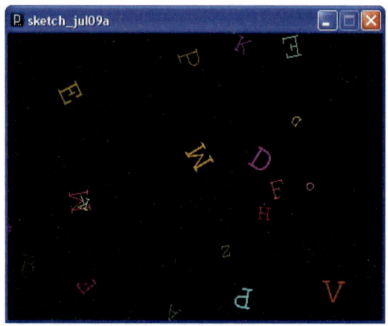

Du erkennst die einzelnen Buchstaben an den unterschiedlichsten Positionen mit den oben genannten Eigenschaften. Also, dann los. Werfen wir zunächst einen Blick auf die erstellte Klasse. Die einzelnen Elemente wie Deklaration der *Feldvariablen*, *Konstruktor* und *Methode* habe ich zur besseren Übersicht rot umrandet.

```
class Zeichen
{
  // Feldvariablen
  int xPos, yPos, richtung, rot, gruen, blau, groesse;
  float winkel, geschwindigkeit;
  char zeichen;

  // Konstruktor
  Zeichen(int x, int y, char z, float geschw, int ri, int r, int g, int b, int gr)
  { xPos = x; yPos = y; zeichen = z; geschwindigkeit = geschw; richtung = ri;
    rot = r; gruen = g; blau = b; groesse = gr;}

  // Methode zum Anzeigen des Zeichens
  void zeigeZeichen()
  {
    if(richtung == 0)
      winkel+= geschwindigkeit;
    else
      winkel-= geschwindigkeit;
    fill(rot, gruen, blau);   // Farbe festlegen
    translate(xPos, yPos);    // Verschiebung
    rotate(winkel);           // Rotation
    textFont(font, groesse);  // Fontgröße
    text(zeichen, 0, 0);      // Zeichen darstellen
    rotate(-winkel);          // Rotation rückgängig machen
    translate(-xPos, -yPos);  // Verschiebung rückgängig machen
  }
}
```

Feldvariablen

Konstruktor

Methode

Jedes später instanziierte Objekt hat somit seine eigenen, ganz *privaten Eigenschaften* und existiert unabhängig von allen anderen.

Kannst Du mir bitte noch einmal die Aufgabe von den oben genannten Klassenelementen nennen? Ich stehe im Moment wirklich ein wenig auf dem Schlauch.

Kein Problem, denn das wollte ich sowieso gerade machen. Gehen wir einfach pragmatisch von oben nach unten vor.

Feldvariablen:

Die *Feldvariablen* haben die Aufgabe, die Eigenschaften eines Objektes zu speichern bzw. zu verwalten. In unserem Fall wären das Dinge wie *Buchstabe*, *Farbe*, *Position* etc.

Konstruktor:

Der *Konstruktor* ist für die *Initialisierung* des Objektes zuständig. Er ist im Grunde genommen nichts anderes als eine Methode, die jedoch nicht explizit aufgerufen wird, sondern implizit bei der Instanziierung. Durch das Schlüsselwort *new* mit seinen nachfolgend aufgelisteten Argumenten, die dann an den Konstruktor übergeben werden, bekommen die Feldvariablen einen definierten Anfangszustand. Jedes Objekt wird über diesen Mechanismus mit anderen Werten versorgt; so wird sichergestellt, dass kein Objekt quasi in der Luft hängt und nicht weiß, wo es lang geht.

Methode:

Die *Methode* stellt eine Schnittstelle zur Außenwelt dar, der sich der Programmierer bedienen kann, um das Objekt nach seinen Wünschen zu manipulieren. In der Regel ist es verpönt, direkt auf die Feldvariablen zuzugreifen. Das sollte über die Methode sichergestellt werden. In unserem Fall ist die Methode *zeigeZeichen()* für die Darstellung des einzelnen Zeichens verantwortlich.

Doch gehen wir jetzt ins Detail. Die Methode *zeigeZeichen()* ist bestimmt einer genaueren Betrachtung würdig.

```
...
  // Methode zum Anzeigen des Zeichens
  void zeigeZeichen()
  {
    if(richtung == 0)
      winkel+= geschwindigkeit;
    else
      winkel-= geschwindigkeit;
    fill(rot, gruen, blau);   // Farbe festlegen
  ❶ translate(xPos, yPos);    // Verschiebung
  ❷ rotate(winkel);           // Rotation
  ❸ textFont(font, groesse);  // Fontgröße
  ❹ text(zeichen, 0, 0);      // Zeichen darstellen
  ❺ rotate(-winkel);          // Rotation rückgängig machen
  ❻ translate(-xPos, -yPos);  // Verschiebung rückgängig machen
  }
...
```

Das wirklich Interessante sind *die* Zeilen, denen eine rote Ziffer vorangeht.

1. Zu Beginn findet eine *Translation* (Verschiebung) an die Koordinaten *xPos*, *yPos* statt.

2. Er wird um den angegebenen Winkel *rotiert*. Zu beachten ist hier die Drehrichtung, die über die Variable *richtung* gesteuert wird. Hat sie den Wert *0*, wird der positive Geschwindigkeitswert zum Winkelwert *winkel* addiert (Drehung *CW*), andernfalls der negative Winkelwert (Drehung *CCW*).

3. Die Fontgröße wird über die Variable *groesse* bestimmt.

4. Das Zeichen, das in der Variablen *zeichen* abgelegt ist, wird an die Position *0,0* geschrieben. Das ist der neue Koordinatenursprung, der über *Translate* definiert wurde.

5. Jetzt kommen wir zum wichtigen Teil dieser Methode, denn alles Bisherige war nicht weiter schwierig. Die Einstellungen für *Translate* und *Rotate* sind quasi globale Einstellungen, die beim Anzeigen des nächsten Zeichens weiterhin gelten. Würden wir die durchgeführten Modifikationen nicht rückgängig machen, wären sie Ausgangspunkt für die kommenden Zeichen. Deshalb werden *Translation* und *Rotation* in umgekehrter Reihenfolge mit den entsprechenden negativen Werten zurückgesetzt.

6. Siehe Punkt 5.

Wirf bitte einen kurzen Blick auf die folgende Grafik, in der die einzelnen Schritte für ein Zeichen dargestellt sind. (Punkt 3 habe ich ausgelassen, da es um Festlegung der Fontgröße geht, die hier nicht relevant ist.)

Abbildung 16-20 ▶
Umkehrung von Verschiebung
und Rotation

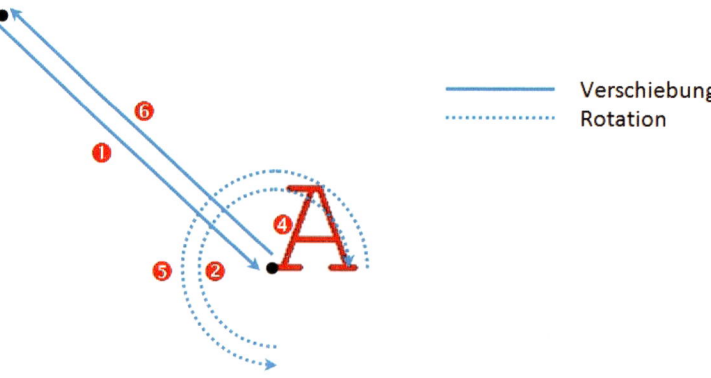

Kapitel 16: Rendern von Text

Kommen wir jetzt zum Hauptprogramm:

```
PFont font;
Zeichen[] z;        // Objekt-Array
int anzahl = 20;    // Anzahl der zu erstellenden Objekte
int A = (int)('A'); // ASCII-Wert des Buchstaben A
int Z = (int)('Z'); // ASCII-Wert des Buchstaben Z

void setup()
{
  size(400, 300);
  font = createFont("Courier New", 12, false);
  textAlign(CENTER);
  z = new Zeichen[anzahl];
  for(int i = 0; i < anzahl; i++)
  {
    z[i] = new Zeichen((int)random(width),     // x-Position
                       (int)random(height),    // y-Position
                       (char)random(A, Z + 1), // Zeichen (von A-Z)
                       random(0.1),            // Geschwindigkeit
                       (int)random(2),         // Drehrichtung
                       (int)random(256),       // Rot (RGB-Wert)
                       (int)random(256),       // Grün (RGB-Wert)
                       (int)random(256),       // Blau (RGB-Wert)
                       (int)random(12, 40));   // Größe
  }
}

void draw()
{
  background(0);
  for(int i = 0; i < anzahl; i++)
  {
    z[i].zeigeZeichen();
  }
}
```

Wie Du sicherlich schon erkannt hast, arbeiten wir hier mit Objekt-Arrays. Die Anzahl der zu erstellenden Objekte wird in der Variablen *anzahl* festgelegt. Das Programm soll zufällig die Großbuchstaben von aus dem Pool von *A–Z* darstellen.

Der ASCII-Wert von *A* ist 65, der von *Z* 90. Jetzt hätte ich natürlich diese beiden Grenzen in die *random*-Funktion eintragen können, doch wir wollten ja die *Magic Numbers* vermeiden, weshalb ich den ASCII-Wert von *A* bzw. *Z* in die gleichnamigen Variablen vom Datentyp *int* gecastet habe. Das macht die Sache etwas übersichtlicher. Die *+1* hinter dem Wert von *Z* hat welchen Hintergrund?

Falls Du es nicht mehr wissen solltest, dann schau Dir noch einmal die Erklärungen zur *random*-Funktion an.

Im *setup*-Block wird das Array mit zumeist zufälligen Werten initialisiert:

```
...
  for(int i = 0; i < anzahl; i++)
  {
    z[i] = new Zeichen((int)random(width),     // x-Position
                       (int)random(height),    // y-Position
                       (char)random(A, Z + 1), // Zeichen (von A-Z)
                       random(0.1),            // Geschwindigkeit
                       (int)random(2),         // Drehrichtung
                       (int)random(256),       // Rot (RGB-Wert)
                       (int)random(256),       // Grün (RGB-Wert)
                       (int)random(256),       // Blau (RGB-Wert)
                       (int)random(12, 40));   // Größe
  }
...
```

Der *draw*-Block ist dann für das Anzeigen der einzelnen Buchstaben verantwortlich:

```
...
void draw()
{
  background(0);
  for(int i = 0; i < anzahl; i++)
  {
    z[i].zeigeZeichen();
  }
}
...
```

> Aufruf der *zeigeZeichen*-Methode für jedes Objekt.

Er ruft über die *for*-Schleife die *zeigeZeichen*-Methode der einzelnen Objekte auf.

> Jetzt bin ich ein wenig durcheinander gekommen. Du hast doch gesagt, dass die Einstellungen für *translate* bzw. *rotate* immer nur für einen Zyklus der *draw*-Funktion aktiv sind. Sie werden danach automatisch zurück gesetzt – dachte ich!? Warum müssen wir das in diesem Fall explizit in der *zeigeZeichen*-Methode durchführen?

Du hast natürlich einerseits recht, dass nach jedem Zyklus die Werte zurückgesetzt werden, doch die einzelnen Objekte und deren Eigenschaften werden innerhalb einer *for*-Schleife manipuliert, die quasi eine Schleife in einer Schleife ist. Erst wenn die *for*-Schleife abgearbeitet ist, kommen wir zum Ende eines Zyklus der *draw*-Schleife. Erst dann würde das Zurücksetzen der *Translate*- bzw. *Rotate*-Werte kommen. Entferne doch einmal spaßeshalber die beiden Befehle an den markierten Positionen 5 und 6 oder vertausche sie. Du wirst sehen, was Du damit für ein Chaos anrichtest.

> Da kann man ja ganz schön durcheinander kommen. Gibt es da keine einfachere Möglichkeit die ganzen *Transformationen* wie *rotate()* und *translate()* rückgängig zu machen? Mal angenommen, ich hätte eine ganze Reihe von Rotationen und Translationen in unterschiedlichen Kombinationen. Die müsste ich dann genau in der umgekehrten Reihenfolge wieder rückgängig machen, damit ich

Ja und Nein! Keine Bange, ich zeige Dir einen einfacheren Weg. Doch zunächst ein Beispiel, um die Sache zu verdeutlichen. Die folgende Grafik zeigt Dir etwas, worauf wir in Kapitel über die *Transformationen* (also *Rotation*, *Translation* oder *Skalierung*) noch zu sprechen kommen. Wir sehen ein Rechteck, das vier *Transformationen* unterzogen wird.

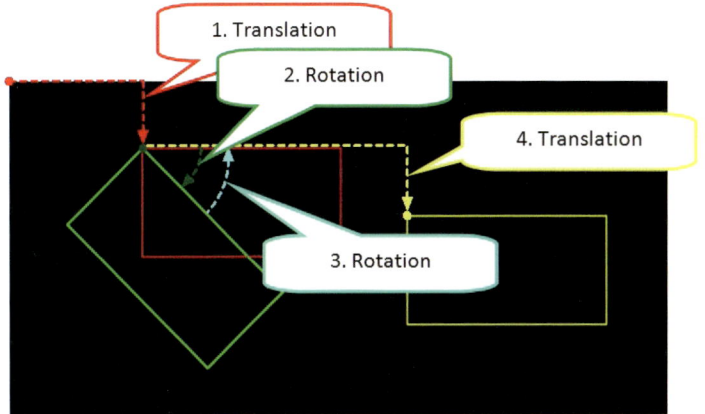

◀ **Abbildung 16-21**
Unterschiedliche Transformationen an einem Rechteck

Hier hast Du den Code zur Darstellung der Grafik im Ausgabefenster:

```
void setup()
{
  size(500, 250); noFill();
  smooth();
}

void draw()
{
  background(0);
  // 1. Translate (Verschiebung)
  stroke(255, 0, 0); // Rot
```

```
  translate(100, 50);
  rect(0, 0, 150, 80);
  // 2. Rotate (Rotation)
  stroke(0, 255, 0); // Grün
  rotate(radians(45));
  rect(0, 0, 150, 80);
  // 3. Rotate (letzte Rotation rückgängig machen)
  rotate(radians(-45));
  // 4. Translate (Verschiebung)
  stroke(255, 255, 0); // Gelb
  translate(200, 50);
  rect(0, 0, 150, 80);
}
```

Falls Du jetzt vielleicht mehrere dieser *Transformationen* für mehrere Objekte innerhalb einer *for*-Schleife durchführen möchtest und jedes einzelne Objekt auf gleiche Weise, jedoch mit anderen Werten *transformiert* werden soll, müsstest Du alle *Translate*- und *Rotate*-Befehle in umgekehrter Reihenfolge mit Werten mit verkehrten Vorzeichen ausführen. Das ist natürlich recht umständlich und fehleranfällig. Aus diesem Grund existieren in *Processing* zwei nützliche Funktionen.

- pushMatrix()
- popMatrix()

Beide Befehle müssen wieder zusammen verwendet werden, denn keiner kommt ohne den anderen aus. *pushMatrix()* leitet den Vorgang ein und *popMatrix()* beendet ihn. Stell Dir einen Papierstapel vor, der nach und nach mit den einzelnen Transformationsbefehlen wächst, wobei die nächste Anweisung immer oben drauf gelegt wird.

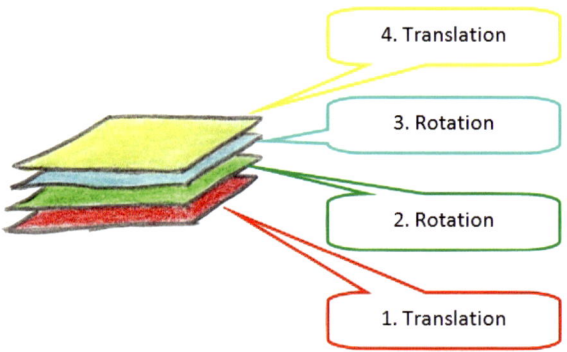

Dann lass uns mal die einzelnen *Transformations*befehle mit *pushMatrix()* und *popMatrix()* versehen:

```
...
pushMatrix();
  stroke(255, 0, 0); // Rot
  translate(100, 50);
  rect(0, 0, 150, 80);
  stroke(0, 255, 0); // Grün
  rotate(radians(45));
  rect(0, 0, 150, 80);
  rotate(radians(-45));
  stroke(255, 255, 0); // Gelb
  translate(200, 50);
  rect(0, 0, 150, 80);
popMatrix();
// --- >>> Neu hinzugefügt
translate(20, 20);
stroke(0, 0, 255);
rect(0, 0, 20, 20);
...
```

Zur Veranschaulichung habe ich noch ein Quadrat mit einem
Translate-Befehl hinzugefügt. Du siehst, dass sich seine Position
vom eigentlichen Ursprungspunkt entfernt hat. Alle vorangegangenen *Transformationen* wurden durch *pushMatrix()* und *pop-
Matrix()* rückgängig gemacht und haben keinen Einfluß mehr auf
den *rect*-Befehl, der für das Zeichnen des Quadrates verantwortlich
ist.

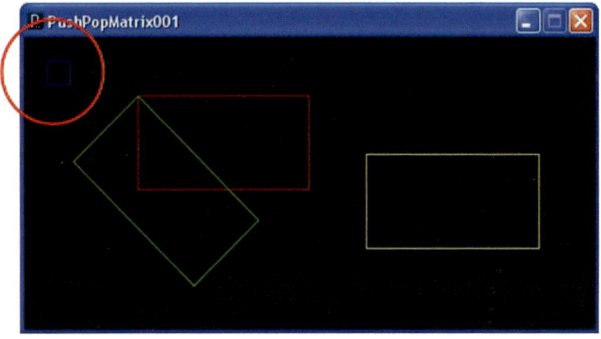

◀ **Abbildung 16-22**
Das blaue Quadrat wurde
vom eigentlichen Ursprung
aus gezeichnet.

Kommen wir jetzt wieder zur Methode *zeigeZeichen()*, die wir ja
eigentlich modifizieren wollten, um die Transformationsbefehle für
das Rückgängigmachen zu entfernen.

```
...
// Methode zum Anzeigen des Zeichens
void zeigeZeichen()
{
```

```
    if(richtung == 0)
      winkel+= geschwindigkeit;
    else
      winkel-= geschwindigkeit;
    fill(rot, gruen, blau);       // Farbe festlegen
    pushMatrix();
      translate(xPos, yPos);   // Verschiebung
      rotate(winkel);           // Rotation
      textFont(font, groesse); // Fontgröße
      text(zeichen, 0, 0);     // Zeichen darstellen
    popMatrix();
  }
...
```

Das war doch gar nicht so schwer, oder?

Kurzschreibweise beim Kodieren

Wenn Du einen Text im Ausgabefenster darstellen willst, hast Du zuerst das *PFont*-Objekt *font* deklariert. Dann wurde im zweiten Schritt das Objekt initialisiert und zu guter Letzt mit *textFont()* der gewünschte Font ausgewählt, um ihn dann mit *text()* darzustellen.

```
❶ PFont font;
  void setup()
  {
    size(400, 300); background(0);
❷ font = createFont("Courier New", 12, true);
❸ textFont(font, 48);
    text("Hallo User!", 50, 50);
  }
```

Du kannst die Sache ein wenig verkürzen, in dem Du folgende Zeilen schreibst:

```
  void setup()
  {
    size(400, 300); background(0);
    textFont(createFont("Courier New", 12, true), 48);
    text("Hallo User!", 50, 50);
  }
```

Die Funktion *textFont()* nimmt als Argument das *font*-Objekt entgegen. Warum nicht gleich als Parameter die Initialisierungszeile mitgeben? Wenn später der Zugriff auf das *font*-Objekt nicht mehr notwendig ist, ist diese Schreibweise vollkommen in Ordnung.

Vertices

17

Wir kommen in diesem Kapitel zu Figuren, die über ihre Eckpunkte definiert sind. Die Standardelemente wie *Linien* (zwei Eckpunkte), *Dreiecke* (drei Eckpunkte) oder *Vierecke* (vier Eckpunkte) sind uns wohlbekannt. Es kann aber manchmal sinnvoll sein, Figuren nach eigenen Vorstellungen zu erschaffen, die nicht diese Begrenzungen der *Standardfiguren* aufweisen. Dann kommen die *Vertices* ins Spiel. Übersetzt bedeutet das *Eckpunkte*. Schau Dir einmal die folgenden beiden Grundformen *Dreieck* und *Rechteck* an:

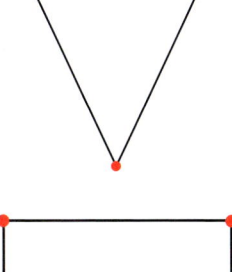

Für diese Formen haben wir unsere bereits bekannten Befehle *triangle* bzw. *rect*. Wir machen die Sache jetzt komplizierter, als sie eigentlich sein muss, aber wir wollen diese beiden Figuren mit *Vertices* konstruieren.

Vertex

Der Befehl zum Zeichnen eines Punktes ist in diesem Fall **nicht** *point*, sondern *vertex*. Ein *point* wäre ein alleinstehender Punkt, der mit anderen Punkten dieser Art in keinem Verhältnis steht. Anders bei einem *vertex*.

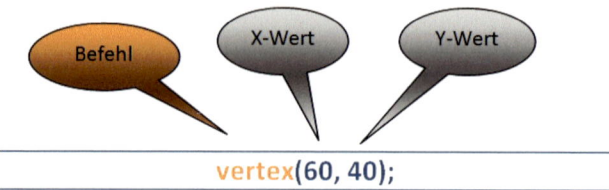

Okay, dann wollen wir also das Standarddreieck mit mehreren *Vertex-Punkten* konstruieren.

Schau Dir die folgenden Befehle an:

```
...
  vertex(50, 10);
  vertex(200, 30);
  vertex(150, 180);
...
```

Das müsste klappen, um uns das gewünschte Dreieck zu zeichnen, oder? Jedenfalls sind das genau die benötigten Eckpunkte. Etwas fehlt jedoch, denn falls wir mehrere *Vertices* auf diese Art konstruieren wollen, woher *weiß* Processing, wo *eine* Figurendefinition aufhört und wo die *nächste* beginnt? Zu diesem Zweck haben wir zusätzlich noch zwei Befehle, die quasi als Blockbegrenzer auftreten.

- Wo beginnt meine Vertexdefinition?
- Wo endet meine Vertexdefinition?

Im Englischen heißt Figur *shape*, und deshalb gibt es zur Einleitung bzw. Beendigung des *Vertex-Blocks* die beiden Funktionen

beginShape();

und

endShape();

Vertex-Befehle ohne diese beiden *unbedingt notwendigen* Funktionen sind wenig sinnvoll. Du bekommst zwar keine Fehlermeldung, wenn Du sie vergisst, aber es wird einfach nichts angezeigt.

Also bedenke:

> Die beiden Funktionen *beginShape()* bzw. *endShape()* sind notwendig, um einzelne Vertex-Punkte zu gruppieren und müssen immer *zusammen* verwendet werden!

Schauen wir uns jetzt den kompletten Code für das Beispiel an:

```
void setup()
{
  size(300, 200); noFill();
  stroke(255, 0, 0); smooth(); strokeWeight(2);
}

void draw()
{
  background(0);
  beginShape(); // Blockbeginn
    vertex(50, 10);
    vertex(200, 30);
    vertex(150, 180);
  endShape();    // Blockende
}
```

Dann lass uns einen Blick auf das Ausgabefenster werfen:

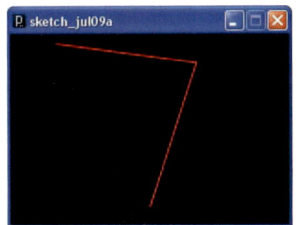

◀ **Abbildung 17-1**
Das soll ein Dreieck sein!?

Huch! Irgendetwas ist schiefgegangen. Aber was? Die drei Eckpunkte sind vorhanden, aber es fehlt die Linie vom letzten zum ersten Eckpunkt, um das Dreieck korrekt darzustellen.

> Ich kenne die Lösung! Wir müssen lediglich noch einen *weiteren Vertex* am Schluss hinzufügen, der den letzten mit dem ersten Punkt verbindet. Also den Befehl *vertex(50, 10);* noch ans Ende setzten. Stimmt's!?

Das ist kein schlechter Einfall, doch wir können es *noch* einfacher haben. Die Funktion *endShape()*, die das Ende des *Vertex-Blocks* kennzeichnet, kann ein Argument aufnehmen, das Processing mitteilt, dass wir eine *geschlossene Figur* haben möchten. Dieser Parameter lautet **CLOSE**.

```
endShape(CLOSE);
```

Setze diesen Parameter ein und Du wirst sehen, dass wir jetzt das geschlossene Dreieck bekommen.

Abbildung 17-2 ▶
Korrekt geschlossenes Dreieck

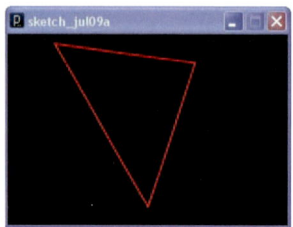

Komplexe Figuren

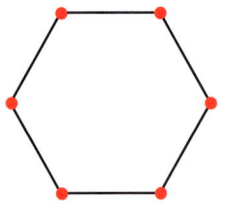

Kommen wir jetzt zu komplexeren Figuren, denn Dreiecke bzw. Vierecke können wir auch mit den schon vorhandenen Funktionen zeichnen. Schau Die die folgende Figur an. Sie hat *sechs Eckpunkte* und kann nicht mit den vorhandenen Funktionen generiert werden.

Übertragen wir die sechs Punkte doch mal in ein Koordinatensystem, um die passenden Koordinaten zu bekommen.

Abbildung 17-3 ▶
Es wird reihum verbunden.

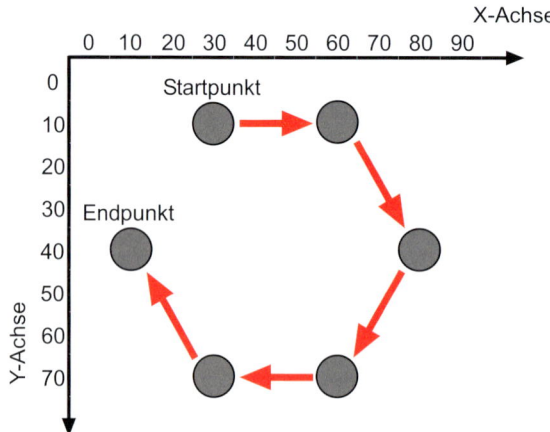

Wenn ich links oben anfange, lauten die Punkte demnach so:

- vertex(30, 10);
- vertex(60, 10);
- vertex(80, 40);
- vertex(60, 70);
- vertex(30, 70);
- vertex(10, 40);

Da wir schon über *Arrays* gesprochen haben, möchte ich bei diesem Beispiel die einzelnen Eckpunkte in ein Array abspeichern und sie beim Generieren daraus lesen. Und denk daran, dass *Endpunkt* und *Startpunkt* am Schluss über **CLOSE** der Funktion *endShape()* verbunden werden.

Der Code dazu sieht wie folgt aus:

```
int[][] punkte = {{30, 10}, {60, 10}, {80, 40},
                  {60, 70}, {30, 70}, {10, 40}};
void setup()
{
  size(100, 100); noFill();
  stroke(255, 0, 0); smooth(); strokeWeight(2);
}

void draw()
{
  background(0);
  beginShape();
    for(int i = 0; i < punkte.length; i++)
      vertex(punkte[i][0], punkte[i][1]);
  endShape(CLOSE);
}
```

Durch die Verwendung des Arrays sieht das Ganze irgendwie eleganter aus als das endlose Auflisten der einzelnen *Vertex-Befehle* untereinander. Das Ergebnis bestätigt die korrekte Umsetzung.

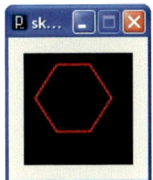

◀ **Abbildung 17-4**
Ein Sechseck

Denk unbedingt auch an Folgendes:

Die Auflistung der gelisteten Punkte spielt eine entscheidende Rolle. Sie werden genau in *der* Reihenfolge verbunden, die Du im Code vorgegeben hast.

Das folgende Array hat eine abweichende Reihenfolge der Vertex-Punkte, wie das letzte Beispiel:

```
int[][] punkte = {{60, 10}, {80, 40}, {30, 10},
                  {30, 70}, {60, 70}, {10, 40}};
...
```

Abbildung 17-5 ▶
Ein leicht verändertes Sechseck

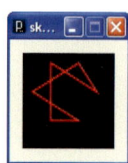

Mir ist da gerade etwas aufgefallen. Warum rufst Du immer die Funktion *noFill()* auf? Soll die Fläche beim Generieren nicht gefüllt werden?

Oh, gut dass Du das ansprichst: Ich hätte es beinahe vergessen. Lassen wir einfach mal beim letzten Beispiel den Aufruf *noFill()* weg und schauen, was dabei herauskommt.

Abbildung 17-6 ▶
Ein leicht verändertes Sechseck
mit Füllung

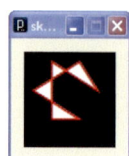

Nun, das sieht ja schon etwas anders aus. Es werden *die* Flächen gefüllt, die durch die Linien begrenzt sind. Wir wollen dieses Verhalten mit einem kleinen Programm etwas genauer unter die Lupe nehmen.

Die Anwendung soll eine vorher festgelegte Anzahl von Punkten verbinden, die über die Maus bzw. einen Mausklick festgelegt werden. Ist die maximale Punktanzahl erreicht, werden die Vertex-Punkte verbunden und die eingeschlossenen Flächen gefüllt. Für den Anfang habe ich *sechs Punkte* ausgewählt, aber Du kannst ein wenig damit herumspielen. Sieh Dir das Programm bzw. die Ausgabe an:

```
PFont font;
int[][] punkte;
int zaehler = 0;
int anzahl = 6; // Anzahl der Vertex-Punkte

void setup()
{
  size(600, 400); stroke(255, 0, 0);
  smooth(); background(0);
  punkte = new int[anzahl][anzahl];
  font = createFont("Courier New", 12, true);
  textFont(font, 18);
}

void draw()
{
  background(0);
  if(zaehler == anzahl)
  {
    strokeWeight(1); fill(255);
    beginShape();
    for(int i = 0; i < anzahl; i++)
      vertex(punkte[i][0], punkte[i][1]);
    endShape(CLOSE);
  }
  zeigePunkte();
}

void zeigePunkte()
{
  strokeWeight(8);
  for(int i = 0; i < zaehler; i++)
  {
    stroke(255, 0, 0); point(punkte[i][0], punkte[i][1]);
    fill(0, 255, 0); text(i + 1, punkte[i][0] + 5, punkte[i][1] + 5);
  }
}

void mousePressed()
{
  if(zaehler >= anzahl)
    zaehler = 0;
  punkte[zaehler][0] = mouseX;
  punkte[zaehler][1] = mouseY;
  zaehler++;
}
```

Komplexe Figuren

Hier siehst Du ein paar Beispiele, die ich erstellt habe:

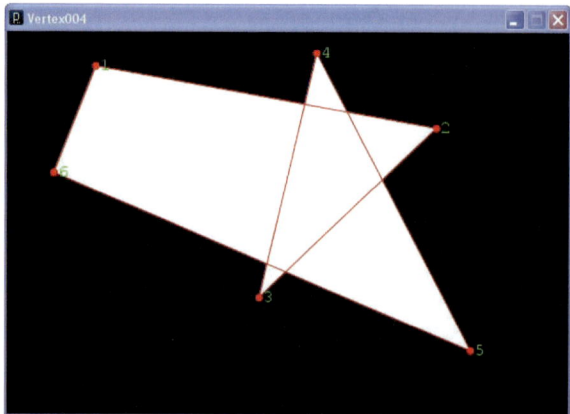

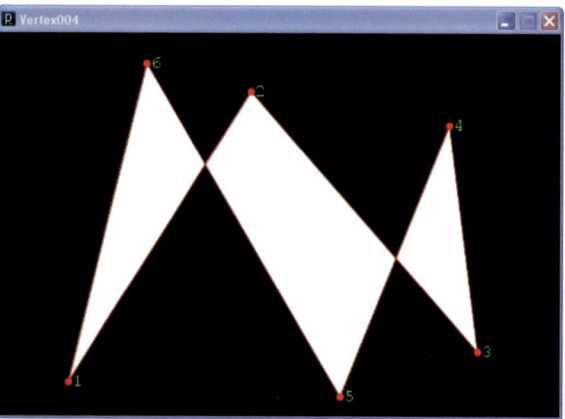

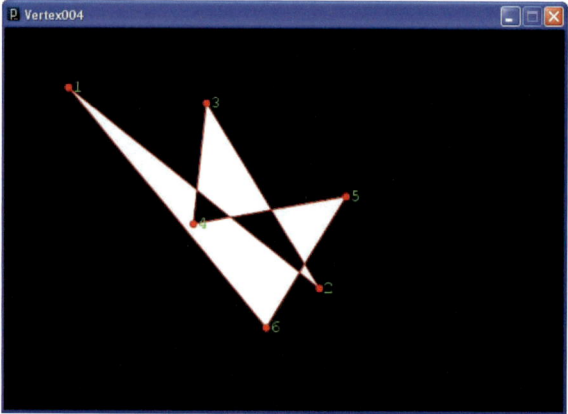

Kapitel 17: Vertices

Jeder der einzelnen Punkte ist nummeriert, und nach jedem weiteren Mausklick wird hochgezählt, bis die maximale Punktanzahl erreicht wird, die in der Variablen *anzahl* hinterlegt ist. Daraufhin werden die Punkte verbunden und die Fläche gefüllt. Beim nächsten Mausklick wird das Ausgabefenster gelöscht, und das Spiel beginnt von vorne.

Schauen wir uns im nächsten Beispiel einen Stern mit zwölf Eckpunkten an und übertragen die Koordinaten in unser Array.

Wir fangen mit dem Durchzählen beim linken oberen Punkt an und arbeiten uns entlang der Linie im Uhrzeigersinn weiter vorwärts. Um die Koordinaten zu ermitteln, habe ich mir einen Stern auf Millimeterpapier übertragen und danach die Koordinaten notiert und ins Array übertragen.

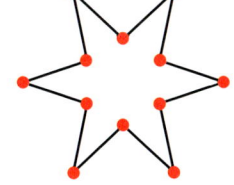

Unsere Array-Definition würde ungefähr folgendermaßen aussehen:

```
int[][] punkte = {{48, 8}, {72, 30}, {96, 8}, {90, 40}, {122, 50},
                  {90, 60}, {96, 94}, {72, 72}, {48, 94}, {54, 60},
                  {24, 50}, {54, 40}};
...
```

Schauen wir uns das Ausgabefenster an, um zu sehen, was wir als Ergebnis bekommen:

◀ **Abbildung 17-7**
Ein Stern

Jetzt möchte ich noch ein kleines Programm zeigen, das den Stern auf eine andere Art darstellt. Schau Dir die einzelnen Punkte einmal genauer an. Du wirst nach einiger Zeit vielleicht bemerken, dass sich die einzelnen Punkte auf zwei Kreisbahnen befinden.

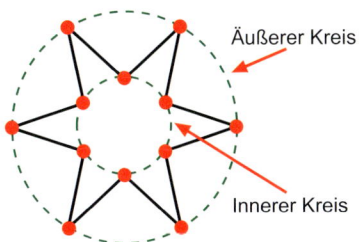

Äußerer Kreis

Innerer Kreis

◀ **Abbildung 17-8**
Ein Stern aus mehreren Punkten, die sich auf zwei Kreisbahnen befinden

Dann werfen wir mal wieder einen Blick auf den Code:

```
float winkel, radiusAussen, radiusInnen;
int ECKPUNKTE = 12; // Anzahl der Eckpunkte
float[][] punkte = new float[ECKPUNKTE][ECKPUNKTE];
void setup()
{
  size(600, 400);
  smooth(); noFill();
  winkel = 0.0;           // Angabe im Gradmaß
  radiusAussen = 150.0; // Außenkreis
  radiusInnen = 80.0;   // Innenkreis
}


void draw()
{
  background(0);
  winkel = mouseX;
  // Vollkreise darstellen
  stroke(255, 255, 0); strokeWeight(1);
  ellipse(width/2, height/2, radiusAussen * 2, radiusAussen * 2);
  ellipse(width/2, height/2, radiusInnen * 2, radiusInnen * 2);
  // xy-Koordinaten berechnen
  beginShape();
  for(int i = 0; i < ECKPUNKTE; i++)
  {
    if(i%2 == 0)
    {
      punkte[i][0] = width/2 + radiusAussen * cos(radians(winkel));
      punkte[i][1] = height/2 - radiusAussen * sin(radians(winkel));


    }
    else
    {
      punkte[i][0] = width/2 + radiusInnen * cos(radians(winkel));
      punkte[i][1] = height/2 - radiusInnen * sin(radians(winkel));
    }
    // Erhöhung des Winkelwertes
    winkel += 30; // 360 Grad dividiert durch ECKPUNKTE
    stroke(255, 0, 0); strokeWeight(4);
    vertex(punkte[i][0], punkte[i][1]);
  }
  endShape(CLOSE);
}
```

Kapitel 17: Vertices

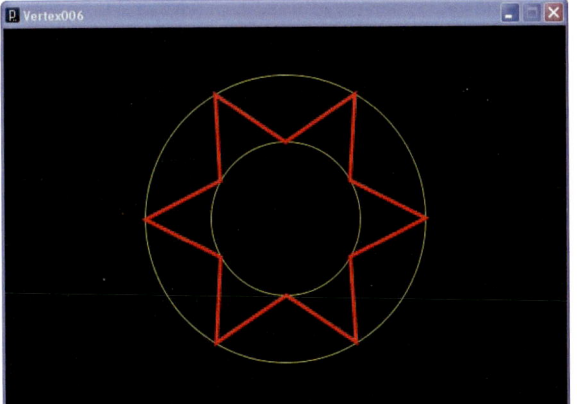

Du kannst genau erkennen, dass, wenn Du die Eckpunkte in einer Richtung verfolgst, die Punkte sich abwechselnd auf dem äußeren und dem inneren Kreis befinden. Wir haben es mit *zwölf* Eckpunkten zu tun, und wenn Du den Winkel eines Vollkreises mit *360⁰* durch *12* dividierst, bekommst Du den Wert von *30⁰*. Die Punkte haben also einen Winkelabstand von *30⁰* zueinander.

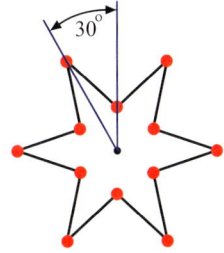

```
...
beginShape();
for(int i = 0; i < ECKPUNKTE; i++)
  {
    if(i%2 == 0)
    {
      punkte[i][0] = width/2 + radiusAussen * cos(radians(winkel));
     punkte[i][1] = height/2 - radiusAussen * sin(radians(winkel));

    }
    else
    {
      punkte[i][0] = width/2 + radiusInnen * cos(radians(winkel));
      punkte[i][1] = height/2 - radiusInnen * sin(radians(winkel));
    }
    // Erhöhung des Winkelwertes
    winkel += 30; // 360 Grad dividiert durch ECKPUNKTE
    stroke(255, 0, 0); strokeWeight(4);
    vertex(punkte[i][0], punkte[i][1]);
  }
  endShape(CLOSE);
...
```

Komplexe Figuren ———————————————————

Über den *Modulo-Operator* dividiere ich die Schleifenvariable *i* durch den Wert 2. Damit erreiche ich, dass einmal *der* Block, der der *if*-Anweisung unmittelbar folgt, ausgeführt wird, und beim nächsten Mal der *else*-Block. Auf diese Weise wird einmal ein Punkt auf dem *Außenradius* berechnet und beim nächsten Mal auf dem *Innenradius*.

Des Weiteren habe ich ein wenig Interaktivität hinzugefügt, sodass der Startwinkelwert ein bisschen von der x-Koordinate der Mausposition abhängt. Bewege die Maus in horizontaler Richtung, und Du kannst erkennen, wie der Stern anfängt, um den Mittelpunkt zu rotieren.

Falls Dir die Berechnung der *Vertex*-Punkte irgendwie Probleme bereitet, schau Dir die Erklärung im Kapitel über die *Kreisbahn* noch einmal an.

Ich habe wieder eine kurze Aufgabe, die es zu lösen gilt:

Schreibe das Programm derart um, dass Du die Anzahl der *Eckpunkte* Deinen Wünschen nach anpassen kannst. In der Variablen ECK-PUNKTE wird diese Information schon gespeichert, doch das Programm muss noch an einer bestimmten Stelle modifiziert werden, so dass auch beim Hochzählen die Winkelwerte stimmen.

Hier die Lösung, die sicherlich nicht allzu schwierig war. Ersetze den Code

```
...
    // Erhöhung des Winkelwertes
    winkel += 30; // 360 Grad dividiert durch ECKPUNKTE: 360 / 12 = 30
...
```

durch den hier:

```
...
    // Erhöhung des Winkelwertes
    winkel += 360/ECKPUNKTE; // 360 Grad dividiert durch ECKPUNKTE
...
```

Beachte aber, dass Du bei der Initialisierung der Variablen ECK-PUNKTE Werte einsetzt, die ein Vielfaches von 2 sind, denn sowohl auf dem äußeren als auch auf dem inneren Kreis muss sich die gleiche Anzahl von Punkten befinden. Wenn Du z. B. den Wert 13 vergibst, bekommst Du das gezeigte Phänomen präsentiert.

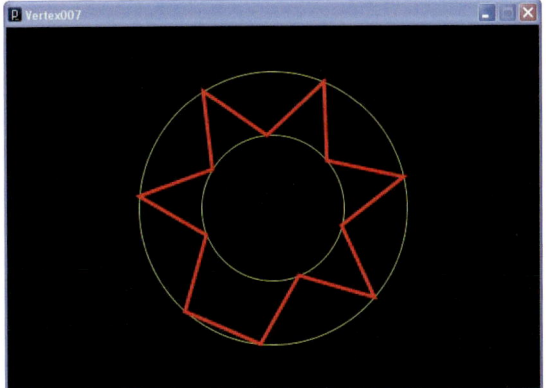

◀ **Abbildung 17-10**
Du hast wohl 'ne Ecke ab!?

Verbindungsoptionen

Du hast bei den letzten Beispielen gesehen, dass die einzelnen *Vertex*-Punkte in der Reihenfolge ihres Auftretens alle miteinander verbunden wurden. Wir haben aber noch andere Möglichkeiten, die uns Processing zur *Interpretation* der Koordinaten zur Verfügung stellt. Wie Du schon weißt, treten die beiden Funktionen

```
...
beginShape();
   ...
   ...
endShape();
...
```

immer im Paar auf. Dass die Funktion *endShape()* den Parameter **CLOSE** entgegennehmen kann, ist Dir auch schon geläufig. Er dient zum Verbinden des letzten Punktes mit dem ersten, wenn alle *Vertex-Koordinaten* abgearbeitet wurden. Jetzt haben wir jedoch zusätzlich noch die Möglichkeit festzulegen, in welcher Art die *Vertex-Koordinaten* zu interpretieren sind. Dazu bedienen wir uns der verschiedenen Parameter, die wir der Funktion *beginShape()* mit auf den Weg geben, die bisher immer leer ausgegangen ist. *Leer* bedeutet alle Punkte miteinander zu verbinden. Doch schauen wir uns die einzelnen Argumente etwas genauer an.

- POINTS
- LINES
- TRIANGLES
- TRIANGLE_FAN

- TRIANGLE_FAN
- QUADS
- QUAD_STRIP

Vertex-Punkte

- Der Parameter **POINTS** setzt lediglich die einzelnen Punkte anhand der gegebenen Koordinaten, wobei sie für sich allein stehen und in keinster Weise miteinander verbunden werden. Du könntest bei diesem Vorgehen auch die Funktion *point()* anwenden, und das Ergebnis wäre das Gleiche. Doch das nur am Rande.

Werfen wir wieder einen Blick auf unseren Code:

```
void setup()
{
  size(300, 200); noFill();
  stroke(255, 0, 0); strokeWeight(6);
  smooth();
}

void draw()
{
  background(0);
  beginShape(POINTS);
    vertex(80, 100);
    vertex(150, 20);
    vertex(120, 100);
    vertex(200, 100);
    vertex(220, 50);
    vertex(250, 150);
  endShape();
}
```

Option POINTS aktiviert.

Setzen der Punkte von oben nach unten.

Die Ausgabe sieht hier recht unspektakulär aus:

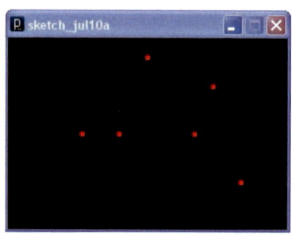

Abbildung 17-11 ▶
Einzelne Punkte
mit beginShape(POINTS)

Das sieht ja mal richtig chaotisch und zusammenhanglos aus, oder?

Das Ergebnis sieht fast wie ein Sternbild aus, nur dass die Linien zwischen den Sternen fehlen.

Das ist kein schlechter Vergleich! Und darum wollen wir gleich ein passendes Sternbild zaubern, damit Du Deine fehlenden Linien bekommst.

Vertex-Linien

In diesem Kapitel fügen wir einen anderen Parameter der Funktion *beginShape()* hinzu. Er heißt **LINES** und sorgt dafür, dass immer zwei aufeinanderfolgende Vertex-Koordinaten als *Start-* bzw. *Endpunkt* einer Linie interpretiert werden.

```
void setup()
{
  size(300, 200); noFill();
  stroke(255, 0, 0); strokeWeight(6);
  smooth();
}

void draw()
{
  background(0);
  beginShape(LINES);
    vertex(80, 100);
    vertex(150, 20);
    vertex(120, 100);
    vertex(200, 100);
    vertex(220, 50);
    vertex(250, 150);
  endShape();
}
```

Option LINES aktiviert.

Koordinatenpaar für Linie 1

Koordinatenpaar für Linie 2

Koordinatenpaar für Linie 3

Das Ausgabefenster zeigt uns die *drei* Linien, die durch *3x2* Vertex-Koordinaten definiert sind.

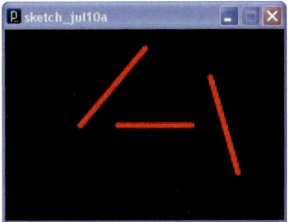

◀ **Abbildung 17-12**
Drei Linien mit beginShape(LINES)

Wie Du sicherlich bemerkt hast, haben wir die eigentlichen Daten damit meine ich die Vertex-Koordinaten nicht verändert. Lediglich die Art der Interpretation wurde angepasst. Es ist wie im wahren Leben, wo wir bestehende Verhältnisse unter einem anderen, veränderten Blickwinkel betrachten und sich so für uns neue Wege offenbaren.

Vertex-Dreiecke

Bisher hatten wir es lediglich mit geometrischen Objekten zu tun, die keine Fläche beschreiben, also *Punkt* und *Linie*. Wenden wir uns jetzt einer Fläche zu, wobei wir der Funktion *beginShape()* das Argument **TRIANGLES** mit auf den Weg geben.

```
void setup()
{
  size(300, 200); noFill();
  stroke(255, 0, 0); strokeWeight(6);
  smooth();
}

void draw()
{
  background(0);
  beginShape(TRIANGLES);
    vertex(80, 100);
    vertex(150, 20);
    vertex(120, 100);
    vertex(200, 100);
    vertex(220, 50);
    vertex(250, 150);
  endShape();
}
```

Option TRIANGLES aktiviert.

Koordinatentriple für Dreieck 1

Koordinatentriple für Dreieck 2

Ein Dreieck besteht aus drei Eckpunkten, was bedeutet, dass bei der Option **TRIANGLES** immer drei aufeinanderfolgende Koordinaten (hier *Triple* genannt) als Begrenzung interpretiert werden. Die Ausgabe sieht in dem Fall wie folgt aus:

Abbildung 17-13 ▶
Zwei Dreiecke mit
beginShape(TRIANGLES)

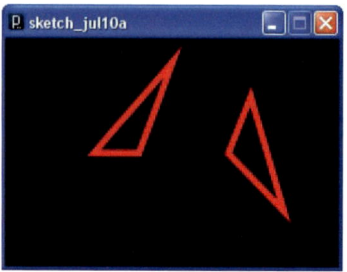

Wenn Du jetzt Deinen Blick zum Himmel richten würdest, könntest Du sagen: »Dort oben sehe ich die zwei Dreiecke!«

Für die folgenden zwei möglichen Optionen möchte ich auf ein Programm zurückgreifen, das wir schon im Kapitel über *komplexe Figuren* hatten. Du konntest über die Maustaste eine festgelegte Anzahl von Punkten im Ausgabefenster markieren, die dann später miteinander verbunden wurden. Ich habe das Programm ein wenig abgeändert, indem ich die Option **TRIANGLES** in der Funktion *beginShape()* hinzugefügt und die Option **CLOSE** aus der Funktion *endShape()* entfernt habe. **CLOSE** wird nicht mehr benötigt, da wir es in diesem Fall ohnehin mit geschlossenen Flächen zu tun haben.

Doch nun zum Programm:

```
PFont font;
int[][] punkte;
int zaehler = 0;
int anzahl = 6; // Anzahl der Vertex-Punkte

void setup()
{
  size(600, 400); stroke(255, 0, 0);
  smooth(); background(0);
  punkte = new int[anzahl][anzahl];
  font = createFont("Courier New", 12, true);
  textFont(font, 18);
}

void draw()
{
  background(0);
  if(zaehler == anzahl)
  {
    strokeWeight(1); fill(255);
    beginShape(TRIANGLES);
    for(int i = 0; i < anzahl; i++)
      vertex(punkte[i][0], punkte[i][1]);
    endShape();
  }
  zeigePunkte();
}

void zeigePunkte()
{
  strokeWeight(8);
  for(int i = 0; i < zaehler; i++)
  {
    stroke(255, 0, 0); point(punkte[i][0], punkte[i][1]);
    fill(0, 255, 0); text(i + 1, punkte[i][0] + 5, punkte[i][1] + 5);
  }
}

void mousePressed()
{
  if(zaehler >= anzahl)
    zaehler = 0;
  punkte[zaehler][0] = mouseX;
  punkte[zaehler][1] = mouseY;
  zaehler++;
}
```

In der folgenden Ausgabe siehst Du meine sechs willkürlich gewählten Punkte, die über die Koordinaten-Triples zu zwei Dreiecken formiert wurden.

Abbildung 17-14 ▶
Zwei Dreiecke mit
beginShape(TRIANGLES)

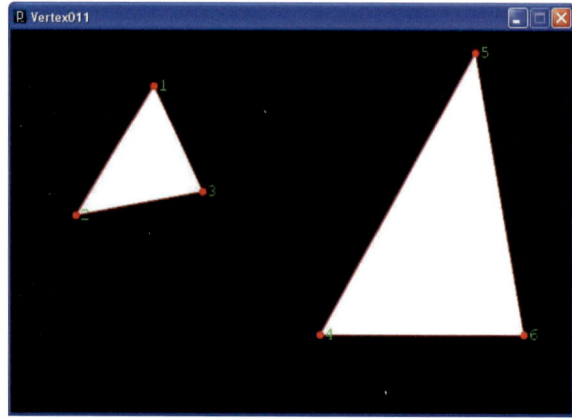

Die nächste Option, die ich Dir vorstellen möchte, heißt **TRIANGLE_STRIP** und verbindet die Dreiecke untereinander. Dazu passen wir wieder unser Programm an und schreiben

```
beginShape(TRIANGLE_STRIP);
```

Der Rest bleibt unverändert. Schau Dir meine gewählten Punkte in unterschiedlichen Beispielen an:

Abbildung 17-15 ▶
Ein Vertex mit
beginShape(TRIANGLE_STRIP)

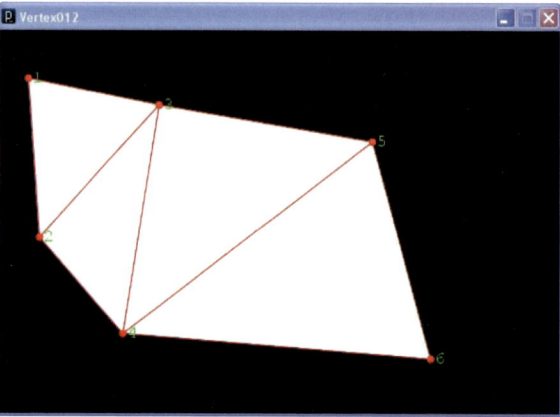

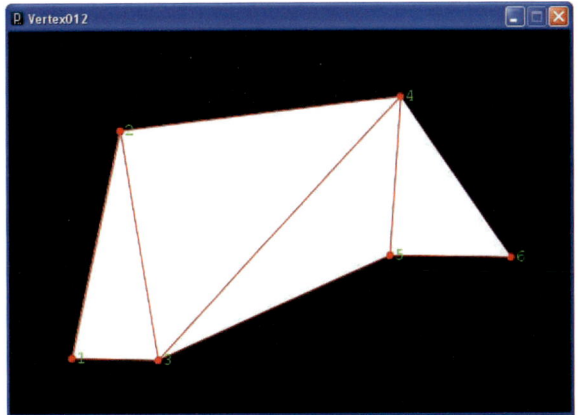

◀ **Abbildung 17-16**
Noch ein Vertex mit
beginShape(TRIANGLE_STRIP)

Und jetzt mit *16* Punkten:

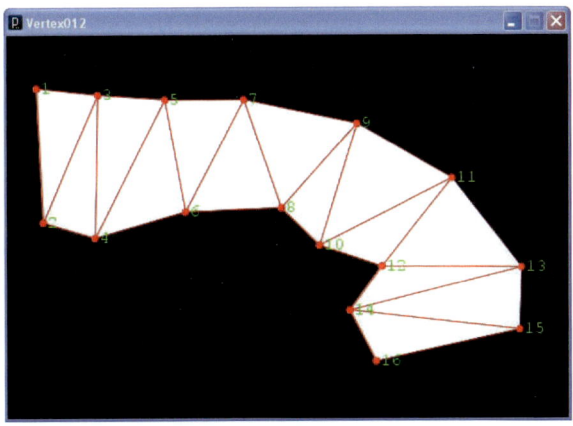

◀ **Abbildung 17-17**
Ein Vertex mit 16 Punkten über
beginShape(TRIANGLE_STRIP)

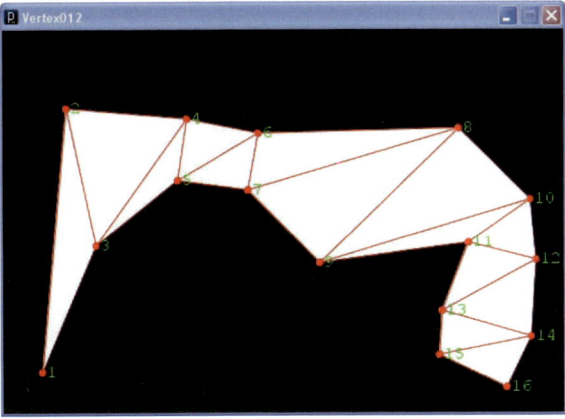

◀ **Abbildung 17-18**
Noch ein Vertex mit 16 Punkten
über beginShape(TRIANGLE_STRIP)

Kommen wir zur Option **TRIANGLE_FAN**:

`beginShape(TRIANGLE_FAN);`

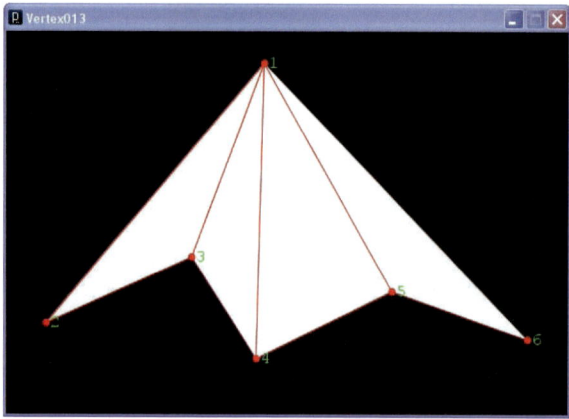

Das sieht aus wie ein Regenschirm, bei dem alle Punkte irgendwie mit dem ersten Punkt verbunden wurden; die so entstandenen Dreiecke bilden eine interessante Figur. Experimentiere einfach mal ein wenig mit der Anzahl der Punkte und deren Positionen herum.

Vertex-Vierecke

Das nächste Flächenobjekt, das ich Dir vorstellen möchte, ist vergleichbar mit dem Dreieck, hat jedoch einen Punkt mehr und nennt sich deshalb »Viereck«.

```
void setup()
{
  size(300, 200); noFill();
  stroke(255, 0, 0); strokeWeight(6);
  smooth();
}

void draw()
{
  background(0);
  beginShape(QUADS);        Option QUADS aktiviert.
    vertex(20, 20);
    vertex(30, 120);
    vertex(120, 100);        Koordinaten für Viereck 1
    vertex(120, 20);
    vertex(180, 20);
    vertex(190, 120);
    vertex(220, 160);        Koordinaten für Viereck 2
    vertex(220, 20);
  endShape();
}
```

Das Ergebnis dieser Einstellungen sieht folgendermaßen aus:

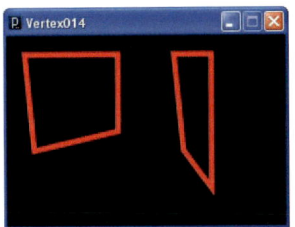

◀ **Abbildung 17-20**
Zwei Vierecke über
beginShape(QUADS)

Für die nächste Option *QUAD_STRIP* bemühen wir wieder unser interaktives Programm und experimentieren ein wenig mit den Positionen. Da wir ja immer *vier* Punkte für ein Viereck benötigen, setzen wir die Anzahl der Punkte auf einen vielfachen Wert von *4*, sagen wir einmal *8*.

Es ist wichtig darauf hinzuweisen, dass die Zählreihenfolge der Punkte im Gegensatz zu **QUADS** hier anders ist. Werfen wir zunächst noch mal einen kurzen Blick auf das Viereck über die Option **QUADS**:

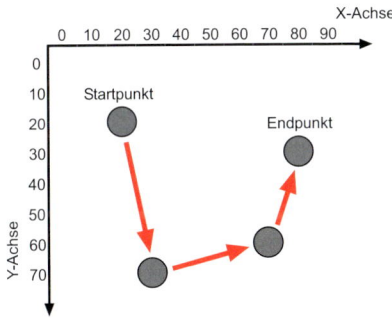

◀ **Abbildung 17-21**
Punkteverbindung über
beginShape(QUADS)

Möchtest Du jetzt ein Viereck über die Option **QUAD_STRIP** konstruieren, musst Du folgende abweichende Reihenfolge einhalten:

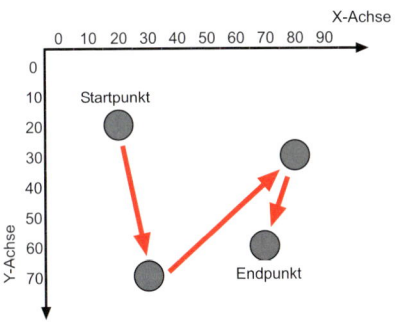

◀ **Abbildung 17-22**
Punkteverbindung über
beginShape(QUAD_STRIP)

Verbindungsoptionen ——————————————————————

Die Ausgabe über unser interaktives Programm unter Berücksichtigung der abweichenden Punktereihenfolge ergibt dann das folgende Bild:

Abbildung 17-23 ▶
Zwei Vierecke über
beginShape(QUAD_STRIP)

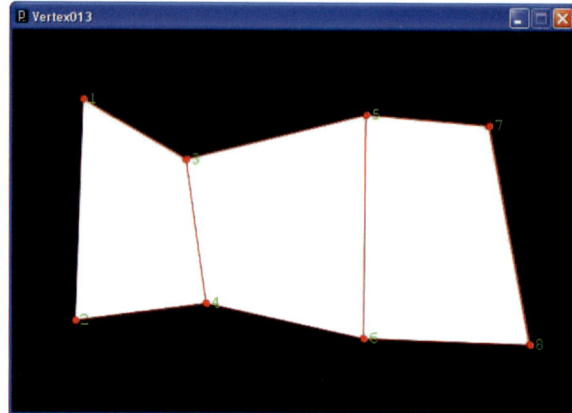

Kurven

Die Kurven, die Du vielleicht bis jetzt kennengelernt hast, wurden mithilfe von sogenannten Funktionsgleichungen und nicht auf der Basis festgelegter Eckpunkte erstellt. Schau Dir die folgende Funktionsgleichung an:

$$y = x^2$$

Die folgende Grafik zeigt den Verlauf der Kurve:

Abbildung 17-24 ▶
Kurvenverlauf für eine Parabel

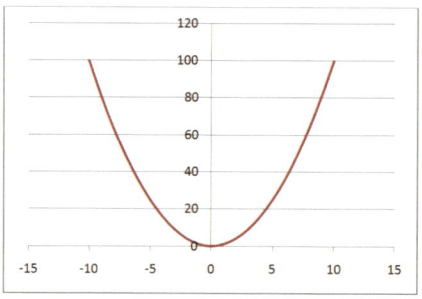

Für jeden Punkt auf der horizontalen *x-Achse* kannst Du genau einen Punkt in Richtung *y-Achse* berechnen. Das ist absolut simpel. Nehmen wir als Beispiel den Wert $x = 5$. Du ermittelst das Ergebnis, indem Du diesen Wert in die Gleichung anstelle von x einsetzt:

$$y = 5^2 = 25$$

Doch jetzt zurück zu Processing. Widmen wir uns den beiden Funktionen

- curveVertex() und
- bezierVertex()

und schauen uns ihr Verhalten an. Sie stehen übrigens genau wie die Funktion *vertex()* zwischen den beiden Blockbildern *beginShape()* und *endShape()*, wobei *beginShape()* keine Argumente übergeben werden dürfen.

curveVertex

Beginnen wir mit *curveVertex()* und werfen einen Blick auf die Funktion:

Sie hat genau wie die Funktion *vertex()* zwei Argumente für die *xy*-Koordinaten, verhält sich aber natürlich ganz anders. Wie? Dann lass uns mal schauen ...

```
void setup()
{
  size(400, 300); smooth(); noFill();
}

void draw()
{
  background(0);
  stroke(255, 255, 0); strokeWeight(3);
  beginShape();
    curveVertex(337, 271);
    curveVertex(270, 214);
    curveVertex(323, 148);     Kurvenpunkte
    curveVertex(241, 37);
    curveVertex(157, 181);
    curveVertex(35, 61);
  endShape();
}
```

Du erkennst im Code die Definition von sechs Kurvenpunkten, was wohl bedeutet, dass die Kurve ebenso viele Punkte aufweisen müsste. Aber lass uns das genauer untersuchen.

Das Ausgabefenster liefert folgendes Bild:

Abbildung 17-25 ▶
Kurvenverlauf über curveVertex

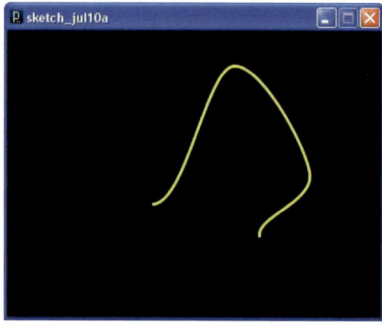

Wow, sieht ja schon mächtig nach 'ner Kurve aus! Mal sehen, ob wir die Eckpunkte erahnen können.

In der nächsten Grafik sind die ungefähren Eckpunkte markiert, damit Du sehen kannst, wie die Kurve berechnet wurde. Die Enden der Kurve sind dabei sicherlich am einfachsten auszumachen. Ich habe diese Kurve ausgewählt, weil die Wendepunkte, also die Stelle, an der der Kurvenverlauf seine Richtung ändert, relativ leicht auszumachen sind.

Abbildung 17-26 ▶
Kurvenverlauf über curveVertex mit den ungefähren Eckpunkten

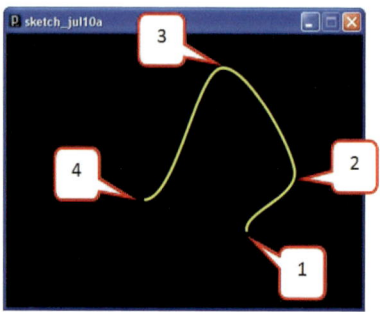

Mhmm, irgendetwas kommt mir nicht ganz korrekt vor!? Ich erkenne lediglich 4 Kurvenpunkte, was ist mit den restlichen zweien, die wir in unserer Definition haben?

Genau darauf wollte ich hinaus. Ich muss ein wenig ausholen und zeige Dir deswegen die folgende Grafik.

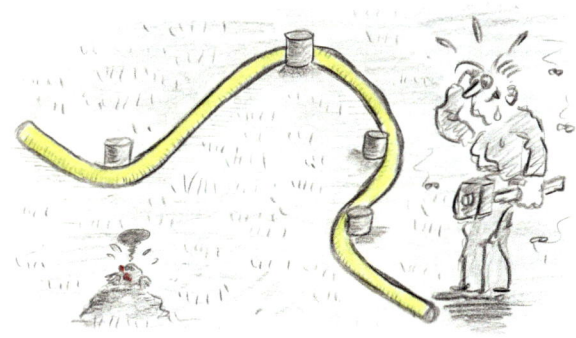

Stell Dir vor, dass Du in Deinem Garten ein flexibles Plastikrohr verlegen willst, und zwar um bestimmte Pflöcke herum, die Du in den Boden geschlagen hast. Du kannst erkennen, dass das Rohr an diesen Pflöcken nicht einen harten Knick macht, sondern sich sanft herumschlängelt. Vergleichbar verhält es sich mit der Kurve, die wir eben erzeugt haben. Kommen wir jetzt zur Anzahl der Pflöcke, äh, Punkte, die wir sehen. Es sind nach wie vor vier, obwohl es eigentlich sechs sein müssten. Damit hat folgende Bewandtnis: Der Schlauch endet in diesem Beispiel nicht an den Endpunkten und geht noch ein Stückchen weiter.

Wenn Du das Rohr an Ende anpackst und z. B. in Richtung der ein-gezeichneten Pfeile drehst, verändert sich auch der Kurvenverlauf um den entsprechenden Pflock herum. Die Kurve wird entweder enger oder weiter. Aus diesem Grund haben wir in unserer Punkte-definition zwei unsichtbare Punkte, die diesen Endstücken entsprechen. Du fragst Dich jetzt sicherlich, welche das sind. Ganz einfach: Es ist der erste bzw. der letzte Punkt, die da wären:

```
. . .
  beginShape();
    curveVertex(337, 271);                    Unsichtbarer Punkt
    curveVertex(270, 214);
    curveVertex(323, 148);                    Sichtbare Punkte
    curveVertex(241, 37);
    curveVertex(157, 181);
    curveVertex(35, 61);                       Unsichtbarer Punkt
  endShape();
. . .
```

Ich habe diese Punkte mal über den Befehl *point()* sichtbar gemacht, damit Du Dir die Lagen besser vorstellen kannst. Es sind die beiden roten Punkte, wobei die roten Linien die Weiterführung der gelben Linie bedeuten, aber nicht mit ausgegeben werden. Sie sind zur besseren Anschauung von mir händisch hinzugefügt worden.

Abbildung 17-27 ▶
Unsichtbare Punkte bei curveVertex

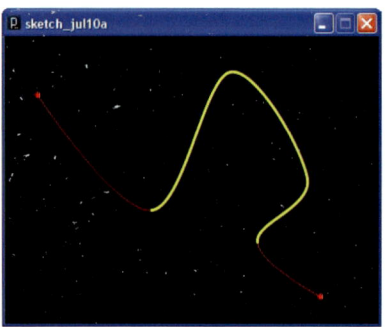

Um die Sache ein wenig flexibler zu gestalten, habe ich das folgende Programm geschrieben. Es ermöglicht das Verschieben der einzelnen Punkte und zeigt Dir unmittelbar die Auswirkungen Deiner Manipulation.

Abbildung 17-28 ▶
Alle Punkte bei curveVertex werden durch rote Kreise dargestellt.

In diesem Programm werden alle vorhandenen Punkte in Form von Kreisen angezeigt, und Du kannst sie nach Belieben verschieben. Du gehst einfach mit der Maus über einen Punkt, wobei er reagiert, indem seine Umrandung dicker wird. Jetzt weißt Du, dass er angesprochen ist, und kannst ihn mit gedrückter linker Maustaste verschieben.

```
PFont font;
int ANZAHL = 6, radius = 10;
Objekt[]  obj;

void setup()
{
  obj = new Objekt[ANZAHL];
  size(400, 300); smooth(); noFill();
  for(int i = 0; i < ANZAHL; i++)
    obj[i] = new Objekt((int)random(width), (int)random(height));
  font = createFont("Courier New", 12, true);
  textFont(font, 18);
}

void draw()
{
  background(0);
  for(int i = 0; i < ANZAHL; i++)
    obj[i].zeige();
}

void mouseDragged()
{
  for(int i = 0; i < ANZAHL; i++)
  {
    if(obj[i].istUeber)
    {
        obj[i].xKoordinate = mouseX;
        obj[i].yKoordinate = mouseY;
    }
  }
}

class Objekt
{
  int xKoordinate, yKoordinate;
  boolean istUeber = false;
  // Konstruktor
  Objekt(int x, int y)
  {
    xKoordinate = x; yKoordinate = y;
  }

  void zeige()
  {
```

```
ueber();
stroke(255, 0, 0);
ellipse(xKoordinate, yKoordinate, radius, radius);
beginShape();
strokeWeight(1); stroke(255, 255, 0);
for(int i = 0; i < ANZAHL; i++)
{
  curveVertex(obj[i].xKoordinate, obj[i].yKoordinate);
  text(i + 1, obj[i].xKoordinate + 5, obj[i].yKoordinate);
}
endShape();
}

void ueber()
{
  if(dist(mouseX, mouseY, xKoordinate, yKoordinate) < radius/2)
  {
    istUeber = true; strokeWeight(4);
  }
  else
  {
    istUeber = false; strokeWeight(1);
  }
}
}
```

Beachte aber: Wenn Du beim Ziehen des Punktes in die Nähe eines anderen kommst, wird er eingefangen, und ab sofort werden beide als ein Punkt angesehen. Auf diese Weise kannst Du mehrere Punkte zusammenfassen, und es ergeben sich interessante Figuren beim Verschieben. Experimentiere ein wenig mit der Anzahl der zur Verfügung stehenden Punkte herum, die in der gleichnamigen Variablen gespeichert werden. Zusätzlich habe ich in dieser Version noch eine Punktenummerierung hinzugefügt, was die Sache vielleicht noch ein wenig übersichtlicher macht. Auch da sind dem Experimentieren keine Grenzen gesetzt. Nachfolgend habe ich noch ein paar Beispiele aufgeführt:

Abbildung 17-29 ▶
Beispiele I

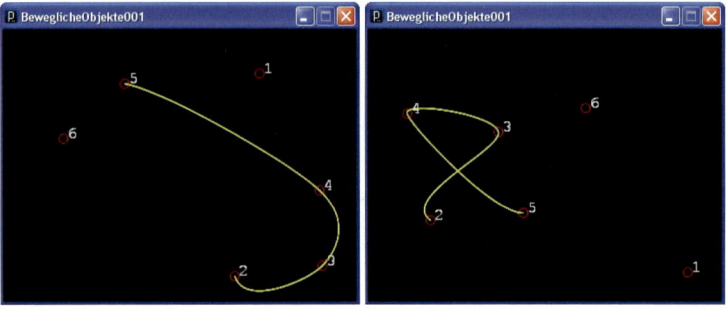

Kapitel 17: Vertices

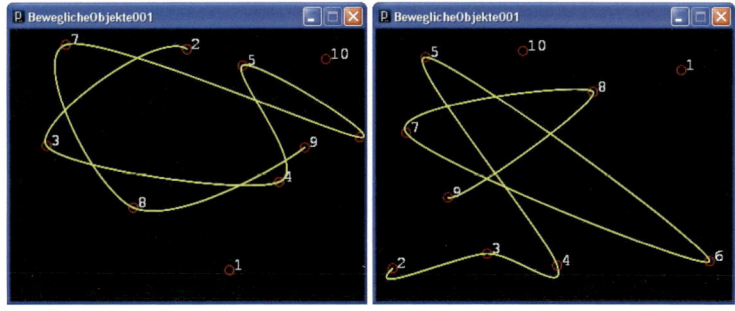

Interessant bei diesem Programm ist natürlich die Neupositionierung der einzelnen Punkte. Entscheidend ist hierbei die Verwendung der *mouseDragged*-Funktion, die immer dann aufgerufen wird, wenn bei gedrückter Maustaste die Maus bewegt wird.

```
...
void mouseDragged()
{
  for(int i = 0; i < ANZAHL; i++)
  {
    if(obj[i].istUeber)
    {
        obj[i].xKoordinate = mouseX;
        obj[i].yKoordinate = mouseY;
    }
  }
}
...
```

Ist die Feldvariable *istUeber* = true, werden für das entsprechende Objekt neue *xy*-Koordinaten von der aktuellen Mausposition übernommen. Das Objekt wandert mit der Maus mit und behält die Position, wenn die Maustaste losgelassen wird.

bezierVertex

Kommen wir jetzt zur *Bézierkurve*, die nach dem französischen Ingenieur *Pierre Bézier* benannt wurde. Die *Bézierkurve* eignet sich hervorragend zur Beschreibung von Kurven in Computerprogrammen. Sie wird durch einen *Start-* und einen *Endpunkt* (P_1 und P_2) definiert. Doch durch zwei Punkte können beliebig viele Kurven laufen. Wir benötigen zusätzlich noch zwei *Kontrollpunkte* (K_1 und K_2), damit die Sache eindeutig wird.

Die Kurve, die sich zwischen den beiden Punkten P_1 und P_2 aufspannt, ist die *Bezierkurve*, wobei die Gerade P_1K_1 die Tangente für den auf der Kurve befindlichen Punkt P_1 (*Anfangspunkt*) darstellt, die Gerade P_2K_2 die Tangente für den auf der Kurve befindlichen Punkt P_2 (*Endpunkt*).

Abbildung 17-31 ▶
Bezierkurve mit Kontrollpunkten

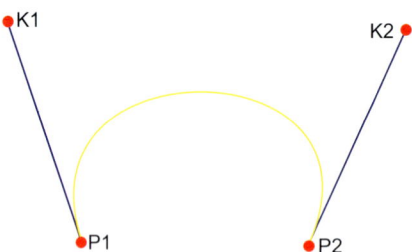

In Processing müssen wir die Funktion *bezierVertex()*, wie auch bei *vertex()* bzw. *curveVertex()*, wieder zwischen die beiden Funktionen *beginShape()* bzw. *endShape()* setzen. Doch bevor die Funktion aufgerufen werden kann, muss anfangs über die Funktion *vertex()* der erste Punkt definiert werden. Erst im Anschluss erfolgt der Aufruf der Funktion *bezierVertex()*. Nehmen wir das gerade gezeigte Beispiel und wenden die beiden Funktionen darauf an:

```
. . .
vertex(X_P1, Y_P1);
bezierVertex(X_K1, Y_K1, X_K2, Y_K2, X_P2, Y_P2);
. . .
```

Die Syntax lautet dann wie folgt:

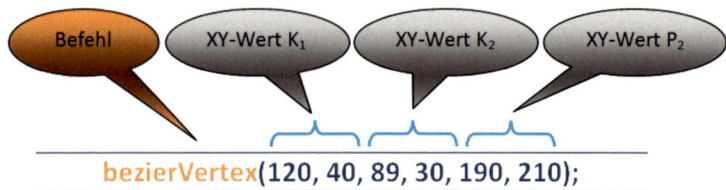

Langer Rede kurzer Sinn: Schau Dir den folgenden Code an, der die o.g. *Bézierkurve* in das Ausgabefenster zaubert.

```
void setup()
{
  size(400, 300); noFill();
  smooth(); strokeWeight(2);
}
void draw()
{
  background(0);
```

```
  stroke(255, 255, 0);
  beginShape();
    vertex(86, 220);
    bezierVertex(52, 33, 336, 34, 263, 222);
  endShape();
}
```

Na, dann lass uns mal schauen, ob das so stimmt …

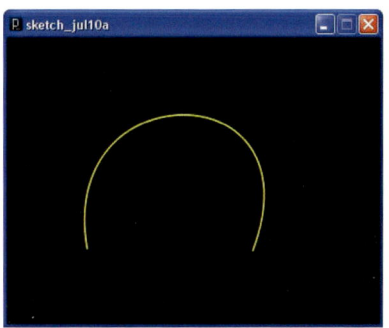

◀ **Abbildung 17-32**
Bézierkurve

Das scheint ja okay zu sein. Das folgende Programm ermöglicht uns wieder, die Sache *interaktiv* zu gestalten. Es werden dabei alle vier Punkte durch Zufall bestimmt und im Anschluss die *Bézier-kurve* gezeichnet. Du hast wieder die Möglichkeit, über die Maus die Punkte P_1, P_2 und K_1, K_2 zu verschieben, die Kurve passt sich automatisch den neuen Gegebenheiten an.

Wir müssen lediglich *zwei* Dinge bei unserem letzten interaktiven Programm anpassen, nämlich

- die Variable *ANZAHL* mit dem Wert *4* initialisieren und
- die Methode *zeige()* mit dem folgenden Code ersetzen.

```
...
  void zeige()
  {
    ueber();
    stroke(255, 0, 0);
    ellipse(xKoordinate, yKoordinate, radius, radius);
    beginShape();
      strokeWeight(1); stroke(255, 255, 0);
      vertex(obj[0].xKoordinate, obj[0].yKoordinate);
      text("P1", obj[0].xKoordinate + 5, obj[0].yKoordinate);
      bezierVertex(obj[1].xKoordinate, obj[1].yKoordinate,
                   obj[2].xKoordinate, obj[2].yKoordinate,
                   obj[3].xKoordinate, obj[3].yKoordinate);
      text("K1", obj[1].xKoordinate + 5, obj[1].yKoordinate);
```

```
    text("K2", obj[2].xKoordinate + 5, obj[2].yKoordinate);
    text("P2", obj[3].xKoordinate + 5, obj[3].yKoordinate);
  endShape();
  stroke(0, 0, 255);
  line(obj[0].xKoordinate, obj[0].yKoordinate, obj[1].xKoordinate,
                           obj[1].yKoordinate);
  line(obj[2].xKoordinate, obj[2].yKoordinate, obj[3].xKoordinate,
                           obj[3].yKoordinate);
  }
...
```

Dann gucken wir mal, was dabei herausgekommen ist:

Abbildung 17-33 ▶
Bézierkurve

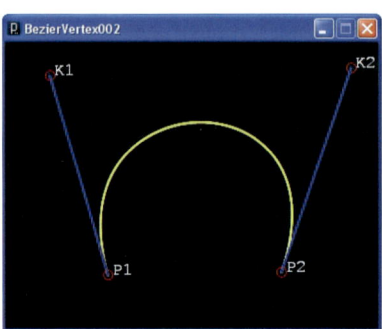

Das ist doch schon mal ganz ordentlich, und wir können damit einige Experimente durchführen. Im Folgenden siehst Du wieder ein paar Beispiele mit unterschiedlichen Positionen der einzelnen Punkte. Natürlich gibt es unendlich viele Möglichkeiten, ich präsentiere hier nur ein paar. Den Rest kannst Du dann selber erforschen.

Unterschiedliche Bezierkurven:

Abbildung 17-34 ▶
Beispiele I

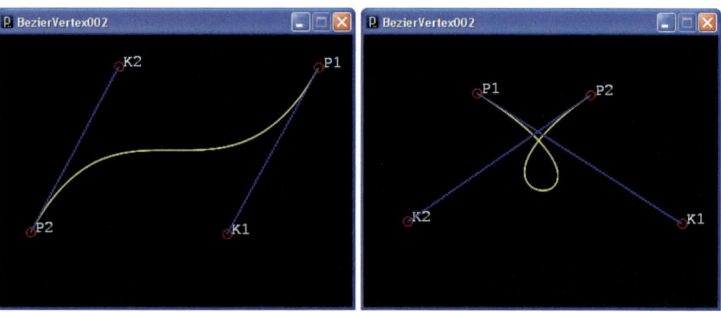

Kapitel 17: Vertices

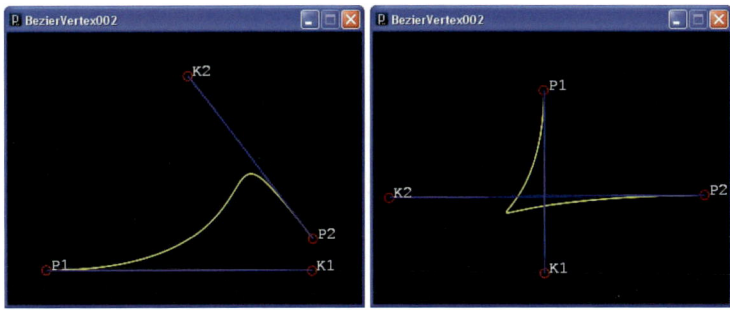

Das sollte für den Anfang reichen. Möchtest Du komplexere *Bézier-kurven* erzeugen, schlage ich Dir folgende Vorgehensweise vor, ohne dass Du zu viel Zeit darauf verwendest, Dir die Sachen auf Milli-meterpapier vorzuzeichnen, die Koordinaten zu ermitteln, alles ins Programm zu übertragen usw.

Es gibt nämlich ein *Open Source*-Vektorprogramm mit dem Namen *Inkscape*. Mit dessen Hilfe kannst Du wunderbar die komplexesten Kurven gestalten und als *SVG*-Dateien abspeichern. *SVG* bedeutet **S**calable **V**ector **G**raphics, also skalierbare Vektorgrafik. Das Tolle daran ist jetzt, dass *Processing* mit der entsprechenden Bibliothek in der Lage ist, das Format zu lesen und darzustellen. Ich schlage vor, dass Du Dir die Sache im Internet einmal genauer anschaust. Dort erfährst Du, wie und wo die Bibliothek zu installieren ist und wie die entsprechenden Befehle bzw. Funktionen lauten, um die Biblio-thek zu nutzen.

> Mir fällt gerade etwas sehr Wichtiges ein. Mich stört aber eine Sache. Wenn ich einen Punkt mit der Maus selektiert habe, möchte ich nicht, dass ein anderer beim Überfahren mit eingefangen wird. Wie können wir das ändern?

Natürlich ist das auch möglich. Doch wir benötigen noch etwas mehr an Kodierung, um das gewünschte Verhalten zu realisieren. Die Klasse *Objekt* bleibt davon unangetastet, und Du kannst sie 1 zu 1 übernehmen. Die Anpassungen finden im Hauptprogramm statt:

```
PFont font;
int ANZAHL = 4, radius = 10;
Objekt[] obj;
boolean objCatched = false;
int objCatchedId = -1;
```

```
void setup()
{
  obj = new Objekt[ANZAHL];
  size(400, 300);
  smooth(); noFill();
  for(int i = 0; i < ANZAHL; i++)
    obj[i] = new Objekt((int)random(width), (int)random(height));
  font = createFont("Courier New", 12, true);
  textFont(font, 18);
}

void draw()
{
  background(0);
  for(int i = 0; i < ANZAHL; i++)
    obj[i].zeige();
}

void mouseDragged()
{
  for(int i = 0; i < ANZAHL; i++)
  {
    if(obj[i].istUeber)
      if(objCatchedId > -1)
      {
        obj[objCatchedId].xKoordinate = mouseX;
        obj[objCatchedId].yKoordinate = mouseY;
      }
      else
      {
        obj[i].xKoordinate = mouseX;
        obj[i].yKoordinate = mouseY;
        if(!objCatched)
        {
          objCatchedId = i;
          objCatched = true;
        }
      }
  }
}

void mouseReleased()
{
  objCatched = false;
  objCatchedId = -1;
}
```

Du benötigst hier zwei weitere Variablen:

- objCatched (ist *true*, wenn ein Punkt bei gedrückter Maustaste selektiert ist)
- objCatchedId (hat die *Id* des selektierten Objektes gespeichert)

Wenn kein Objekt angewählt wurde, hat die Variable *objCatchedId* den Anfangswert *-1*. Drückst Du jetzt die linke oder rechte Maustaste, wenn Du Dich über einem Anfasspunkt befindest, bekommt die Variable die *Id* des Objektes zugewiesen. Gleichzeitig wird die boolesche Variable *objCatched* auf *true* gesetzt. Sie wird benötigt, damit bei Überfahren eines weiteren Punktes bei schon gedrückter Maustaste dieser nicht mit eingefangen wird.

Die systemeigene Funktion *mouseReleased* wurde mit Code gefüllt, der beim Loslassen der Maustaste die Variablen *objCatched* und *objCatchedId* auf die Anfangswerte zurücksetzt.

Dateizugriff

18

In unseren bisherigen Programmen haben wir es zunächst einmal mit *Daten* zu tun gehabt, die in Variablen abgelegt wurden. Daten allein bringen aber nicht viel, wenn man mit ihnen nicht irgendetwas anstellt. Darum haben wir unseren Grips angestrengt, um auch eine Programmlogik oder einen Algorithmus zu entwickeln, denn die Daten sollten in irgendeiner Form einer Verarbeitung unterworfen werden. Ein *Algorithmus* ist übrigens eine Rechenvorschrift zur Lösung eines Problems. Das kann z.B. eine Formel sein.

Daten und *Programmlogik* sind bisher beide Bestandteil *eines* Programms gewesen. Beim Start der Anwendung standen die Werte zur Verarbeitung innerhalb der Programmlogik schon fest.

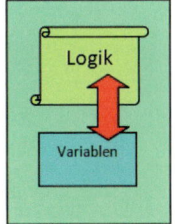

Textdatei

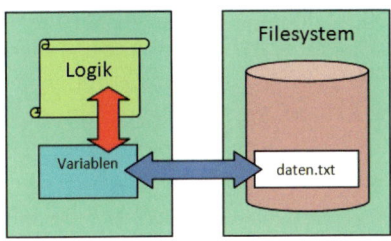

Doch es besteht auch die Möglichkeit, *von außen* Informationen an das Programm zu übertragen. Dazu eignet sich die einfachste Dateiform recht gut: *die Textdatei*. Sie enthält die *Netto*-Information, also keine Formatierungsanweisungen wie z.B. die Größe des Fonts, die Farbe usw. All diese Attribute werden nicht benötigt, weshalb diese Form der Datenspeicherung für unsere Zwecke geeignet ist.

> Ich brauche die Datei *daten.txt*. Woll'n doch mal sehen, ob ich die hier finde!

Eine Textdatei stellt eine *sequenzielle Folge* von Einzelzeichen dar. Schauen wir dazu einfach mal den Inhalt der Textdatei *daten.txt* an. Ich habe den Inhalt mit einem reinen Texteditor sichtbar gemacht.

Abbildung 18-1 ▶
Inhalt der Textdatei daten.txt

```
daten.txt ✖
1   Das sind die Daten
2   der Textdatei mit dem
3   Namen "daten.txt".
```

Natürlich interpretiert der Texteditor die Daten in eine für uns lesbare Form. Wenn wir mit einem sogenannten Hex-Editor die Daten unter die Lupe nehmen, erkennen wir lediglich eine Form von Code.

Abbildung 18-2 ▶
Ansicht der Textdatei
über einen Hex-Editor

```
daten.txt
0x00: 44 61 73 20 73 69 6E 64 20 64 69 65 20 44 61 74   Das sind die Dat
0x10: 65 6E 0D 0A 64 65 72 20 54 65 78 74 64 61 74 65   en..der Textdate
0x20: 69 20 6D 69 74 20 64 65 6D 0D 0A 4E 61 6D 65 6E   i mit dem..Namen
0x30: 20 22 64 61 74 65 6E 2E 74 78 74 22 2E            "daten.txt".
```

Was könnte das für ein Code sein? Wenn Du im Internet »ASCII Tabelle« als Suchbegriff eingibst, wirst Du sehen, dass Du auf der richtigen Spur bist. Schauen wir uns einfach die ersten vier Zeichen an:

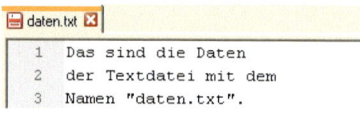

Das *Leerzeichen*, im Englischen auch *Space* genannt, findest Du in einer ASCII-Tabelle meistens unter dem Kürzel *SP*, was ein Sonderzeichen darstellt. Wir haben es aber in unserer Textdatei mit weiteren Sonderzeichen zu tun. Und woran erkennt der Texteditor, dass er einen Zeilenumbruch darstellen muss? Die erste Textzeile hat hinter dem Wort *Daten* einen Zeilenumbruch. Danach folgen zwei Codes, die *0D* und *0A* lauten. Was könnte es damit auf sich haben? Ein Blick in die ASCII-Tabelle stiftet vielleicht mehr Verwirrung, als dass er etwas nützt, doch die Sache ist recht simpel:

0D bedeutet *CR* und ist die Abkürzung für *Carriage Return*, was wiederum *Wagenrücklauf* bedeutet. Das kommt noch aus der Zeit der Fernschreiber, bei dem der Laufwagen, auf dem der Schreibkopf montiert war, an die linke Ausgangsposition zurückbefördert wurde.

0A bedeutet *LF* und ist die Abkürzung für *Linefeed*, was *Zeilenvor-schub* bedeutet. Den Schreibkopf mit *CR* einfach nur an den Anfang zurückzusetzen, würde das schon Geschriebene wieder überschreiben. Wir müssen mit *LF* in die nächste Zeile wandern. Wenn Du den Hex-Code genauer anschaust, wirst Du noch ein weiteres *0D 0A* finden. Doch kommen wir jetzt nach all der Vorrede endlich zum eigentlichen: *den Lesen einer Textdatei*.

Lesen

Zum Lesen einer Textdatei werden wir die Funktion *loadStrings()* verwenden.

> Warum wird die Funktion im Plural geschrieben? Wenn ich das recht verstanden habe, lesen wir doch mit der angegebenen Funktion nur eine einzige Textdatei – oder?

Das ist korrekt, denn die Funktion nimmt lediglich ein Argument entgegen: den *Dateinamen*.

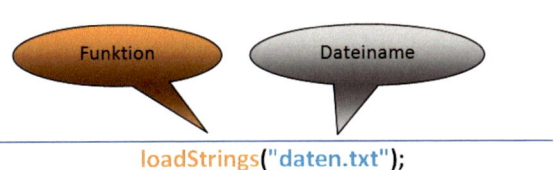

Du hast gesehen, dass eine Textdatei aus mehreren Zeilen bestehen kann. Der Rückgabetyp der Funktion ist ein *Array*, was bedeutet, dass für jede Zeile der Textdatei ein Array-Element generiert wird. Der Code für unser erstes Beispiel lautet

```
String[] textFileZeilen = loadStrings("daten.txt");
```

Die Variable *textFileZeilen* ist ein Array des Datentyps *String*. Nach dem erfolgreichen Lesen der Datei haben wir das folgende Array geschaffen:

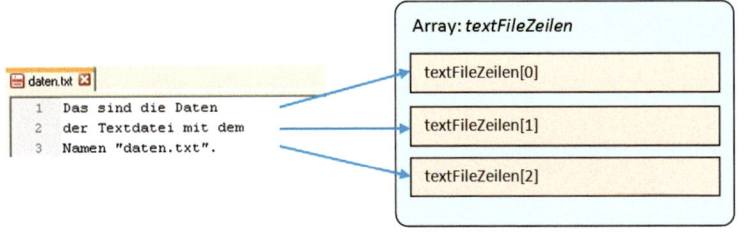

◄ **Abbildung 18-3**
Jede Zeile der Datei wandert in ein Array-Element.

Wollen wir mal sehen, ob das auch alles so stimmt, wie ich es hier erklärt habe.

```
String[] textFileZeilen = loadStrings("daten.txt");
for(int i= 0; i < textFileZeilen.length; i++)
  println(textFileZeilen[i]);
```

Die Ausgabe im Nachrichtenfenster sieht so aus:

Abbildung 18-4 ▶
Ausgabe der Textzeilen
der gelesenen Datei

```
Das sind die Daten
der Textdatei mit dem
Namen "daten.txt".
```

Scheint doch alles okay zu sein.

Eine Frage drängt sich mir an dieser Stelle auf: *Wo* im Filesystem muss denn die Datei abgespeichert sein, damit Processing sie auch wieder findet?

Das ist schon eine gute Frage, denn die Datei darf ja nicht irgendwo herumliegen. Sie muss sich im Projektverzeichnis befinden.

Ich muss an dieser Stelle noch einen wichtigen Punkt erwähnen: Stell Dir die einfache Frage, wie Du die Textdatei in Deinem Projektverzeichnis speicherst. Es gibt bei Processing zwei unterschiedliche Ansätze:

- Erstellen der Textdatei mit einem Texteditor wie *Notepad* bzw. *Notepad++* und Speichern der Datei in das Processing-*Projektverzeichnis*.

- Erstellen der Textdatei mit einem Texteditor wie *Notepad* bzw. *Notepad++* und Speichern der Datei auf dem Desktop oder einem anderen beliebigen Verzeichnis. Dann Hinzufügen der erstellten Datei über den Menüpunkt *Sketch|AddFile*.

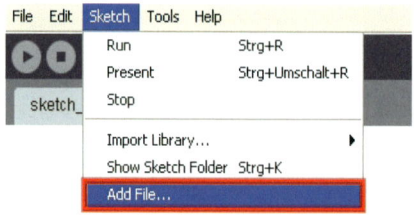

Danach erstellt Processing unterhalb des Projektverzeichnisses ein weiteres Verzeichnis mit dem Namen *data*. Dort wird die Datei dann beim Aufruf der Funktion *loadStrings()* gesucht. Du brauchst aber nicht das *data*-Verzeichnis als Pfadelement mit anzugeben.

Kommen wir jetzt zu einer kleinen Übung: Unsere Anwendung soll den Inhalt einer Textdatei lesen und bestimmten Vorgaben entsprechend geometrische Figuren in das Grafikfenster zeichnen. Wie geht man dabei vor? Nun, zuerst musst Du Dir Gedanken über die Struktur der Datei machen, die die Informationen der Grafikobjekte enthalten soll. Dafür gibt es mehrere mögliche Lösungen. Ich denke mir dabei folgende Struktur aus:

- Die erste Zeile soll lediglich als Informationszeile diesen, um die Reihenfolge bzw. die Bedeutung der einzelnen Parameter zu kennzeichnen.

- Jedem geometrischen Objekt mit seinen Parametern wird *eine* Zeile gewidmet.

- Die Parameter lauten so:
  - Typ (*1=Rechteck*, *2=Ellipse*; *3=Linie*)
  - Farbinformation Rot-Wert (RGB)
  - Farbinformation Grün-Wert (RGB)
  - Farbinformation Blau-Wert (RGB)
  - X1, Y1
  - X2, Y2

Eine Beispieldatei könnte folgenden Inhalt aufweisen:

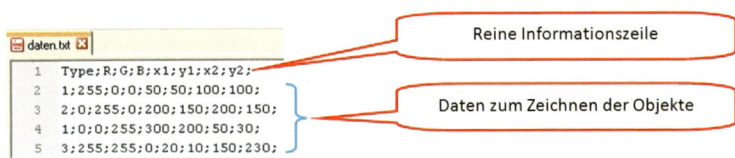

◀ **Abbildung 18-5**
Inhalt der Textzeilen zum Zeichnen der grafischen Objekte

Die erste Zeile soll beim Auswerten der Daten nicht berücksichtigt werden. Sie enthält lediglich die Informationen über die Reihenfolge der eigentlichen Objektparameter. Die Zeilen 2 bis 5 beinhalten die Werte zum Darstellen der unterschiedlichen Objekte.

Die Grafikausgabe anhand der o. g. Werte schaut dann folgendermaßen aus:

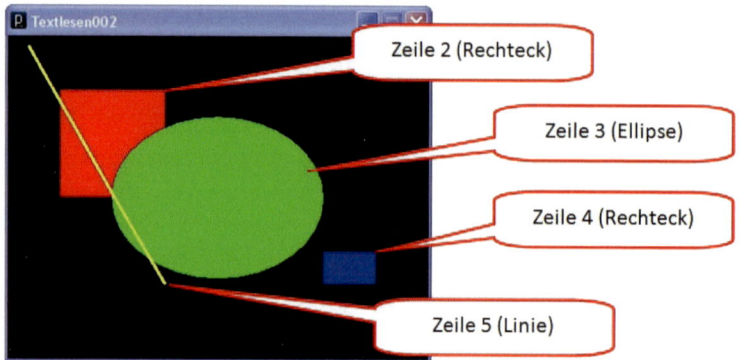

Doch kommen wir jetzt zum Code, der all diese Informationen entschlüsseln muss. Ich muss vorausschicken, dass ich dabei zugunsten der Übersichtlichkeit auf jegliche Kontrollmechanismen verzichtet habe. Es findet keine Überprüfung hinsichtlich der *Validität* der Daten statt, und auch keine Prüfung der Vollständigkeit der zu erwartenden Argumente. Das wäre sicherlich eine Übung wert und kann von Dir selbst programmiert werden!

```
String[] geometrischeObjekte;
String[] textFileZeilen;
int TYP = 0, R = 1, G = 2, B = 3;
int X1 = 4, Y1 = 5, X2 = 6, Y2 = 7;

void setup()
{
  size(400, 300); strokeWeight(3);
  background(0);
  geometrischeObjekte = loadStrings("daten.txt");
  for(int i = 1; i < geometrischeObjekte.length; i++)
    zeichneObjekt(geometrischeObjekte[i]);
}

void zeichneObjekt(String objekt)
{
  int parameter[] = int(split(objekt,';'));
  for(int i = 0; i < parameter.length; i++)
  {
    noStroke();
    fill(parameter[R],parameter[G],parameter[B]);
    switch(parameter[TYP])
    {
```

```
        // Rechteck
        case 1 : rect(parameter[X1],parameter[Y1],
                      parameter[X2],parameter[Y2]); break;
        // Ellipse bzw. Kreis
        case 2 : ellipse(parameter[X1],parameter[Y1],
                      parameter[X2],parameter[Y2]); break;
        // Linie
        case 3 : stroke(parameter[R],parameter[G],parameter[B]);
                 line(parameter[X1],parameter[Y1],
                    parameter[X2],parameter[Y2]); break;


    }
  }
}
```

Das String-Array *geometrischeObjekte* nimmt alle Zeilen über die *loadStrings*-Funktion auf. Nach diesem Aufruf ist der Inhalt folgender:

Jetzt müssen wir jede einzelne Zeile außer der ersten einer Zerlegung unterziehen, denn die einzelnen Parameter sind durch den Delimiter **';'** voneinander getrennt. Da Du die *split*-Funktion schon kennst, wird es ein Leichtes sein, den Code zu verstehen.

Die selbstgeschriebene Funktion *zeichneObjekt* wird viermal aufgerufen (denk dran, dass wir mit dem Indexwert *1* beginnen, da die erste Zeile ignoriert werden soll). Innerhalb der Funktion wird die übergebene Zeile, die sich in der *String*-Variablen *objekt* befindet, in ihre Bestandteile zerlegt (also in ihre Parameter) und in das *int*-Array *parameter* gespeichert. Wir sehen uns das am Beispiel der ersten Wertezeile einfach mal genauer an:

Abbildung 18-8 ▶

Inhalte der Parameterelemente

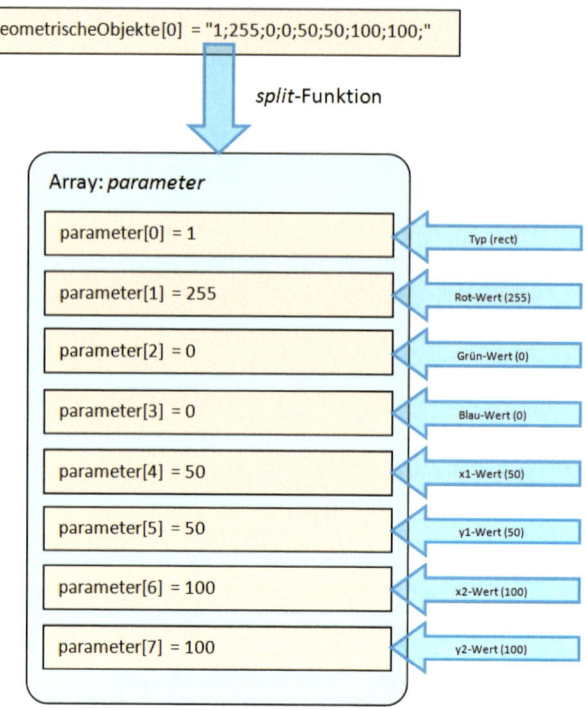

Da ich, wie schon erwähnt, gegen *Magic Numbers* bin, habe ich die Indexwerte des *parameter*-Arrays gegen mehr oder weniger sprechende Namen ersetzt (siehe Komplettcode). Das macht es für uns leichter, den Code zu verstehen.

Innerhalb des *switch*-Blocks werden je nach erkanntem Typ ein *Rechteck*, eine *Ellipse* oder eine *Linie* gezeichnet. Ist gar nicht so schwierig, oder!?

Schreiben

Kommen wir zum umgekehrten Weg. Dieses Kapitel befasst sich mit dem Schreiben von Daten *in* eine Textdatei. Du erinnerst Dich, dass wir beim Lesen die Textdatei in ein Array geschrieben haben:

Abbildung 18-9 ▶

Lesen einer Datei

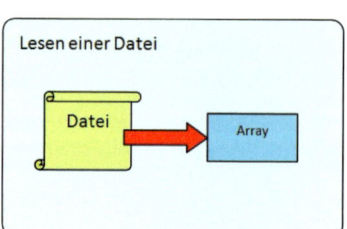

Jetzt überführen wird das Array mit seinen Elementen in eine Textdatei, wobei jedes Element eine Zeile in der Datei bekommt.

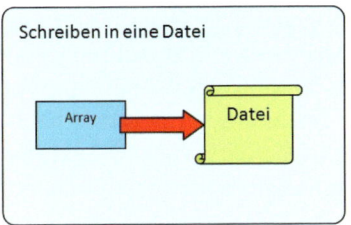

◀ **Abbildung 18-10**
Schreiben in eine Datei

Die Funktion zum Schreiben lautet *saveStrings()*.

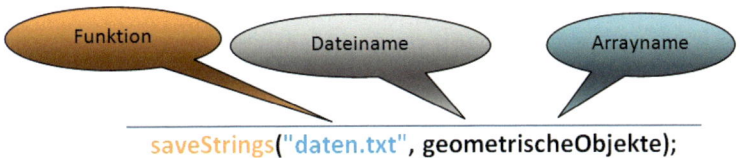

Der entsprechende Beispielcode dazu lautet vielleicht so:

```
String[] geometrischeObjekte = {"Type;R;G;B;x1;y1;x2;y2;",
                                "1;255;0;0;50;50;100;100;",
                                "2;0;255;0;200;150;200;150;",
                                "3;255;255;0;20;10;150;230;"};
saveStrings("meinedaten.txt", geometrischeObjekte);
```

Wenn Du das Programm ausgeführt hast, findest Du im aktuellen Projektverzeichnis eine Datei mit dem angegebenen Namen *meinedaten.txt*, deren Inhalt so aussieht:

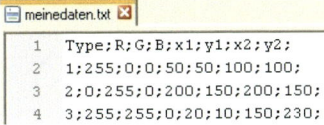

◀ **Abbildung 18-11**
Inhalt der Textdatei nach dem Schreiben der Daten

Was passiert aber, wenn ich das Programm ein *zweites Mal* ausführe? Kommt es dann zu einer Fehlermeldung, weil die Datei unter dem Namen schon existiert?

Das Programm arbeitet ganz normal weiter, wobei die bestehende Datei einfach mit den neuen Daten *überschrieben* wird. Du brauchst Dir also keine Sorgen um einen eventuellen Programmabsturz zu machen. Bedenke aber, dass auf jeden Fall die alten Daten gelöscht und durch neue Werte ersetzt werden.

XML-Datei

In den letzten Beispielen habe ich Dich mit *Textdateien* konfrontiert, mit deren Hilfe Daten sowohl gespeichert als auch gelesen wurden. Jede Zeile innerhalb der Datei entspricht einem sogenannten *Datensatz*. Wir können das als eine Zusammenfassung von mehreren Datenfeldern ansehen. In einem unserer Beispiele haben wir grafische Objekte mit ihren Eigenschaften aus einer Textdatei gelesen. Diese Eigenschaften entsprechen den angesprochenen Datenfeldern

- Objekttyp,
- Farbinformationen und
- Koordinaten.

Wird Zeile für Zeile aus einer Textdatei gelesen, bekommen wir Datensätze mit enthaltenen Datenfeldern zurück. Jetzt ist es an uns, die Datenfelder aus den Datensätzen zu extrahieren, um verwertbare Informationen für das Darstellen der Objekte im Ausgabefenster zu bekommen. Dieser Vorgang, der die anfallenden Daten in ein für uns brauchbares und verständliches Format umwandelt, wird *Parsen* genannt.

Doch wollte ich an dieser Stelle nicht die Verarbeitung von Textdateien erläutern, denn das haben wir schon zu Beginn des Kapitels gemacht. Ich möchte Dir eine weitere Form der Datenverarbeitung zeigen, bei der es ebenfalls um gespeicherte Textdateien geht. Ihr Inhalt ist anders strukturiert und bietet einen Vorteil gegenüber herkömmlichen Textdateien.

Grundlagen

Diese Dateien werden *XML-Dateien* genannt. XML bedeutet e**X**tensible **M**arkup **L**anguage, was übersetzt so viel heißt wie *erweiterbare Auszeichnungssprache*. Die enthaltenen Daten sind in einer hierarchischen strukturierten Form abgelegt. Was bedeutet das genau? Kommen wir wieder zu unseren grafischen Objekten und stellen diese einmal in einer hierarchischen Form dar:

Die Knoten mit den Farben

 und

sind sogenannte *Knotenpunkte*, von denen aus es weitere Verzweigungen geben kann. Fangen wie ganz oben an, beginnt diese *Baumstruktur* immer mit einem Wurzelelement namens *Root*. Dreh diese hierarchische Darstellung einmal auf den Kopf, dann könntest Du mit ein wenig Phantasie einen Baum erkennen. Alles beginnt mit einem *einzigen* Wurzelelement. Danach folgen ein oder mehrere Knoten (*Node*), und am Ende finden sich die Blätter (*Leaf*).

Sie sind wie im wahren Leben grün.

Alle Elemente, ob *Root*, *Node* oder *Leaf*, besitzen innerhalb der XML-Datei eine *Beginn-* und eine *Ende*-Kennung, die durch spitze

Klammerpaare gekennzeichnet sind und *Tag* (gesprochen »Täg«) genannt werden. So sieht z. B. so ein *Leaf-Element* aus:

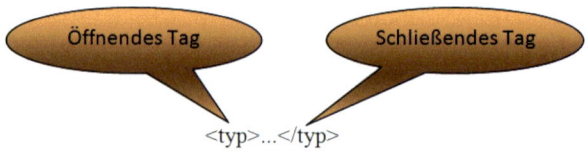

Du siehst, dass ein *Tag* einen Namen hat, der zwischen den eckigen Klammern steht. Einem *öffnenden Tag* muss immer ein *schließender Tag* folgen, dessen Name mit einem / (*Slash*) eingeleitet wird. Zwischen den beiden Tags steht der *Content*, der Inhalt des Elements. Doch schauen wir uns endlich eine *XML*-Datei im Ganzen an. Die einfachste Methode, um eine *XML*-Datei zu erstellen, ist mit einem simplen Texteditor wie dem *Notepad*. Aber es existieren auch zahlreiche *XML*-Editoren, die kostenlos im Internet angeboten werden. Doch ich verwende an dieser Stelle erst einmal den Allrounder *Notepad++*, der nicht die Einschränkungen des Windows-eigenen Notepad mit sich bringt. Im Anschluss stelle ich Dir *XML-Notepad2007* vor, das die *XML*-Ansicht ein wenig aufbereitet. Was Du im Endeffekt benutzt, hängt ganz von Dir ab. Das ist Geschmackssache.

Abbildung 18-13 ▶
Anzeigen der XML-Datei
mit Notepad++

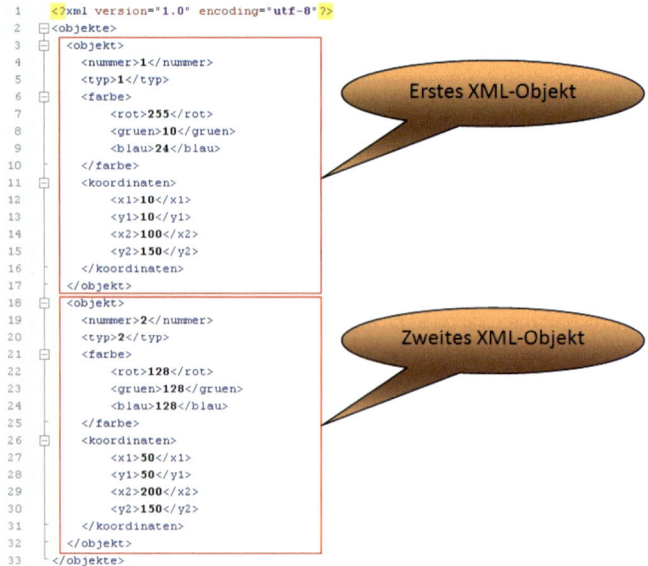

An was erinnert mich das Mobile an der Decke bloß!?

Die erste Zeile im XML-Dokument stellt den *Prolog* dar. Es handelt sich um die XML-Deklaration, die uns bzw. dem System mitteilt, dass es sich wirklich um eine XML-Datei handelt. Zusätzlich bekommen wir noch die XML-Version genannt und den verwendeten Zeichencode. *UTF-8* ist der gängigste Code für amerikanisches Englisch und weitere Sprachen und definiert den Standard.

XML ist eine Sprache, die zwischen Groß- und Kleinschreibung unterscheidet. Es ist also wichtig, darauf zu achten, wie Du die einzelnen *Tags* schreibst. Die beiden folgenden *Tags* passen nicht zusammen, da der schließende Tag im Gegensatz zum öffnenden anders geschrieben wurde.

```
<objekt>...</Objekt>
```

Jetzt wollen wir endlich ein Programm schreiben, um die eben gezeigte XML-Datei zu lesen und entsprechende Objekte im Ausgabefenster anzuzeigen.

Die *XML-Bibliothek* von Processing bietet einigen Komfort, um die *XML*-Datei zu lesen bzw. in sie zu schreiben. Konzentrieren wir uns aber hier auf das *Lesen*. In der *XML*-Verarbeitung werden häufig die Bezeichnungen *Parent* und *Child* verwendet, was übersetzt *Eltern* und *Kind* bedeutet. Wenn ich mir die folgenden Knoten anschaue, kann ich sagen:

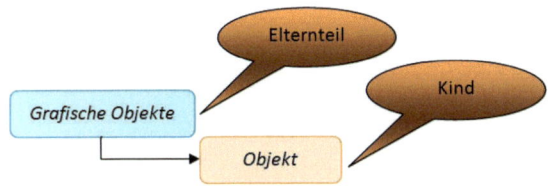

◀ **Abbildung 18-14**
Eltern-Kind-Beziehung

Der Knoten ist das *Elternteil* und hat in diesem Fall ein *Kind*, das hierarchisch gesehen unterhalb angesiedelt ist. Kommen wir jetzt zu dem Schritt, bei dem die kompletten *XML*-Informationen aus der Datei in eine Variable eines bestimmten Typs geladen werden.

Lesen

```
import processing.xml.*;
String XMLDateiname = "ProcessingXML001.xml";
int anzahlObjekte;
XMLElement xmlRoot;  ❶

void setup()
{
  size(300, 250);
  xmlRoot = new XMLElement(this, XMLDateiname);  ❷
  println(xmlRoot);
  ...
}
```

❶   Deklaration der Variablen *xmlRoot* zur Aufnahme der kompletten XML-Informationen

❷   Initialisierung der Variablen *xmlRoot* über Konstruktor mit Angabe des Dateinamen

Wenn Du über die *println*-Funktion die Variable *xmlRoot* an das Nachrichtenfenster ausgibst, bekommst Du den genauen Inhalt, wie er in der *XML*-Datei gespeichert ist.

Abbildung 18-15 ▶
Inhalt der XML-Datei

Kapitel 18:   Dateizugriff

Du erkennst hier alle *Tags* und ihren Inhalt. Unsere Aufgabe besteht nun darin, die Informationen aus den jeweiligen *Tags* geschickt zu extrahieren, damit wir die Werte entsprechend zuordnen und unsere grafischen Objekte daraus erstellen können.

Die Basis haben wir also geschaffen. Wie kommen wir an die Daten, die wir benötigen? Die Variable *xmlRoot* ist eigentlich ein Objekt des Datentyps *XMLElement*. Nun wissen wir ja schon, dass Objekte gelegentlich auch Methoden besitzen, um auf die Innereien zugreifen zu können. Was können wir an Informationen dem *xmlRoot*-Objekt entlocken? Nun, ich würde sagen, dass mich die Anzahl der grafischen Objekte unterhalb des Root-Knotens interessiert. Die Methode dazu sieht so aus:

getChildCount();

In unserem Fall kommt dort der Wert *2* als Ergebnis heraus.

```
...
xmlRoot = new XMLElement(this, XMLDateiname);
anzahlObjekte = xmlRoot.getChildCount();
println(anzahlObjekte);
...
```

Nun ist es an der Zeit, sich den einzelnen *XML*-Elementen zu widmen. Sie stecken alle im *xmlRoot*-Objekt. Glücklicherweise können wir auf eine Methode zurückgreifen, die uns die Arbeit abnimmt.

getChildren();

Jedes einzelne Objekt, das wir zurückbekommen, ist vom Datentyp *XMLElement*. Stellen wir uns mal dumm: Wir wissen nicht, wie viele Elemente zu erwarten sind. Dann ist es am sinnvollsten, ein *XMLElement-Array* zu deklarieren, das alle hereinströmenden Objekte aufnehmen kann. Hier das komplette Programm dazu:

```
import processing.xml.*;
String XMLDateiname = "ProcessingXML001.xml";
int anzahlObjekte;
XMLElement xmlRoot;
XMLElement[] grafischesObjekt;

void setup()
{
  size(300, 250);
  xmlRoot = new XMLElement(this, XMLDateiname);
  grafischesObjekt = xmlRoot.getChildren();          // Initialisierung des Array
  for(int i = 0; i < grafischesObjekt.length; i++)
    println(grafischesObjekt[i]);
}
```

Was hat es denn noch mal mit der *import*-Anweisung in der ersten Zeile auf sich?

Oh, das habe ich Dir noch nicht erklärt: Die *Import*-Anweisung teilt Processing mit, dass wir auf den Funktionsumfang einer Bibliothek zugreifen wollen, die die Kommunikation mit XML-Dateien erleichtert.

Hier einfach mal eine kurze Aufgabe, die es zu lösen gilt:

Was ist der Unterschied in der Nachrichtenfensterausgabe zur vorherigen Ausgabe?

Die Ausgabe zeigt wie erwartet die einzelnen Daten der Grafikobjekte an:

Abbildung 18-16 ▶
Inhalt der XML-Datei

```
<objekt>
    <nummer>1</nummer>
    <typ>1</typ>
    <farbe>
        <rot>255</rot>
        <gruen>10</gruen>
        <blau>24</blau>
    </farbe>
    <koordinaten>
        <x1>10</x1>
        <y1>10</y1>
        <x2>100</x2>
        <y2>150</y2>
    </koordinaten>
</objekt>

<objekt>
    <nummer>2</nummer>
    <typ>2</typ>
    <farbe>
        <rot>128</rot>
        <gruen>128</gruen>
        <blau>128</blau>
    </farbe>
    <koordinaten>
        <x1>50</x1>
        <y1>50</y1>
        <x2>200</x2>
        <y2>150</y2>
    </koordinaten>
</objekt>
```

Na, hast Du den Unterschied bemerkt? Da wir hier die Kinder des Root-Knotens *<objekte>...</objekte>* ausgegeben haben, wird dieser natürlich nicht mit ausgegeben.

Endlich ist es an der Zeit, sich der jeweiligen Daten jedes einzelnen *XMLElement*-Objekts zu widmen. Wir benötigen

- nummer
- typ
- farbe
  - rot
  - gruen
  - blau
- koordinaten
  - x1
  - y1
  - x2
  - y2

Haben wir diese Werte ermittelt, ist es an der Zeit, eine Klasse zu konstruieren, um die daraus instanziierten Objekte damit zu initialisieren. Doch dazu später mehr.

Werfen wir schnell noch mal einen Blick auf die Struktur bzw. die Hierarchie eines der erhaltenen *XMLElement*-Objekte.

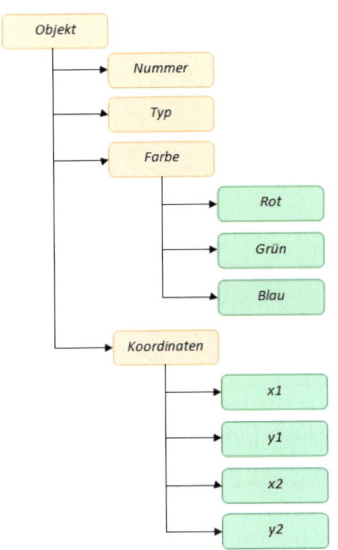

◀ **Abbildung 18-17**
Objekthierarchie

Fangen wir oben an und arbeiten uns nach unten vor. Der erste *Tag* ist der, in dem die *Objektnummer* hinterlegt ist. Der *Objekt*-Tag befindet sich auf einer höheren Hierarchieebene als der *Nummer*-Tag. In welchem Verhältnis stehen beide zueinander?

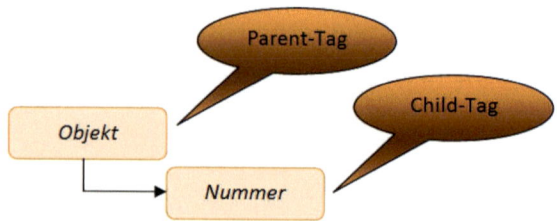

Unser *Objekt*-Tag als Elternteil hat ein untergeordnetes Kind: das *Nummer*-Tag. Über eine Methode können wir alle Child-Knoten auswählen, und das sogar mit Namen!

getChild();

Das übergebene Argument in Form einer Zeichenkette oder einer Ganzzahl wählt das angeforderte *Child*-Element aus. Ich verwende die Zeichenkette, da der Code so besser lesbar ist:

```
...
  for(int i = 0; i < grafischesObjekt.length; i++)
  {
    println(grafischesObjekt[i].getChild("nummer"));
  }
...
```

Du bist sicherlich gespannt, was als Ausgabe erscheint. So langsam müssten wir uns doch den beiden Werten *1* bzw. *2* nähern, die in der *XML*-Datei in den *Nummern*-Tags stecken.

Abbildung 18-18 ▶
Ausgabe der nummer-Tags

```
<nummer>1</nummer>

<nummer>2</nummer>

1
```

Wow, fast richtig! Doch wie kommen wir noch weiter runter in der Hierarchie? Eigentlich sind wir doch schon da – oder!? Nicht ganz. Du hast mit der Methode *getChild()* lediglich den *Kind-Knoten* ausgegeben, aber nicht seinen Inhalt. Ja, das ist schon ein Unterschied.

Also muss noch eine Methode her, um endlich *die* Daten zu bekommen, die benötigt werden. Sie sieht so aus:

```
getContent();
```

Sie gibt den Inhalt eines Tags wieder. Der auf diese Weise modifizierte Code lautet

```
...
  for(int i = 0; i < grafischesObjekt.length; i++)
  {
    println(grafischesObjekt[i].getChild("nummer").getContent());
  }
...
```

◀ **Abbildung 18-19**
Ausgabe der Inhalte der
nummer-Tags

Statt des Namens kannst Du als Argument der *getChild*-Methode auch den Wert *0* verwenden. Er repräsentiert den ersten Knoten. Der Wert *1* würde auf den folgenden Knoten *typ* weisen, usw. Doch lieber *keine* Magic Numbers verwenden, sage ich immer! Auf diese Weise wollen wir alle verfügbaren Daten sichtbar im Nachrichtenfenster anzeigen:

```
...
  for(int i = 0; i < grafischesObjekt.length; i++)
  {
    println(grafischesObjekt[i].getChild("nummer").getContent());
    println(grafischesObjekt[i].getChild("typ").getContent());
    println(grafischesObjekt[i].getChild("farbe").getChild("rot").
            getContent());
    println(grafischesObjekt[i].getChild("farbe").getChild("gruen").
            getContent());
    println(grafischesObjekt[i].getChild("farbe").getChild("blau").
            getContent());
    println(grafischesObjekt[i].getChild("koordinaten").
            getChild("x1").getContent());
    println(grafischesObjekt[i].getChild("koordinaten").
            getChild("y1").getContent());
    println(grafischesObjekt[i].getChild("koordinaten").
            getChild("x2").getContent());
    println(grafischesObjekt[i].getChild("koordinaten").
            getChild("y2").getContent());
```

```
        println("----------");
    }
...
```

Als Ergebnis sehen wir das hier:

Abbildung 18-20 ▶
Ausgabe der Inhalte
der benötigten Tags

```
1
1
255
10
24
10
10
100
10
-----
2
2
128
128
128
50
50
200
50
-----
1
```

Das sind doch genau *die* Daten, die in der *XML*-Datei als Content hinterlegt sind.

> Das ist ja wirklich klasse! Dennoch habe ich mit dem Abrufen der Daten über mehrere Hierarchieebenen noch so meine Verständnisprobleme. Es taucht mehrfach hintereinander die Methode *getChild()* in einer Zeile auf. Warum müssen wir das machen?

Kein Problem. Ich werde das an einem Beispiel noch mal genauer erläutern. Fangen wir mit dem einfacheren Beispiel an, wo es darum geht, die *Objekt-Nummer* zu ermitteln. Wirf bitte zuerst einen Blick auf die Hierarchie mit ihren Knotenpunkten. Hier siehst Du noch einmal die Struktur und die Daten des ersten grafischen Objekts.

Abbildung 18-21 ▶
XML-Struktur des
ersten grafischen Objekts

```
<objekt>
    <nummer>1</nummer>        nummer-Tag mit Content
    <typ>1</typ>
    <farbe>
        <rot>255</rot>
        <gruen>10</gruen>
        <blau>24</blau>
    </farbe>
    <koordinaten>
        <x1>10</x1>
        <y1>10</y1>
        <x2>100</x2>
        <y2>150</y2>
    </koordinaten>
</objekt>
```

Lösen wir den *Eltern-Knoten* mit seinem *Kind-Knoten* und dem *Content* heraus, stellt es sich folgendermaßen dar:

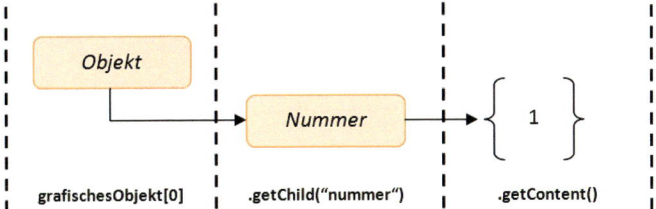

Genauso lautete auch unsere Zeile im Code:

```
println(grafischesObjekt[i].getChild("nummer").getContent());
```

Machen wir das Gleiche einmal für das *rot*-Tag:

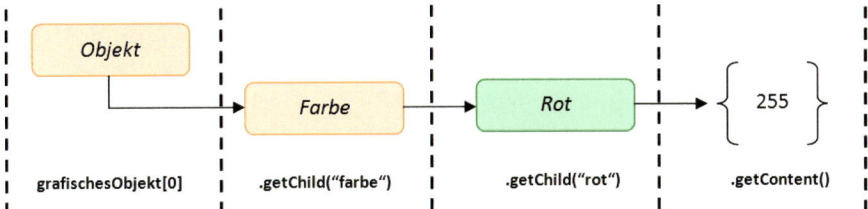

Die Codezeile dafür lautet

```
println(grafischesObjekt[i].getChild("farbe").getChild("rot").
getContent());
```

Der Wert für die Laufvariable *i* ist in unserem Fall für das erste Objekt *0*. Ich denke, dass jetzt alles klar sein sollte. Es ist der Zeitpunkt gekommen, da wir eine Klasse programmieren, um die einzelnen Werte zu speichern und *darüber* die grafischen Objekte dazustellen. Die Klassendefinition ist recht einfach gehalten und kommt ohne parametrisierten Konstruktor aus. Alle Werte werden direkt an die Feldvariablen übergeben. Es ist bestimmt eine schöne Aufgabe für Dich, einen Konstruktor zu programmieren, der die Daten entgegennimmt und die Feldvariablen darüber initialisiert. Ich habe mich für die erste Variante entschieden.

```
class Daten
{
  int nummer;
  int typ;
  int R, G, B;
  int x1, y1, x2, y2;
}
```

Das ist schon alles! Wie sieht denn unser Hauptprogramm aus:

```
import processing.xml.*;
String XMLDateiname = "ProcessingXML001.xml";
int anzahlObjekte;
XMLElement xmlRoot;
XMLElement[] grafischesObjekt;
Daten[] go;

void setup()
{
  size(400, 300); smooth(); background(0);
  xmlRoot = new XMLElement(this, XMLDateiname);
  anzahlObjekte = xmlRoot.getChildCount();
  go = new Daten[anzahlObjekte];
  grafischesObjekt = xmlRoot.getChildren();
  for(int i = 0; i < grafischesObjekt.length; i++)
  {
    go[i] = new Daten(); // Objekt instanziieren
    go[i].nummer = int(grafischesObjekt[i].getChild("nummer").
              getContent());
    go[i].typ = int(grafischesObjekt[i].getChild("typ").getContent());
    go[i].R = int(grafischesObjekt[i].getChild("farbe").
              getChild("rot").getContent());
    go[i].G = int(grafischesObjekt[i].getChild("farbe").
              getChild("gruen").getContent());
    go[i].B = int(grafischesObjekt[i].getChild("farbe").
              getChild("blau").getContent());
    go[i].x1 = int(grafischesObjekt[i].getChild("koordinaten").
              getChild("x1").getContent());
    go[i].y1 = int(grafischesObjekt[i].getChild("koordinaten").
              getChild("y1").getContent());
    go[i].x2 = int(grafischesObjekt[i].getChild("koordinaten").
              getChild("x2").getContent());
    go[i].y2 = int(grafischesObjekt[i].getChild("koordinaten").
              getChild("y2").getContent());
    zeichneObjekt(go[i]);
  }
}

void zeichneObjekt(Daten go)
{
  noStroke();
  fill(go.R, go.G, go.B);
  switch(go.typ)
  {
    // Rechteck
    case 1: rect(go.x1, go.y1, go.x2, go.y2); break;
```

```
    // Ellipse bzw. Kreis
    case 2: ellipse(go.x1, go.y1, go.x2, go.y2); break;
    // Linie
    case 3: stroke(go.R, go.G, go.B);
            line(go.x1, go.y1, go.x2, go.y2); break;
    }
}
```

Ich habe unserer *XML*-Datei noch ein paar Einträge für zusätzliche grafische Objekte hinzugefügt, was das folgende Ergebnis gebracht hat:

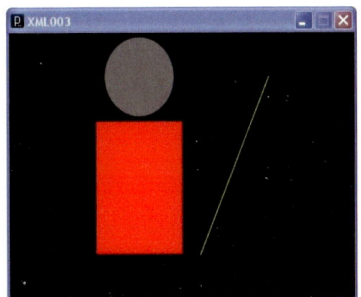

◀ **Abbildung 18-22**
Ausgabe der grafischen Objekte
anhand der Daten
aus der XML-Datei

Attribut

Du hast gesehen, dass unsere *XML*-Datei aus mehreren *Tags* besteht. Diese Elemente können Zusatzinformationen bekommen, die *Attribute* genannt werden. Hast Du vielleicht schon einmal Kontakt mit der Sprache *HTML* gehabt, mit der Webseiten erstellt werden können? Mir fällt da auf Anhieb der *img*-Tag ein, der zur Darstellung von Bildern verwendet wird.

```
<img src="meinBild.gif" align="left">Ein nettes Bild</img>
```

Es wurden dem Element zwei Attribute hinzugefügt, die hinter dem *Tag*-Namen platziert werden. Unsere *XML*-Datei könnte an einer Stelle ein derartiges Attribut gebrauchen. Hier noch einmal unsere Ursprungsversion:

Welche Information eines Tags gehört nicht so richtig zur Objektbeschreibung dazu? Es hat natürlich durchaus seine Daseinsberechtigung, doch vielleicht nicht gerade an dieser Stelle und als eigenständiger Tag: Ich rede vom *nummer*-Tag. Es wäre bestimmt sinnvoller, es in ein Attribut des *objekt*-Tags umzuwandeln.

```
<objekt>
   <nummer>1</nummer>
   <typ>1</typ>
   <farbe>
       <rot>255</rot>
       <gruen>10</gruen>
       <blau>24</blau>
   </farbe>
   <koordinaten>
       <x1>10</x1>
       <y1>10</y1>
       <x2>100</x2>
       <y2>150</y2>
   </koordinaten>
</objekt>
```

```
<objekt nummer="1">...</objekt>
```

Das ergibt irgendwie ein stimmigeres Bild, obwohl unsere erste Variante natürlich auch einwandfrei funktioniert. Ein *Attributname* wird dem *einleitenden Tag* hinzugefügt, wobei der *Attributwert* in doppelte Hochkommata eingeschlossen wird.

Hier also das erste Objekt unserer leicht modifizierten *XML*-Datei:

Abbildung 18-23 ▶
Hinzufügen eines Attributs zum objekt-Tag

```xml
<objekt nummer="1">          Attribute hinzugefügt
    <typ>1</typ>
    <farbe>
        <rot>255</rot>
        <gruen>10</gruen>
        <blau>24</blau>
    </farbe>
    <koordinaten>
        <x1>100</x1>
        <y1>100</y1>
        <x2>100</x2>
        <y2>150</y2>
    </koordinaten>
</objekt>
```

Natürlich benötigen wir zum Abfragen des Attributs eine neue Methode. Sie sieht so aus:

getIntAttribute();

Das Entfernen des *nummer*-Tags und das Hinzufügen des *nummer*-Attributs ziehen eine Modifikation unseres Codes nach sich. Andernfalls laufen wir in einen Fehler, weil der angeforderte Tag nicht mehr vorhanden ist. Es folgen die notwendigen Anpassungen.

Vorherige Version:

```
...
    go[i].nummer = int(grafischesObjekt[i].getChild("nummer").
                       getContent());
...
```

Modifizierte Version:

```
...
    go[i].nummer = grafischesObjekt[i].getIntAttribute("nummer");
...
```

Es ist *nicht* notwendig, die *getContent*-Methode noch für den Inhalt zu bemühen.

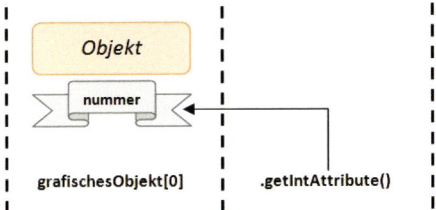

> Beachte auf jeden Fall die Schreibweise bei der Zuweisung von Werten an ein Attribut. Es muss der zugewiesene Wert immer in doppelten Anführungszeichen stehen!

Richtig:

```
<objekt nummer = "42">
```

Falsch:

```
<objekt nummer = 42>
```

Ich hatte Dir versprochen, das *XML-Notepad2007* vorzustellen. Es ist eine Software, die zum freien Download zur Verfügung steht.

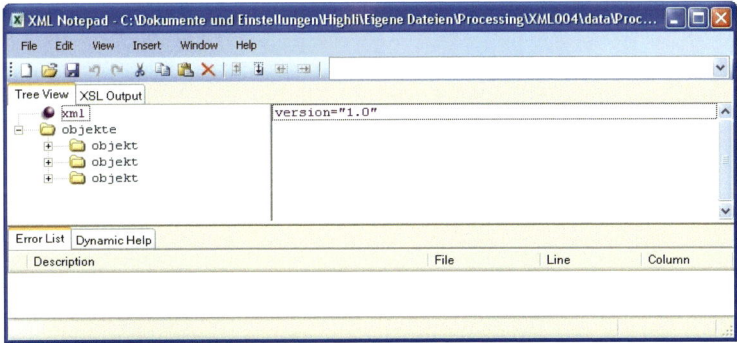

◄ **Abbildung 18-24**
XML-Notepad 2007

Es wurde die XML-Datei geladen, die Informationen für drei grafische Objekte bereit hält. Die Hierarchie wird übersichtlich in Form einer Baumstruktur präsentiert, wie wir sie von unserem *Windows-Explorer* her kennen. Bei einem Mausklick auf das erste Objekt enthüllen sich uns die weiteren Details unterhalb des Objektes.

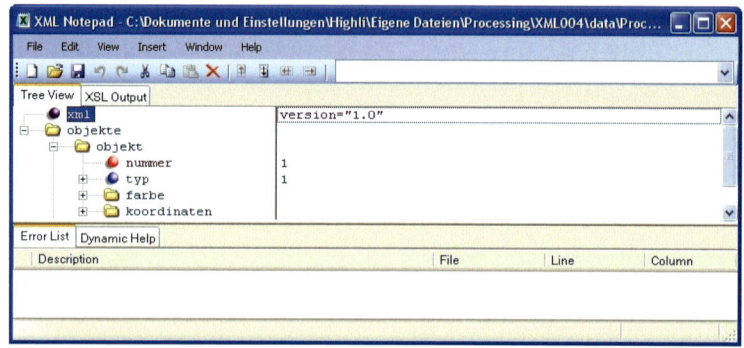

Auf der rechten Seite des Fensters siehst Du dann entsprechend
dem links ausgewählten Knoten den zugehörigen Content. Die
Software ist leicht zu bedienen und die *XML*-Datei komfortabel zu
editieren.

Leere Elemente

Ein *XML*-Element kann ausschließlich Attribute vorweisen. Die
Schreibweise dafür würde dann vielleicht folgendermaßen aussehen.

```
<farbe rot="255" gruen="87" blau="187"></farbe>
```

Das öffnende und das schließende *Tag* sind bei dieser Variante
unbedingt notwendig. Fehlt eines von ihnen, kommt es beim Lesen
zu einem Fehler. Es gibt aber eine andere Schreibweise, wenn zwischen den beiden Tags kein Content steht und vielleicht, wie in diesem Fall, nur Attribute vorhanden sind:

```
<farbe rot="255" gruen="87" blau="187" />
```

Bevor der einleitende Tag mit der spitzen Klammer geschlossen
wird, setzen wir einen Slash, der durch ein Leerzeichen von den
aufgeführten Attributen getrennt wird. Durch dieses *Einzelelement*
wird das Programm darauf hingewiesen, dass es nicht mehr auf den
schließenden Tag *warten* soll.

Geometrische Objekte in 2-D

19

Bisher haben wir über unseren Code grafische Objekte wie Rechtecke, Kreise, Linien usw. definiert und zur Anzeige gebracht. Wir fragen uns jetzt, welche Möglichkeiten existieren, um ein Objekt zu verändern, zu *transformieren*. Folgende Punkte werden wir uns in diesem Kapitel genauer anschauen:

- Rotation (Drehung)
- Translation (Verschiebung)
- Skalierung (Größenänderung)

Rotation

Im Kapitel über das *Rendern von Text* bist Du zum ersten Mal mit dem Befehl *rotate* in Berührung gekommen. Was ist eigentlich eine *Rotation*? Nun, es ist eine *kreisförmige Bewegung* eines oder mehrerer Punkte um ein bestimmtes Zentrum, den *Ursprungspunkt*. Dieser Ursprungspunkt liegt zu Anfang aller Transformationen immer in der linken oberen Ecke des Fensters. Er kann jedoch nach Belieben an jeden anderen Punkt verschoben werden.

Jetzt wollen wir die Sache auf grafische Objekte anwenden und mal schauen, was wir alles damit anstellen können. Fangen wir einfach mal mit einem simplen Punkt an, den wir im Kreis wandern lassen.

Du wirst Dich möglicherweise fragen, wie so ein *rotate*-Befehl arbeitet. Nun, er führt intern die Berechnungen mithilfe folgender Formeln durch:

$$x' = x * \cos(\theta) - y * \sin(\theta)$$

$$y' = x * \sin(\theta) + y * \cos(\theta)$$

x' und *y*' sind die neuen Koordinaten, und der Winkel θ (*Theta*) ist der *Verdrehwinkel*. Das folgende Programm zeigt Dir die Wirkungsweise.

```
void setup()
{
  size(300, 250); smooth();
  noFill();
}

void draw()
{
  float x = 200.0, y = 0.0; // Koordinaten des alten Punktes
  float x1, y1;             // Koordinaten des neuen Punktes
  float theta = mouseX;
  background(0);
  stroke(255, 255, 0); strokeWeight(1);
  ellipse(0, y, x*2, x*2); // Referenzkreis anzeigen
  stroke(255, 0, 0); strokeWeight(8);
  point(x, y);
  // Berechnung der xy-Koordinaten des neuen Punktes
  x1 = x * cos(radians(theta)) - y * sin(radians(theta));
  y1 = x * sin(radians(theta)) + y * cos(radians(theta));
  stroke(0, 255, 0);
  point(x1, y1);
  println(theta);
}
```

Das Programm reagiert, indem es die x-Position der Maus als *Verdrehwinkel* nimmt. Verschiebst Du die Maus also horizontal nach rechts, wird der Winkel größer, nach links wird er kleiner. Dementsprechend wandert der neue grüne Punkt auf dem gelben Kreis, der als Referenz dienen soll. Im Nachrichtenfenster bekommst Du den aktuellen Winkel θ angezeigt.

Abbildung 19-1 ▶
Die Position des grünen Punktes bei 29 Grad

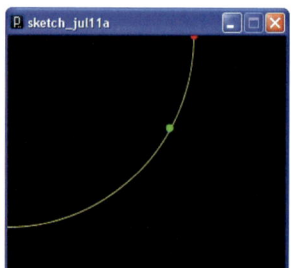

Kapitel 19: Geometrische Objekte in 2-D

Um eine Rotation durchzuführen, wollen wir in unseren Programmen lieber auf den passenden Befehl zurückgreifen. Machen wir es uns nicht schwieriger als nötig!

Punkt

Wie wir jetzt wissen, dreht sich alles um den *aktuellen Ursprungspunkt*, und wenn wir ihn nicht verändern, liegt der links oben in der Ecke.

Dann schauen wir uns mal den folgenden Code an:

```
int theta = 0; // Verdrehwinkel

void setup()
{
  size(250, 200);
  smooth();
  background(0);
}

void draw()
{
  fill(0, 10); noStroke();
  rect(0, 0, width, height);
  stroke(255, 0, 0); strokeWeight(6);
  theta+= 2;
  rotate(radians(theta));
  point(100, 0);
}
```

Rufen wir uns noch einmal folgenden Sachverhalt ins Gedächtnis:

Die *Rotation* beginnt bei 0^0 auf der rechten Seite des Kreises, wobei der größer werdende Winkel sich im Uhrzeigersinn (CW) öffnet. Der im Beispiel gezeigte Winkel θ hat einen Wert von 45^0. Verwendest Du negative Winkelwerte, geht's andersherum, also gegen den Uhrzeigersinn (CCW).

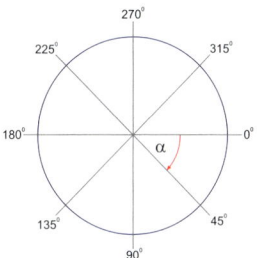

Schauen wir uns zunächst das Ergebnis im Ausgabefenster an:

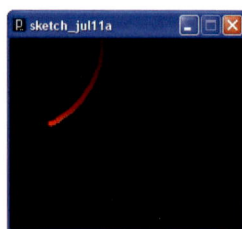

Abbildung 19-2 ▶
Rotierender Punkt um den
Ursprungspunkt in
der linken oberen Ecke

Die Syntax der *rotate*-Funktion lautet:

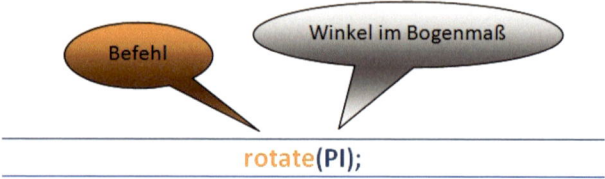

Wundere Dich nicht, dass Du im Fenster einen Teil eines Kreises siehst. Ich habe *die* Technik angewandt, die schon einmal besprochen wurde: Es handelt sich um den Nachzieheffekt, also eine Spur, die der Punkt hinter sich herzieht, um die Kreisbewegung zu verdeutlichen.

Dafür verantwortlich sind wieder diese beiden Codezeilen:

```
...
  rect fill(0, 10); noStroke();
  rect(0, 0, width, height);
...
```

Falls es Dich stört, entferne sie einfach, sodass Du nur noch einen einzelnen wandernden Punkt siehst. Wir setzten in diesem Beispiel den Startpunkt auf die Koordinate *200,0*. Der Punkt befindet sich also direkt auf der *x-Achse*. Da der Ursprungspunkt sich in der linken oberen Ecke befindet, bekommen wir lediglich die Bewegung auf der Fläche eines Viertelkreises mit. Der restliche Teil liegt im nicht sichtbaren Bereich außerhalb des Ausgabefensters und erscheint dann wieder am Ausgangspunkt, um eine erneute Rotation zu vollziehen. Der Wert der Variablen *theta* bzw. die Inkrementierung um den Wert *2* ist für die Geschwindigkeit verantwortlich. Spiele ein bisschen damit herum, um die Auswirkungen zu sehen. Wenn Du kleinere Werte als *1* verwenden möchtest, musst Du den Variablentyp der Variablen *theta* von *int* auf *float* ändern.

Im nächsten Beispiel wollen wir genau wie bei den rotierenden Zeichen mehrere Punkte rotieren lassen. Die Ausgabe sollte so ähnlich wie die hier aussehen, wobei ich mit drei Punkten angefangen habe:

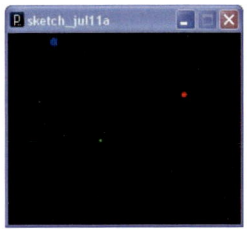

◀ **Abbildung 19-3**
Drei rotierende Punkte

Du erkennst die drei Punkte mit unterschiedlichen *Farben* und *Größen*. Die *Geschwindigkeit* und die *Rotationsrichtung* sind ebenfalls verschieden, doch leider in einem Bild schlecht zu erkennen. Wenn Du das Programm startest, wirst Du es natürlich sofort sehen.

Wir erstellen uns wieder eine Klasse, die dabei behilflich ist:

```
class Punkt
{
    // Feldvariablen
    int xPos, yPos, rot, gruen, blau, weight;
    float theta, geschwindigkeit;

    // Konstruktor
    Punkt(int x, int y, float geschw, int R, int G, int B, int W)
    { xPos = x; yPos = y; geschwindigkeit = geschw;
      rot = R; gruen = G; blau = B; weight = W;}

    // Methode zum Anzeigen des Punktes
    void zeigePunkt()
    {
        stroke(rot, gruen, blau);   // Farbe festlegen
        strokeWeight(weight);       // Größe festlegen
        theta += geschwindigkeit;   // Geschwindigkeit
        rotate(radians(theta));     // Rotation
        point(xPos, yPos);          // Punkt anzeigen
        rotate(radians(-theta));    // Rotation rückgängig machen
    }
}
```

Feldvariablen

Konstruktor

Methode

Falls Du Schwierigkeiten beim Verständnis haben solltest, dann schau Dir einfach noch mal die Erläuterungen beim *rotierenden Buchstabensalat* an. Ach, fast hätte ich's vergessen: In der Methode *zeigePunkt()* können wir die beiden Funktionen *pushMatrix()* und *popMatrix()* verwenden. Du erinnerst Dich sicherlich noch an deren Funktionsweise, oder? Wird der Befehlsblock der *Transformationen* verlassen, der zwischen den beiden Funktionen steht, werden alle *Transformationen* in umgekehrter Reihenfolge rückgängig gemacht, als wären sie nie erfolgt. Du könntest also die Methode wie folgt umkodieren:

```
...
  // Methode zum Anzeigen des Punktes
  void zeigePunkt()
  {
    stroke(rot, gruen, blau);  // Farbe festlegen
    strokeWeight(weight);      // Größe festlegen
    theta += geschwindigkeit;  // Geschwindigkeit
    pushMatrix();
      rotate(radians(theta));  // Rotation
      point(xPos, yPos);       // Punkt anzeigen
    popMatrix();               // Rotation rückgängig machen
  }
...
```

Werfen wir jetzt einen Blick auf die Eigenschaften, die wir hier benötigen:

- Startposition des Punktes (x, y)
- Geschwindigkeit
- Farbe (R, G, B)
- Größe des Punktes

Doch jetzt das Hauptprogramm:

Da wir eine *Klasse* erstellt haben, müssen wir auch hier die einzelnen Objekte instanziieren. Doch das ist ja mittlerweile nichts Neues mehr für Dich. Zuerst wird mit der Zeile

```
...
  p = new Punkt[anzahl];
...
```

festgelegt, wie viele Objekte wir benötigen, wobei die Anzahl in der
gleichnamigen Variablen hinterlegt ist. Dann werden mit den Zeilen

```
...
  p[0] = new Punkt(200, 0, 0.9, 255, 0, 0, 6);  // 1. Punkt
  p[1] = new Punkt(150, 0, 0.4, 0, 255, 0, 3);  // 2. Punkt
  p[2] = new Punkt(50, 0, -1.4, 0, 0, 255, 9);  // 3. Punkt
...
```

die einzelnen Punkte instanziiert und später in der *draw*-Funktion
in einer *for*-Schleife für jedes Objekt die *zeigePunkt*-Methode aufgerufen. Das ist alles. War doch nicht so schwer, oder!?

> Etwas stört mich an der Rotation der Punkte! Wir sehen immer nur
> ein Viertel dessen, was der Punkt eigentlich macht. Können wir die
> ganze Sache nicht wie beim rotierenden Buchstabensalat verschieben?

Das ist kein Problem. Was mit Buchstaben möglich ist, können wir
auch auf grafische Objekte anwenden. Ich komme sofort darauf.
Vorher möchte ich aber noch die Rotation eines Rechtecks vornehmen, da sie deutlicher sichtbar ist als die eines Punktes.

Rechteck

Der Standardmodus eines Rechtecks ist **CORNER** und braucht
nicht explizit angegeben zu werden. Das bedeutet, dass der Rotati-
onspunkt eines Rechtecks in der *linken oberen Ecke* liegt. Schauen
wir uns zuerst wieder das Ausgabefenster an:

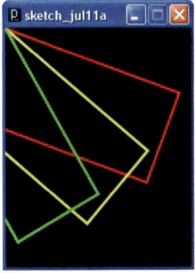

◀ **Abbildung 19-4**
Drei Rechtecke, die jeweils um
einen festen Wert rotiert wurden

Du kannst hier gut erkennen, dass das Rechteck links oben festge-
nagelt ist und sich um diesen Punkt nach unten dreht. Es ist wie bei

einem Bild, bei dem der Nagel rechts oben abgegangen ist, sodass das Bild nach unten schwingt.

Hier der Code zu diesem Kunstwerk:

```
float theta = 20.0;
void setup()
{
  size(200, 250);
  noFill(); strokeWeight(3); smooth();
  background(0);
  rotate(radians(theta));
  stroke(255, 0, 0); rect(0, 0, 200, 100);    // Rot
  rotate(radians(theta));
  stroke(255, 255, 0); rect(0, 0, 200, 100); // Gelb
  rotate(radians(theta));
  stroke(0, 255, 0); rect(0, 0, 200, 100);    // Grün
}
```

Bedenke, dass der Winkelwert immer 20^0 ist, denn die nachfolgende Rotation nimmt immer den vorhergehenden Wert als Basis für seine folgende Rotation. Hier siehst Du noch einmal, wie sich das Rechteck um den Ursprungspunkt dreht:

Abbildung 19-5 ▶
Rotation eines Rechtecks um einen
Ursprungspunkt

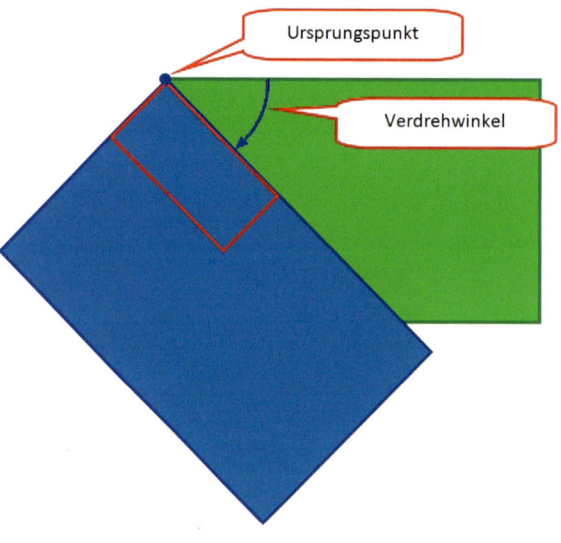

Ursprungspunkt

Verdrehwinkel

Was muss ich denn machen, wenn ich mein Rechteck nicht um die linke obere Ecke drehen lassen will, sondern um das *Zentrum* des Rechtecks in der Mitte des Ausgabefensters?

Kapitel 19: Geometrische Objekte in 2-D

Das geht nur wieder mit einer Kombination von Transformationen. Zudem müssen wir den *rectMode* anpassen. Aber schauen wir mal, was uns die folgenden Seiten so an Informationen bringen.

Translation

Bei der *Translation* geht es um die Verschiebung eines Objekts. Das kann im einfachsten Fall ein Punkt sein, oder auch ein Rechteck (das natürlich aus einzelnen Punkten aufgebaut ist).

Die Translation wird mit den folgenden Formeln berechnet:

$$x' = x + dx$$

$$y' = y + dy$$

x' und *y'* sind die neuen Koordinaten, wobei *dx* und *dy* die Verschiebungswerte sind. Beginnen wir unser Beispiel direkt mit einem Rechteck, das wir nach rechts bzw. unten verschieben wollen.

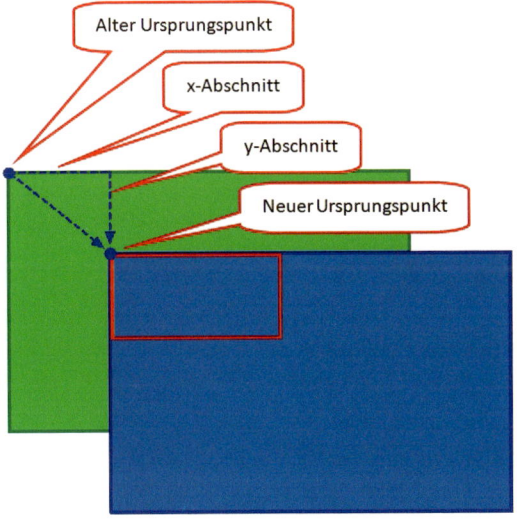

◀ **Abbildung 19-6**
Verschiebung eines Rechtecks vom Ursprungspunkt aus gesehen

Die Syntax der *translate*-Funktion lautet

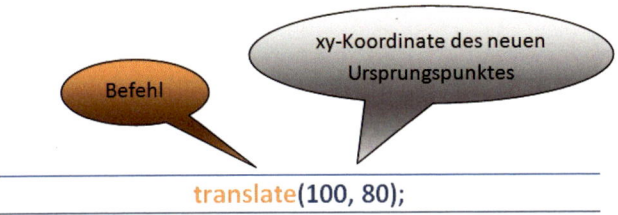

```
translate(100, 80);
```

Der folgende Code verschiebt den Ursprungspunkt zu den Koordinaten *100, 80* und zeichnet dort das Rechteck.

```
void setup()
{
  size(300, 250);
  noFill(); strokeWeight(2);
}

void draw()
{
  background(0);
  stroke(255, 0, 0);
  translate(100, 80);    // Neuer Ursprungspunkt
  rect(0, 0, 180, 100);  // Rechteck zeichnen
}
```

Die Ausgabe zeigt uns, dass das Rechteck zum neuen Ursprungspunkt hin verschoben wurde.

Abbildung 19-7 ▶
Verschobenes Rechteck

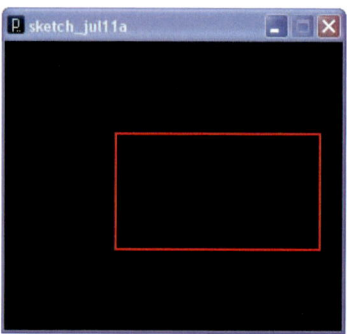

Du kannst es im Code daran erkennen, dass die linke obere Ecke des Rechtecks die Koordinaten *0,0* hat, das Rechteck sich aber entfernt von der linken oberen Ecke des Ausgabefensters befindet.

```
...
  rect(0, 0, 180, 100);  // Rechteck zeichnen
...
```

Kombination von Rotation und Translation

Ach ja, Du hattest die Frage mit dem rotierenden Rechteck, das sich um seinen Mittelpunkt drehen soll. Das ist mit einem Zusammenspiel von Translation und Rotation zu lösen. Folgende Schritte sind dazu notwendig:

1. *Ursprungspunkt* in die Mitte des Fensters verlegen
2. *rectMode* auf **CENTER** setzen
3. Rechteck rotieren lassen

Dann wollen wir mal kodieren:

```
int theta = 0;
void setup()
{
  size(300, 250); smooth();
  noFill(); strokeWeight(2);
  background(0);
}

void draw()
{
  fill(0, 10); noStroke();
  rect(0, 0, width*2, height*2);
  stroke(255, 0, 0);
❶ translate(width/2, height/2);
❷ rectMode(CENTER);
  theta+= 2;
❸ rotate(radians(theta));
  rect(0, 0, 180, 100);
}
```

Auf diese Weise haben wir ein rotierendes Rechteck erzeugt, und das auch noch mit einem interessanten Nachleuchteffekt.

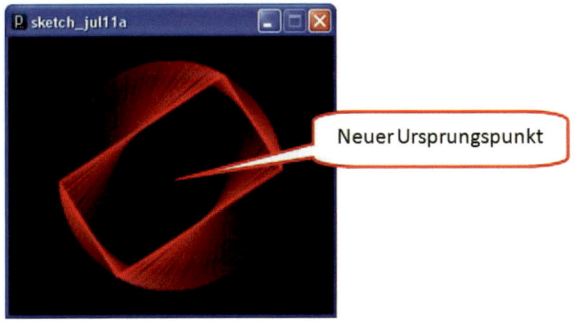

Neuer Ursprungspunkt

◀ **Abbildung 19-8**
Rotierendes Rechteck um den neuen Ursprungspunkt

Wenn Du die Rotationszeile wie folgt änderst

```
...
  rotate(radians(mouseX));
...
```

kannst Du die *Rotation* mit der x-Koordinate der Maus steuern.

Wenn Du noch ein Beispiel in der Kombination von *Rotation* und *Translation* sehen möchtest, dann schau Dir die Rotation unserer Planeten im Sonnensystem an.

Du kennst doch sicherlich unser *Sonnensystem*? Es handelt sich um *eine Sonne* im Zentrum und eine bestimmte Anzahl von *Planeten*, die die Sonne in gewissen Entfernungen und mit unterschiedlichen Geschwindigkeiten auf *Ellipsenbahnen* umkreisen. Die Planeten und jeder andere Körper sind der Anziehungskraft unterworfen. Dabei steht die Sonne als Zentralgestirn in der Mitte, und die Planeten umkreisen sie mit ihren Monden. (Über die genaue Anzahl der Planeten besteht Uneinigkeit. Im Folgenden verwende ich das traditionelle Modell, bei dem Pluto mitgezählt wird.)

Die Bahnen der einzelnen Planeten liegen in nahezu einer Bewegungsebene die auch *Ekliptik* genannt wird und kreisen entgegen dem Uhrzeigersinn. In der folgenden Tabelle findest Du die Auflistung der einzelnen Planeten in der korrekten Reihenfolge von der Sonne aus gesehen. Der Merkur ist der sonnennächste Planet.

Die Planeten unseres Sonnensystems		
Planet	Mittlere Entfernung von der Sonne (in Mio. km)	Umlaufzeit um die Sonne (Tage, Jahre)
Merkur	58	88 Tage
Venus	108	225 Tage
Erde	150	365 Tage
Mars	227	687 Tage
Jupiter	778	12 Jahre
Saturn	1427	30 Jahre
Uranus	2870	84 Jahre
Neptun	4497	165 Jahre
Pluto	5899	248 Jahre

Es ist einfach zu verstehen, dass ein Planet, der näher an der Sonne liegt, mit einer höheren Geschwindigkeit um sie kreisen muss als ein weiter entfernt liegender, um nicht von der Sonne eingefangen zu werden. Je kürzer die Umlaufzeit, desto höher die Geschwindigkeit und somit Zentrifugalkraft, die der Anziehung der Sonne entgegenwirkt. *Merkur*, *Venus*, *Erde* und *Mars* sind die *inneren Planeten*; sie werden durch den Asteroidengürtel von den *äußeren Planeten* getrennt.

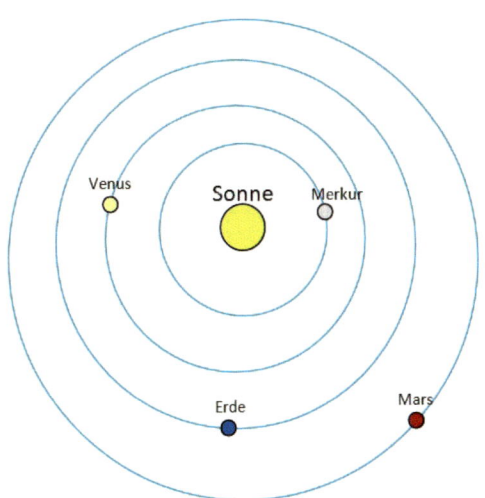

◀ **Abbildung 19-9**
Ausschnitt unseres Sonnensystems
mit den inneren Planeten Merkur,
Venus, Erde und Mars

Auf dem Bild sind aus Platzmangel lediglich die *inneren Planeten* zu sehen, und in ihrem Zentrum die *Sonne*. Zwar kannst Du aufgrund des kleinen Maßstabes nur Kreisbahnen erkennen, doch sind es, wie schon erwähnt, eigentlich *elliptische Bahnen*.

Werfen wir einen Blick auf das Ausgabefenster, damit Du Dir eine ungefähre Vorstellung davon machen kannst, wie das Ganze später aussehen soll:

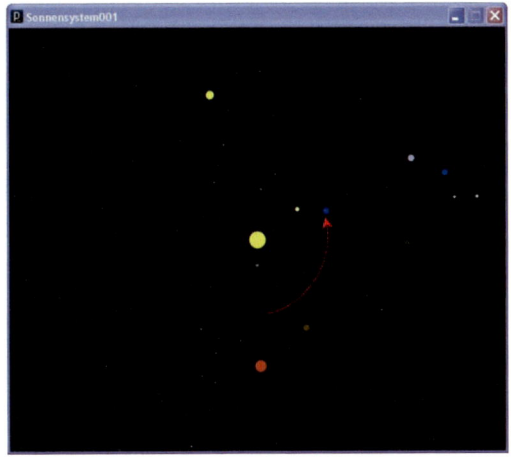

◀ **Abbildung 19-10**
Unser Sonnensystem

Ich habe die Bewegung der Erde um die Sonne einmal angedeutet. Alle anderen beschreiben natürlich ähnliche Bahnen mit unterschiedlichen Radien und Geschwindigkeiten. Die erstellte Klasse für das Sonnensystem ähnelt der aus der Rotation. Ich habe lediglich die *Verschiebung* noch mit hineingebracht, damit die *Rotation* aus der Fenstermitte heraus stattfindet.

```
class Sonnensystem
{
    // Feldvariablen
    int xPos, yPos, rot, gruen, blau, weight;
    float winkel, geschwindigkeit;

    // Konstruktor
    Sonnensystem(int x, int y, float geschw, int R, int G, int B, int W)
    { xPos = x; yPos = y; geschwindigkeit = geschw;
      rot = R; gruen = G; blau = B; weight = W;}

    // Methode zum Anzeigen des Punktes
    void zeigeSonnensystem()
    {
        stroke(rot, gruen, blau);        // Farbe festlegen
        strokeWeight(weight);            // Größe festlegen
        winkel += geschwindigkeit;       // Geschwindigkeit
        pushMatrix();
          translate(width/2, height/2); // Verschiebung
          rotate(radians(winkel));      // Rotation
          point(xPos, yPos);            // Punkt anzeigen
        popMatrix();
    }
}
```

Kommen wir jetzt wieder zum Hauptprogramm:

```
Sonnensystem[] p;   // Objekt-Array
int anzahl = 9;     // Anzahl der zu erstellenden Objekte

void setup()
{
  size(600, 500);
  background(0); smooth();
  p = new Sonnensystem[anzahl];
  p[0] = new Sonnensystem(30, 0, -5.0, 128, 128, 128, 3);      // Merkur
  p[1] = new Sonnensystem(60, 0, -2.0, 255, 255, 128, 5);      // Venus
  p[2] = new Sonnensystem(90, 0, -1.2, 0, 0, 255, 8);          // Erde
  p[3] = new Sonnensystem(120, 0, -0.64, 111, 87, 16, 8);      // Mars
  p[4] = new Sonnensystem(150, 0, -0.1, 211, 85, 26, 14);      // Jupiter
  p[5] = new Sonnensystem(180, 0, -0.04, 255, 255, 26, 10);    // Saturn
  p[6] = new Sonnensystem(210, 0, -0.01, 150, 174, 240, 8);    // Uranus
  p[7] = new Sonnensystem(240, 0, -0.007, 23, 75, 211, 8);     // Neptun
  p[8] = new Sonnensystem(270, 0, -0.004, 200, 200, 200, 4);   // Pluto
}

void draw()
{
  background(0);
  stroke(255, 255, 0); strokeWeight(20);
  point(width/2, height/2); // Sonne anzeigen
  for(int i = 0; i < anzahl; i++)
    p[i].zeigeSonnensystem(); // Methodenaufruf
}
```

Instanziierung der 9 Planeten

Kapitel 19: Geometrische Objekte in 2-D

Zu Erklärung nehme ich mal die Instanziierung eines einzigen Planeten heraus. Die einzelnen Geschwindigkeiten sind natürlich rein fiktiver Natur, doch die relativen Geschwindigkeiten zueinander sollten einigermaßen realitätsnah sein. Da der *Merkur* der Planet mit der höchsten Umlaufgeschwindigkeit ist, habe ich ihn als Referenz genommen. Seine Geschwindigkeit habe ich mit *5.0* angegeben, was einer Umlaufzeit von *88* Tagen entsprechen soll. Der nächste Planet wäre dann die Venus mit *225* Tagen Umlaufzeit. Setze ich die beiden Zeiten ins Verhältnis, bekommen wir einen ungefähren Faktor von

$$\frac{225\ Tage}{88\ Tage} \approx 2{,}5$$

Die *Venus* ist demnach 2,5-mal langsamer als der *Merkur*. Für die Geschwindigkeit der Venus bedeutet das wiederum

$$\frac{5{,}0}{2{,}5} = 2{,}0$$

```
...
 p[0] = new Sonnensystem(30, 0, -5.0, 128, 128, 128, 3);   // Merkur
 p[1] = new Sonnensystem(60, 0, -2.0, 255, 255, 128, 5);   // Venus
...
```

Auf diese Weise habe ich alle Geschwindigkeiten berechnet. *Johannes Keppler* würde sicherlich im Grabe rotieren, doch für unser kleines Anschauungsbeispiel sollte es reichen.

Hast Du es wirklich verstanden?

Mit den folgenden Beispielen will ich Dich nicht in die Irre führen, sondern sichergehen, dass Du verstanden hast, was es mit *Rotation* und *Translation/Verschiebung* auf sich hat. Schau Dir noch einmal die folgende Grafik an.

Abbildung 19-11 ▶
Verschiebung und Rotation

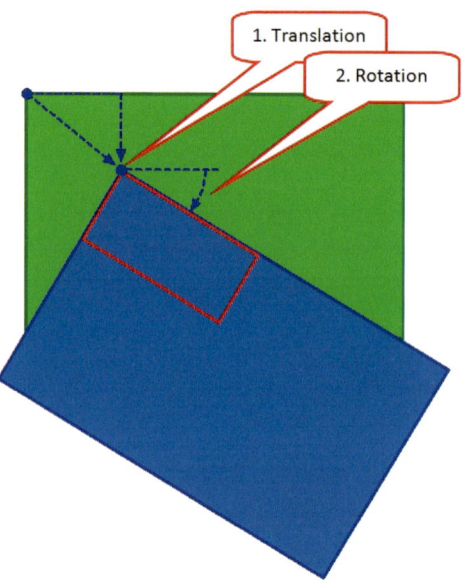

Im ersten Schritt wurde eine *Translation* und im zweiten eine *Rotation* vorgenommen.

Frage: Wenn wir jetzt im dritten Schritt eine erneute *Translation* nach rechts vornähmen, entlang welcher Linie würde das rote Rechteck verschoben werden?

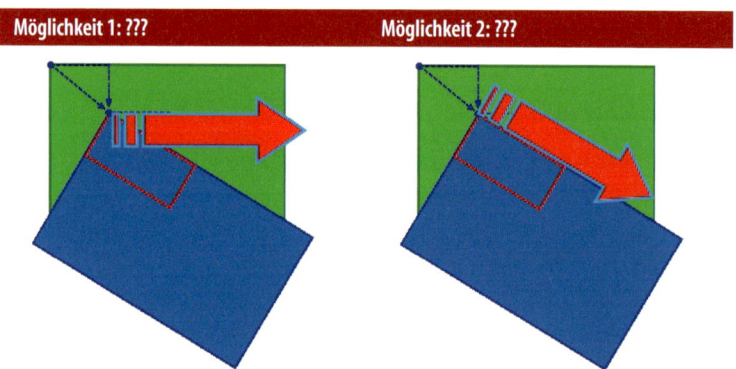

Doch zunächst der entsprechende Code:

```
void setup()
{
  size(600, 450); smooth();
```

Kapitel 19: Geometrische Objekte in 2-D

```
  noFill(); strokeWeight(2);
}

void draw()
{
  background(0);
  stroke(255, 0, 0);
  translate(100, 50);
  rotate(radians(30)); // Rotation um 30 Grad
  translate(mouseX, 0);
  rect(0, 0, 150, 100);
}
```

Startest Du das Programm und bewegst die Maus in *horizontaler Richtung*, wirst Du die Lösung sehen. Hoffentlich stimmt sie mit Deiner vorherigen Annahme überein. Falls nicht, ist es auch nicht (so) schlimm! Die korrekte Antwort ist *Möglichkeit 2*.

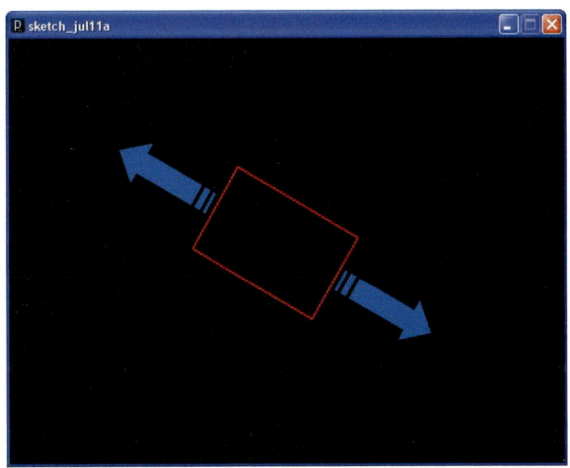

◄ **Abbildung 19-12**
Verschiebung entlang der vorher rotierten Arbeitsfläche

Skalierung

Die letzte der drei möglichen Transformationen ist die *Skalierung* oder Größenänderung (Veränderung des Maßstabs). Dabei werden die x- bzw. y-Werte mit einem konstanten λ Faktor multipliziert.

Die Formeln zur Berechnung der neuen Koordinaten lauten

$$x' = \lambda * x$$

$$y' = \lambda * y$$

Bei der Berechnung der neuen Koordinaten kommt es auch zu einer impliziten Verschiebung, wie wir gleich sehen werden.

Die Syntax der ersten Version der *scale*-Funktion lautet

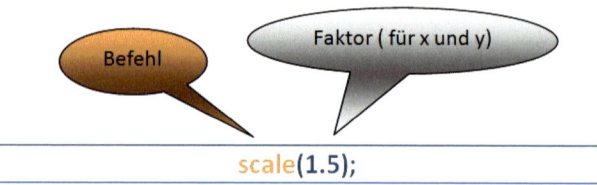

Auf diese Weise skalierst Du in x- und y-Richtung. Möchtest Du jedoch x und y unabhängig voneinander skalieren, nutzen wir die Syntax der zweiten Version der *scale*-Funktion:

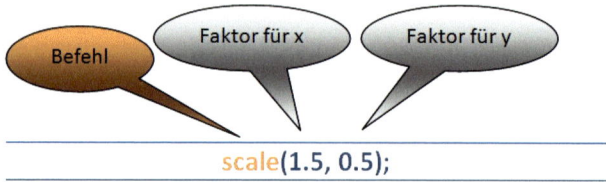

Was bedeuten denn diese Zahlenwerte? Ich könnte mir besser etwas darunter vorstellen, hätte ich *Prozentwerte*, die ich dort einsetzten könnte.

Das ist kein Problem. Ich habe die entsprechenden Prozentwerte einmal für ein paar markante Punkte in der folgenden Tabelle zusammengetragen:

Skalierungsfaktor	Prozentwert
1.5	150%
1.0	100%
2.0	200%
0.2	20%
0.7	70%

Wenn Du die Tabelle studiert hast, wirst Du für alle Prozentwerte den entsprechenden Faktor berechnen können. Kommen wir jetzt endlich zu einem Codebeispiel:

```
void setup()
{
  size(300, 250); smooth();
  noFill(); strokeWeight(2);
}

void draw()
{
  background(0);
  stroke(255, 0, 0);
  ellipse(100, 100, 80, 80);
  scale(1.5); // Vergrößerung auf 150%
  ellipse(100, 100, 80, 80);
}
```

Das Ausgabefenster zeigt folgende zwei Kreise:

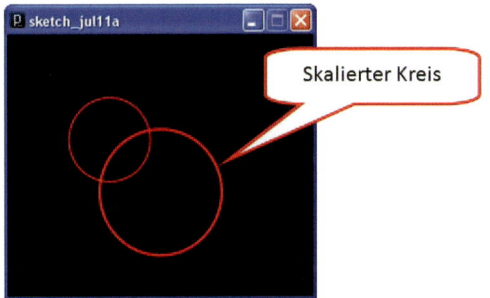

◀ **Abbildung 19-13**
Skalierter Kreis
(150% Vergrößerung)

Du siehst, dass der zweite größere Kreis der ist, der einer Skalierung auf 150% unterzogen wurde.

Was fällt noch auf?

- Die Umrandung ist dicker geworden.
- Die Position hat sich verändert.

Kommen wir jetzt zu einem Beispiel, bei dem wir die x- und die y-Richtung skalieren wollen.

```
float winkel = 0.0;
void setup()
{
  size(300, 250);
  smooth();
  noFill();
  strokeWeight(1);
  background(0);
}
```

```
void draw()
{
  noStroke();
  fill(0, 10);
  rect(0, 0, width, height);
  stroke(255, 0, 0);
  translate(width/2, height/2);
  winkel+=0.05;
  scale((1.0 + sin(winkel)), (1.0 + cos(winkel)));
  ellipse(0, 0, 50, 50);
}
```

Das Ergebnis ist ein wabernder Kreis, der sich in x- sowie in y-Richtung aufbläht und schrumpft. Das geschieht mithilfe der beiden Winkelfunktionen *sin()* und *cos()*. Wie Du jetzt weißt, sind die beiden Funktionen um *90⁰* phasenverschoben. Deshalb der interessante Effekt des Waberns.

Abbildung 19-14 ▶
Wabernder Kreis

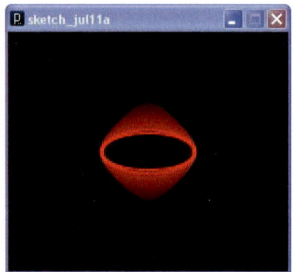

Schau Dir noch einmal die beiden Winkelfunktionen und deren Verläufe zueinander an.

Abbildung 19-15 ▶
Sinus- und Cosinusfunktion

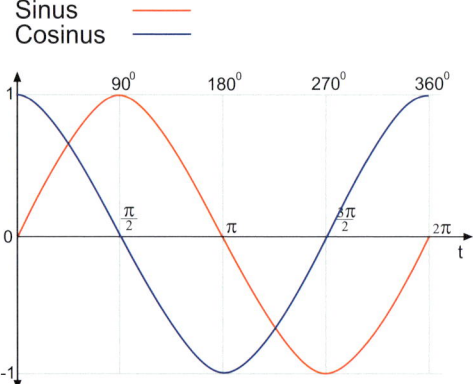

Kapitel 19: Geometrische Objekte in 2-D

Die Ergebnisse der Winkelfunktionen werden mit dem Wert 1.0 in der *scale*-Funktion überlagert. Deshalb ändert sich die Skalierung im Rhythmus der Funktionsverläufe.

Versuche einmal folgende Einstellungen:

```
scale((1.0 + sin(winkel)), (1.0 + cos(winkel * 4)));
scale((1.0 + sin(winkel * 3)), (1.0 + cos(winkel * 4)));
scale((1.0 + abs(sin(winkel))), (1.0 + abs(cos(winkel * 4))));
scale((1.0 + abs(sin(winkel))), (1.0 + abs(cos(winkel + PI/4))));
scale((1.0 + abs(sin(winkel * 3))), (1.0 + abs(cos(winkel + PI/4))));
```

Oder experimentiere einfach ein wenig selbst. Du wirst überrascht sein, was alles für Effekte entstehen. Schließlich haben wir ja auch noch die Winkelfunktion des *tan()* (Tangens), der noch gar nicht zu Einsatz gekommen ist.

Sieh hier, was passiert, wenn Du die Zeilen für den Nachzieheffekt entfernst:

```
...
  noStroke();
  fill(0, 10);
  rect(0, 0, width, height);
...
```

Im Anschluss musst Du aber noch den Befehl *background(0)* aus der *setup*-Funktion herausnehmen und am Anfang der *draw*-Funktion platzieren.

> Denke daran, dass Skalierwerte < 1.0 eine Verkleinerung bedeuten und > 1.0 eine Vergrößerung!

Geometrische Objekte in 3-D **20**

Wenn wir uns alte Röhrenmonitore anschauen, die teilweise eine Tiefe von bis zu einem Meter hatten, könnten wir fast vermuten, wir hätten es mit einem dreidimensionalen Anzeigegerät zu tun. Die heutigen immer flacher werdenden *TFT*-Displays lassen uns jedoch stutzig werden, wie wir da jemals eine räumliche Darstellung erzeugen können sollen. Aber mal im Ernst: Alle Anzeigegeräte eines Computers – jedenfalls die, die ich kenne – haben eine zweidimensionale Darstellungsfläche. Wie sollten wir diesseits oder jenseits dieser Fläche etwas anzeigen können?

Jegliche Darstellung von Dreidimensionalität auf einem Bildschirm basiert auf Illusion. Allein der Größenunterschied zweier Objekte zueinander erweckt den Eindruck einer räumlichen Distanz. Werfen wir einen Blick auf die folgende Grafik, dann sehen wir zwei Gestalten, die durch ihre scheinbare Größe Räumlichkeit vortäuschen. Unser Gehirn hat gelernt, dass Gegenstände umso kleiner erscheinen, je weiter sie von uns entfernt sind.

Das zweidimensionale Koordinatensystem kennst Du zur Genüge, doch jetzt kommt eine weitere Dimension dazu. Die *z-Achse* beginnt wie x und y im Ursprungspunkt und ragt gewissermaßen aus der Ebene zu uns heraus. Die hier gezeigten Achsen xyz sind jeweils die positiven Abschnitte. Die entsprechenden negativen Werte weisen dann in die entgegengesetzten Richtungen.

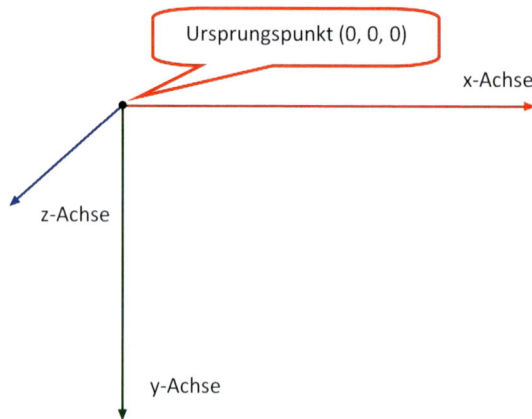

Wie können wir uns jetzt aber die *z-Achse* vorstellen? Wie ist ihre Lage? Nun, sie ragt quasi aus dem Bild heraus und uns entgegen. Doch sehen wir uns die folgenden Grafiken an, bei denen die möglichen Rotationen um die drei Achsen eingezeichnet sind. Was könnte passender sein, als sich ein Flugzeug im dreidimensionalen Raum vorzustellen?

Abbildung 20-2 ▶
Rotation um die x-Achse
(Die Bewegung entlang der Längs-
achse wird »Rollen« genannt.)

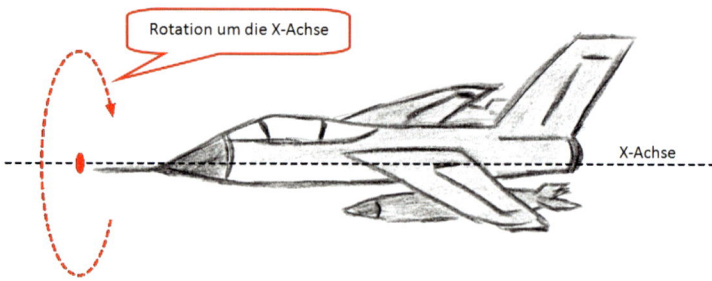

Abbildung 20-3 ▶
Rotation um die y-Achse
(Die Bewegung um die Hochachse
wird »Gieren« genannt.)

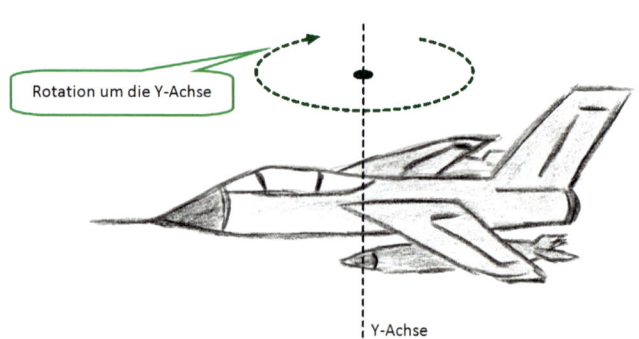

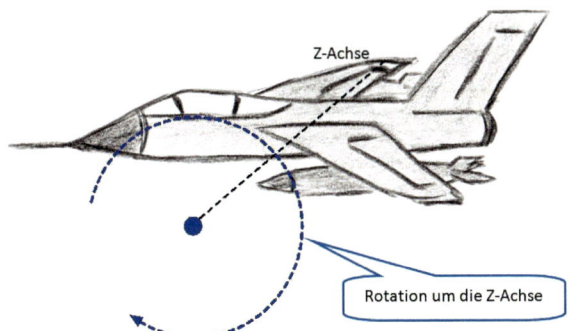

◀ **Abbildung 20-4**
Rotation um die z-Achse
(Die Bewegung um die Querachse
nennt man »Nicken«.)

Z-Achse

Rotation um die Z-Achse

Rotation

Fangen wir mit der *Rotation* an. Unter Processing stehen uns diesbezüglich drei neue Rotationsfunktionen zur Verfügung. Die zweidimensionale Version hieß ja *rotate()*; im dreidimensionalen Raum müssen wir jedoch festlegen, um *welche* Achse rotiert werden soll. Deshalb existieren drei unterschiedliche Funktionen.

Für die Rotation um die *x-*, *y-* und *z-Achse*:

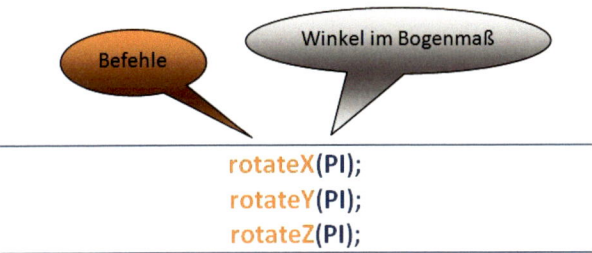

Befehle

Winkel im Bogenmaß

```
rotateX(PI);
rotateY(PI);
rotateZ(PI);
```

Zu Beginn lassen wir einfach mal ein simples Rechteck um die *x-Achse* rotieren, wobei Du das Rechteck noch in x-Richtung verschieben kannst, indem Du die Maus von links nach rechts und umgekehrt bewegst. Eine Kleinigkeit habe ich noch nicht erwähnt: Wir müssen Processing mitteilen, dass ab jetzt die Grafiken in *3-D* gerendert werden müssen. Standardmäßig hatten wir *2-D* aktiviert. Aus diesem Grund ist es notwendig, der *size*-Funktionen ein drittes Argument mit auf den Weg zu geben, das **P3D** heißt.

```
float theta = 0.0;
void setup()
{
  size(400, 300, P3D); // 3-D-Renderung duch P3D-Argument
}
```

```
void draw()
{
  background(0); fill(0, 255, 0);
  strokeWeight(1); stroke(255, 0, 0);
  line(0, height/2, width, height/2); // x-Achse zeichnen
  translate(mouseX, height/2);   // Verschiebung über Mausposition
  theta+= 0.1;
  rotateX(theta);              // Rotation um die x-Achse
  rect(0, 0, 130, 100);      // Zeichnen des Rechtecks
}
```

Im Ausgabefenster erkennst Du das rotierende Rechteck.

Abbildung 20-5 ▶
Rotation um die x-Achse

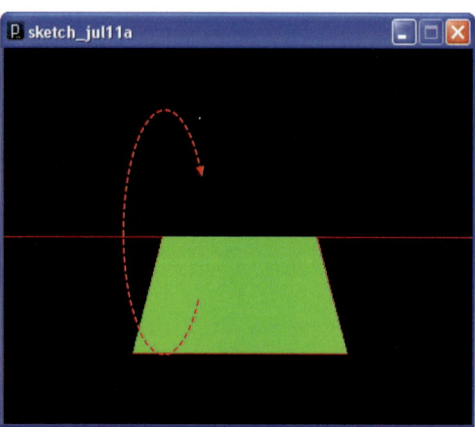

Du siehst wunderbar die perspektivische Darstellung des Rechtecks. Ich habe Dir im Folgenden die markanten Punkte bis zu einer 180^0-Rotation aufgelistet:

Abbildung 20-6 ▶
Rotation um 0 Grad

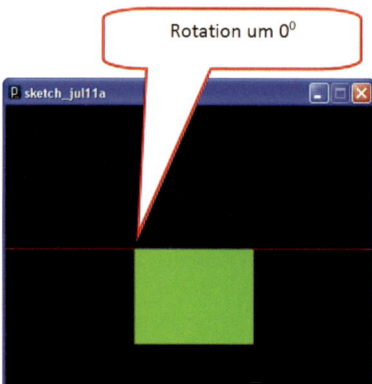

Rotation um 0^0

Kapitel 20: Geometrische Objekte in 3-D

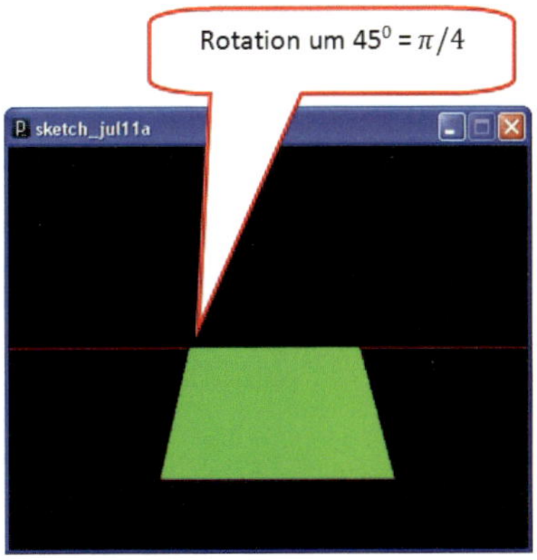

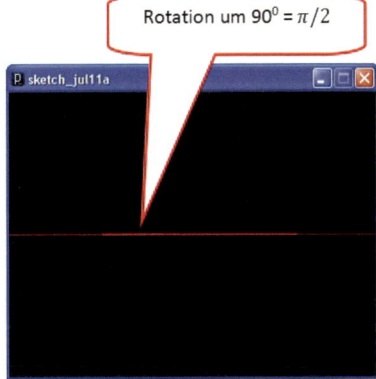

Rotation um $45^0 = \pi/4$

◀ **Abbildung 20-7**
Rotation um 45 Grad

Rotation um $90^0 = \pi/2$

◀ **Abbildung 20-8**
Rotation um 90 Grad

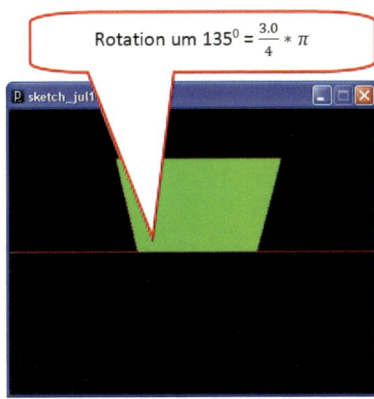

Rotation um $135^0 = \frac{3.0}{4} * \pi$

◀ **Abbildung 20-9**
Rotation um 135 Grad

Rotation

Abbildung 20-10 ▶
Rotation um 180 Grad

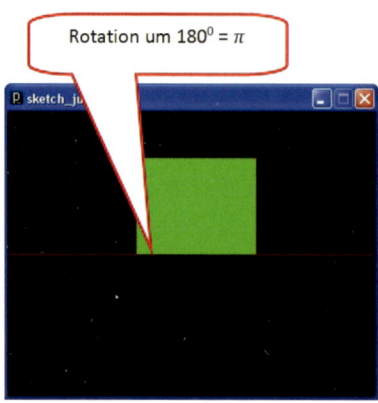

Kannst Du mir das mit der Perspektive noch mal bitte erklären...

Das ist noch gar nicht schwierig. Ich hatte ja schon erwähnt, dass etwas, das relativ zu etwas anderem *kleiner* ist, weiter entfernt erscheint. Deswegen sieht die Vorderkante des Rechtecks auch größer aus als die Hinterkante. Die parallel verlaufenden Linien wie z. B. die rechte oder die linke Außenkante laufen in einer perspektivischen Ansicht in der Ferne in einem gemeinsamen Punkt zusammen. Dieser Punkt wird *Fluchtpunkt* genannt.

Abbildung 20-11 ▶
Fluchtpunkt

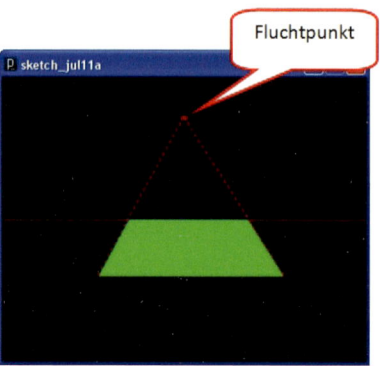

Als Beispiel habe ich mal wieder eine Klasse geschrieben, um nach Lust und Laune mehrere Rechtecke rotieren zu lassen. Ich zeige Dir am besten erst einmal das Ausgabefenster mit den vier sich drehenden Rechtecken.

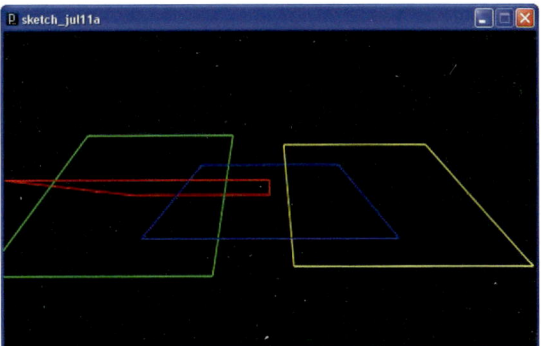

◀ **Abbildung 20-12**
Vier rotierende Rechtecke

Jedes Rechteck hat dabei folgende unterschiedliche Eigenschaften:

- x-Position
- Geschwindigkeit mit Drehrichtung (Vorzeichenumkehrung bedeutet Drehsinnumkehrung)
- Farbe

Hier zunächst die Klasse *Rechteck*:

```
class Rechteck
{
  float theta = 0.0;
  float geschwindigkeit = 0.0;
  float xKoordinate;
  int R, G, B;
  // Konstruktor
  Rechteck(float x, float gesch, int rot, int gruen,
             int blau)
  {
    xKoordinate = x;  geschwindigkeit = gesch;
    R = rot; G = gruen; B = blau;
  }
  // Methode
  void zeichne()
  {
    theta += geschwindigkeit;
    pushMatrix();
        // Verschiebung in 2-D
      translate(xKoordinate, height/2);
      rotateX(theta);
      rectMode(CENTER);
      stroke(R, G, B);
      rect(0, 0, 200, 200);
    popMatrix();
  }
}
```

Und das Hauptprogramm:

```
int ANZAHL = 4;
Rechteck[] r;

void setup()
{
  size(600, 350, P3D);  smooth();
  r = new Rechteck[ANZAHL];


  r[0] = new Rechteck(200,  0.02, 255, 0, 0);
  r[1] = new Rechteck(150, -0.01, 0, 255, 0);
  r[2] = new Rechteck(300, -0.1, 0, 0, 255);
  r[3] = new Rechteck(420, 0.03, 255, 255, 0);
}

void draw()
{
  background(0); noFill();
  stroke(0);
  for(int i = 0; i < ANZAHL; i++)
    r[i].zeichne();
}
```

RGB-Wert

Geschwindigkeit

RGB-Werte

Das ist natürlich eine recht simple Klasse. Sie soll Dir Appetit auf mehr machen. Ersetze z. B. die Rotationszeile der Klasse durch eine der folgenden Zeilen:

```
rotateX(theta); rotateY(theta);
rotateX(theta); rotateY(theta); rotateZ(theta);
```

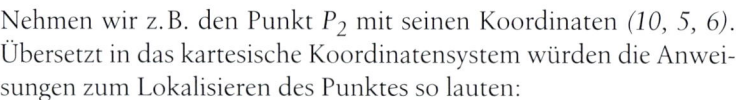

Eines habe ich aber immer noch nicht so richtig verstanden. Wie wird z. B. ein Punkt im dreidimensionalen Raum festgelegt? Er muss ja irgendwie eine Koordinate besitzen, gleich der eines Punktes auf einer zweidimensionalen Fläche.

Ganz einfach. Ich werde Dir jetzt das an einer Grafik demonstrieren (siehe Abbildung 20-13).

Nehmen wir z. B. den Punkt P_2 mit seinen Koordinaten *(10, 5, 6)*. Übersetzt in das kartesische Koordinatensystem würden die Anweisungen zum Lokalisieren des Punktes so lauten:

1. Geh *10* Einheiten auf der *x-Achse* nach rechts.

2. Geh *5* Einheiten auf der *y-Achse* nach unten.

3. Geh *6* Einheiten auf der *z-Achse* nach vorne.

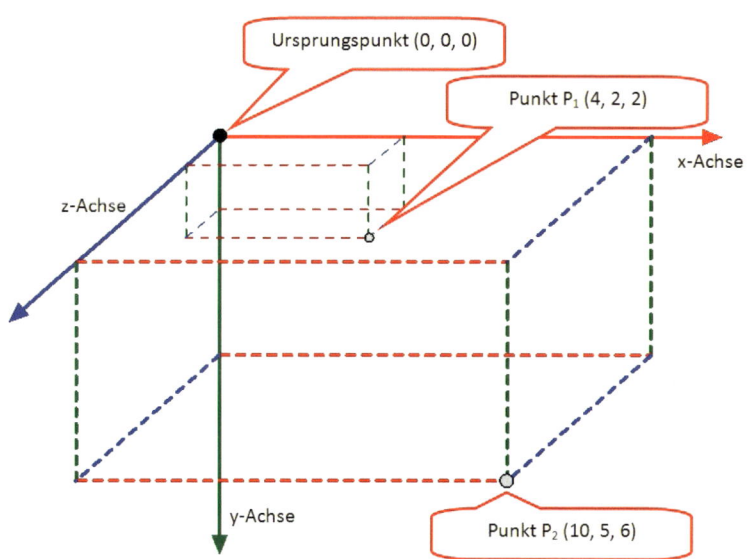

Der damit erreichte Punkt P_2 befindet sich mitten im Raum, da er sich über die *z-Achse* aus der *xy-Fläche* heraushebt und uns quasi entgegenkommt. Der Punkt P_1 ist ebenfalls im Raum zu lokalisieren. Da seine *z-Koordinate* jedoch vom Wert her kleiner ist als der Wert von P_2, liegt er näher an der *xy-Fläche* dran: Er scheint kleiner zu sein.

Doch kommen wir endlich zu konkreten Beispielen, denn ich denke, dass Du dadurch am meisten lernst. Fangen wir mit einem einfachen Punkt an, den wir im dreidimensionalen Raum platzieren. Die Funktion *point()* kann einen dritten Parameter aufnehmen, der zur Positionierung in Richtung *z-Achse* verwendet wird.

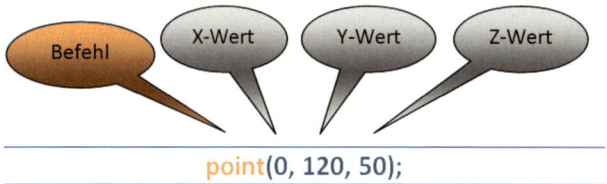

Wo würde sich dieser im Beispiel aufgeführte Punkt im Raum befinden?

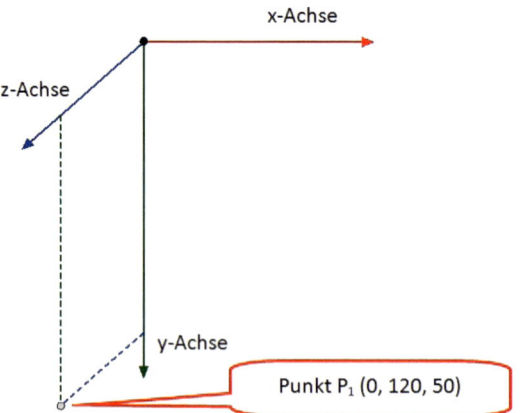

Abbildung 20-14 ▶
Der Punkt (0, 120, 50) im 3-D-Raum

x-Achse

z-Achse

y-Achse

Punkt P₁ (0, 120, 50)

Um ihn zu lokalisieren, sagen wir:

1. Geh *0* Einheiten auf der *x-Achse* nach rechts.

2. Geh *120* Einheiten auf der *y-Achse* nach unten.

3. Geh *50* Einheiten auf der *z-Achse* nach vorne.

Im folgenden Programm wollen wir diesen Punkt um die *x-Achse* rotieren lassen.

```
float theta = 0.0;
float xPos = -50;
void setup()
{
  size(400, 300, P3D);
  noFill(); smooth(); strokeWeight(3);
  background(0);
}

void draw()
{
  stroke(255, 0, 0);
  theta+= 0.05; xPos+= 0.25;
  translate(xPos, height/2, 0);
  rotateX(theta);
  point(0, 120, 50);
}
```

Wie Du siehst, verschieben wir *vor* der Rotation den Punkt vertikal in die Mitte des Fensters und horizontal von links nach rechts. Im Anschluss wird der Punkt kontinuierlich über die hochzählende Variable *theta* rotiert. Das hat den Effekt einer Spiralkurve, die sich von *links* nach *rechts* über das Ausgabefenster ausbreitet.

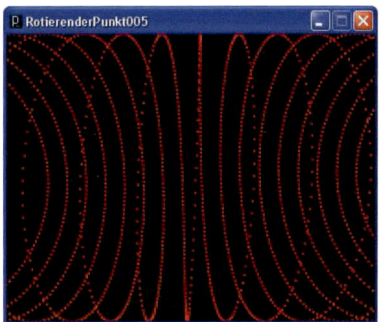

◀ **Abbildung 20-15**
Wandernder rotierender Punkt

Die größeren Punktabstände weisen auf einen näher zum Betrachter liegenden Punkt hin, der sich scheinbar schneller bewegt. In der Ferne liegen die Punkte dichter beieinander und bewegen sich scheinbar langsamer.

Was wir mit einem einzelnen Punkt gemacht haben, lässt sich natürlich auch mit anderen grafischen Objekten wie *Linien* und *Vertices* anstellen. Bleiben wir zunächst bei den Linien: Wir wollen anhand eines Beispiels sehen, wie sie im *3-D-Raum* platziert werden. Die folgende Grafik zeigt uns das Koordinatenkreuz, so wie wir es schon kennen.

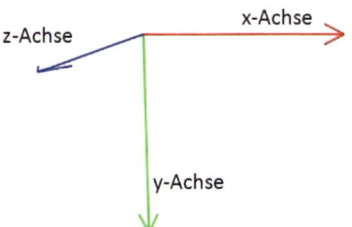

◀ **Abbildung 20-16**
Das Koordinatenkreuz

Diese drei Koordinatenpfeile wollen wir in Processing mit dem *line()*-Befehl nachbilden und rotieren lassen. Doch zuerst müssen wir uns natürlich die Syntax des 3-D-Befehls anschauen.

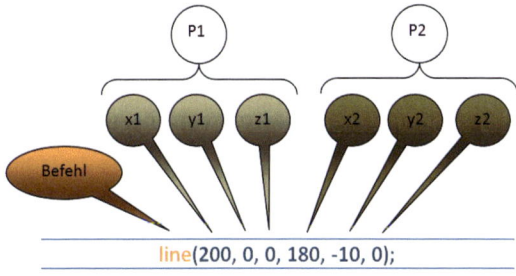

Du siehst, dass im Gegensatz zur 2-D-Version des Befehls hier noch die dritte Dimension in Form des Arguments *z-Achse* hinzugekommen ist.

Der Ursprungspunkt unseres Koordinatenkreuzes soll im Punkt *(0, 0, 0)* liegen. Wir verschieben ihn mit *translate* später an die gewünschte Position. Fangen wir mit der *x-Achse* an. Dieser Pfeil ist – wie man unschwer erkennen kann aus drei Linien zusammengesetzt.

Der rote Pfeil beginnt im Ursprungspunkt *(0, 0, 0)* und erstreckt sich entlang der *x-Achse*. Die y-Werte von Strecke P_1P_2 sind alle 0, und da der Pfeil sich nicht in den Raum hinein erstreckt, sind auch die z-Werte 0.

$\overrightarrow{P_1P_2}$:

```
line(0, 0, 0, 200, 0, 0);
```

$\overrightarrow{P_2P_3}$:

```
line(200, 0, 0, 180, -10, 0);
```

$\overrightarrow{P_2P_4}$:

```
line(200, 0, 0, 180, 10, 0);
```

In gleicher Weise bin ich auch mit den restlichen zwei Pfeilen verfahren. Schau Dir das einmal im Code an.

```
float theta = 0.0;
void setup()
{
  size(500, 500, P3D);
  noFill(); smooth();
  background(0); strokeWeight(2);
}

void draw()
{
  background(0);
```

```
  stroke(255, 0, 0);
  theta+= 0.05;
  translate(width/4, height/2, 0);
  rotateX(theta);
  // Roter Pfeil
  stroke(255, 0, 0);
  line(0, 0, 0, 200, 0, 0);
  line(200, 0, 0, 180, -10, 0);
  line(200, 0, 0, 180, 10, 0);
  // Grüner Pfeil
  stroke(0, 255, 0);
  line(0, 0, 0, 0, 200, 0);
  line(0, 200, 0, 10, 180, 0);
  line(0, 200, 0, -10, 180, 0);
  // Blauer Pfeil
  stroke(0, 0, 255);
  line(0, 0, 0, 0, 0, 200);
  line(0, 0, 200, 10, 0, 180);
  line(0, 0, 200, -10, 0, 180);
}
```

In diesem Beispiel drehe ich das Koordinatenkreuz lediglich um die
x-Achse. Es sind natürlich Rotationen um alle drei Achsen möglich.

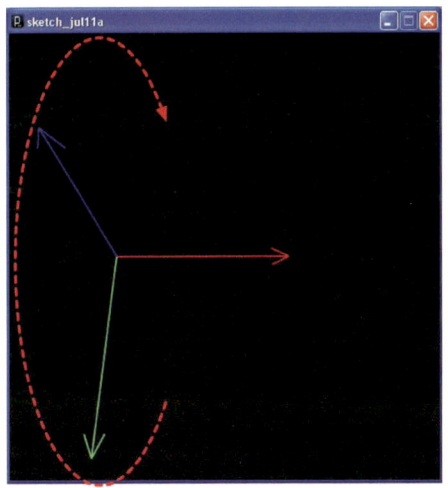

◀ **Abbildung 20-17**
Das rotierende Koordinatenkreuz

Natürlich kannst Du die ganzen *line*-Befehle in einer Funktion verpa-
cken und dann mit den entsprechenden Argumenten aufrufen.
Zum besseren Verständnis habe ich das hier etwas umständlicher
als nötig gemacht. Versuche Dich einmal selbst daran.

Kannst Du mir denn mal bitte zeigen, wie ich die *Rotationen* z.B. mit der Maus selbst steuern kann?

Das ist kein großes Problem. Du erinnerst Dich sicherlich noch an die *map*-Funktion, die es uns ermöglichte, einen bestimmten Wertebereich auf einen anderen zu *mappen*. Das machen wir auch in diesem Fall bei der Berechnung der Rotationswerte. Wenn wir die Maus *horizontal* bewegen, soll sich das Koordinatenkreuz um die *y*-Achse drehen, bei einer *vertikalen* Bewegung um die *x*-Achse. Dazu musst Du lediglich die Zeile mit dem Befehl *rotateX* gegen die beiden folgenden austauschen:

```
rotateX(map(mouseY, 0, height, 0, radians(360)));
rotateY(map(mouseX, 0, width, 0, radians(360)));
```

Es ist an der Zeit, jetzt endlich einmal ein grafisches Objekt in unser Koordinatenkreuz zu platzieren. Ich schlage zu Beginn einen Kreis vor.

Die Befehle

```
...
// Kreis
stroke(0, 255, 255);
ellipse(50, 50, 100, 100);
...
```

wurden einfach hinten angehängt, um zu sehen, was wir als Ergebnis bekommen. Der *ellipse*-Befehl scheint irgendwie der zu sein, der uns schon von weiter oben in diesem Buch bekannt ist. Er hat eine *x*- und eine *y-Koordinate* und die Argumente für das umschließende Rechteck. Keine Spur von *3-D-Informationen*. Im folgenden Beispiel siehst Du, dass der Kreis sich lediglich zwischen der *xy-Achse* aufspannt. Falls wir also den Kreis an eine andere Stelle im 3-D-Raum positionieren wollen, müssen wir wohl oder übel auf die Rotationsbefehle *rotateX*, *rotateY*, *rotateZ* oder den Translationsbefehl *translate* zurückgreifen.

Wir sehen, dass der Kreis sich zwischen dem roten (x-Achse) und
grünen (y-Achse) Koordinatenpfeil aufspannt.

> Mir ist da gerade etwas eingefallen. Können wir auch Bewegungen
> sich überlagern lassen. Also z.B. mit der Maus das Koordinatenkreuz
> drehen und gleichzeitig eine Rotation des Kreises durchführen lassen?

Das ist alles problemlos möglich. Greifen wir Dein *scheinbares* Problem doch mal auf und lassen den Kreis z.B. um die *x-Achse* rotieren, während Du mit der Maus das Koordinatensystem verdrehst.
Werfen wir also einen Blick auf das vollständige Programm mit
Interaktivität und rotierendem Kreis.

```
float theta = 0.0;
void setup()
{
  size(500, 500, P3D);
  noFill(); smooth();
  background(0); strokeWeight(1);
}

void draw()
{
  background(0);
  stroke(255, 0, 0);
  theta+= 0.05;
```

```
  translate(width/4, height/2, 0);
  rotateX(map(mouseY, 0, height, 0, radians(360)));
  rotateY(map(mouseX, 0, width, 0, radians(360)));
  // Roter Pfeil
  stroke(255, 0, 0);
  line(0, 0, 0, 200, 0, 0);
  line(200, 0, 0, 180, -10, 0);
  line(200, 0, 0, 180, 10, 0);
  // Grüner Pfeil
  stroke(0, 255, 0);
  line(0, 0, 0, 0, 200, 0);
  line(0, 200, 0, 10, 180, 0);
  line(0, 200, 0, -10, 180, 0);
  // Blauer Pfeil
  stroke(0, 0, 255);
  line(0, 0, 0, 0, 0, 200);
  line(0, 0, 200, 10, 0, 180);
  line(0, 0, 200, -10, 0, 180);
  // Rotierender Kreis
  stroke(0, 255, 255);
  rotateX(theta);
  ellipse(50, 50, 100, 100);
}
```

Der Kreis bewegt sich unabhängig von den Bewegungen, die Du mit dem Koordinatenkreuz machst, stets um die rote *x-Achse*.

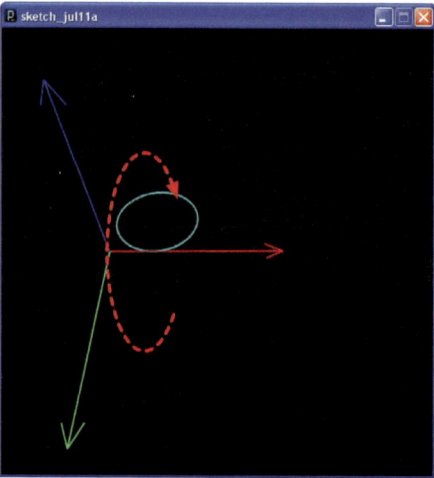

Ist es Dir nicht auch schon einmal passiert, dass Du Dich auf ein-mal mitten in einem Fliegenschwarm wiedergefunden hast? Eine höchst unangenehme Sache, wenn die fliegenden Proteine die Mundschleimhaut bevölkern.

Einen solchen Schwarm wollen wir im 3-D-Raum zum Leben erwe-cken. Der wilde Haufen soll sich scheinbar chaotisch wuselnd durch die Gegend bewegen.

Natürlich kommen wir ohne Zufallszahlen nicht aus, denn die Flie-gen sollen sich beim Umherschwirren ziellos ausbreiten und keine bestimmbare Richtung einschlagen. Da wir mehr als eine Fliege auf die Reise schicken wollen, bietet sich die Schaffung einer Klasse an, die wir *Fliege* nennen. Denn dann haben wir die Möglichkeit, ein Fliegen-Array und somit einen riesigen Schwarm zu erstellen.

Schauen wir uns zunächst die Klasse *Fliege* an:

```
class Fliege
{
  float start1 = random(1.6);
  float start2 = random(1.6);
  float start3 = random(1.6);
  int aussbreitungsfaktor = 200;
  //float increment = 0.01;
  float increment = random(0.02);     Zum Testen mal tauschen...
  int xPos, yPos, zPos;

  void bewege()
  {
    xPos = (int)(noise(start1+= increment) * aussbreitungsfaktor);
    yPos = (int)(noise(start2+= increment) * aussbreitungsfaktor);
    zPos = (int)(noise(start3+= increment) * aussbreitungsfaktor);
    stroke(255, 255, 0);
    point(xPos, yPos, zPos);
  }
}
```

Ist doch recht übersichtlich. Falls Du noch Probleme mit der Zufalls-funktionen *random* bzw. *noise* haben solltest, schlage im entspre-chenden Kapitel noch mal nach. Eigentlich ist es recht simpel: Zur Positionsbestimmung der Koordinaten eines Punktes, der eine Fliege repräsentiert, wird die *noise*-Funktion herangezogen. Wir nutzen sie im Gegensatz zur *random*-Funktion, da die neuen Zufallswerte sich von den alten nur leicht unterscheiden und somit ein *weicher Über-gang* garantiert wird. Die Fliegen sollen sich realistisch bewegen und nicht mal hier und mal dort auftauchen. Mit dem *Ausbreitungsfaktor* kannst Du bestimmen, wie weit die Fliegen sich innerhalb des 3-D-Raums ausbreiten sollen. Wenn Du mit den Werten ein wenig heru-

mexperimentierst, wirst Du interessante Erkenntnisse über die
Funktion bzw. die Auswirkungen erlangen. Die auskommentierte
Zeile lässt die Fliegen immer wieder an einem Punkt zusammenkom-
men. Setze den Wert der Anzahl der Fliegen danach einfach mal auf
2000. Du wirst ein interessantes Verhalten erkennen.

Werfen wir zunächst mal einen Blick auf das Ausgabefenster:

Abbildung 20-20 ▶
Ein Fliegenschwarm im 3-D-Raum

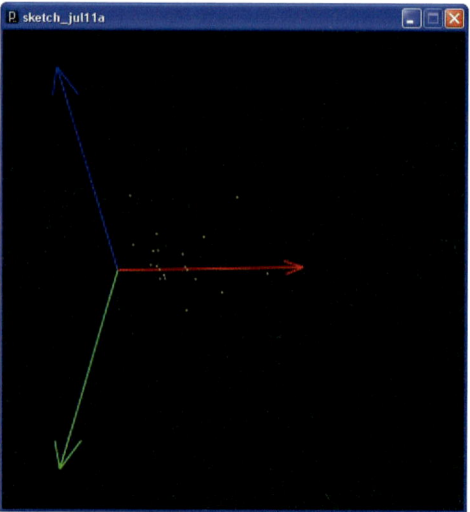

Hier auf dem Bild ist das jetzt natürlich eine recht statische Angelegenheit. Doch wenn Du das Programm startest, wird es Dir sicherlich Freude bereiten, dem Treiben zuzuschauen.

Doch kommen wir jetzt zum Hauptprogramm:

```
Fliege[] f;
float theta = 0.0;
int ANZAHL = 20;

void setup()
{
  size(500, 500, P3D);
  noFill(); smooth();
  background(0); strokeWeight(1);
  f = new Fliege[ANZAHL];
  for(int i = 0; i < ANZAHL; i++)
    f[i] = new Fliege();
}
```

Kapitel 20: Geometrische Objekte in 3-D

```
void draw()
{
  background(0);
  stroke(255, 0, 0); strokeWeight(1);
  theta+= 0.05;
  translate(width/4, height/2, 0);
  rotateX(map(mouseY, 0, height, 0, radians(360)));
  rotateY(map(mouseX, 0, width, 0, radians(360)));
  // Roter Pfeil
  stroke(255, 0, 0);
  line(0, 0, 0, 200, 0, 0);
  line(200, 0, 0, 180, -10, 0);
  line(200, 0, 0, 180, 10, 0);
  // Grüner Pfeil
  stroke(0, 255, 0);
  line(0, 0, 0, 0, 200, 0);
  line(0, 200, 0, 10, 180, 0);
  line(0, 200, 0, -10, 180, 0);
  // Blauer Pfeil
  stroke(0, 0, 255);
  line(0, 0, 0, 0, 0, 200);
  line(0, 0, 200, 10, 0, 180);
  line(0, 0, 200, -10, 0, 180);
  // Fliegen anzeigen und bewegen
  for(int i = 0; i < ANZAHL; i++)
    f[i].bewege();
}
```

Natürlich können wir nicht nur grafische Objekte wie *Linien*, *Dreiecke* oder *Kreise* im 3-D-Raum bewegen, sondern auch komplexere Figuren, wie wir sie schon im Kapitel über *Vertices* gesehen haben. Die Funktionen

- vertex(),
- curveVertex() und
- bezierVertex()

sind alle in der Lage, ein zusätzliches Argument für die *z-Achse* aufzunehmen. Sicherlich können weiterhin auch die Varianten mit lediglich zwei Parametern Verwendung finden, doch sie werden dann nur in einer Fläche dargestellt.

Wir wollen mal überlegen, welche komplexere geometrische *3-D-Figur* wir denn mit der *vertex*-Funktion generieren wollen: Ich denke, ein *Zylinder* wäre ein geeigneter Einstieg. Wie lässt sich ein *Zylinder* am besten konstruieren, oder fragen wir einfach mal: Was sind die markanten Merkmale dieser Figur? Also, er hat eine kreisrunde *Grund-* und *Deckfläche*, die parallel zueinander angeordnet sind, und die *Zylinderfläche* wandert außen herum.

Abbildung 20-21 ▶
Ein Zylinder

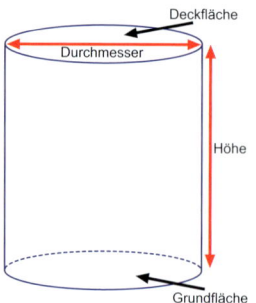

Lenken wir unser Augenmerk einmal auf die beiden Kreise. Lässt Du jetzt sowohl auf dem oberen als auch auf dem unteren Kreis jeweils einen Punkt den Kreisumfang entlanglaufen und verbindest diese Punkte miteinander, könnte es Ergebnis *das* sein, was wir benötigen.

Du erinnerst Dich doch noch an die unterschiedlichen Optionen der *beginShape*-Funktion. Hier ist es **QUAD_STRIP**, was benötigt wird.

```
...
  beginShape(QUAD_STRIP);
    ...
    ...
  endShape();
...
```

Hast Du Dich im Kapitel über die *Vertex-Vierecke* nicht über die merkwürdige Zählweise der einzelnen Punkte gewundert? Hier noch mal zu Erinnerung:

Abbildung 20-22 ▶
Verbindungsreihenfolge
bei QUAD_STRIP

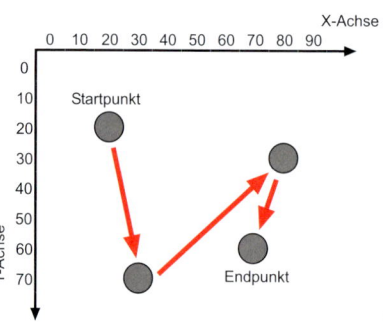

e

Du hast also z.B. links oben angefangen, bist dann nach unten gewandert, dann wieder nach rechts oben und wieder nach unten. Hätten wir noch mehr Punkte, wäre das ein ständiges Hin und Her in Form einer Zickzacklinie, wie in der folgenden Grafik:

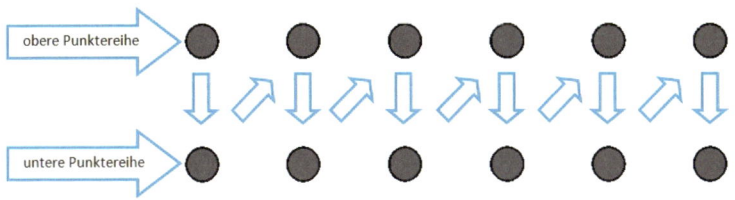

◀ **Abbildung 20-23**
Verbindungsreihenfolge der Punkte für die beiden Kreise eines Zylinders

Jetzt sagen wir weiterhin, dass sich die *obere Punktereihe* entlang des oberen Kreises und die *untere Punktereihe* entlang des unteren Kreises des Zylinders erstrecken. Dann haben wir genau den Fall, der dazu führt, dass eine Fläche zwischen den einzelnen Punkten aufgespannt wird. Jetzt ist Dir sicherlich klar, warum diese eigenartige Zählweise gar nicht so abwegig ist.

Schau Dir das Ausgabefenster an, und Du wirst sehen, ob das, was ich sage, gestimmt hat:

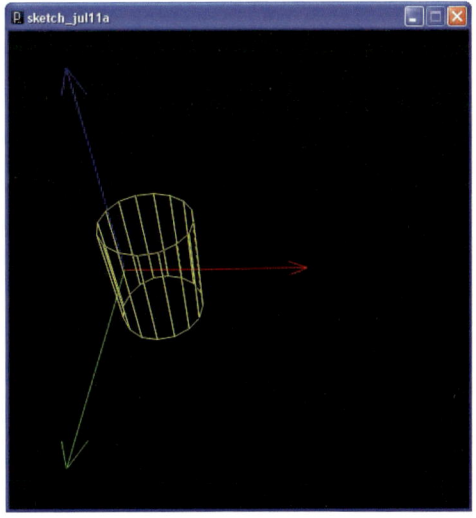

◀ **Abbildung 20-24**
Verbundene Vertex-Punkte bilden einen Zylinder
(Option: QUAD_STRIP)

Das sieht eigentlich gar nicht so schlecht aus, oder? Kommen wir jetzt zum Quellcode. Das Anzeigen der Figur habe ich in die Funktion *zeigeFigur()* gepackt:

```
void zeigeFigur(float radius, float schritte)
{
  stroke(255, 255, 0);
  if(mousePressed)
    beginShape(TRIANGLE_STRIP);
  else
    beginShape(QUAD_STRIP);
  for(float winkel = 0.0; winkel <= 360.0; winkel+= schritte)
  {
    xPos =  radius * cos(radians(winkel));
    yPos =  radius * sin(radians(winkel));
    vertex(xPos, yPos, 0);
    vertex(xPos, yPos, 100); // 100 = Höhe des Zylinders
  }
  endShape();
}
```

Über die *for*-Schleife berechne ich die x- bzw. die y-Koordinate eines Punktes, der sich auf einer *Kreisbahn* bewegt. Ist Dir das nicht zu 100 Prozent klar, wirf noch mal einen Blick in das Kapitel *Sinus & Co(s).* über die Berechnung einer Kreisbahn. Über die beiden Zeilen

```
...
    vertex(xPos, yPos, 0);
    vertex(xPos, yPos, 100); // 100 = Höhe des Zylinders
...
```

verbinde ich jetzt den unteren mit dem oberen Punkt. Die Zahl *100* steht für die *z-Koordinate* des oberen Punktes. Wenn Du willst, kannst Du diesen Wert variabel gestalten und der Funktion als weiteren Parameter hinzufügen.

Es gibt sogar ein wenig Interaktivität, denn über die Maustaste kannst Du entscheiden, in welcher Form die Punkte interpretiert werden sollen. Dafür sorgen die Zeilen

```
...
  if(mousePressed)
    beginShape(TRIANGLE_STRIP);
  else
    beginShape(QUAD_STRIP);
...
```

Ist keine Maustaste gedrückt, wird der Mode **QUAD_STRIP** genommen. Drückst Du die Maustaste, ist der Mode **TRIANGLE_STRIP** aktiv. Dann ändert sich die Figur, wie Du es im Ausgabe-fenster siehst:

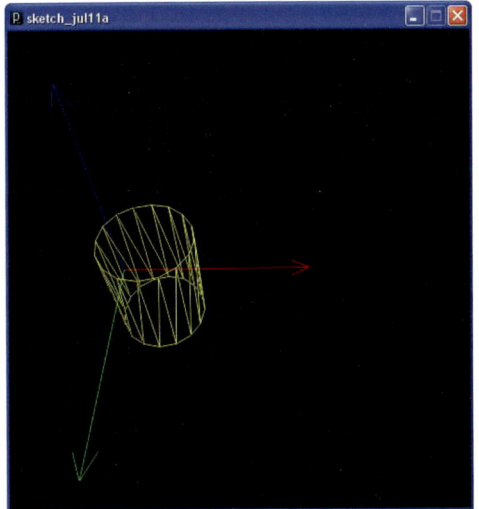

◀ **Abbildung 20-25**
Verbundene Vertex-Punkte
bilden einen Zylinders
(Option: TRIANGLE_STRIP)

Der Aufruf der Funktion erfolgt aus der *draw*-Funktion heraus. Platziere diese Zeilen einfach am Ende des Programms zur Generierung des Achsenkreuzes:

```
...
  // Figur anzeigen
  translate(50, 50, 0);
  zeigeFigur(40, 22.5); // Aufruf der Funktion zum Anzeigen
                        // des Zylinders
```

Der Befehl zur Verschiebung im 3-D-Raum kommt im nächsten Kapitel und wird dort genauer erklärt. Nimm das jetzt einfach mal so hin und konzentriere Dich auf den Aufruf der Funktion *zeigeFigur()*.

Die Argumente sind

- der Radius der Kreise und
- die Anzahl der Unterteilungen hinsichtlich des 360^0-Winkels ($360/22,5 = 16$ Schritte).

Spielst Du ein wenig mit dem Wert für die Unterteilungen, kommen teilweise andere Figuren zustande.

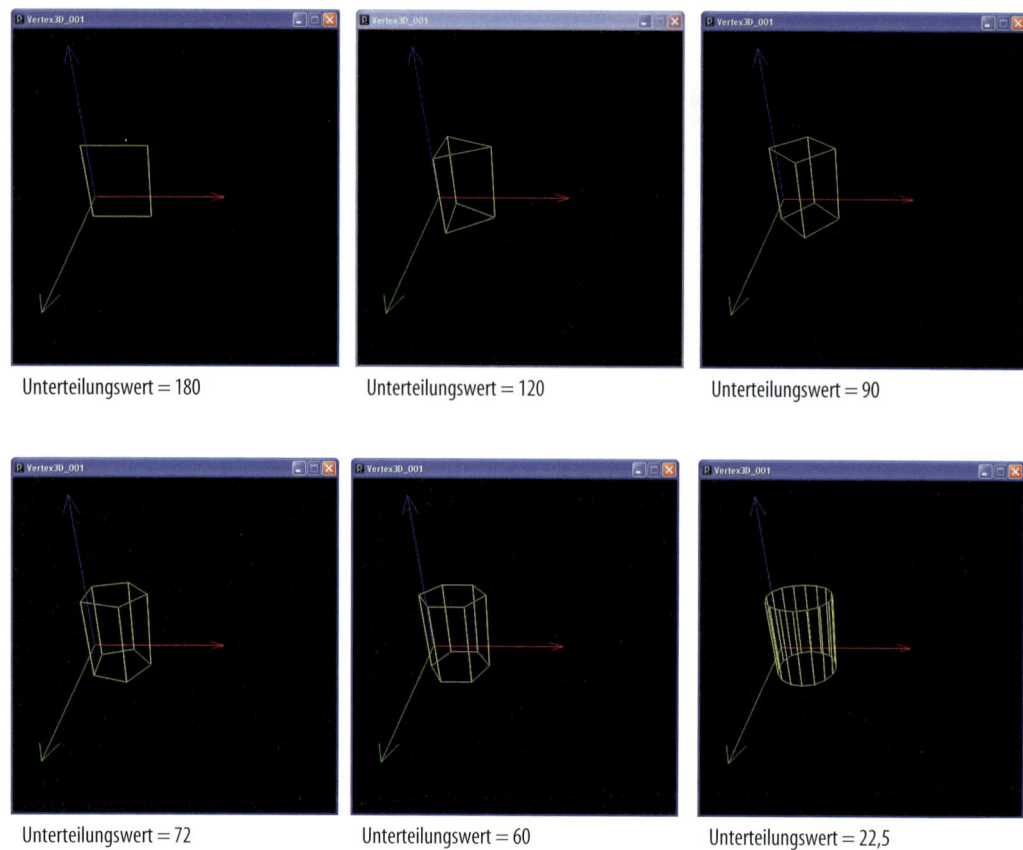

Unterteilungswert = 180

Unterteilungswert = 120

Unterteilungswert = 90

Unterteilungswert = 72

Unterteilungswert = 60

Unterteilungswert = 22,5

Eine weitere interessante Möglichkeit besteht darin, z.B. die Werte des oberen Kreises anders zu berechnen als die des unteren. Hier ein Beispiel, bei dem der obere Kreis zu einem einzigen Punkt kollabiert ist:

```
...
    vertex(xPos, yPos, 0);
    vertex(xPos * 0.0, yPos * 0.0, 100); // 100 = Höhe des Zylinders
...
```

Hier siehst Du die Auswirkungen mit ein paar prägnanten Unterteilungswerten, die wir schon hatten:

Kapitel 20: Geometrische Objekte in 3-D

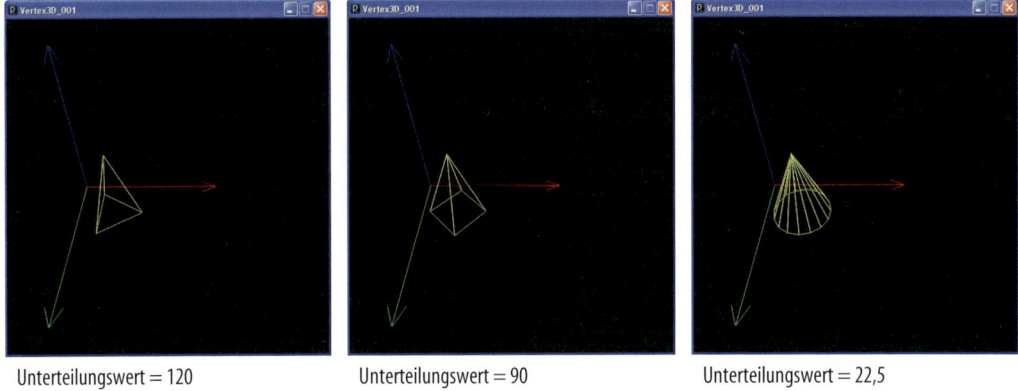

Unterteilungswert = 120   Unterteilungswert = 90   Unterteilungswert = 22,5

Mit Werten ungleich 0 des oberen Kreises bekommst Du wieder andere Figuren:

```
...
    vertex(xPos, yPos, 0);
    vertex(xPos * 0.2, yPos * 0.2, 100); // 100 = Höhe des
                                         // Zylinders
...
```

Unterteilungswert = 120   Unterteilungswert = 90   Unterteilungswert = 22,5

Es sieht so aus als wäre im Vergleich zur letzten Beispielreihe von der Spitze jeweils ein Stück abgeschnitten worden. Man kann hier also grenzenlos tüfteln und neue Figuren erzeugen.

Im Moment kann man ja durch die Figuren hindurchschauen. Wir sehen ja nur das *Drahtgerüst*. Wie ist es denn möglich, die Flächen noch mit einer Farbe zu versehen?

Das ist natürlich ebenfalls machbar. Du hast übrigens – vielleicht unbewusst – den richtigen Ausdruck dafür verwendet, in welcher Art die geometrischen Figuren gerendert wurden. Wir sehen lediglich das Drahtgerüst, das im Englischen *wireframe* genannt wird. Doch zurück zur Farbe: Du kannst die Flächen mit der Dir schon bekannten *fill*-Funktion einfärben.

```
...
  for(float winkel = 0.0; winkel <= 360.0; winkel+= schritte)
  {
    xPos =  radius * cos(radians(winkel));
    yPos =  radius * sin(radians(winkel));
    fill(128); // Einfärbung
    vertex(xPos, yPos, 0);
    vertex(xPos, yPos, 100); // 100 = Höhe des Zylinders
  }
  endShape();
}
```

Sieh mal, was Du angerichtet hast:

Abbildung 20-26 ▶
Eingefärbte geometrische Figur

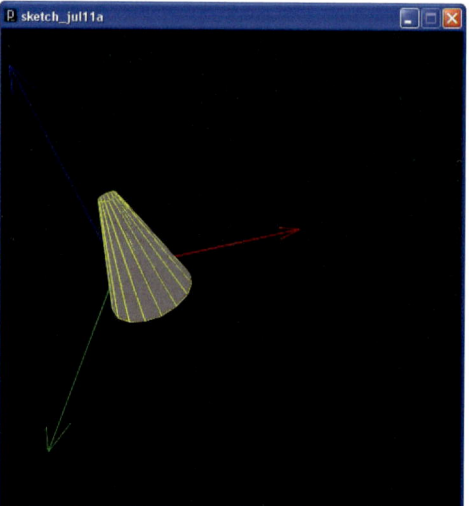

Kapitel 20: Geometrische Objekte in 3-D

Statt der Kreisfunktion können wir jetzt einmal eine Winkelfunktion zur Berechnung der Koordinaten verwenden. Die Sinusfunktion liefert ein nettes Beispiel, das an einen *fliegenden Teppich* erinnert. Der folgende Code ist nur leicht abgewandelt und bringt ein wenig Dynamik ins Bild.

```
float theta = 0.0;
float xPos, yPos;

void setup()
{
  size(500, 500, P3D);
  noFill(); smooth();
  background(0);
}

void draw()
{
  background(0);
  stroke(255, 0, 0); strokeWeight(1);
  theta+= 3.9;
  translate(width/4, height/2, 0);
  rotateX(map(mouseY, 0, height, 0, radians(360)));
  rotateY(map(mouseX, 0, width, 0, radians(360)));
  // Roter Pfeil
  stroke(255, 0, 0);
  line(0, 0, 0, 200, 0, 0);
  line(200, 0, 0, 180, -10, 0);
  line(200, 0, 0, 180, 10, 0);
  // Grüner Pfeil
  stroke(0, 255, 0);
  line(0, 0, 0, 0, 200, 0);
  line(0, 200, 0, 10, 180, 0);
  line(0, 200, 0, -10, 180, 0);
  // Blauer Pfeil
  stroke(0, 0, 255);
  line(0, 0, 0, 0, 0, 200);
  line(0, 0, 200, 10, 0, 180);
  line(0, 0, 200, -10, 0, 180);

  // Figur anzeigen
  translate(50, 50, 0);
  zeigeFigur(40, 22.5);
}
```

```
void zeigeFigur(float radius, float schritte)
{
  stroke(255, 255, 0);
  beginShape(QUAD_STRIP);
  for(float winkel = 0.0; winkel <= 360.0; winkel+= schritte)
  {
    xPos =  winkel;
    yPos =  100 * sin(radians(winkel + theta));
    fill(255, 0, 0);
    vertex(xPos, yPos, 0);
    vertex(xPos, yPos, 100);
  }
  endShape();
}
```

Hier haben wir unseren fliegenden Teppich:

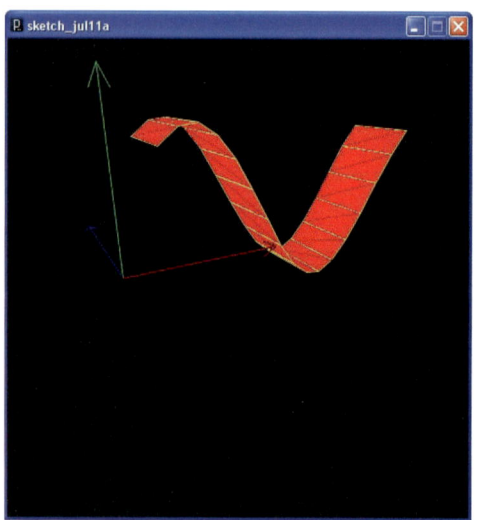

Die Sinuskurve wird durch diese Zeile berechnet:

```
...
   yPos =  100 * sin(radians(winkel + theta));
...
```

Die *y-Position*, also die vertikale Auslenkung, wird einerseits durch die Laufvariable *winkel* berechnet, andererseits aber noch durch die Variable *theta*, die quasi für die laufende *Phasenverschiebung* verantwortlich ist und dem Winkel hinzuaddiert wird. Der Effekt ist der, dass sich der Startpunkt der Sinuskurve stetig verschiebt und die Kurve zu *laufen* anfängt.

Verschiebung

Die zweidimensionale *Verschiebung*, die bekanntlich auch *Translation* genannt wird, hast Du schon beim Anzeigen von Text kennengelernt. Diese Funktion ist auch für den dreidimensionalen Raum geeignet und hat zu diesem Zweck einen weiteren Parameter für die *z-Achse*.

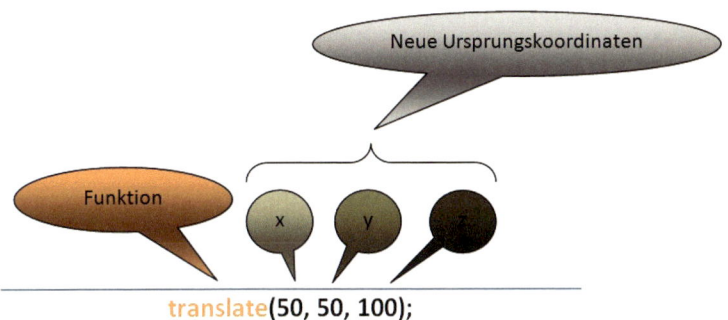

Die *3-D-Verschiebung* ist ja sicherlich nichts Neues für Dich, denn wir haben sie zwischenzeitlich immer mal wieder gehabt, ohne explizit darauf eingegangen zu sein. Der momentane Nullpunkt wird an die angegebenen Koordinaten verschoben.

Wir wollen im folgenden Beispiel mithilfe der Maustasten einen Würfel in *x*- bzw. *y-Richtung* verschieben. Ich lasse die *z-Richtung* mal außen vor, da die Verschiebung mit den vier Cursortasten realisiert werden soll.

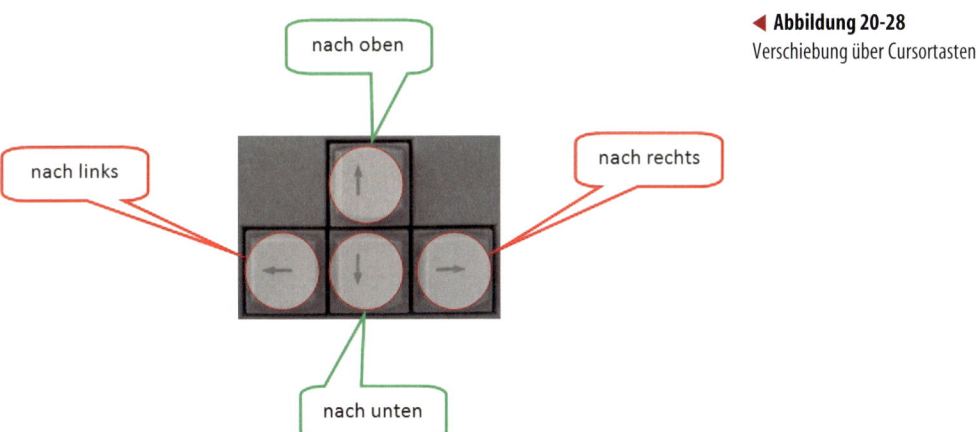

◀ **Abbildung 20-28**
Verschiebung über Cursortasten

Aus diesem Grund habe ich unserem Programm zwei weitere Variablen namens *xTrans* und *yTrans* hinzugefügt.

```
float xPos, yPos;
int xTrans = 0, yTrans = 0;

void setup()
{
  size(500, 500, P3D);
  noFill(); smooth();
  background(0);
}

void draw()
{
  background(0);
  stroke(255, 0, 0); strokeWeight(1);
  translate(width/4, height/2, 0);
  rotateX(map(mouseY, 0, height, 0, radians(360)));
  rotateY(map(mouseX, 0, width, 0, radians(360)));
  // Roter Pfeil
  stroke(255, 0, 0);
  line(0, 0, 0, 200, 0, 0);
  line(200, 0, 0, 180, -10, 0);
  line(200, 0, 0, 180, 10, 0);
  // Grüner Pfeil
  stroke(0, 255, 0);
  line(0, 0, 0, 0, 200, 0);
  line(0, 200, 0, 10, 180, 0);
  line(0, 200, 0, -10, 180, 0);
  // Blauer Pfeil
  stroke(0, 0, 255);
  line(0, 0, 0, 0, 0, 200);
  line(0, 0, 200, 10, 0, 180);
  line(0, 0, 200, -10, 0, 180);
  // Verschiebung
  stroke(255, 255, 0);
  translate(xTrans, yTrans, 0); // Verschiebung
  box(100); // Würfel
}

void keyPressed()
{
  switch(keyCode)
  {
    case LEFT:  xTrans--; break; // Links
    case RIGHT: xTrans++; break; // Rechts
```

```
    case UP:    yTrans--; break; // Oben
    case DOWN:  yTrans++; break; // Unten
  }
}
```

Jedes Mal, wenn Du *eine* der vier Cursortasten drückst, wird entweder die Variable *xTrans* für die *x-Richtung* oder die Variable *yTrans* für die *y-Richtung* verändert. Der *translate*-Befehl in der *draw*-Funktion wertet diese Variablen aus und verschiebt dementsprechend den Würfel. Ach ja, der *Würfel*: Den hatten wir bisher noch nicht. Gehen wir kurz darauf ein, denn die Sache ist nicht weiter kompliziert.

Bei einem Würfel sind alle Kanten gleich lang, wobei alle benachbarten Seiten senkrecht aufeinander stehen. Es existieren in Processing zwei Varianten der für Würfel zuständigen *box*-Funktion.

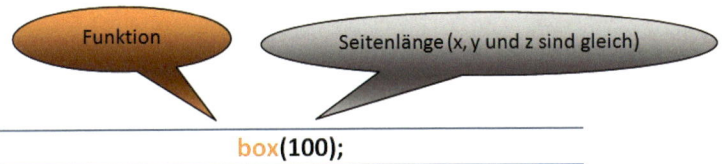

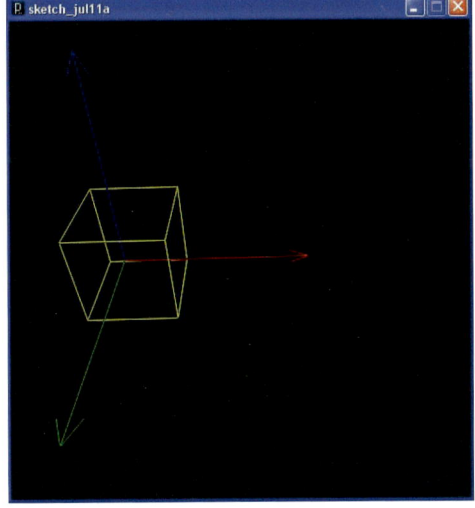

◀ **Abbildung 20-29**
Ein Würfel über die box-Funktion

Hier die zweite Variante für separate xyz-Werte:

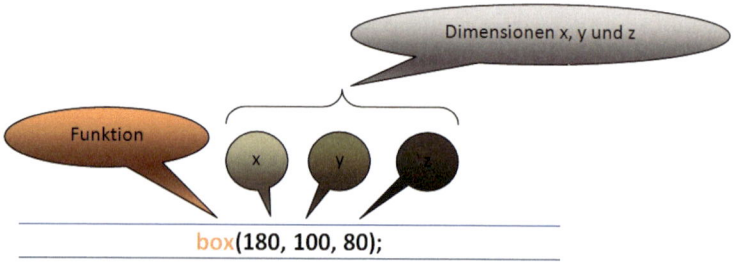

box(180, 100, 80);

Da ich Dir die *box*-Funktion gezeigt habe, möchte ich Dir die *sphere*-Funktion nicht vorenthalten. Mit ihr kannst Du eine Kugel generieren. Sie hat lediglich einen Parameter, der für den Radius zuständig ist.

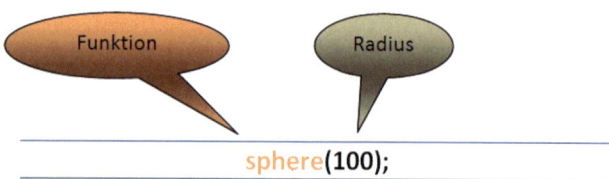

sphere(100);

Abbildung 20-30 ▶
Eine Kugel über die
sphere-Funktion

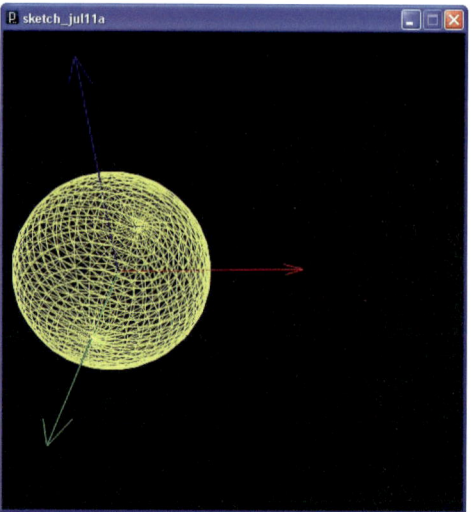

Im Ausgabefenster kannst Du erkennen, dass die Kugel im aktuellen Nullpunkt des Achsenkreuzes erstellt worden ist. Gibst Du keine Füllfarbe über die *fill*-Funktion an, erscheint die Kugel ganz nackt in ihrem *Drahtgerüst*.

Wenn man ganz genau hinschaut, kann man die Bestandteile der Kugel erkennen. Sie ist aus vielen kleinen *Dreiecken* aufgebaut.

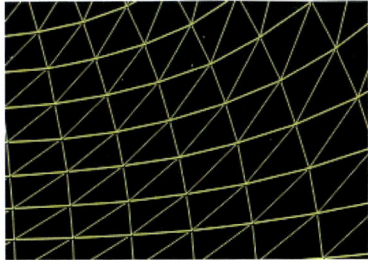

> Ich habe in einem 3D-Programm einmal die Funktionalität gesehen, dass man über das *Mausrad* entweder in die Szene rein- oder rauszoomen kann. Ist das mit Processing auch irgendwie machbar?

Das ist nicht so ohne Weiteres zu machen. Wir müssen uns ein wenig mit der Programmiersprache *Java* auseinandersetzen. Ich werde Dich jetzt einfach mal mit einem Code konfrontieren, der auf das Drehen des Mausrades reagiert, und die Erklärungen dazu liefern:

```java
import java.awt.event.*;
void setup()
{
  size(300, 250);
  addMouseWheelListener(new MouseWheelRotated());
}

void draw()
{
  background(0);
}


class MouseWheelRotated implements MouseWheelListener
{
  void mouseWheelMoved(MouseWheelEvent e)
  {
    int richtung = e.getWheelRotation();
    switch(richtung)
    {
      case 1: println("Nach unten."); break;
      case -1: println("Nach oben."); break;
    }
  }
}
```

Jetzt geht's schon ein bisschen ans Eingemachte! Einige Dinge bedürfen einer genaueren Erklärung, doch wir werden das schon hinbekommen. Fangen wir einfach an. Wie Du schon weißt, reagiert unser Computer auf die unterschiedlichsten *Ereignisse*, die *Events* genannt werden. Wenn Du z.B. die Tasten auf Deiner *Tastatur* drückst oder die *Maus* bewegst, werden automatisch *Events* ausgelöst, auf die wir dann entsprechend mit unserem eigenen Code reagieren können. Wir wissen, dass bei einem Tastendruck automatisch die Funktion *keyPressed* aufgerufen wird.

```
void keyPressed()
{
  // Eigener Code
}
```

Alles, was wir machen müssen, ist, diese Funktion mit Leben zu füllen, sprich: dort unseren eigenen Code zu platzieren, der ausgeführt werden soll, wenn eine *Taste* gedrückt wird. Soweit nichts Neues für Dich. Aber wer ist eigentlich verantwortlich für das *Horchen* auf Ereignisse? Irgendein Mechanismus muss doch im Hintergrund und vor uns verborgen diese Arbeit übernehmen. Es sind die sogenannten *Listener*. Übersetzt bedeutet das *Hörer* oder *Empfänger*. In einem Computer können aber die unterschiedlichsten Events *ausgelöst* werden; auf alle möglichen *Event*ualitäten vorbereitet zu sein, würde eine Menge Arbeit für ein Programm bedeuten, die eine Menge Rechenzeit kostet. Aus diesem Grund sind nicht alle Events scharfgeschaltet, und es wird nicht darauf reagiert.

Doch werfen wir mal einen Blick hinter die Kulissen und beobachten den *Keyboard-Listener* bei der Arbeit:

Abbildung 20-31 ▶
Der Keyboard-Listener

Keyboard-Listener

Kapitel 20: Geometrische Objekte in 3-D

Ah ja, wir sehen, dass er gerade gemerkt hat, dass die Taste *A* auf der Tastatur gedrückt wurde. Im nächsten Schritt wird an die Ereignisbearbeitungsroutine der Funktion *keyPressed* weitergeleitet.

Sie arbeitet den Code ab, den der Programmierer ggf. dort hinterlegt hat. Steht dort kein Code, wird zwar das Event wahrgenommen, doch es folgen keine Aktionen.

Wir wissen jetzt, dass standardmäßig z. B. die folgenden Listener scharfgeschaltet sind, ohne dass wir etwas dafür tun müssten:

- Mouse-Listener (mousePressed, mouseReleased, mouseMoved, mouseDragged)
- Keyboard-Listener (keyPressed, keyReleased)

So weit, so gut. Kommen wir zurück zu unserem Problem, auf die Bewegung des Mausrades zu reagieren. Da wie ich schon erwähnt habe nicht auf alle möglichen Events reagiert wird, müssen wir unserem Programm mitteilen, dass jetzt auf die Drehung des Mausrades reagiert werden soll. Wie machen wir das aber? In unserem Code findest Du u. a. die folgende Zeile in der *setup*-Funktion:

```
...
void setup()
{
  ...
  addMouseWheelListener(new MouseWheelRotated());
}
...
```

Um einen weiteren Listener als *aktiven Horcher* dem Programm hinzuzufügen, wird eine sogenannte *Registrierungsmethode* aufgerufen. Sie heißt in unserem Fall *addMouseWheelListener* und meldet den neuen Listener an, um ihn der Reihe der schon vorhandenen Listener hinzuzufügen.

Wir sehen aber, dass die Methode ein Argument hat und auf eine neue Klasse *MouseWheelRotated* weist. Dieser Name kann frei gewählt werden; da alle Bezeichnungen auf Englisch sind, habe ich mich in dem Fall ausnahmsweise an diese Konvention gehalten.

ICH BIN DER NEUE!

```
...
  addMouseWheelListener(new MouseWheelRotated());
...
```

Das Argument beinhaltet also den Namen einer Klasse, die wir später definiert haben. Werfen wir einen Blick darauf:

Listener

```
. . .
class MouseWheelRotated implements MouseWheelListener
{
  void mouseWheelMoved(MouseWheelEvent e)
  {
    int richtung = e.getWheelRotation();
    switch(richtung)
    {
      case 1: println("Nach unten."); break;
      case -1: println("Nach oben."); break;
    }
  }
}
```

Die Klasse *MouseWheelRotated* implementiert den Listener *Mouse-WheelListener*. Wow, das hört sich geschwollen an ... aber was bedeutet es? Ein Listener ist eine *Schnittstelle*, auch *Interface* genannt, deren Aufbau dem einer *Klasse* ähnelt. Ich möchte hier nicht so tief einsteigen, doch lass Dir gesagt sein, dass ein *Interface* Methoden zur Verfügung stellt, die *abstrakt* sind. Das bedeutet, dass lediglich die Signatur vorhanden ist, jedoch ohne Code.

Eine Methode ohne Code! Was soll der Unsinn? Was sollen sie denn machen?

Das ergibt auf den ersten Blick eigentlich nicht viel Sinn, da hast Du schon recht! Aber Du musst einen Schritt weiter denken: Da die Klasse *MouseWheelRotated* den Listener *MouseWheelListener* implementiert, geht sie quasi einen Vertrag ein. Sie muss die abstrakte Methode des Listeners selbst enthalten und mit Leben füllen. Der Name der Methode lautet in unserem Fall *mouseWheelMoved*. Wenn ich also den Listener nutzen möchte, muss ich auch sicherstellen, dass die entsprechende Methode vorhanden ist, um auf das *Event* reagieren zu können. Es ist ein Sicherheitsmechanismus, der den Programmierer dazu zwingt, notwendigen Code zu implementieren. Lassen wir zum Test die Methode *mouseWheelMoved* weg, bekommen wir umgehend eine Fehlermeldung:

MouseWheelRotated must implement the inherited abstract method MouseWheelListener.mouseWheelMoved(MouseWheelEvent)

Die Meldung ist eindeutig und besagt, dass die Klasse *MouseWheelRotated* die abstrakte Methode *mouseWheelMoved* implementieren muss. Jetzt ist es an der Zeit, einen näheren Blick auf die Methode *mouseWheelMoved* zu werfen:

```
...
class MouseWheelRotated implements MouseWheelListener
{
  void mouseWheelMoved(MouseWheelEvent e)
  {
    int richtung = e.getWheelRotation();
    switch(richtung)
    {
      case 1: println("Nach unten."); break;
      case -1: println("Nach oben."); break;
    }
  }
}
```

Tritt also das Event ein, dass am Mausrad gedreht wurde, wird die Methode *mouseWheelMoved* aufgerufen. Du kannst aber sehen, dass sie den Parameter *e* besitzt, der vom Typ *MouseWheelEvent* ist und seinerseits einige Methoden zur Verfügung stellt. Die für uns nützliche ist *getWheelRotation*, die einen Wert zurückgibt, der die Richtung der Mausradbewegung angibt.

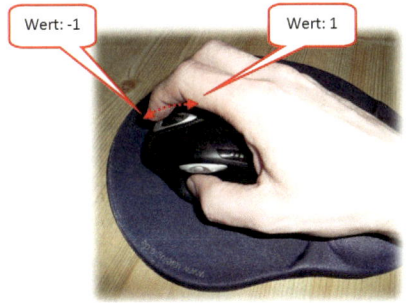

◀ **Abbildung 20-32**
Wir drehen am Rad.

Und zum Schluss der Erklärungen bezüglich der Mausradbewegung bedarf natürlich noch die erste Zeile einer Erläuterung:

```
import java.awt.event.*;
...
```

Mit der Anweisung *import* wird ein vorhandenes Paket dem Code hinzugefügt. Ein Paket ist eine Sammlung von Klassen, die einen zusammenhängenden Kontext haben. Da wir die Funktionalität der *Ereignisklassen* nutzen wollen, die sich im Unterpaket *java.awt. event* befinden, ist es notwendig, dem Programm das mitzuteilen. Nähere Informationen darüber findest Du im Internet. Erweitern wir jetzt unser Programm so, dass wir mit dem Mausrad die Position der grafischen Objekte auf der *z-Achse* steuern können.

Hier der Code des Hauptprogramms:

```java
import java.awt.event.*;
float xPos, yPos;
int xTrans = 0, yTrans = 0, zTrans = 0;

void setup()
{
  size(500, 500, P3D);
  addMouseWheelListener(new MouseWheelRotated());
  noFill(); smooth();
  background(0);
}

void draw()
{
  background(0);
  stroke(255, 0, 0); strokeWeight(1);
  translate(width/4, height/2, 0);
  rotateX(map(mouseY, 0, height, 0, radians(360)));
  rotateY(map(mouseX, 0, width, 0, radians(360)));
  // Roter Pfeil
  stroke(255, 0, 0);
  line(0, 0, 0, 200, 0, 0);
  line(200, 0, 0, 180, -10, 0);
  line(200, 0, 0, 180, 10, 0);
  // Grüner Pfeil
  stroke(0, 255, 0);
  line(0, 0, 0, 0, 200, 0);
  line(0, 200, 0, 10, 180, 0);
  line(0, 200, 0, -10, 180, 0);
  // Blauer Pfeil
  stroke(0, 0, 255);
  line(0, 0, 0, 0, 0, 200);
  line(0, 0, 200, 10, 0, 180);
  line(0, 0, 200, -10, 0, 180);
  // Verschiebung
  stroke(255, 255, 0);
  translate(xTrans, yTrans, zTrans);
  box(100); // Würfel
}

void keyPressed()
{
  switch(keyCode)
  {
    case LEFT:  xTrans--; break; // Links
    case RIGHT: xTrans++; break; // Rechts
    case UP:    yTrans--; break; // Oben
```

Kapitel 20: Geometrische Objekte in 3-D

```
      case DOWN:  yTrans++; break; // Unten
   }
}
```

Nicht zu vergessen der Code für die Klasse *MouseWheelRotated:*

```
...
class MouseWheelRotated implements MouseWheelListener
{
  int schritte = 20;
  void mouseWheelMoved(MouseWheelEvent e)
  {
    int richtung = e.getWheelRotation();
    switch(richtung)
    {
      case 1: zTrans-= schritte; break;
      case -1: zTrans+= schritte; break;
    }
  }
}
```

Drehst Du jetzt das Mausrad nach unten, wandert der Würfel weiter nach hinten und wird kleiner. Bei umgekehrter Drehrichtung kommt er nach vorne und wird größer.

Skalierung

Die *Skalierung* ist, wie schon im Kapitel über *2-D-Objekte* erwähnt, eine scheinbare Größenveränderung, die im Ausgabefenster sichtbar wird. Objekte, die sich von uns entfernen, werden kleiner. Nähern sie sich uns, nimmt ihre Größe zu.

Wenden wir uns also der dritten Version der *scale*-Funktion zu, die Argumente für alle drei Achsen besitzt.

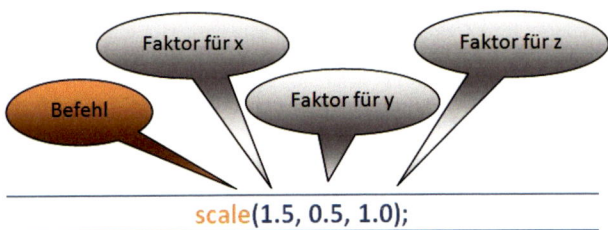

Die Werte sind wiederum Prozentangaben, wobei der Wert 1.0 dem Prozentwert 100 entspricht. Eine Verkleinerung wird mit Werten kleiner 1.0, eine Vergrößerung mit Werten größer 1.0 erreicht.

Bilder

21

Wenn Du bisher etwas Ansehnliches im Ausgabefenster anzeigen lassen wolltest, musstest Du Dich schon ein wenig anstrengen und eine paar Zeilen Code schreiben. Der Inhalt war bisher auf grafische Objekte wie *Punkte*, *Linien*, *Kreise* und dergleichen beschränkt. Das war auch alles in Ordnung so. Aber Processing kann noch mehr. Was hältst Du davon, wenn wir jetzt einmal fertige Bilder in unser Programm laden, die z.B. mit einer Kamera gemacht oder eingescannt wurden? Das Ergebnis liegt dann vielleicht im *jpg-*, *gif-* oder *png*-Format vor.

Lassen wir doch unseren kleinen Freund hier mal als Hauptperson im folgenden kleinen Programm auftreten. Er wurde vom Computer eingescannt und dematerialisiert, sodass seine Atome in Form von Einsen und Nullen auf unserem Speichermedium ihr Dasein fristen. Verdammt zur ewigen Starre und Anschauungsmaterial für unsere Zwecke.

Bildobjekt

Wie schaffen wir es aber, dass Processing die binäre Information unserer Bilddatei, die im *.jpg*-Format vorliegt, als Bild zu interpretieren? Nun, wir brauchen zum Glück nicht extra etwas dafür zu programmieren, denn wir können auf eine fertige Klasse zurückgreifen, die uns den größten Teil der Arbeit abnimmt. Mit der Zeile

```
PImage meinBild;
...
```

generieren wir ein *PImage*-Objekt mit dem Namen *meinBild*. Damit hast Du natürlich noch kein Bild geladen, sondern das Objekt *meinBild* dafür vorbereitet, ein Bild aufzunehmen.

Bild laden

Das Laden erfolgt über die Funktion

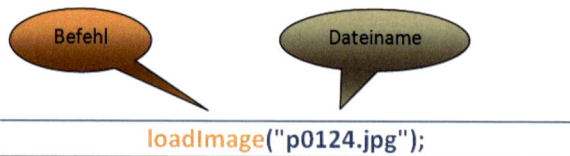

wobei der Rückgabewert unserem Bildobjekt zugewiesen wird.

```
...
  meinBild = loadImage("p0124.jpg");
...
```

So, nun haben wir unser Bild geladen, aber noch nicht angezeigt.

Bild anzeigen

Wir müssen uns der Funktion

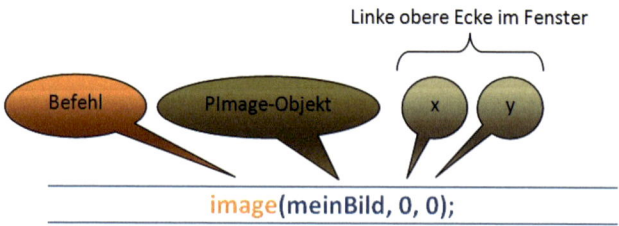

bedienen, um die Bilddatei an den angegebenen Koordinaten anzuzeigen.

```
...
  image(meinBild, 0, 0);
...
```

Fassen wir die einzelnen Schritte noch einmal kurz zusammen:

1. *PImage*-Objekt erstellen

2. Mit der Funktion *loadImage* die Bilddatei laden

3. Mit der Funktion *image* die Bilddatei anzeigen

Hier siehst Du den vollständigen Code:

```
PImage meinBild;
void setup()
{
  size(300, 300);
  meinBild = loadImage("p0124.jpg");
}

void draw()
{
  background(255);
  image(meinBild, 0, 0);
}
```

Aber halt, eins haben wir noch vergessen: Woher kennt unser Programm den Pfad zur Bilddatei? Angenommen, wir haben die Datei in einem Verzeichnis abgelegt, das sich auf einer externen Platte befindet. Nun, wir rufen dazu über die Processing-eigene Entwicklungsumgebung den Menüpunkt *Sketch|Add file...* auf und browsen zu Bilddatei, die wir benötigen. Diese Aktion bewirkt, dass das Unterverzeichnis *data* in unserem Projektverzeichnis angelegt wird. Dort befindet sich jetzt eine Kopie der ausgewählten Bilddatei, auf die das Programm sicher zugreifen kann. Wollen doch mal sehen, was unser Programm so anzeigt.

Das sieht ja schon ein wenig nach unserer eingescannten Vorlage aus. Doch leider erscheint nur ein Teil des Bildes. Wir haben unsere Fenstergröße mit *size(300, 300)* willkürlich gewählt, ohne Informationen über die tatsächliche Bildgröße einfließen zu lassen. Könnten wir die *Breite* und die *Höhe* des Bildes beim Anzeigen beeinflussen, wären wir diesbezüglich einen Schritt weiter.

Es existiert zum Glück eine zweite Version der *image*-Funktion, die zwei weitere Argumente aufnehmen kann.

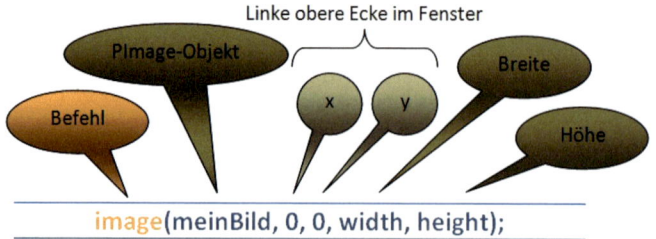

image(meinBild, 0, 0, width, height);

Der Code würde also wie folgt aussehen:

```
...
  image(meinBild, 0, 0, width, height);
...
```

Und hier ist das Ergebnis schon mal nicht schlecht!

Abbildung 21-1 ▶
Anzeigen des kompletten Bildes

Doch leider haben wir an dieser Stelle nur ein wenig Glück gehabt. Das Bild hat fast quadratische Maße von *593 x 514* Pixeln. Da wir unser Ausgabefenster mit den Maßen *300 x 300* quadratisch angelegt hatten, sieht die Ausgabe des Bildes fast perfekt aus. Ändern wir die Größe des Ausgabefensters doch einmal auf *300 x 150*, um zu sehen, was das für einen Effekt hat.

Nun ja, unser kleiner Freund sieht noch deprimierter aus als vorher. Er hat noch weniger Platz in die Höhe zugewiesen bekommen.

Du siehst, dass auf diese Weise das Bild in vertikaler Richtung verzerrt dargestellt wird. *Höhe* und *Breite* des Bildes werden an die Dimensionen des Ausgabefensters angepasst. Es wird quasi einfach hineingequetscht.

> Wie können wir überhaupt die korrekten Maße eines Bildes ermitteln? Ich kann doch nicht immer das Bild in mein Bildbearbeitungsprogramm laden und dort nachschauen. Das ist irgendwie nicht praktikabel!

Da hast Du natürlich vollkommen recht. Wenn es ein Bildobjekt in Processing gibt, dann liegt der Verdacht nahe, dass das Objekt die notwenigen Informationen für uns bereit hält. Du hast schon erfahren, dass *Klassen* unter Umständen nützliche *Methoden* oder *Felder* für den Anwender bereitstellen und das ist hier auch der Fall.

Die Felder, derer wir uns bedienen, heißen (wie sollte es anders sein):

- width (für die *Breite* des Bildes) und
- height (für die *Höhe* des Bildes).

Wollen mal sehen, ob mein Bildbearbeitungsprogramm auch die richtigen Dimensionen von *593 x 514* Pixeln ausgespuckt hat.

```
...
void draw()
{
  background(255);
  image(meinBild, 0, 0, width, height); // Dimensionen von size(x,y)
  println("Breite: " + meinBild.width); // Breite des Bildes
  println("Höhe: " + meinBild.height);  // Höhe des Bildes
}
```

Beachte, dass die Variablen *width* und *height* in der Zeile, in der das Bild angezeigt wird, andere sind als die *width*- und *height*-Felder, die vom Bildobjekt *meinBild* angesprochen werden. Wenn Du Informationen über alle Methoden und Felder der *PImage*-Klasse brauchst, schau auf der Website von *Processing* nach. Dort findest Du nützliche Hinweise.

Mit dem folgenden kleinen Beispiel möchte ich Deine Phantasie anregen. Ich habe mir ein kleines Raumschiff auf ein Blatt Papier gezeichnet und eingescannt. Den Hintergrund habe ich in Schwarz aufgefüllt, um es in einem schwarzen Fenster anzuzeigen. Das sieht doch für den Anfang mal gar nicht schlecht aus. Das Raumschiff soll sich am unteren Rand des Fensters entsprechend der horizontalen Mausposition bewegen.

```
PImage meinBild;
void setup()
{
  size(600, 400); smooth();
  meinBild = loadImage("spaceship003.jpg");
  imageMode(CENTER);
}

void draw()
{
  background(0);
  image(meinBild, mouseX, height - meinBild.height/2);
}
```

Ich habe das Anzeigen des Raumschiffs so programmiert, dass es unabhängig von seiner Höhe immer am unteren Rand sichtbar ist.

Abbildung 21-2 ▶
Anzeigen des Raumschiffs am
unteren Bildschirmrand

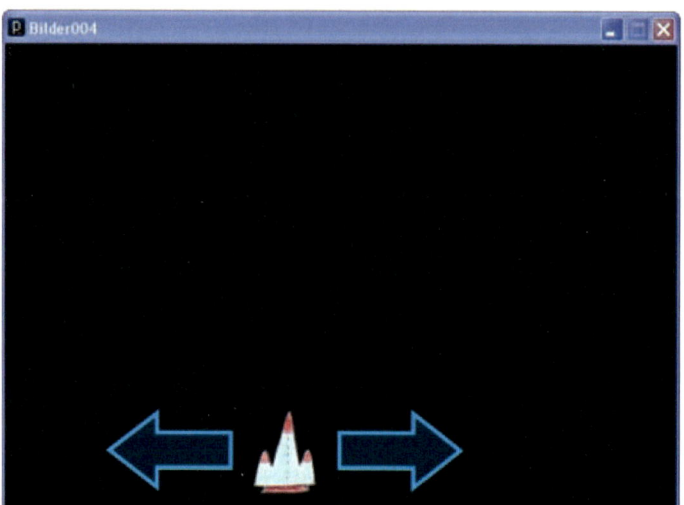

Jetzt hätte ich doch fast die Zeile vergessen, in der ich festlege, wo der *Nullpunkt* des Bildes ist. Standardmäßig befindet er sich in der linken oberen Ecke. Du erinnerst Dich sicherlich an den Befehl *rectMode*, der für das Rechteck den Referenzpunkt bestimmt. Hinsichtlich unseres Bildes können wir vergleichbare Einstellungen vornehmen. Der Befehl dazu lautet so:

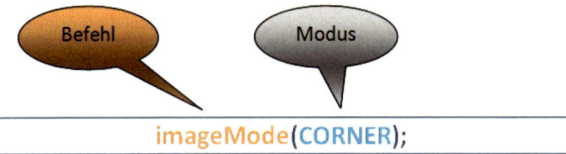

imageMode(CORNER);

Die verwendbaren Einstellungen sind **CORNER** (Standard),
CORNERS und **CENTER**.

Damit die x-Koordinate der Mausposition sich immer in der Mitte
des Raumschiffs befindet, habe ich den Mode **CENTER** gesetzt.

> Ist es denn auch möglich das Raumschiff rotieren zu lassen? Was mit
> *Linien*, *Rechtecken* oder dergleichen funktioniert, könnte doch auch
> für Bilder gelten, oder!?

Da hast Du recht! Die Transformationsbefehle *rotate*, *translate* und
scale wirken sich auch auf Bilder aus. Das wollen wir uns im nächsten Beispielprogramm einmal genauer anschauen. Folgende Anforderungen habe ich an das Programm gestellt:

- Positionierung des Raumschiffs am unteren Fensterrand und
  horizontale Bewegung über die Maus in x-Richtung
- Skalierung des Raumschiffs über die vertikale Bewegung der
  Maus in y-Richtung
- Linksklick der Maus lässt das Raumschiff linksherum rotieren
- Rechtsklick der Maus lässt das Raumschiff rechtsherum rotieren

Das Programm sieht dann folgendermaßen aus:

```
PImage meinBild;
float winkel;
int richtung = 1;
float geschwindigkeit = 0.05;
void setup()
{
  size(600, 400); smooth();
  meinBild = loadImage("spaceship003.jpg");
  imageMode(CENTER);
}

void draw()
{
```

```
  background(0);
  winkel+= geschwindigkeit * richtung;
  translate(mouseX, height - meinBild.height/2);
  rotate(winkel);
  scale(mouseY/100.0);
  image(meinBild, 0, 0);
}

void mousePressed()
{
  switch(mouseButton)
  {
    case LEFT: richtung = -1; break; // linksherum
    case RIGHT: richtung = 1; break; // rechtsherum
  }
}
```

Du findest in der *draw*-Funktion die drei Transformationsbefehle *rotate*, *translate* und *scale* wieder.

Abbildung 21-3 ▶
Rotierendes Raumschiff

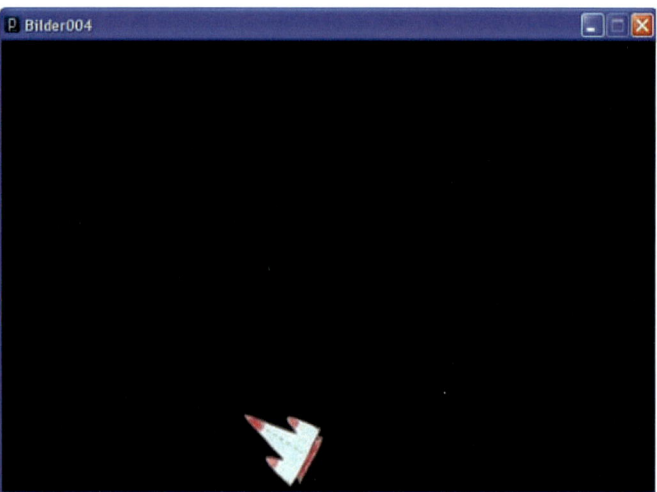

> Ich habe diesbezüglich noch eine Frage. Warum müssen wir in der Skalierungszeile scale(mouseY/100.0) den Wert 100.0 schreiben und nicht einfach 100?

Das hat folgenden Grund: Wenn Du zwei Zahlen des Datentyps *int* dividierst, kann das Ergebnis nur ein ganzzahliger Wert sein.

$$\frac{mouseY}{100}$$

liefert die folgenden Werte zurück: *0, 1, 2* und *3*. Die Skalierung erfolgt auf diese Weise recht sprunghaft und nicht sanft, wie wir es eigentlich vorhatten. Schreibst Du aber

$$\frac{mouseY}{100.0}$$

ist das Ergebnis vom Datentyp *float* und liefert die Werte zwischen *0.0* und *3.99* zurück: ein weicher Übergang von einem zum nächsten Wert. Die Skalierung erfolgt jetzt in sanfter Form.

Im nächsten Beispiel wollen wir unser Raumschiff mit der Maus am unteren Bildschirmrand navigieren und einen Schuss nach oben über die Maustaste abgeben. Werfen wir zunächst einen Blick auf das Hauptprogramm:

```
PImage meinSchiff;
Schuss s;
int xPos;

void setup()
{
  size(600, 400); smooth();
  meinSchiff = loadImage("spaceship002.jpg");
  imageMode(CENTER);
  s = new Schuss(meinSchiff.height, 5);
}

void draw()
{
  int schuss = 0;
  background(0);
  image(meinSchiff, mouseX, height - meinSchiff.height/2);
  s.los();
}

void mousePressed()
{
  if(!s.unterwegs)
  {
    s.unterwegs = true;
    s.xPos = mouseX;
  }
}
```

Richten wir unser Augenmerk zuerst einmal auf das Anzeigen des Raumschiffs, was nicht weiter schwer sein sollte, da wir das erst kürzlich besprochen haben. Im nachfolgenden Code habe ich deshalb alle unbeteiligten Zeilen weggelassen:

```
PImage meinBild;
...
void setup()
{
  size(600, 400); smooth();
  meinBild = loadImage("spaceship002.jpg");
  imageMode(CENTER);

  ...
}

void draw()
{
  ...
  background(0);
  image(meinBild, mouseX, height - meinBild.height/2);
  ...
}
...
```

Auf diese Weise steuern wir das Raumschiff mit der Maus. Doch lass uns jetzt einen Blick auf die Klasse werfen, die für den abzugebenden Schuss verantwortlich ist:

```
class Schuss
{
  int xPos, yPos;
  int schiffsHoehe, g;                          Konstruktor
  boolean unterwegs = false;

  Schuss(int meinBildHoehe, int geschwindigkeit)
  {
    schiffsHoehe = meinBildHoehe;
    yPos = height - schiffsHoehe;
    g = geschwindigkeit;
  }

  void los()                                    Methode zum
  {                                             Anzeigen des Schusses
    if(unterwegs)
    {
      yPos-= g;
      stroke(255, 0, 0); strokeWeight(3);
      point(xPos, yPos);
      if(yPos < 0)
      {
        unterwegs = false;
        yPos = height - schiffsHoehe;
      }
    }
  }
}
```

Fangen wir zunächst mit dem Konstruktor an. Der Feldvariablen *meinBildHoehe* wird die Höhe des Raumschiffbildes übergeben. Wir benötigen die Höhe, damit der Schuss am oberen Bildrand das Raumschiff verlässt und es realistisch aussieht, wenn gefeuert wird.

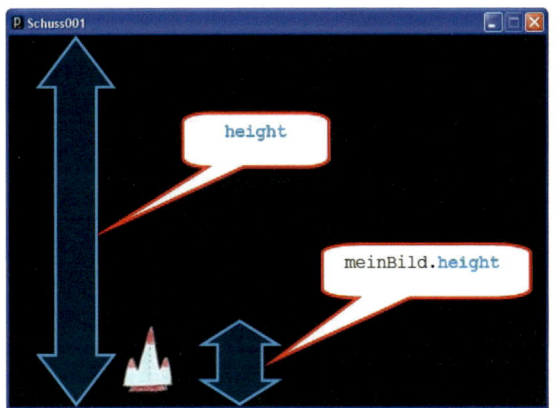

Das wird mit der Codezeile

```
yPos = height - schiffsHoehe;
```

erreicht. Die Variable *yPos* ist für die vertikale Position des Projektils verantwortlich, wobei der Feldvariablen *g* die Geschwindigkeit übergeben wird, mit der sich das Projektil nach oben bewegen soll:

```
yPos-= g;
```

In der Methode *los* wird die Position berechnet. Werfen wir einen Blick auf diese Methode:

```
...
  void los()
  {
    if(unterwegs)
    {
      yPos-= g;
      stroke(255, 0, 0); strokeWeight(3);
      point(xPos, yPos);
      if(yPos < 0)
      {
        unterwegs = false;
        yPos = height - schiffsHoehe;
      }
    }
  }
...
```

Eine wichtige Feldvariable lautet *unterwegs*. Ja, natürlich sind alle wichtig, doch betrachten wir den Sinn und Zweck genau dieser Variablen etwas genauer. Sie ist vom Datentyp *boolean*, kann also nur die beiden Werte *true* oder *false* annehmen und dient als *Statusinformation*, ob das Projektil schon das Rohr verlassen hat und auf dem Weg zum Ziel ist.

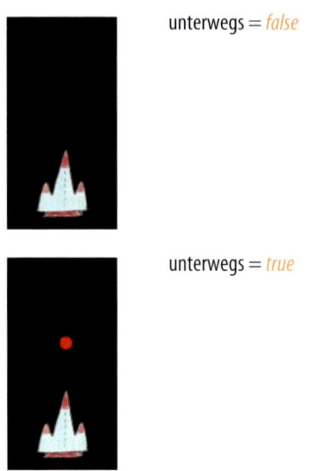

unterwegs = *false*

unterwegs = *true*

Nur wenn die Variable den Wert *true* vorweisen kann, werden die y-Position berechnet und das Projektil auf seinem Flug zum oberen Fensterrand gezeigt. Aber wann wird die Variable denn auf *true* gesetzt? Das müsste eigentlich dann passieren, wenn wir den Feuerknopf, äh, die Maustaste drücken. Werfen wir dazu einen kurzen Blick in Hauptprogramm:

```
...
void mousePressed()
{
  if(!s.unterwegs)
  {
    s.unterwegs = true;
    s.xPos = mouseX;
  }
}
```

In der Funktion *mousePressed* ist jedoch ein Sicherheitsmechanismus implementiert: Die Feldvariable *unterwegs* wechselt nur auf *true*, wenn sie vorher den Wert *false* hatte. Der Grund ist folgender: Ist das Projektil erst einmal unterwegs und hat den oberen Fensterrand noch *nicht* erreicht, soll dem Schützen nicht die Möglichkeit gegeben werden, noch einmal zu schießen. Der Status wird erst zurückgesetzt (Status = *false*), wenn der obere Rand erreicht wurde (*yPos < 0*).

```
...
  void los()
  {
    ...
      if(yPos < 0)
      {
        unterwegs = false;
        yPos = height - schiffsHoehe;
      }
    }
  }
...
```

Das Spiel kann von vorn beginnen. Schreib doch einfach mal eine Klasse, die ein feindliches Raumschiff am oberen Fensterrand bewegt, auf das man schießen muss. Das macht die Sache gleich viel spannender.

Bilder-Array

Was ein Array ist, weißt Du mittlerweile. Lass uns doch ein *Bilder-Array* erstellen und mehrere Bilder hineinladen. Aber nicht irgendwelche, sondern eine Abfolge, wobei das jeweils folgende Bild nur ein wenig anders ist. Fast so wie in einem Daumenkino kannst Du dann die Einzelbilder in mehr oder weniger schneller Abfolge zeigen, und es entsteht der Eindruck von Bewegung.

Folgende sechs Bilder habe ich gezeichnet. Das jeweils nächste Bild zeigt den kleinen Kerl, wie er immer etwas dicker wird, bis zum Schluss ... na ja, sieh selbst:

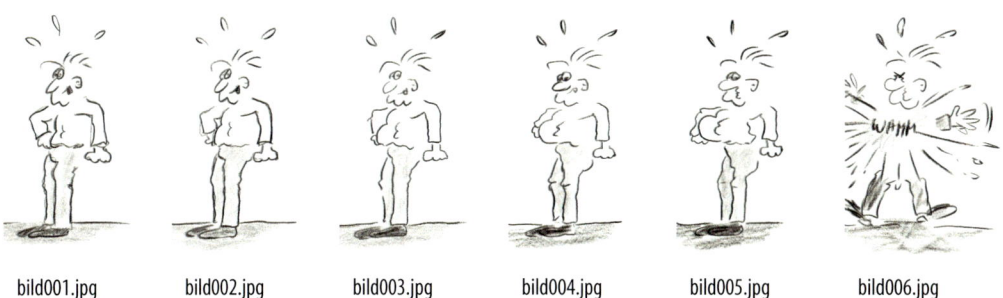

bild001.jpg   bild002.jpg   bild003.jpg   bild004.jpg   bild005.jpg   bild006.jpg

Hast Du die Bilder erstellt, musst Du sie wie gehabt über den Menüpunkt *Sketch|Add file...* in Dein Projektverzeichnis kopieren, damit der Zugriff darauf gewährleistet ist.

Wie können wir das kodieren?

```
PImage[] meinBilderArray;
int ANZAHL = 6, index = 0;
void setup()
{
  size(260, 400); background(255);
  meinBilderArray = new PImage[ANZAHL];
  for(int i = 0; i < ANZAHL; i++)
    meinBilderArray[i] = loadImage("bild00" + (i + 1) + ".jpg");
  frameRate(2); // Bilder pro Sekunde (Probier andere Werte aus!)
}

void draw()
{
  image(meinBilderArray[index], 0, 0);
  index++;
  if(index >= ANZAHL)
    noLoop();
}
```

Die einzelnen Bilder habe ich mit Absicht so benannt, wie es oben gezeigt ist. So kann ich über eine *for*-Schleife die Bilder zum einen in das Array laden und zum anderen komfortabel wieder über eine Schleife ausgeben. Die *Framerate* wurde ebenfalls angepasst, damit der Wechsel zwischen den einzelnen Bildern nicht zu schnell ist. Du kannst ja den Wert nach Deinen Vorstellungen anpassen. Schauen wir uns zunächst das Laden der Bilder in das Array genauer an.

```
...
  for(int i = 0; i < ANZAHL; i++)
    meinBilderArray[i] = loadImage("bild00" + (i + 1) + ".jpg");
...
```

Das Argument der *loadImage*-Funktion ist der Dateiname, den wir über die *for*-Schleife dynamisch erstellen. Wir sollten uns die Frage stellen, was sich bei den sechs Dateinamen ändert und was nicht. Die Frage ist nicht schwer zu beantworten: Es ändert sich lediglich das letzte Zeichen von 1 bis 6. Unverändert bleiben die Zeichenkette *bild00* und die Extension *.jpg*. Jetzt brauchen wir bloß noch diese Zeichenkette über die Schleife automatisch zusammensetzen zu lassen. Bedenke aber, dass die Zählweise des Arrays mit *0* beginnt und unser erstes Bild mit *1*! Auf diese kurze Weise haben wir mit etwas Überlegung in der Namensvergabe die Bilder in das Array geladen. Kommen wir jetzt zur Anzeige des Bilderarrays in der *draw*-Funktion.

```
...
void draw()
{
  image(meinBilderArray[index], 0, 0);
  index++;
  if(index >= ANZAHL)
   noLoop();
}
```

Wie Du siehst, haben wir an dieser Stelle keine *for*-Schleife verwendet, um auf die einzelnen Bildelemente des Arrays zuzugreifen. Stattdessen kommt eine globale Variable mit namens *index* zum Einsatz, die bei jedem Durchlauf der *draw*-Funktion inkrementiert wird. Wird der Maximalwert erreicht, stoppt die *draw*-Funktion ihren Zyklus über die *noLoop*-Funktion.

> Also, ich hätte an dieser Stelle ebenfalls eine *for*-Schleife genutzt, um auf die einzelnen Bilder zuzugreifen, was spricht denn dagegen? Außerdem sollten wir doch nach Möglichkeit globale Variablen vermeiden.

Findest Du diese Idee wirklich besser als meine Variante mit der globalen Variablen!? Okay, dann programmiere doch die entsprechende Passage um, und wir werden uns die Sache anschauen.

> So, bin fertig...

```
...
void draw()
{
  for(int i = 0; i < ANZAHL; i++)
    image(meinBilderArray[i], 0, 0);
  noLoop();
}
```

Nun, das sieht ja an sich nicht schlecht aus. Aber starte mal Dein abgeändertes Programm!

Oops, da stimmt was nicht. Ich hatte wohl einen geistigen Null-durchgang! Was habe ich bloß falsch gemacht? Es wird immer nur das letzte Bild angezeigt. Ich muss da noch mal meine Unterlagen studieren...

Genau da liegt der Hase im Pfeffer. Ich hatte dieses Verhalten von Processing schon mal angesprochen. Erinnerst Du Dich nicht mehr? Dann werd ich Dir auf die Sprünge helfen: Wir haben es an dieser Stelle eigentlich mit *zwei* Schleifen zu tun. Die äußere ist die *draw*-Schleife bzw. -Funktion, die durch Processing *implizit* immer und immer wieder aufgerufen wird. Dann die innere *for*-Schleife, in der die einzelnen Bilder nacheinander angezeigt werden. Jetzt kommt der Kasus knacktus: Die Anzeige im Ausgabefenster wird erst am Ende der *draw*-Funktion »refreshed« (auf den neuesten Stand gebracht), also wenn die *for*-Schleife komplett abgearbeitet wurde. Und was war die letzte Aktion der *for*-Schleife? Genau, das letzte Bild der Bilderserie anzuzeigen. Aus diesem Grund bekommst Du lediglich die letzte Grafik des Bilder-Arrays zu sehen. Ist zwar auch ganz nett, aber nicht das, was wir wollten.

Verdammt, da bin ich doch wohl voll reingefallen. Ich ziehe mich mal kurz zurück und studiere noch mal meine Aufzeichnungen...

Zerbrich Dir darüber nicht den Kopf und bleib locker. Das war doch kein Beinbruch, und beim nächsten Mal denkst Du bestimmt daran. Gerade aus solchen Fehlern lernt man am besten.

Bildanpassungen

Unser bisheriges Bestreben konzentrierte sich auf das Laden und Anzeigen eines Bildes in unveränderter Form, also so, wie es auch in einem Bildbearbeitungsprogramm angezeigt würde. Processing ist aber in der Lage, das Bild nach eigenen Vorstellungen anzupas-sen, also z.B. *Helligkeit*, *Farbkanäle* oder *Transparenz* zu ändern, um nur einige zu nennen. Zu Demonstrationszwecken werden wird das folgende farbige Bild diversen Veränderungen unterziehen.

ICH WERDE DAS BILD
SCHON IRGENDWIE
VERSAUEN...

Processing bietet zum Verändern von Bildern die Funktion *tint()*
an. Übersetzt bedeutet das so viel wie *Farbe* oder *Farbton*. Sie arbeitet wie eine Art Filter, den man über das Originalbild legt. Es existieren unterschiedliche Versionen der Funktion. Die einfachste mit
nur einem Parameter des Datentyps *float* oder *int* bestimmt die *Helligkeit*, mit der das Bild angezeigt wird.

Helligkeit

Das Beispielprogramm zeigt das geladene Bild mit Helligkeitswer-
ten an, die entsprechend der horizontalen Mausposition verändert
werden. Befindet sich die Maus ganz links im Ausgabefenster, ist
der Wert 0 und das Bild absolut dunkel. Bedenke, dass der Fenster-
hintergrund mit *background(255)* weiß ist. Er scheint aber nicht
durch. Wird die Maus ganz nach rechts geschoben, ist der Wert
255, und das Bild erstrahlt in seiner Originalhelligkeit. Alle Werte
zwischen 0 und 255 dunkeln das Bild mehr oder weniger ab. Doch
hier zunächst die erste Version der *tint*-Funktion:

```
                Befehl                    Helligkeitswert


                            tint(128);
```

```
PImage meinBild;
void setup()
{
  size(300, 300);
  meinBild = loadImage("UnterWasser002.jpg");
}
```

```
void draw()
{
  background(255);
  float wert = map(mouseX, 0, width, 0, 255);
  println(wert);
  tint(wert);
  image(meinBild, 0, 0, width, height);
}
```

Der momentane Wert wird im Nachrichtenfenster ausgegeben, sodass Du einen Bezug zwischen Wert und entsprechender Helligkeit bekommst. Ein Wert von *128* bedeutet eine *50%*ige Helligkeit.

Ich muss Dich in an dieser Stelle auf eine Besonderheit hinsichtlich der Dateinamen hinweisen. Wie Du siehst, habe ich den Dateinamen im letzten Beispiel »`UnterWasser002.jpg`« genannt. Er setzt sich aus Groß- und Kleinbuchstaben zusammen. Falls Du jetzt aber z.B. »`unterwasser002.jpg`« schreibst, wird Processing die Datei nicht finden. Achte also auch bei der Angabe des Dateinamen auf die korrekte Schreibweise.

Processing merkt aber, wenn Du die *Groß-* und *Kleinschreibung* missachtet hast, der Name an sich aber stimmt. Die Fehlermeldung lautet dann

> This file is named UnterWasser002.jpg not unterwasser002.jpg. Rename the file or change your code.

Falls der Name jedoch komplett anders geschrieben wurde, meldet Processing eine *NullPointerException*.

Abbildung 21-6 ▶
Fehlermeldung beim
Nichtauffinden der benötigten
Bilddatei

> NullPointerException
>
> The file "ueberwasser002.jpg" is missing or inaccessible, make sure the URL is valid or that the file has been added to your sketch and is readable.
>
> 14

Die Datei *ueberwasser002* ist beim besten Willen nicht aufzufinden. Die folgenden zwei Bilder zeigen Dir drei unterschiedliche Helligkeiten, wobei der Wert *128* wie schon erwähnt genau *50%* Helligkeit entspricht.

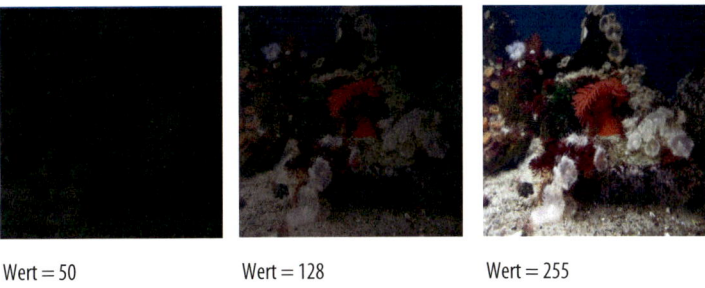

Wert = 50   Wert = 128   Wert = 255

Hättest Du einen Helligkeitswert von *0*, bekämst Du als Ergebnis ein schwarzes Bild. Im Gegensatz dazu schauen wir uns an, welche Auswirkungen die unterschiedlichen Werte auf die *Transparenz* eines Bildes haben.

Transparenz

Die *Transparenz* ist eine zusätzliche Information, die dabei hilft, die *Durchsichtigkeit* der einzelnen Pixel eines Bildes zu manipulieren. In der Literatur wird auch die Bezeichnung *Alphakanal* verwendet. Je größer die Transparenz, desto mehr scheint der Hintergrund unter dem jeweiligen Bild durch. Schauen wir uns das am folgenden Beispiel einmal an, doch zunächst die zweite Version der *tint*-Funktion:

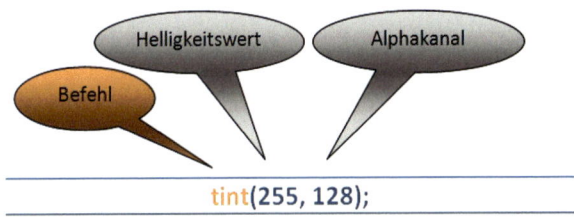

```
tint(255, 128);
```

```
PImage meinBild;
void setup()
{
  size(300, 300);
  meinBild = loadImage("UnterWasser002.jpg");
}

void draw()
{
  background(255);
```

```
  float wert = map(mouseX, 0, width, 0, 255);
  println(wert);
  tint(255, wert);
  image(meinBild, 0, 0, width, height);
}
```

Um die *Transparenz* eines Bildes zu beeinflussen, wird der erste Parameter, der für die Helligkeit zuständig ist, beim Maximum belassen, und der zweite Parameter entsprechend der gewünschten Transparenz verändert. Hier siehst Du die Auswirkungen auf die Transparenz bei unserem Unterwasserbild:

Wert = 50   Wert = 128   Wert = 255

Du siehst, dass bei einem Wert von *50* das Bild milchiger wird, da der weiße Hintergrund stärker durchscheint. Vergleiche dazu das entsprechende Bild bei der Anpassung der Helligkeit.

Farbkanäle

Helligkeit und *Transparenz* sind nur zwei Aspekte von Bildinformationen. Haben wir es mit einem farbigen *RGB*-Bild zu tun, kannst Du die Helligkeit der Farbkanäle auch einzeln beeinflussen. Wir nutzen dazu die dritte Version der *tint*-Funktion.

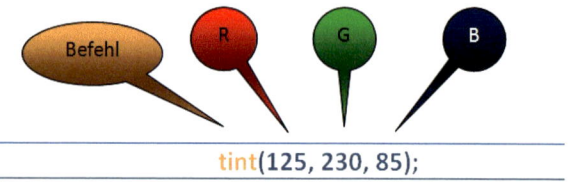

Das folgende kleine Programm soll Dir spielerisch die Funktion näherbringen. Es ist interaktiv, und Du kannst mit den folgenden Tasten auf der Tastatur die Farbkanäle einzeln aktivieren.

- R = Rot
- G = Grün
- B = Blau

Im Anschluss an die Auswahl kannst Du wieder über die horizontale Mausposition den jeweiligen aktivierten Farbkanal beeinflussen. Nach dem unmittelbaren Start des Programms ist der Farbkanal *Rot* aktiviert.

```
PImage meinBild;
float[] farbkanal;
int index = 0, R = 0, G = 1, B = 2;
void setup()
{
  size(300, 300);
  meinBild = loadImage("UnterWasser002.jpg");
  farbkanal = new float[3];
}

void draw()
{
  background(255);
  farbkanal[index] = map(mouseX, 0, width, 0, 255);
  tint(farbkanal[R], farbkanal[G], farbkanal[B]);
  image(meinBild, 0, 0, width, height);
}

void keyPressed()
{
  switch(key)
  {
    case 'r': index = 0; break;
    case 'g': index = 1; break;
    case 'b': index = 2; break;
  }
}
```

Die Variable *index* (*0=Rot*, *1=Grün*, *2=Blau*) ist für die Anwahl des jeweiligen Farbkanals zuständig. Je nachdem, welche Taste gedrückt wird (*r*, *g* oder *b*), ändert sich der Wert des *index*, und nur dieser Farbkanal wird über die Mausposition verändert. Ich möchte an dieser Stelle nicht noch auf weitere Versionen der *tint*-Funktion eingehen. Sie sind allesamt auf der *Processing-Website* erklärt.

Einfluss auf Pixelebene

Wenn wir uns z.B. ein Bild im Ausgabefenster anschauen, das wir vorher mit unserer Kamera aufgenommen haben, dann ist es bei genügend großer Auflösung ein Abbild davon, wie es in der Wirklichkeit aussieht. Und doch besteht es lediglich aus einer Ansammlung von genug kleinen Punkten, die dicht gepackt und in der richtigen Reihenfolge platziert den Eindruck erwecken, das vorher aufgenommene Bild zu sein. Du glaubst es nicht? Dann werden wir uns unser Unterwasserbild noch einmal genauer anschauen. Zuerst zeige ich Dir das Originalbild und dann eine Vergrößerung eines Ausschnitts, den ich mit einem Bildbearbeitungsprogramm angefertigt habe.

Abbildung 21-7 ▶
Zeig' mir, aus was Du
gemacht bist ...

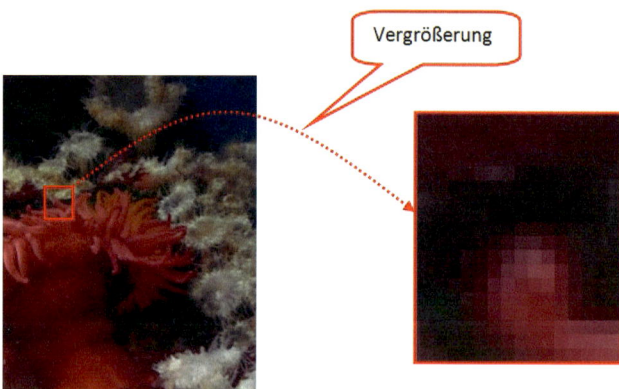

Vergrößerung

Durch eine entsprechende Vergrößerung werden die einzelnen Bildpunkte sichtbar, die *Pixel*. Jeder *Pixel* hat dabei eine Position und einen Farbwert. In Processing ist jeder einzelne Pixel im Ausgabefenster in einem Array hinterlegt. Da Du schon zweidimensionale Arrays kennengelernt hast, liegt die Vermutung nahe, dass ein derartiges Array über eine *Breiten-* und eine *Höhendimension* verfügt. Aber falsch gedacht! Wir haben es lediglich mit einem *eindimensionalen Array* zu tun, in dem alle Pixelinformationen wie an einer Perlenkette aufgereiht sind. Schaffen wir uns z.B. ein sehr kleines Ausgabefenster mit den Dimensionen *10 x 10* über den Befehl *size(10, 10)*, werden Länge und Größe des Arrays bestimmt, indem die beiden Werte multipliziert werden. Das Array hat in dem Fall die Größe von *100* Elementen.

Kann ich das Array nach eigenem Belieben benennen und wie kann ich dann darauf zugreifen?

Natürlich kannst Du das Array *nicht* selbst erstellen und ihm einen beliebigen Namen geben. Wie sollte Processing denn die Informationen darin speichern? Das Array wird von Processing selbst generiert und hat immer denselben Namen *pixels[]*. Jetzt könnten wir theoretisch einfach darauf zugreifen und die Werte auslesen oder auch verändern. Aber halt, bevor Processing das zulässt, müssen wir die Bildschirmdaten erst einmal anfordern und in das Array kopieren lassen. Die notwendige Funktion lautet

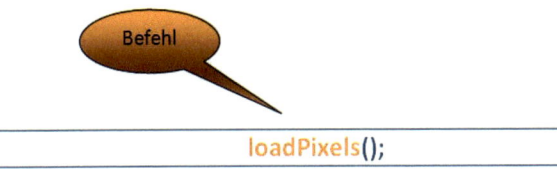

loadPixels();

Das ist aber nur die halbe Wahrheit, denn nach dem Auslesen der Daten müssen wir Processing mit der Funktion

updatePixels();

mitteilen, dass wir mit unserer Arbeit fertig sind und ggf. geänderte Pixelwerte in das Array zurückschreiben möchten. Diese Änderungen würden unmittelbar im Ausgabefenster sichtbar sein. Schauen wir uns das in einem kleinen Programm kurz genauer an.

```
void setup()
{
  size(10, 10);
  loadPixels();
    println("Array-Größe: " + pixels.length);
  updatePixels();
}
```

Du das von erkannte Array daran, dass es in der Entwicklungsumgebung blau dargestellt wird. Die Ausgabe zeigt uns die Größe des Arrays:

Abbildung 21-8 ▶
Wie viel Speicher wird für
die Fenstergröße von
10x10 benötigt?

Die zulässigen Indexwerte erstrecken sich demnach von *pixels[0]* bis *pixels[99]* und liefern als Ergebnis einen *Color*-Wert zurück, der jedoch als Ganzzahlwert angezeigt wird, würdest Du ihn z. B. mit *println()* ausgeben wollen. Das o. g. Array wäre wie folgt anzusprechen:

Abbildung 21-9 ▶
Pixel-Array

Schreiben wir jetzt ein Programm, das den Farbwert unter dem Mauszeiger ausliest und die Farbe am rechten Fensterrand anzeigt.

```
PImage meinBild;
int index;
void setup()
{
  size(300, 250);
  meinBild = loadImage("UnterWasser002.jpg");
}

void draw()
{
  background(255);
  image(meinBild, 0, 0, width - 20, height);
  index = mouseX + mouseY * width; // Indexwert berechnen
  loadPixels();
    color col = pixels[index];
  updatePixels();
  // Rechteck mit Pixelfarbe füllen
  fill(col);
  rect(width - 20, 0, width, height);
}
```

Aber wie berechnen wir den Indexwert? Wirf bitte einen Blick auf das folgende Diagramm. Als Beispiel habe ich eine sehr kleine Fenstergröße von *size(10, 5)* genommen. Das macht die Sache etwas einfacher.

Ich habe zwei Punkte **❶** und **❷** eingezeichnet, die stellvertretend für eine bestimmte Mausposition innerhalb des Ausgabefensters stehen. Unsere Formel für die Berechnung des Indexwertes für das eindimensionale Pixel-Array lautet ja

```
index = mouseX + mouseY * width; // Indexwert berechnen
```

Position	mouseX	mouseY	Indexwert-Berechnung	Array-Element
❶	2	0	$2 + 0 * 10 = 2$	pixels[5]
❷	5	2	$5 + 2 * 10 = 25$	pixels[25]

In dem Maße, in dem ich mit der Maus im Fenster nach unten fahre, muss die komplette Bildschirmbreite als Multiplikator zur horizontalen Mausposition hinzuaddiert werden, um den korrekten Indexwert zu berechnen. Eine Pixelzeile nach unten bedeutet *1 * width*, 5 Zeilen nach unten bedeutet *5 * width* usw. Doch lass uns das Ausgabefenster einmal näher anschauen:

◀ **Abbildung 21-11**
Ermittlung der Farbe
unter dem Mauszeiger

Wir sehen, dass sich der Mauszeiger innerhalb der rötlichen See-anemone befindet; dementsprechend ist der rechte Bildschirmrand mit der Farbe gefüllt, die sich genau unter der Spitze des Mauszeigers befindet. Bewegst Du die Maus, ändert sich auch die Farbe des Balkens dem Untergrund entsprechend.

Können wir den *RGB*-Wert, der sich an der aktuellen Mausposition befindet, nicht nur farblich, sondern auch in Form von Zahlenwerten darstellen? Leider ist mein Versuch gescheitert, den ermittelten Farbwert über *println()* an das Nachrichtenfenster auszugeben. Es erscheint eine sehr große Zahl, mit der ich nichts anfangen kann.

Wenn Du das versuchst, repräsentiert der zurückgelieferte Wert schon in gewisser Weise in einem Rutsch die *RGB*-Werte, doch Du müsstest Sie mit einer Berechnung aufsplitten, um die einzelnen *RGB*-Werte zu erkennen. Das ist nicht so einfach. Der folgende Code zeigt uns nicht direkt verwertbare Daten im Nachrichtenfenster an.

```
...
loadPixels();
    color col = pixels[index];
    println(col); // Ausgabe des Farbwertes als Ganzzahl
updatePixels();
...
```

RGB-Werte ermitteln

Unter einem Wert wie *-7270114* können wir uns beim besten Willen keine Farbe vorstellen. Doch zum Glück bietet uns Processing drei Funktionen an, die uns den Wert in eine für uns verständliche Form umrechnen. Es handelt sich also um ein Aufsplitten in die drei Farbkanäle *Rot*, *Grün*, *Blau* und den *Alpha*kanal.

- red()
- green()
- blue()
- alpha()

Abbildung 21-12 ▶
Aufsplittung der
Farbinformationen eines Pixels

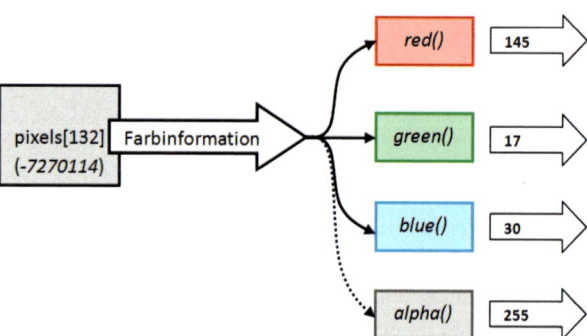

Der wirklich unverständliche Wert *-7170114* an der Pixelposition *132* im Array steht demnach für die *RGB*-Werte *(145, 17, 30)* da kann man sich die ungefähre Farbe anhand ihrer Kanäle besser vorstellen.

```
...
  color col = -7270114; // Farbinformation setzen
  println("Rot: " + red(col));
  println("Grün: " + green(col));
  println("Blau: " + blue(col));
  println("Alpha: " + alpha(col));
...
```

Die Ausgabe bestätigt das korrekte Funktionieren der drei Funktionen:

◀ **Abbildung 21-13**
Anzeige der einzelnen Farbkomponenten für Rot, Grün, Blau und Alpha

Der Wert *255* des Alphakanals bedeutet *100%ige* Deckung, also *keine* Transparenz. Ich möchte unser Programm zur Ermittlung der Farbe unter dem Cursor noch erweitern und die *RGB*-Werte mit anzeigen lassen und zwar am unteren Fensterrad in einem dafür vorgesehenen Bereich.

◀ **Abbildung 21-14**
Anzeige der einzelnen Farbwerte für Rot, Grün und Blau am unteren Bildschirmrand

Das ist doch schon ganz ordentlich, und wir haben zusätzlich zum Farbbalken noch die *RGB*-Werte am unteren Fensterrand. Wie können wir das kodieren? Das ist nicht weiter schwer, denn das Rendern von Text haben wir schon in einem anderen Kapitel besprochen.

```
PImage meinBild;
PFont font;
int index;
void setup()
{
  size(300, 250);
  meinBild = loadImage("UnterWasser002.jpg");
  font = createFont("Courier New", 12, true);
  textFont(font, 12);
}

void draw()
{
  background(255);
  String rgb = "";
  image(meinBild, 0, 0, width - 20, height - 20);
  index = mouseX + mouseY * width;
  loadPixels();
    color col = pixels[index];
  updatePixels();
  fill(col);
  rect(width - 20, 0, width, height);
  fill(0); // Textfarbe
  rgb = "Rot: " + red(col) + " - ";
  rgb += "Grün: " + green(col) + " - ";
  rgb += "Blau: " + blue(col);
  text(rgb, 0 + 5, height - 5);
}
```

Der String *rgb*, der die *RGB*-Informationen enthalten soll, wird schrittweise aus den Teilstrings für die Farben *Rot*, *Grün* und *Blau* zusammengesetzt und am Ende am unteren Rand angezeigt.

Pixel verändern

In den bisherigen Beispielprogrammen wurden lediglich Informationen eines bestehenden Bildes ausgelesen und angezeigt. Im Folgenden wollen wir ein bisschen mit verschiedenen Werten spielen und sie zurück ins Pixel-Array schreiben, damit die *updatePixels*-Funktion endlich mal was zu tun bekommt.

Die einfachste Möglichkeit, ein Bild zu verändern, ist, die Positionen seiner Pixel zu *verschieben*. Binden wir die Verschiebung noch an die Mausposition, kannst Du das Bild nach Belieben in der Horizontalen bewegen.

Kapitel 21: Bilder

Über eine *for*-Schleife werden alle Pixel angesprochen und von rechts nach links kopiert. Das bedeutet, dass ein Pixel mit einem höheren Index in den des nächstniedrigeren kopiert wird.

$$index[i] = index[i + 1]$$

Kopiervorgang

Pixel-Array

◀ **Abbildung 21-15**
Kopieren der einzelnen Pixel

Um die Sache etwas klarer zu machen, habe ich den Wert *1* in der eckigen Klammer durch die Systemvariable *mouseX* ersetzt. Die Verschiebung erfolgt demnach variabel abhängig von der horizontalen Mausposition:

$$index[i] = index[i + mouseX]$$

Das auf diese Weise entstandene Programm sieht folgendermaßen aus:

```
PImage meinBild;
int index;
void setup()
{
  size(300, 250);
  meinBild = loadImage("UnterWasser002.jpg");
}
void draw()
{
  image(meinBild, 0, 0, width, height);
  loadPixels();
  for(int i = 0; i < pixels.length - mouseX; i++)
    pixels[i] = pixels[i + mouseX];
  updatePixels();
}
```

Du musst aufpassen, dass Du beim Adressieren des Arrays nicht über die Grenzen hinausschießt; deshalb muss bei höherem *mouseX*-Wert die Schleife nicht so weit *laufen*. Deshalb wird in der Schleifenbedingung der variable *mouseX*-Wert mit berücksichtigt.

Je nach horizontaler Mausposition wird das Bild mehr oder weniger von *rechts* nach *links* verschoben dargestellt:

Abbildung 21-16 ▶
Horizontale Bildverschiebung
anhand der Mausposition

Du erkennst in der Mitte des Ausgabefensters die Trennlinie, die sich eben noch am Rand des Bildes befand. Über die Maus wurden die Pixel im Array neu angeordnet, sodass das veränderte Bild über die *updatePixels*-Funktion angezeigt wurde.

> Die Änderungen am *Pixel-Array* haben *keine* Auswirkungen auf die Ursprungsbilddatei! Die Modifikationen werden nicht gespeichert und sind nur *temporär* im Speicher vorhanden.

Du bekommst einen interessanten Effekt, wenn Du den Schleifenkopf durch die folgende Zeile ersetzt:

```
...
  for(int i = mouseY * width; i < pixels.length - mouseX; i++)
...
```

Durch die vertikale Mausposition blendet sich das Originalbild mehr oder weniger ein.

Mehrere Pixelarrays

An dieser Stelle möchte ich etwas näher auf das *Pixel-Array* eingehen. Es wird nach dem Aufruf der Funktion *loadPixels* eigenständig von Processing generiert und enthält dann die Farbinformationen des Ausgabefensters. Wie sind wir bisher dabei vorgegangen?

1. Schritt: Laden eines Bildes in das *PImage*-Objekt:

```
...
  meinBild = loadImage("UnterWasser002.jpg");
...
```

2. Schritt: Kopieren des *PImage*-Objekts in das Ausgabefenster an die angegebene Position:

```
...
  image(meinBild, 0, 0, width, height);
...
```

3. Schritt: Kopieren der Pixelinformationen des Ausgabefensters in das Pixel-Array *pixels[]*:

```
...
  loadPixels();
...
```

Erst jetzt ist es möglich, auf das Array *pixels[]* lesend

```
...
    color col = pixels[index]; // Lesender Zugriff
...
```

oder schreibend

```
...
  loadPixels();
  for(int i = 0; i < pixels.length - mouseX; i++)
    pixels[i] = pixels[i + mouseX]; // Schreibender Zugriff
  updatePixels();
...
```

zuzugreifen.

Hier noch mal das Ganze, kurz in einer Grafik zusammengefasst:

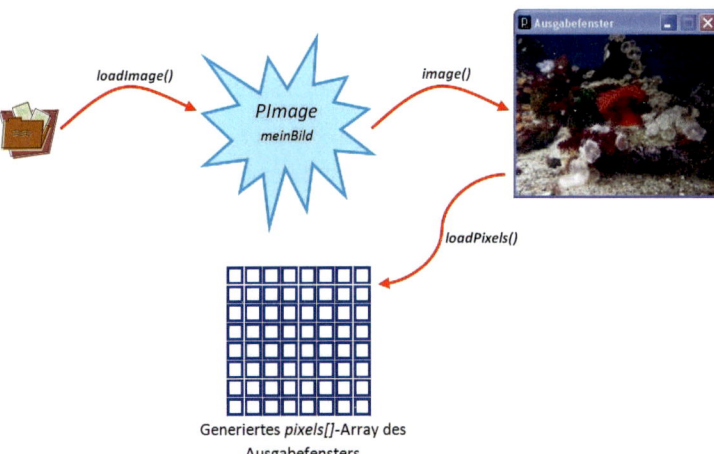

◀ **Abbildung 21-17**
Bild laden und in das Pixel-Array
des Ausgabefensters übertragen

Generiertes *pixels[]*-Array des
Ausgabefensters

Bisher hast Du nur das Pixel-Array des *Ausgabefensters* kennengelernt. Aber jedes geladene Bild, das über *loadImage* in den Speicher des Computers geladen wird, besitzt sein eigenes Pixel-Array. Der Name ist sogar der gleiche.

Halt, halt, halt! Da stimmt doch was nicht. Wenn der Name der gleiche ist, wie können wird dann zwischen den einzelnen Arrays unterscheiden? Die Eindeutigkeit ist dann doch nicht mehr gewährleistet.

Bleib ganz ruhig! Du hast im Kapitel über *Objekte* doch schon erfahren, dass ein Objekt mehrere *Methoden*, *Eigenschaften* oder auch *Feldvariablen* aufweisen kann, auf die wir mit *Punktnotation* zugreifen können. Genau das ist hier auch der Fall. Du hast es sogar schon in diesem Kapitel gesehen, nämlich als wir die *Breite* und *Höhe* unseres *PImage*-Objekts ermittelten:

```
...
image(meinBild, 0, 0, width, height);
println("Breite: " + meinBild.width);
println("Höhe: " + meinBild.height);
...
```

Um jetzt das Pixel-Array für genau das eine Objekt zu generieren, müssen wir folgende Syntax verwenden und die entsprechenden *Methoden* aufrufen:

```
...
meinBild.loadPixels();
// irgendein fantastischer Code
meinBild.updatePixels();
...
```

Wir sind also jetzt einen anderen Weg gegangen und haben, wenn wir es so über den Code anfordern, zwei unabhängige Pixel-Arrays.

- Ausgabefenster Pixel-Array
- Bildobjekt Pixel-Array

Abbildung 21-18 ▶
Bild laden und in das Pixel-Array des Bildobjektes übertragen

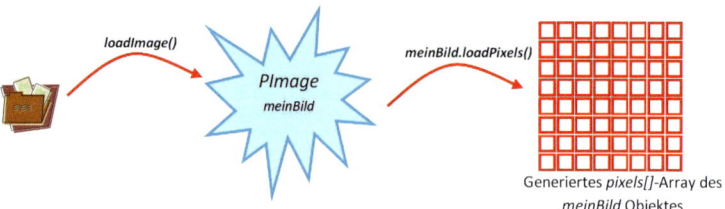

Beim Zugriff auf das Array muss natürlich das entsprechende Objekt – hier *meinBild* mit angegeben werden:

```
...
  meinBild.pixels[...];
...
```

Pixelarrays kopieren

Da Du jetzt gesehen hast, dass es in Processing mehrere *Pixel-Arrays* geben kann, wollen wir im nächsten Programmbeispiel ein Array über ein geladenes Bild befüllen und danach Pixel für Pixel in das Bildschirm-Array kopieren. Das Bild wird also im Ausgabefenster nicht über die *image*-Funktion angezeigt. Wir haben die Kontrolle über jeden einzelnen Pixel, den wir von der Quelle (*meinBild*-Array) in das Ziel (*Ausgabefenster*-Array) kopieren. Der Ablauf geschieht also nach dem folgenden Schema:

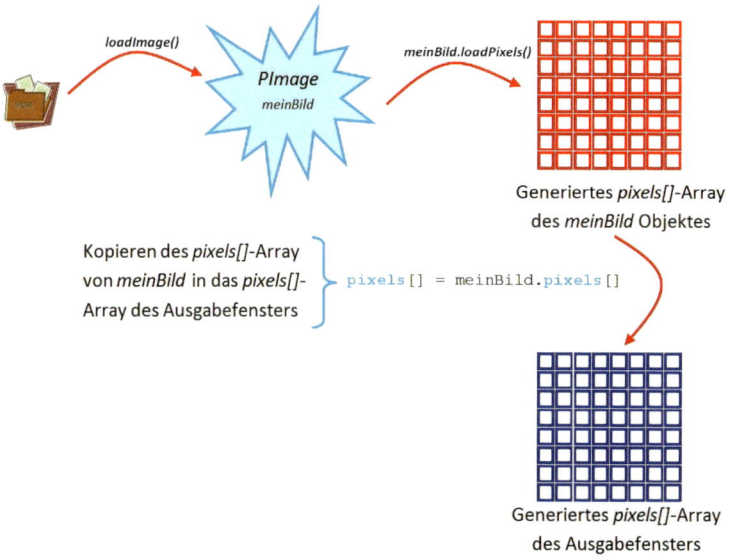

◀ **Abbildung 21-19**
Bild laden und in das Pixel-Array des Ausgabefensters kopieren

Im nachfolgenden Beispiel möchte ich noch einmal unseren kleinen Kerl aus dem Kapitel über Bilder-Arrays missbrauchen und explodieren lassen. Doch diesmal habe ich nur *ein* Bild, das ich in den Speicher lade.

> Wie soll denn das von statten gehen? Mit nur einem Bild können wir doch nicht den Übergang zum jeweils nächsten bewerkstelligen. Das musst Du mir genauer erklären!

Und ich sage, dass es doch geht. Natürlich ist das kein *normales* Bild wie die bisherigen. Dieses Bild enthält *alle* Einzelbilder aus der Sequenz *bild001.jpg* bis *bild006.jpg*. Ich zeige Dir am besten das Bild, damit Du eine Vorstellung davon bekommst, was ich genau meine. Das Bild hier auf der linken Seite beinhaltet alle *Einzelbilder*, und zwar in *der* Form, dass sie sich untereinander befinden. Kannst Du Dir vorstellen, worauf ich hinaus will? Es ist natürlich wenig sinnvoll, das Bild komplett anzeigen zu lassen. Erstens wäre es viel zu hoch für das Ausgabefenster, und zweitens wollen wir ja wieder unseren kleinen Film haben, bei dem die Einzelbilder nacheinander eingeblendet werden und der Eindruck eines bewegten Bildes entsteht. Über das Kopieren der einzelnen Pixel von einem Array in ein anderes kannst Du doch genau festlegen, an welcher Stelle des Quell-Arrays wie viele Pixel in das Ziel-Array übertragen werden sollen.

Aber schauen wir uns die Sache wieder genauer an. Ein Einzelbild innerhalb des Gesamtbildes auf der linken Seite hat folgende Dimensionen:

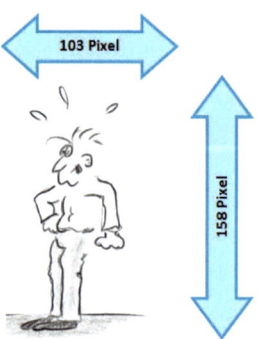

Die Gesamtzahl der Pixel für ein einziges Bild beträgt demnach

> **Breite**: $103\ Pixel * $ **Höhe**: $158\ Pixel = 16.274\ Pixel$

Die Dimension des Gesamtbildes ist

> **Breite**: $103\ Pixel\ *$ **Höhe**: $158 * 6 = 97.644\ Pixel$

Um also das erste Bild im Ausgabefenster-Array anzuzeigen, müssen wir nur die Pixel von *0* bis *16.273* von der *Quelle* ins *Ziel* kopieren. Das zweite Bild würde demnach bei Pixel *16.274* beginnen und bis Pixel *32.547* gehen.

Fassen wir das Ganze in einer Tabelle übersichtlich zusammen:

Bildnummer	Pixelbereich
1	0 bis 16.273
2	16.274 bis 32.547
3	32.548 bis 48.821
4	48.822 bis 65.095
5	65.096 bis 81.369
6	81.370 bis 97.643

Wie Du siehst, geht der Pixelbereich von *0* bis *97.643*, was in der Summe *97.644* macht. Wenn wir jetzt Startpunkt und Anzahl der zu kopierenden Pixel variabel gestalten, kannst Du das mit einem *Fenster* vergleichen, das über die Quelldatei von oben nach unten wandert und nur den selektierten Ausschnitt ins Ausgabefenster kopiert.

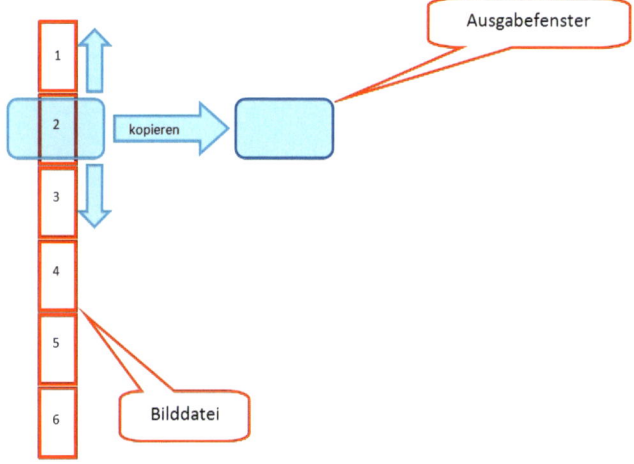

◀ **Abbildung 21-20**
Ausschnittsweise den selektierten Bereich in das Ausgabefenster kopieren

Die beiden senkrechten Pfeile zeigen an, in welche Richtung sich das Fenster verschieben soll, um eine neue Position einzunehmen. Nur der jetzt selektierte Bereich wird in das Ausgabefenster kopiert. Durch einen sogenannten *Index* werden wir in unserem Programm die Fensterpositionen anfahren. Über den Indexwert wird auch der zu kopierende Bildbereich berechnet.

```
...
  pixels[i - index * anzahlPixelBild] = meinBild.pixels[i];
...
```

Durch diese Zeile wird der Startpunkt definiert, der am Anfang der *for*-Schleife natürlich *0* sein muss. Im zweiten Durchgang hat die Variable *index* den Wert *1*, der Startpunkt liegt bei *16.274* usw.

Der komplette Code dafür lautet so:

```
PImage meinBild;
int anzahlPixelBild = 16274; // Anzahl der Pixel eines Einzelbildes
int index = 0;               // Indexwert zum Selektieren der
                             // Einzelbilder

void setup()
{
  size(103, 158); // Fensterdimension entspricht Bilddimension
                  // des Einzelbildes
  meinBild = loadImage("film_alle001.jpg");
  frameRate(4);   // Framerate heruntergesetzt, damit der Film
                  // langsamer läuft
}
void draw()
{
  loadPixels();         // Ausgabefenster Pixel-Array generieren
  meinBild.loadPixels(); // Pixel-Array meinBild generieren
    for(int i = index * anzahlPixelBild; i < anzahlPixelBild *
      (index + 1); i++)
      pixels[i - index * anzahlPixelBild] = meinBild.pixels[i];
  meinBild.updatePixels();
  updatePixels();
  index++;
  if(index > 5) // Ist Indexwert > 5, wird wieder bei 0 begonnen.
    index = 0;
}
```

> Ich habe noch Probleme beim Verständnis der Kopierzeile
> `pixels[i - index * anzahlPixelBild] = meinBild.pixels[i];`
> Warum wird die Startposition immer von der Schleifenvariablen i abgezogen?

Nun, falls das nicht gemacht würde, hätten wir schon beim zweiten Durchlauf des Indexwertes eine Überschreitung des zulässigen Array-Index des Ausgabefensters. Dieser Bereich erstreckt sich immer von *0* bis *16.273* und darf auf keinen Fall bei der Adressierung über den Indexwert überschritten werden. Falls doch, *kracht* es unweigerlich, und das Programm wird mit einem Fehler beendet.

Pixelwerte verändern

Du hast beim letzten Beispiel gesehen, dass das Kopieren der Pixel von Array zu Array eine gewisse Flexibilität bedeutet. Unser Einfluss auf das *Was* und *Wie* beim Kopiervorgang ist größer als beim unmittelbaren Anzeigen des Bildes durch die *image*-Funktion. Im folgenden Beispiel wollen wir einmal nicht Einfluss auf das nehmen, *was* kopiert werden soll, sondern darauf, *wie*. Unser Unterwasserbild bietet wieder eine gute Ausgangsposition, um ein wenig mit den Farben zu spielen.

Ich möchte kurz die *Gradationskurve* ansprechen, die die *Farben* bzw. *Tonwerte* eines Bildes repräsentiert. Wird ein Bild in unveränderter Weise dargestellt, sieht die Gradationskurve so aus:

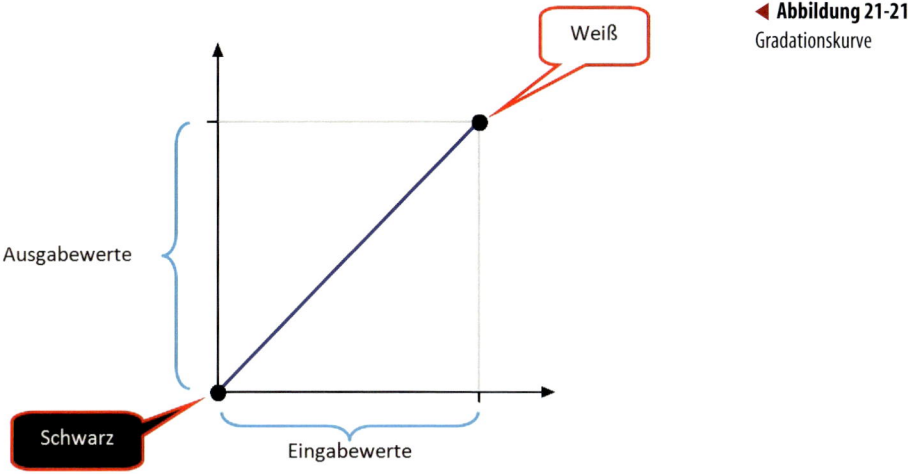

◀ **Abbildung 21-21**
Gradationskurve

Einem bestimmten *Eingabewert* des Ursprungsbildes wird ein *Ausgabewert* über die 45^0-Kurve zugeordnet. Hat die Kurve diesen Verlauf, ist *Ausgabewert = Eingabewert*. Nichts hat sich verändert. Schauen wir uns das in einem Beispielprogramm genauer an:

```
PImage meinBild;
int anzahlPixelAusgabefenster;
float rot, gruen, blau;
void setup()
{
  size(300, 250);
  meinBild = loadImage("UnterWasser002.jpg");
  anzahlPixelAusgabefenster = width * height;
}

void draw()
{
  image(meinBild, 0, 0, width, height);
  loadPixels();
  for(int i = 0; i < anzahlPixelAusgabefenster; i++)
  {
    color col = pixels[i];
    rot = red(col);
    gruen = green(col);
    blau = blue(col);
    pixels[i] = color(rot, gruen, blau);
  }
  updatePixels();
}
```

Wir werden unser Augenmerk hier lediglich auf den Code im markierten Bereich richten. Die Farbinformation des angefahrenen Pixels wird ermittelt und in die einzelnen Farbkanäle für *Rot*, *Grün* und *Blau* zerlegt, und die Information dann auf dasselbe Pixel zurückgeschrieben. Das Pixel-Array des Ausgabefensters dürfte auf diese Weise nicht verändert worden sein. Das wollen wir jetzt aber tun.

Negativbild

Jeder von uns hat bestimmt schon mal ein *Negativ* eines Bildes gesehen. Du kannst mit ganz einfachen Mitteln einen *Negativ-Effekt* erzeugen: Man muss lediglich die Werte der einzelnen Farbkanäle *umkehren*. Für jeden Farbkanal stehen uns 8 Bit (Werte von *0* bis *255*) zur Verfügung. Das bedeutet, dass bei den Extremwerten *0* zu *255* und *255* zu *0* wird. Die Werte dazwischen werden entsprechend der *umgedrehten Gradationskurve* berechnet:

Abbildung 21-22 ▶
Umgedrehte Gradationskurve

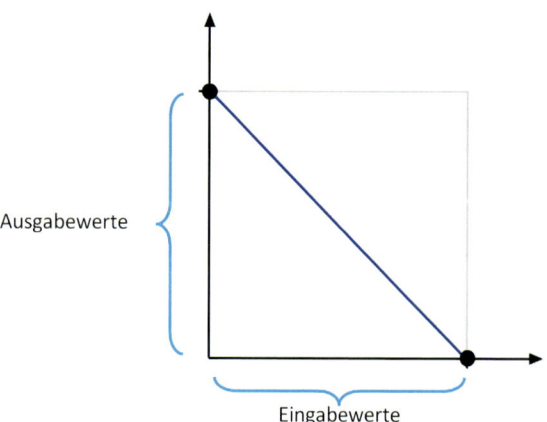

Ausgabewerte

Eingabewerte

Die neuen Ausgabewerte werden nach der einfachen Formel

$$Wert_{[Ausgabe]} = 255 - Wert_{[Eingabe]}$$

berechnet. Für unseren Code würde das Folgendes bedeuten:

```
...
  for(int i = 0; i < anzahlPixelAusgabefenster; i++)
  {
    color col = pixels[i];
    rot = 255 - red(col);
    gruen = 255 - green(col);
```

Kapitel 21: Bilder

```
    blau = 255 - blue(col);
    pixels[i] = color(rot, gruen, blau);
  }
...
```

Und siehe da: Ein Negativbild!

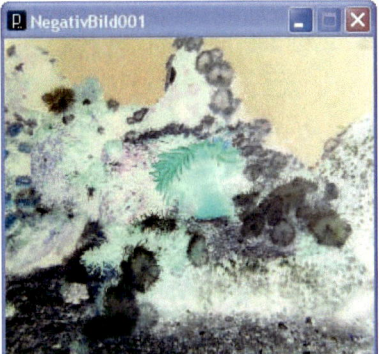

◀ **Abbildung 21-23**
Negativbild

Graustufenbild

Wie sieht es denn mit einem *Schwarz-Weiß-Bild* aus? Die Farbinformationen der einzelnen Kanäle werden auf eine bestimmte Art und Weise in einen Grauwert Y umgerechnet. Vereinfacht können wir sagen, dass der *Grauwert* der Durchschnittswert der drei Farbkomponenten ist.

$$Y = \frac{R + G + B}{3}$$

Da das menschliche Auge aber die einzelnen Farbkanäle in ihrer Intensität unterschiedlich wahrnimmt, ist die Formel zwar mathematisch vollkommen in Ordnung, doch die *gefühlten* bzw. *wahrgenommenen* Helligkeiten sind bei den Kanälen unterschiedlich. Die *wahrgenommene* Helligkeit von *Rot* bzw. *Grün* ist höher als die von *Blau*. Aus diesem Grund werden wir eine Formel verwenden, die die Farbkanäle unterschiedlich gewichtet.

- Rot → ca. 30%
- Grün → ca. 60%
- Blau → ca. 10%

Die Formel zur Umrechnung in den gewichteten Grauwert lautet so:

$$Y = 0,3 * R + 0,59 * G + 0,11 * B$$

Auf Grundlage dieser Formel habe ich den Code wie folgt umgeschrieben:

```
...
  for(int i = 0; i < anzahlPixelAusgabefenster; i++)
  {
    color col = pixels[i];
    rot =   red(col);
    gruen = green(col);
    blau = blue(col);
    pixels[i] = color(0.3 * rot + 0.59 * gruen + 0.11 * blau);
  }
...
```

Uns schon haben wir ein Schwarz-Weiß-Bild:

Abbildung 21-24 ▶
Schwarz-Weiß-Bild

Ein Graustufenbild entsteht immer dann, wenn alle drei Farbkanäle die gleichen Werte aufweisen. Das wurde mit der Zeile

```
...
  pixels[i] = color(0.3 * rot + 0.59 * gruen + 0.11 * blau);
...
```

erreicht. Hat die *color*-Funktion wie in unserem Fall nur *ein* Argument, wirkt sich das auf alle drei Kanäle gleichermaßen aus. Etwas unübersichtlicher und umständlich würde die folgende Zeile mit *drei* gleichlautenden Argumenten das Gleiche bewirken:

```
...
  pixels[i] = color(0.3 * rot + 0.59 * gruen + 0.11 * blau,
                    0.3 * rot + 0.59 * gruen + 0.11 * blau,
                    0.3 * rot + 0.59 * gruen + 0.11 * blau);
...
```

Kopfstand

Jetzt wollen wir alles auf den Kopf stellen. Das Ursprungsbild soll umgekehrt im Ausgabefenster dargestellt werden. Wir nutzen zu diesem Zweck die Möglichkeit, ein *leeres Bild* einer bestimmten Dimension zu erstellen. Die Syntax dazu lautet so:

Der Code sieht folgendermaßen aus:

```
PImage quellBild, zielBild;
int anzahlPixel;
void setup()
{
  size(300, 250);
  quellBild = loadImage("UnterWasser002.jpg");
  zielBild = createImage(quellBild.width, quellBild.height, RGB);
  anzahlPixel = quellBild.width * quellBild.height;
}

void draw()
{
  quellBild.loadPixels();
  zielBild.loadPixels();
  for(int i = 0; i < anzahlPixel; i++)
  {
    zielBild.pixels[anzahlPixel - 1 - i] = quellBild.pixels[i];
  }
  quellBild.updatePixels();
  zielBild.updatePixels();
  image(zielBild, 0, 0, width, height);
}
```

Durch die Zeile

```
...
    zielBild.pixels[anzahlPixel - 1 - i] = quellBild.pixels[i];
...
```

wird das der erste Pixel des Quellbildes an die letzte Stelle des Zielbildes kopiert, der zweite an die vorletzte usw.

Abbildung 21-25 ▶
Umgekipptes Bild, hoffentlich läuft
das Wasser nicht aus!

Helligkeit

Neben dem *Farbton* gibt es noch eine weitere Eigenschaft einer Farbe: Die *Helligkeit* eines *RGB*-Bildes wird verändert, wenn alle drei Farbkanäle gleichzeitig in gleicher Weise beeinflusst werden. Mit der Maus wollen wir unser Grundbild in der Helligkeit manipulieren.

```
PImage meinBild;
float rot, gruen, blau;
int anzahlPixel;
void setup()
{
  size(300, 250);
  meinBild = loadImage("UnterWasser002.jpg");
  anzahlPixel = meinBild.width * meinBild.height;
}

void draw()
{
  loadPixels();
  meinBild.loadPixels();
  for(int i = 0; i < anzahlPixel; i++)
  {
    float helligkeit = map(mouseX, 0, width, -255, 255);
    color col = meinBild.pixels[i];
    rot = red(col) + helligkeit;
    gruen = green(col) + helligkeit;
```

```
      blau = blue(col)+ helligkeit;
      pixels[i] = color(rot, gruen, blau);
   }
  meinBild.updatePixels();
  updatePixels();
}
```

Mit der *map*-Funktion wandle ich den Mausbereich in horizontaler Richtung, der sich von *0* bis *width* erstreckt, in einen Bereich von *-255* bis *255* um. Auf diese Weise kann ich die drei Farbkanäle gleichsam in ihrem Tonwert verringern bzw. erhöhen, was sich dann auf die *Helligkeit* auswirken wird.

abgedunkeltes Bild   aufgehelltes Bild

Wenn Du die Helligkeitswerte nur eines Kanals beeinflusst, kannst Du interessante Effekte erzielen. Experimentiere einfach ein wenig herum.

Filter

Kommen wir jetzt zu einem sehr interessanten Bereich der Bildtransformation. Bisher wurden von uns lediglich die einzelnen Pixel von Bildern angepasst, ohne dass die benachbarten Pixel irgendein Mitspracherecht gehabt hätten. Das wird jetzt anders. Wenn wir uns einen einzelnen Pixel anschauen, wie viele potenzielle Nachbarn hat er? Die folgende Grafik zeigt Dir einen wahllos herausgegriffenen Pixel mit einigen seiner Kollegen. Der Pixel genau in der Mitte bekommt all unsere Aufmerksamkeit. Es ist unser *Hotspot*, der *heiße Punkt*.

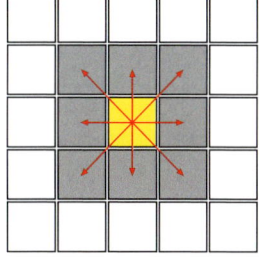

Wenn Du richtig gezählt hast, solltest Du als Ergebnis 8 herausbekommen haben. Diese *3x3-Region* spielt eine wichtige Rolle bei der Berechnung der Helligkeit des *Hotspots*, also des Punktes in der Mitte, um den es im Folgenden geht. Natürlich ist *fast* jeder Pixel in unserem Bild einmal einer dieser heißen Punkte, doch wir nehmen uns jetzt als Beispiel natürlich nur einen vor. Den Rest erledigen dann mehrere Schleifen, die über das Bild flitzen und die Pixel auswählen.

Die Art und Weise, wie die einzelnen Pixel eines Bildes adressiert werden, kennst Du schon, aber ich schreibe hier trotzdem noch einmal die Formel hin:

$$index_{Pixel} = xPosition + yPosition * width_{Bild}$$

Die fachlich korrekte Bezeichnung der nachfolgenden Berechnungen lautet *Convolution Kernel*. Bei diesem Algorithmus werden die Helligkeitswerte eines jeden Pixels anhand einer mathematischen Operation neu berechnet. Das Verfahren ist hier schematisch zu sehen:

Abbildung 21-26 ▶
Anfahren jedes einzelnen
Bildpunktes

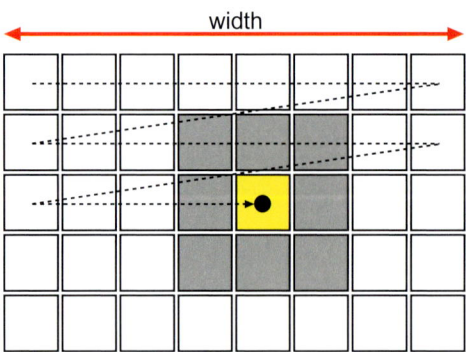

Ist so erst einmal ein Pixel selektiert worden, läuft über zwei weitere Schleifen die *Unterselektion* der angrenzenden Pixel durch, wobei der eigentliche Hotspot auch berücksichtigt wird.

Abbildung 21-27 ▶
Ermittlung der
Nachbarkoordinaten des Hotspots

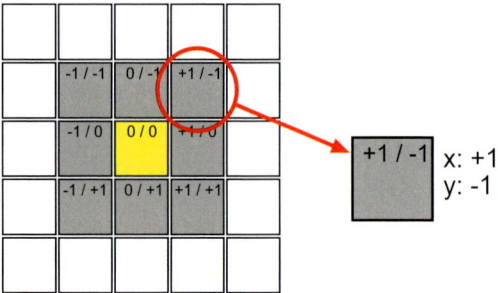

Kapitel 21: Bilder

Um die Koordinaten eines benachbarten Pixels zu ermitteln, muss vom *Hotspot* der Offset berechnet werden, wobei die erste Zahl der x- und die zweite der y-Offset ist.

Der entsprechende Code dafür sieht so aus:

```
...
  for(int yOffset = - 1; yOffset < 2; yOffset++)
    for(int xOffset = - 1; xOffset < 2; xOffset++)
      println(xOffset + " : " + yOffset);
...
```

Ich habe die Ausgabe der Offsetdaten einmal an das Nachrichtenfenster geschickt:

◀ **Abbildung 21-28**
Offsetwerte zum Anfahren der
Punkte um den Hotspot herum

Wenn Du Dir die Zahlenpaare aus dem Nachrichtenfenster genauer anschaust, entsprechen sie genau *den* Wertepaaren entlang des eingezeichneten Pfades. Von links oben nach rechts unten wird jeder Pixel rund um den Mittelpunkt angefahren.

Kommen wir jetzt zum eigentlichen Algorithmus, der die *Helligkeit* des Hotspots unter Zuhilfenahme seiner *8* Nachbarn berechnet. Da wir es mit einer *3x3-Region* zu tun haben, beruht unsere Filtermatrix ebenfalls auf diesen Dimensionen. Jeder einzelne *Filterkoeffizient* bestimmt die Gewichtung des selektierten Pixels aus der Region. Angenommen, unsere Filtermatrix hat die folgenden Werte:

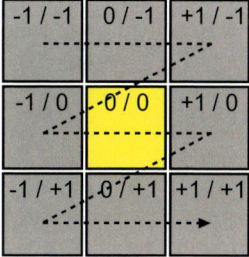

$$\begin{bmatrix} \frac{1}{9} & \frac{1}{9} & \frac{1}{9} \\ \frac{1}{9} & \frac{1}{9} & \frac{1}{9} \\ \frac{1}{9} & \frac{1}{9} & \frac{1}{9} \end{bmatrix}$$

Das würde bedeuten, dass jeder angefahrene Pixel *1/9* seines Grauwertes zum Ergebnis beisteuert. Am besten schauen wir uns dazu ein Beispiel an, damit Du siehst, wie das Resultat anhand einer gegebenen Filtermatrix zustande kommt.

Nehmen wir für unser erstes Beispiel die folgende Filtermatrix:

$$\begin{bmatrix} 0.10 & 0.18 & 0.20 \\ 0.12 & 0.05 & 0.07 \\ 0.03 & 0.10 & 0.15 \end{bmatrix}$$

Die zu bewertende *3x3*-Pixel-Region hat die genannten Werte.

96	41	17
205	126	119
201	4	0

Berechnung des Grauwertes *Y*:

Y =

(0.1) * 96 + (0.18) * 41 + (0.2) * 17 +

(0.12) * 205 + (0.05) * 126 + (0.07) * 119 +

(0.03) * 201 + (0.1) * 4 + (0.15) * 0 = 66.04

Da alle Koeffizienten aus der o. g. Filtermatrix sich im *positiven* Bereich bewegen und in Summe den Wert *1* ergeben, also *100%*, nennt man die Matrix *normalisiert*.

Eine Filtermatrix, die folgende Werte enthält

$$\begin{bmatrix} 0.0 & 0.0 & 0.0 \\ 0.0 & 1.0 & 0.0 \\ 0.0 & 0.0 & 0.0 \end{bmatrix}$$

lässt das Bild in unveränderter Form erscheinen. Es wird lediglich der Hotspot mit *100%* Gewichtung berücksichtigt, denn alle angrenzenden Pixel werden mit dem Wert *0.0* multipliziert und haben demnach keinen Einfluss auf die Berechnung des Ergebnisses. Doch jetzt wollen wir endlich einen Blick auf unser Programm werfen.

Der nachfolgende Code fügt einem Bild mehr Schärfe hinzu, sodass Details besser ausgemacht werden können.

```
PImage meinBild;
int index;
// Filterkoeffizienten zum Schärfen des Bildes
float pixelFilter[][] = {{ -1.0, -1.0, -1.0 },
                         { -1.0, 10.0, -1.0 },
                         { -1.0, -1.0, -1.0 }};

void setup()
{
  size(300, 250);
  meinBild = loadImage("UnterWasser002.jpg");
}
```

```
void draw()
{
  loadPixels();
  meinBild.loadPixels();
  // Hotspots anfahren
  for(int yPos = 1; yPos < meinBild.height - 1; yPos++)
    for(int xPos = 1; xPos < meinBild.width - 1; xPos++)
    {
      float alle9Pixel = 0;
      // Unterpositionen anfahren
      for(int yOffset = - 1; yOffset < 2; yOffset++)
        for(int xOffset = - 1; xOffset < 2; xOffset++)
        {
          index = xPos + xOffset + (yPos + yOffset) * meinBild.width;
          color col = meinBild.pixels[index];
          // Y = Grauwert des angefahrenen Pixels
          float y = 0.3 * red(col) + 0.59 * green(col) + 0.11 *
                    blue(col);
          float k = pixelFilter[yOffset + 1][xOffset + 1];
          alle9Pixel += (k * y);
        }
      pixels[xPos + yPos * meinBild.width] = color(alle9Pixel);
    }
  meinBild.updatePixels();
  updatePixels();
}
```

Schauen wir uns zunächst das Ursprungsbild an und dann das mit
unserem kleinen Programm veränderte:

Originalbild   Verändertes Bild

Du kannst am rechten Bild erkennen, dass die Konturen *schärfer*
herausgearbeitet sind als beim Originalbild, das ein bisschen
unscharf anmutet.

Das sieht ja wirklich *schärfer* aus. Dennoch muss ich bemerken, dass aus einem vormals farbigen Bild jetzt ein *Graustufenbild* geworden ist. Gefällt mir aber trotzdem!

Das ist korrekt und absolut gewollt. Möchtest Du weiterhin ein Farbbild als Resultat bekommen, müssen wir unser Programm ein wenig umschreiben. Das machen wir dann im nächsten Schritt. In diesem Programm wurde bei der Berechnung lediglich der Grauwert berücksichtigt.

Eine weitere Sache ist mir aber nicht ganz klar. Warum beginnen wir am Anfahren der *Hot-Spots* mit der Schleife bei Wert *1* und hören bei *width – 2* auf? Normalerweise beginnt die Zählung auf der linken doch bei *0* und endet bei *width - 1*.

Eine durchaus berechtigte Frage, die aber schnell beantwortet ist. Wir müssen das Anfahren des *Hotspots* links und rechts bzw. oben und unten jeweils um *1 Pixel* vermindern, da die Auswahl der Unterpositionen um den Hotspot herum jeweils *1 Pixel* beträgt. Würdest Du z. B. links bei *0* starten, und die Auswahl der Unterposition würde *1 Pixel* nach links erfolgen, hätten wir einen Wert von *-1*, der als Indexwert zur Elementauswahl des Arrays nicht zulässig ist. Die folgende Grafik zeigt Dir ein Pixelfeld, bei dem zwei Hotspots (links oben und rechts unten) zu sehen sind. Die Pfeile kennzeichnen jeweils das Anfahren der Unterpositionen.

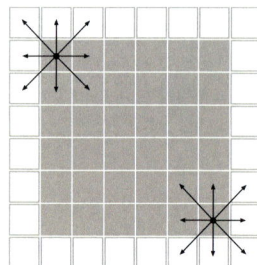

Du siehst, dass immer *1 Pixel Luft* zum Rand hin benötigt wird, damit wir nicht übers Ziel hinausschießen.

Doch experimentieren wir ein wenig mit den *Koeffizienten* der Filtermatrix und schauen uns die Ergebnisse an. Es macht wirklich Spaß zu sehen, was man alles damit anstellen kann.

Filtermatrix	Ergebnis
$\begin{bmatrix} -1.0 & -1.0 & -1.0 \\ 0.0 & 1.0 & 0.0 \\ 1.0 & 1.0 & 1.0 \end{bmatrix}$	

$$\begin{bmatrix} 0.0 & 1.0 & 0.0 \\ 0.0 & 2.0 & 0.0 \\ 0.0 & 1.0 & 0.0 \end{bmatrix}$$

$$\begin{bmatrix} -1.0 & -2.0 & -1.0 \\ 1.0 & 1.0 & 1.0 \\ 0.0 & 1.0 & 0.0 \end{bmatrix}$$

$$\begin{bmatrix} 2.0 & -2.0 & 0.0 \\ 4.0 & 2.0 & -4.0 \\ 0.0 & 2.0 & -2.0 \end{bmatrix}$$

Das sind doch ansehnliche Ergebnisse, und Du hast bei Weitem nicht alle Möglichkeiten ausgeschöpft. Du hast eben bemerkt, dass Dich die Wandlung in ein Graustufenbild ein wenig stört. Schreiben wir jetzt das Programm so um, dass das Ergebnis ebenfalls ein farbiges Bild ist.

Der Code für die farbige Filterung lautet:

```
PImage meinBild;
float pixelFilter[][] = {{ -1.0, -1.0, -1.0 },
                         { -1.0, 10.0, -1.0 },
                         { -1.0, -1.0, -1.0 }};
void setup()
{
  size(300, 250);
  meinBild = loadImage("UnterWasser002.jpg");
}

void draw()
{
  float sum_rot, sum_gruen, sum_blau;
```

```
int pos, index;
loadPixels();
// Hotspots anfahren
for(int yPos = 1; yPos < meinBild.height - 1; yPos++)
  for(int xPos = 1; xPos < meinBild.width - 1; xPos++)
  {
    pos = xPos + yPos * meinBild.width; // pos = Hot-Spot Position
    sum_rot = 0; sum_gruen = 0; sum_blau = 0;
    // Unterpositionen anfahren
    for(int yOffset = - 1; yOffset < 2; yOffset++)
      for(int xOffset = - 1; xOffset < 2; xOffset++)
      {
        // index = Unterposition
        index = xPos + xOffset + (yPos + yOffset) * width;
        color col = meinBild.pixels[index];
        float k = pixelFilter[yOffset + 1][xOffset +1];
        sum_rot += red(col) * k;
        sum_gruen += green(col) * k;
        sum_blau += blue(col) * k;
      }
    pixels[pos] = color(sum_rot, sum_gruen, sum_blau);
  }
  updatePixels();
}
```

Doch worin liegt der Unterschied zum vorherigen Programm, das
das Bild in Schwarz-Weiß angezeigt hat? Du kannst hier erkennen,
dass die Summenbildung jetzt für jeden Farbkanal separat durchgeführt wird. Dadurch bleibt die Farbe im Ergebnis erhalten. Wollen
doch mal sehen, wie die Schärfung des Originalbildes jetzt aussieht.

Originalbild

Verändertes Bild

Man hat auf jeden Fall das Gefühl, im Ergebnisbild mehr Details
wahrzunehmen. Die folgenden Beispiele zeigen Dir die Auswirkungen von Filterkoeffizienten auf Bilder, die künstlich in einem Bildbearbeitungsprogramm wie *Gimp* erstellt wurden.

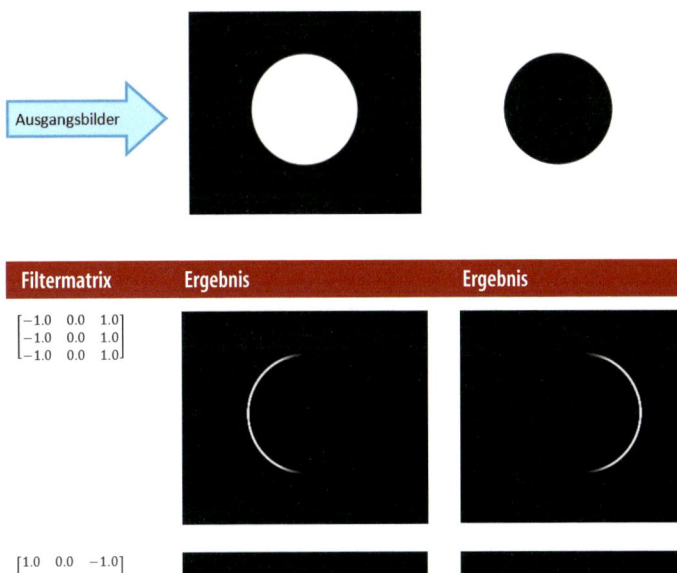

Filtermatrix	Ergebnis	Ergebnis

$\begin{bmatrix} -1.0 & 0.0 & 1.0 \\ -1.0 & 0.0 & 1.0 \\ -1.0 & 0.0 & 1.0 \end{bmatrix}$

$\begin{bmatrix} 1.0 & 0.0 & -1.0 \\ 1.0 & 0.0 & -1.0 \\ 1.0 & 0.0 & -1.0 \end{bmatrix}$

$\begin{bmatrix} -1.0 & -1.0 & -1.0 \\ 0.0 & 0.0 & 0.0 \\ 1.0 & 1.0 & 1.0 \end{bmatrix}$

$\begin{bmatrix} 1.0 & 1.0 & 1.0 \\ 0.0 & 0.0 & 0.0 \\ -1.0 & -1.0 & -1.0 \end{bmatrix}$

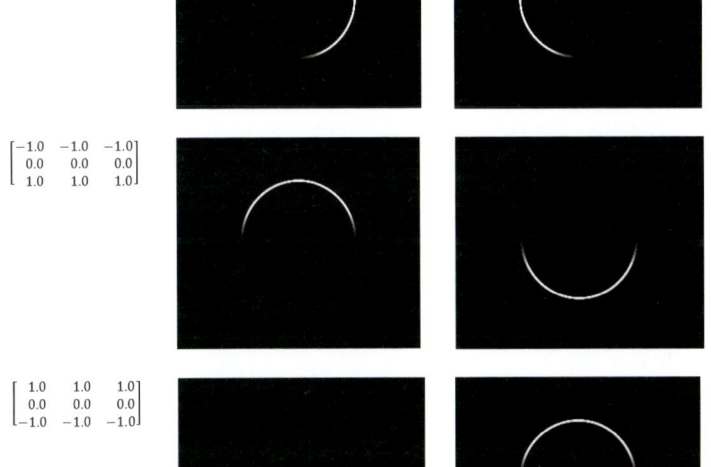

Die Beispiele zeigen, dass eine gewisse Art von Kantendetektion erfolgt ist.

Histogramm

Zur Beurteilung eines Bildes hinsichtlich der Häufigkeit bestimmter Farbwerte und ihrer Intensität wird in der Bildverarbeitung das sogenannte *Histogramm* verwendet. Professionelle Programme haben derartige Funktionen schon implementiert; sie dienen der statistischen Bewertung hinsichtlich der Häufigkeitsverteilungen von Farb- oder auch Grauwerten. Wir wollen im folgenden Beispiel von unserem Unterwasserbild ein Histogramm erstellen, und zwar anhand der Grauwerte.

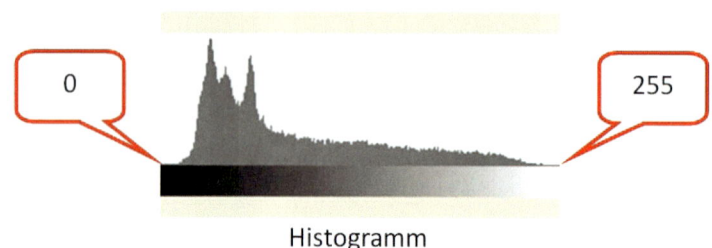

Histogramm

In einem Histogramm haben wir in der Horizontalen den Grauwert (*0 = weiß*, *255 = schwarz*) und in der Vertikalen den Intensitätswert. Je höher der Balken, desto häufiger kommt der jeweilige Tonwert im Bild vor. Wie gehen wir bei der Programmierung vor? Nun, ich würde vorschlagen, mit einer *for*-Schleife alle im Bild vorhandenen Pixels anzufahren und ihre Grauwerte zu ermitteln. Wie das funktioniert, hast Du schon gesehen.

Der mögliche Wertebereich der Grauwerte ist

$$0 \leq Y \leq 255$$

Also benötigen wir eigentlich 256 Variablen, die die einzelnen Grauwerte aufsummieren können, um ein derartiges Diagramm erstellen zu können. Bei so vielen Variablen kommt nur eine Lösung in Frage. Welche? Na, ein *Array* natürlich! Der ermittelte Grauwert eines Bildpixels kann im o. g. Wertebereich liegen. Nehmen wir diesen Wert doch einfach als Index zur Adressierung eines Array-Elements. Und jedes Mal, wenn ein neuer Indexwert ermittelt wird, addieren wir den Wert *1* zum adressierten Array-Element. Auf diese Weise summieren wir die einzelnen Grauwerte im Array. Sind alle Pixelwerte ermittelt und in das Array übertragen worden, lesen wir die

Elemente aus und zeichnen vertikale Linien, deren Länge durch den Wert des adressierten Array-Elements bestimmt wird.

Das folgende Diagramm zeigt uns die ersten *10* Array-Elemente und ihre möglichen Inhalte:

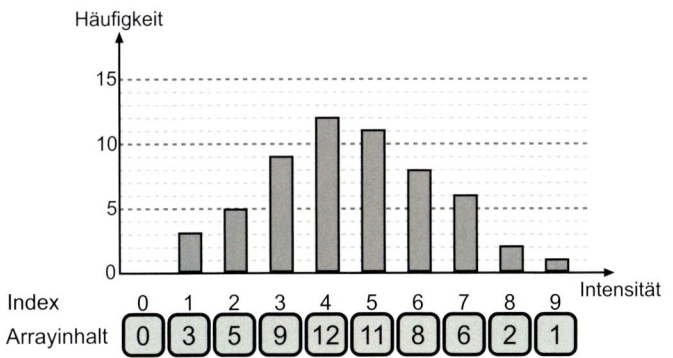

◀ **Abbildung 21-29**
Intensitätsdiagramm

> Sack und Asche! Wie habe ich denn das Diagramm zu interpretieren? Da stehe ich ja vollends auf dem Schlauch!

Keep cool! Schauen wir uns zuerst einmal die horizontale Achse an. Dort sind die Grauwerte bzw. die Intensitäten zu finden. Der Indexwert spiegelt die Intensität wider, wobei der Wert *0* schwarz und der Wert *255* weiß bedeutet. Der Inhalt eines Array-Elements an einer bestimmten Indexmarke gibt Aufschluss über die Anzahl der Pixel, die diese Intensität aufweisen. Ich werde zum besseren Verständnis eine Analyse abgeben, okay?

Wir haben also von links nach rechts betrachtet

- *0* Pixel mit der Intensität von *0*,
- *3* Pixel mit der Intensität von *1*,
- *5* Pixel mit der Intensität von *2*,
- *9* Pixel mit der Intensität von *3*,
- *12* Pixel mit der Intensität von *4*
- und so weiter und so fort …

Ich denke, dass es jetzt klar sein müsste, sodass wir uns dem Programmcode widmen können.

```
PImage meinBild;
int anzahlPixel;
int boxHeight = 20;
```

Histogramm

```
void setup()
{
  size(255, 100);
  meinBild = loadImage("UnterWasser002.jpg");
  anzahlPixel = meinBild.width * meinBild.height;
}

void draw()
{
  background(255);
  int[] graustufen = new int[256];
  float x = map(mouseX + 1, 0, width, 0, 20);
  meinBild.loadPixels();
  for(int i = 0; i < anzahlPixel; i++)
  {
    color col = meinBild.pixels[i];
    int Y = int(0.3 * red(col) + 0.59 * green(col) + 0.11 *
        blue(col));
    graustufen[Y]++; // Graustufenwert = Index für Array
  }
  meinBild.updatePixels();
  for(int i = 0; i < 256; i++)
  {
    stroke(i);
    line(i, height, i, height - boxHeight);
    stroke(128);
    line(i, height - boxHeight, i, height - boxHeight -
        graustufen[i] / x);
  }
}
```

Über die horizontale Mausbewegung kannst Du das Histogramm ein wenig in y-Richtung skalieren, sodass die komplette Bandbreite im Ausgabefenster Platz hat. Experimentiere ein wenig mit dem Wert herum, der in der folgenden Zeile markiert ist:

```
...
  float x = map(mouseX + 1, 0, width, 0, (20);
...
```

Je größer er ist, desto stärker wird das Histogramm bei einer Mausbewegung nach rechts in vertikaler Richtung zusammengedrückt. Natürlich kannst Du das Histogramm nicht nur über den Grauwert eines Bildes erstellen, sondern auch über einen Farbkanal. Ändere doch das Programm einmal so ab, dass nur der *Rot-Kanal* in die Analyse mit einfließt, oder auch alle drei Kanäle, die Du über entsprechende Tastendrücke (*R*, *G*, *B*) an- bzw. abwählen kannst.

Jetzt möchte ich Dir aber noch ein paar Graustufenbilder mit den entsprechenden Histogrammen präsentieren.

Histogramm

Bei dieser Kreisfläche haben wir es mit einem Grauwert von $Y = 128$ zu tun. Im Histogramm siehst Du einen Spitzenwert genau in der Mitte der Graustufenskala, was dem Wert von *128* entspricht. Am rechten Rand des Histogramms kannst Du eine weitere Spitze entdecken. Es ist die Häufigkeit für das Weiß, das den Kreis umgibt. Vergrößern wir uns den Rand des Kreises einmal, um ihn besser beurteilen zu können.

Wir sehen, dass der Kreis *ohne* Antialiasing erstellt wurde und die Treppenstufen klar und deutlich zu erkennen sind. Das bedeutet, dass in diesem Fall nur ein einziger Grauwert vorliegt und im Histogramm abgesehen von der Häufigkeit von Weiß nur eine Spitze in der Mitte erscheint.

Nun zum zweiten Kreis, der *eigentlich* wie der erste aussieht:

Histogramm

Was sagt denn unsere Vergrößerung des Kreisauschnitts?

Dieser Kreis wurde *mit* Antialiasing erstellt, um die Treppenstufen zu glätten, was dazu geführt hat, dass unterschiedliche Graustufen um den Rand herum platziert wurden, damit dieser weicher erscheint. Das Histogramm zeigt uns eine Erweiterung der Pixelhäufigkeit von der Mitte in Richtung Weiß.

Das ist zwar alles schön und gut und die unterschiedlichen Histogramme beindrucken mich schon. Doch was kann ich mit einem *Histogramm* denn anfangen, um mich bei einer etwaigen Bewertung eines Bildes zu unterstützen? Ist daraus ein Qualitätsmerkmal eines Bildes abzuleiten?

Eine durchaus berechtigte Frage! Wenn wir uns ein Histogramm noch einmal anschauen, dann unterteilt man zur Analyse die Anzeige in drei Zonen.

Abbildung 21-30 ▶
Drei Teilbereiche eines
Histogramms (Tiefen, Mitteltöne
und Lichter)

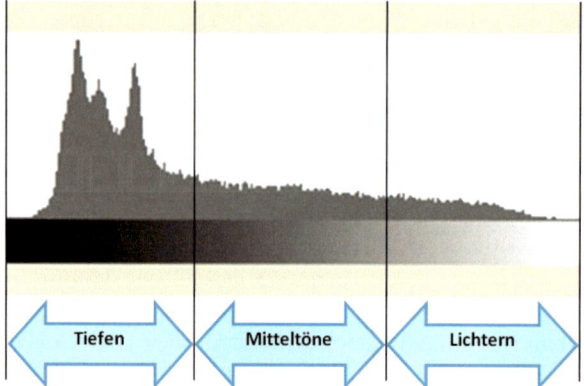

Wenn ich mir die einzelnen Bereiche anschaue, kann ich mir Fragen über folgende Punkte stellen:

- Wurde der komplette Bereich von *Tiefen* über *Mitteltöne* bis hin zu den *Lichtern* gleichermaßen genutzt, sodass genügend Details zu erkennen sind?

- Liegt ein Belichtungsfehler vor, wenn z.B. eine Intensitätshäufung an einem Ende des Histogramms vorliegt, während das andere Ende einen Mangel aufweist?

Das sind natürlich nur einige Aspekte, und für genauere Analyse empfehle ich einen Blick in die entsprechende Fachliteratur. Wir können jedenfalls feststellen, dass unser hier gezeigtes Histogramm eine Aussage über die Belichtung des Bildes macht. Die Pixel tummeln sich am linken Rand und weisen dort eine Häufigkeit auf, die darauf schließen lässt, dass das Bild zu dunkel ist.

Bild speichern

Wenn Du ein wunderbares Bild im Ausgabefenster über einen wahnsinnig tollen Algorithmus erstellt hast, möchtest Du Dein Werk vielleicht anderen zur Verfügung stellen. Doch wie bekommst Du es gespeichert, damit es verschickt werden kann? Natürlich geht das über einen *Screen-Capturer*, der den entsprechenden Ausschnitt speichert, oder Du fotografierst das Bild ab. Aber das ist alles viel zu kompliziert und zeitaufwendig: Processing bietet eine spezielle Funktion, mit der wir das Ausgabefenster komfortabel in eine Bild-datei speichern können.

Einzelbild speichern

Die Funktion zum Speichern eines Einzelbildes geht so:

Auf diese Weise wird ein Abbild des Ausgabefensters erstellt und als Datei im entsprechenden Sketch-Ordner des Projektes abgelegt. Der Dateiname ist eine Zeichenkette, die in doppelte Hochkom-mata eingeschlossen wird.

> Es existieren ja unterschiedliche Grafikformate. Kann ich denn auch andere als *jpg* verwenden?

Na klar! Die folgenden Formate werden unterstützt:

- .jpg bzw. .jpeg
- .tif bzw. .tiff
- .png
- .tga (Targa)

Du solltest Dir aber überlegen, *wann* ein Bild gespeichert werden sollte. Platzierst Du die *save*-Funktion innerhalb der *draw*-Funktion, die ja bekanntlich ständig aufgerufen wird, erfolgt eine Spei-cherung im *draw*-Zyklus. Eine vorhandene Bilddatei mit gleichem Namen und gleicher Extension wird fortlaufend überschrieben. Es kommt *nicht* zu *einer Fehlermeldung*, die Dir sagt: »*Hey, die Datei, die Du unter dem Namen speichern willst, existiert schon!*«

Ich würde Dir Folgendes vorschlagen, damit der Speichervorgang nicht immer und immer wieder ausgelöst wird und unnötige Ressourcen verbraucht. Bring die Funktion innerhalb des *keyPressed*-Events unter. Wenn die passende Taste gedrückt wird, wird gespeichert und nur dann!

```
void keyPressed()
{
   switch(key)
   {
      case '1': save("meinBild.jpg"); break;
      case '2': save("meinBild.tif"); break;
      case '3': save("meinBild.png"); break;
      case '4': save("meinBild.tga"); break;
   }
}
```

Du musst beim Vergeben der Extension genau eine der o.g. wählen. Wenn Du Dich dabei verschreibst und z.B. »`meinBild.targa`« verwendest, kennt Processing diese Extension nicht und meint, die komplette Zeichenkette würde den Dateinamen ohne Extension darstellen. Einem Dateinamen ohne Extension wird automatisch ».`tif`« angehängt. Du hättest dann die Datei »`meinBild.targa.tif`« in Deinem Sketch-Ordner. Nicht ganz passend, oder!?

Bildsequenz speichern

Ich möchte Dir aber noch eine weitere Möglichkeit vorstellen, den Inhalt des Ausgabefensters zu speichern. Hast Du einen Algorithmus programmiert, der ein Bild erstellt, das sich im Laufe der Zeit *nicht* ändert, kommst Du mit der *save*-Funktion wunderbar zurecht. Bei einem sich ständig ändernden Bild im Ausgabefenster möchtest Du vielleicht den zeitlichen Verlauf der sich ändernden Inhalte in mehreren Dateien hintereinander festhalten. Natürlich muss eine solche Sequenz von Bildern auf irgendeine Weise nummeriert sein, damit Du erkennen kannst, in welcher Reihenfolge die Dateien im Sketch-Ordner abgelegt wurden. Ist das passiert, kannst Du mit einem passenden Programm die Einzelbilder zu einem Film zusammenfügen lassen.

Hey, wenn ich schnell genug laufe, werden die Bilder an der Wand zu einem Film!

Die Funktion zum Speichern der Einzelbilder in Form einer Sequenz sieht so aus:

```
saveFrame("meinBild###.jpg");
```

Du fragst Dich jetzt sicherlich, was die drei Zeichen hinter dem Dateinamen bedeuten. Es sind sogenannte *Doppelkreuze* umgangssprachlich auch *Lattenzaun* genannt, die als Platzhalter für die Sequenznummer dienen, die dreistellig sein soll. Die Bildnummerierungen lauten

- meinBild001.jpg,
- meinBild002.jpg,
- meinBild003.jpg usw.

Auf diese Weise speichert Processing bis zu *999* Bilder im Sketch-Ordner ab. Benötigst Du mehr Bilder, pass die Anzahl der Platzhalter entsprechend an. Die Dateiformate entsprechen übrigens denen der *save*-Funktion. An Deiner Stelle würde ich aber die Einzelbilder nicht direkt im Sketch-Ordner speichern lassen, sondern vielleicht im darunter liegenden *data*-Ordner.

```
void draw()
{
  ...
  saveFrame("data\\meinBild####.jpg");
}
```

Wie Du siehst, habe ich dem Dateinamen noch das *data*-Verzeichnis vorangestellt. Falls es nicht vorhanden sein sollte, wird es auf diese Weise erstellt, und alle Bildsequenzdateien werden dort abgelegt.

Kannst Du mir verraten, warum Du zwei *Backslashes* verwendet hast? Zur Pfadtrennung wird doch immer nur einer benutzt!

Du musst zwei Backslashes verwenden, da einer allein eine *Escape-Sequenz* einleitet. Falls Du noch einmal nachschlagen musst, wirst Du im Kapitel über *Zeichenketten* einige Escape-Sequenzen finden.

> Wie kann ich aber bestimmen, wie viele Einzelbilder für eine Sequenz abgelegt werden sollen?

Die einfachste, aber unsicherste Methode dafür ist, das Programm zu starten und irgendwann zu sagen: »*So, stopp jetzt! Ich beende das Programm!*« Danach siehst Du, was Du angerichtet hast und wie viele Einzelbilder von Processing abgelegt wurden. Aber sein wir mal ehrlich: Möchtest Du so vorgehen? Wir werden einen anderen Weg beschreiten. Im Kapitel über die *Schleifen* hast Du u. a. die Systemvariable *frameCount* kennengelernt. Sie wird immer um den Wert *1* erhöht, wenn die *draw*-Schleife einen ihrer Durchläufe beendet hat. Hast Du die *saveFrame*-Funktion am Ende der *draw*-Schleife platziert, kannst Du über die Variable *frameCount* ermitteln, wie viele Bilder gespeichert wurden, und über eine geschickte *if*-Abfrage das Schreiben weiterer Bilder verhindern. Also gut, wir möchten als Beispiel nur *200* Einzelbilder von Processing speichern lassen. Der folgende Code übernimmt die Kontrolle der Erzeugung bzw. Speicherung der Einzelbilder.

```
void draw()
{
  ...
  if(frameCount <= 200)
    saveFrame("data\\meinBild####.jpg");
}
```

Das ist schon alles.

> Jetzt habe ich also einen ganzen Haufen Einzelbilder im *data*-Verzeichnis zu liegen. Wie kann ich die denn jetzt zu einem Film zusammenfügen?

Es gibt viele Programme, die sich dazu eignen. Auf Anhieb fällt mir da die freie Software *VirtualDub* ein, die zum Bearbeiten und Erstellen von Videodateien unter Windows geeignet ist. Sie benötigt zum Generieren eines *AVI*-Films genau die von Processing durchnummerierten Einzelbilder. Du lädst das *erste* Bild der Sequenz in die Anwendung, und es werden aus diesem Verzeichnis automatisch alle anderen Bilder mitgeladen. Anschließend kannst Du eine *AVI*-Datei erstellen lassen, und das war's dann. Fertig!

Ein anderes Farbmodell

Das Farbmodell, mit dem wir bisher gearbeitet haben, war das *RGB*-Modell. Der dadurch gebildete Farbraum entsteht durch das additive Mischen der Farben *Rot*, *Grün* und *Blau*. Ich möchte Dir an dieser Stelle das *HSB*-Farbmodell vorstellen, das ebenfalls mit drei Parametern arbeitet. Was bedeuten die drei Buchstaben?

- H = Hue (der Farbton)
- S = Saturation (die Sättigung)
- B = Brightness (die Helligkeit)

Einige Bildbearbeitungsprogramme bieten in einem Dialog die Farbwahl für beide Farbmodelle an. Editiert man die *RGB*-Werte, erfolgt automatisch eine Umrechnung in die entsprechenden *HSB*-Werte und umgekehrt.

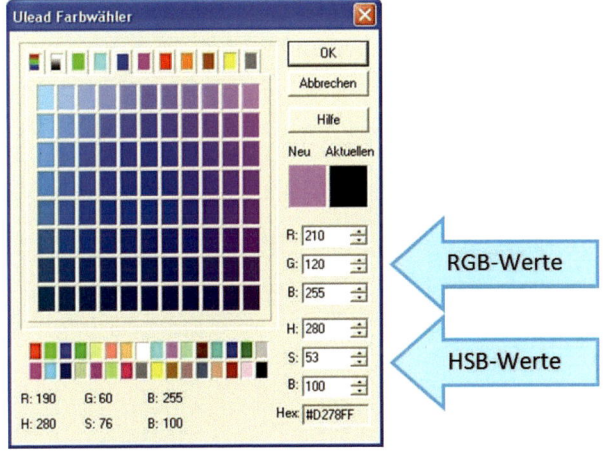

◀ **Abbildung 21-31**
Farbwähler des
Grafikprogramms PhotoImpact

Wie können wir jedoch in Processing dieses Farbmodell verwenden? Zum einen müssen wir festlegen, dass jetzt *HSB* statt *RGB* verwendet werden soll. Die Funktion *colorMode* hast Du schon im Kapitel *Eigene Farbbereiche* kennengelernt. Sie haben wir verwendet, um den Farbraum zu wechseln.

RGB-Farbraum:

```
colorMode(RGB, 255, 255, 255);
```

HSB-Farbraum:

```
colorMode(HSB, 360, 100, 100);
```

Die Standardwerte für *HSB* sind H = *360*, S = *100*, B = *100*. »Was sind das aber für merkwürdige Werte?«, wirst Du Dich jetzt fragen. Die *Farben* sind in einem Kreis aufgetragen, wobei 0^0 = Rot, 60^0 = Gelb, 120^0 = Grün, 180^0 = Cyan, 240^0 = Blau und 300^0 = Magenta ist. Die *Sättigung* wird in Prozent angegeben und bewegt sich von *0%* = Grau bis zu *100%* reine Farbe. Ebenso verhält es sich mit der *Helligkeit*, die ebenfalls in Prozent angegeben wird. *0%* ist das völlige Fehlen von Helligkeit und *100%* maximale Helligkeit.

Wir wollen ein Programm schreiben, das einen gefüllten Kreis z. B. in rot darstellt. Über die Tasten

- *r* = RGB
- *h* = HSB

kann der Farbraum gewechselt werden. Ich habe mit dem Farbwähler des Bildbearbeitungsprogramms die passenden *HSB*-Werte für die *RGB*-Farbe Rot herausgeschrieben. Somit sollte beim Wechsel immer der gleiche Farbton des Kreises angezeigt werden. Umrechnungsalgorithmen findest Du im Internet.

Programm:

```
int MODE = 1; // 1 = RGB und 2 = HSB
void setup()
{
  size(250, 100); smooth();
}

void draw()
{
  background(0);
  if(MODE == 1)
  {
    colorMode(RGB, 255, 255, 255);
    color farbeRGB = color(255, 0, 0); // RGB-Werte
    fill(farbeRGB);
  }
  if(MODE == 2)
  {
    colorMode(HSB, 360, 100, 100);
    color farbeHSB = color(0, 100, 100); // HSB-Werte
    fill(farbeHSB);
  }
  ellipse(width/2, 50, 80, 80);
  if(MODE == 1) println("RGB-Mode.");
  if(MODE == 2) println("HSB-Mode.");
}
```

```
void keyPressed()
{
  switch(key)
  {
    case 'r': MODE = 1; break; // RGB
    case 'h': MODE = 2; break; // HSB
  }
}
```

Die Ausgabe ist bei beiden Modi gleich.

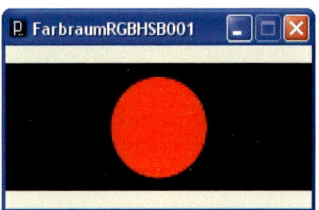

◀ **Abbildung 21-32**
Ausgabe eines Kreises bei
unterschiedlichen Farbräumen
(RGB und HSB)

Vergleichbar mit den Funktionen *red()*, *green()* und *blue()* für das
RGB-Farbmodell, existieren im *HSB*-Farbmodell diese Funktionen:

- hue()
- saturation()
- brightness()

Ein Bild unkenntlich machen

Nach einer langen durchgemachten Nacht sieht man am nächsten
Morgen mit verquollenen Augen vielleicht nicht so scharf wie am
Abend davor. Wenn Du das folgende Bild betrachtest, was könnte
das sein? Du hast es sicherlich schon einmal gesehen, da bin ich mir
sicher.

ICH HAB' EINMAL IM KINO IN
DER ERSTEN REIHE GESES-
SEN. DA SAH'S GENAUSO
AUS!

Wie können wir aber weniger Informationen darstellen, wenn mehr vorhanden sind? Es ist recht einfach, *weniger* aus *mehr* zu machen. Schwieriger wird's umgekehrt, wenn Du aus wenig mehr machen sollst. Woher Informationen nehmen, die nicht da sind? Da ist nur *Interpolation* angesagt, was *Zwischenrechnen* bedeutet. Pixel, die definitiv nicht da sind, müssen anhand von vorhandenen Pixel-gruppen neu erschaffen werden. Doch das ist im Moment nicht Thema unserer Bestrebungen.

Das oben gezeigte Bild wird nicht wie bisher mit einzelnen Punkten generiert, sondern mit der *rect*-Funktion. Die Parameter für *Breite* und *Höhe* sind gleich, sodass immer Quadrate gezeichnet werden. Hat das Quadrat natürlich die Dimension *1*, verhält es sich wie ein Punkt. Zu Beginn des Programms legen wir fest, wie breit bzw. hoch der einzelne Punkt sein soll. Das hat nämlich Auswirkungen darauf, wie wir die einzelnen Pixel im geladenen Bild-Array abfragen. Spielen wir das einfach mal für ein paar Werte durch. Wollen wir das Bild unverändert darstellen, wählen wir den Wert *1* für unser Quadrat. Der Wert wird in der Variablen *block* vorgehalten.

```
...
  spalten = meinBild.width / block;
  zeilen = meinBild.height / block;
  meinBild.loadPixels();
  for( int i = 0; i < spalten; i++)
    for( int j = 0; j < zeilen; j++)
    {
      int x = i * block;
      int y = j * block;
      int index = x + y * meinBild.width;
      color c = meinBild.pixels[index];
      fill(c);
      rect(x, y, block, block);
    }
  meinBild.updatePixels();
...
```

In den Variablen *spalten* und *zeilen* werden die entsprechenden Dimensionen des geladenen Bildes abgelegt. Ist der Wert für *block* = *1*, bleiben diese jedoch unverändert. Mit den Laufvariablen *i* und *j*, die Zwischenvariablen sind, werden die Koordinaten in Form von *Spalten* und *Zeilen* angefahren.

```
...
  for( int i = 0; i < spalten; i++)
    for( int j = 0; j < zeilen; j++)
```

```
    {
        ...
    }
...
```

Jetzt kommt jedoch die Variable *block* ins Spiel. Sie wird mit *i* bzw. *j* multipliziert,

```
...
  int x = i * block;
  int y = j * block;
...
```

um die endgültigen Koordinaten *x* und *y* zu berechnen, die wiederum zur Adressierung des einzelnen Pixels im Bild-Array benötigt werden.

```
...
  int index = x + y * meinBild.width;
...
```

Falls Dir die Adressierung nicht verständlich ist, schau noch mal im Kapitel *Einfluss auf Pixelebene* nach. Dort wird die o. g. Formel erläutert.

Hat die Variable *block* den Wert *1* gespeichert, wird die Adressierung wie folgt verlaufen:

| 0 | 1 | 2 | 3 | 4 | 5 | 6 | 7 | 8 | 9 | ... |

Hat sie jedoch den Wert *2*, wird nur jeder zweite Punkt angefahren:

| 0 | 2 | 4 | 6 | 8 | 10 | 12 | 14 | 16 | 18 | ... |

Jetzt ist es natürlich wichtig, dass die Adressierung über die Variable *index* immer innerhalb der erlaubten Array-Grenze vonstatten geht. Die Variable *block* arbeitet bei uns als eine Art Multiplikator. Aus diesem Grund werden vor dem Aufruf der beiden *for*-Schleifen noch die erlaubten Spalten und Zeilen berechnet,

```
...
  spalten = meinBild.width / block;
  zeilen = meinBild.height / block;
...
```

indem die Bilddimensionen durch den Wert in *block* dividiert werden. Ist die Adressierung erfolgt, wird der Farbwert des angefahrenen Pixels ermittelt.

```
...
  color c = meinBild.pixels[index];
...
```

Im Anschluss wird die Füllfarbe für das Quadrat gesetzt und an die zuvor berechneten *xy*-Koordinaten gezeichnet.

```
...
  fill(c);
  rect(x, y, block, block);
...
```

In *dem* Maße, in dem wir die einzelnen Pixel im Bild überspringen, indem wir die *block*-Variable vergrößern, muss natürlich auch das Quadrat vergrößert werden. Das war's schon. Ich habe dem Programm noch ein wenig Interaktivität zugefügt, um ein bisschen mit verschiedenen Parametern spielen zu können.

Abbildung 21-33 ▶
Manipulation des Bildes
über die Cursortasten

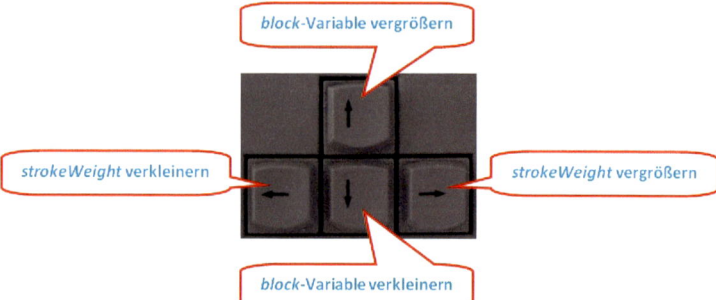

Bevor *strokeWeight* eine sichtbare Änderung im angezeigten Bild vorweist, musst Du über die Taste *s* das Verhalten erst einmal aktivieren. Ein nochmaliger Druck auf die Taste deaktiviert das Verhalten wieder. Statt aus *Rechtecken* kannst Du Dir auch ein aus *Kreisen* zusammengesetztes Bild anzeigen lassen. Drück dazu einfach auf die Taste *k*. Ein Druck auf die Taste *r* wechselt wieder zur Ansicht mit Rechtecken. Kommen wir jetzt endlich zum kompletten Programm.

```
PImage meinBild;
int anzahlPixel;
int MODE = 1;              // 1 = Rechteck, 2 = Kreis
int block = 6;            // Block-Startwert
int weight = 1;          // strokeWeight-Startwert
boolean noStrokeFlag = true; // Flag zum Steuern von noStroke()
void setup()
{
  size(300, 250); smooth();
```

```
  meinBild = loadImage("UnterWasser002.jpg");
}

void draw()
{
  background(0);
  color col = 0;
  int zeilen, spalten;
  if(block < 1)  // block-Variable valide halten (>= 1)
    block = 1;
  if(weight < 0) // weight-Variable valide halten (>= 0)
    weight = 0;
  strokeWeight(weight);
  spalten = meinBild.width / block;
  zeilen = meinBild.height / block;
  meinBild.loadPixels();
  for(int i = 0; i < spalten; i++)
    for(int j = 0; j < zeilen; j++)
    {
      int x = i * block;
      int y = j * block;
      int index = x + y * meinBild.width;
      color c = meinBild.pixels[index];
      fill(c);
      if(noStrokeFlag)
        noStroke();
      else
        stroke(0);
      if(MODE == 1)
        rect(x, y, block, block);
      else
        ellipse(x, y, block, block);
    }
    meinBild.updatePixels();
}

void keyPressed()
{
  if(key == CODED)
    switch(keyCode)
    {
      case UP: block++; break;
      case DOWN: block--; break;
      case LEFT: weight--; break;
      case RIGHT: weight++; break;
    }
  else
    switch(key)
```

Ein Bild unkenntlich machen

```
    {
      case 'r': MODE = 1; break; // Rechteck
      case 'k': MODE = 2; break; // Kreis
      case 's': noStrokeFlag = !noStrokeFlag; break;
    }
}
```

Hier ein paar Beispiele für unterschiedliche Parameter:

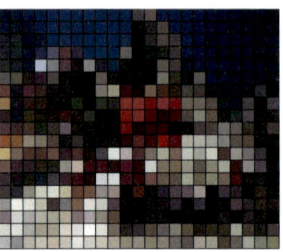

strokeWeight wurde über die Taste s aktiviert.

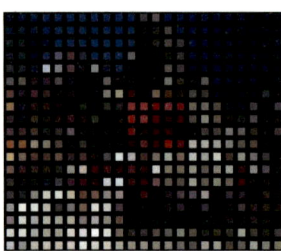

Der Wert von strokeWeight wurde über die Cursortaste RIGHT vergrößert. Das bedeutet, dass die Strichstärke sich erhöht hat.

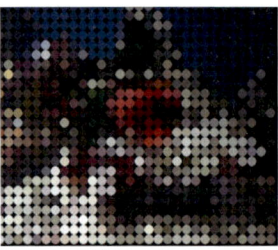

Über die Taste k wurden statt Rechtecken jetzt Kreise zur Generierung des Bildes verwendet.

Verwendung eines großen Wertes für die block-Variable. Das Bild wird auf diese Weise stark unkenntlich gemacht.

Kapitel 21: Bilder

Du kannst ein Bild eines Familienmitglieds oder eines Bekannten laden. Mach die *block*-Variable zu Anfang richtig groß, damit niemand auch nur erahnen kann, wer es sein soll. Jetzt geh schrittweise mit dem Wert runter und mach das Bild dadurch deutlicher. Wer kann die Person zuerst erkennen?

Processing-eigene Pixelmanipulation

> Huiiii! Das ist alles so schön hier.

Bisher haben wir die Manipulationen an den Pixeln unserer Bilder meist selbst programmiert, um ein Höchstmaß an Flexibilität zu erlangen. Doch Processing bietet von Haus aus eigene Funktionen an, deren genauere Betrachtung wir nicht versäumen wollen.

Die Funktion heißt – welch' Überraschung – *filter*.

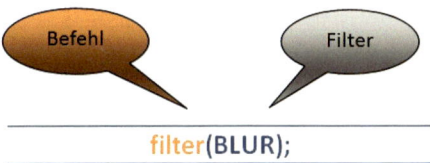

Sie hat sogar noch eine weitere Version:

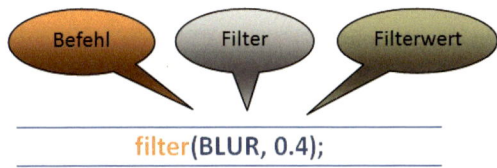

Wie schon erwähnt, bietet Processing eine Reihe von fertig implementierten Filtern an. Als Argument können wir der *filter*-Funktion einen Wert im Bereich von *11* bis *18* übergeben, doch wie ebenfalls schon mehrfach erwähnt, wollen wir die *Magic Numbers* so weit wie möglich vermeiden. Processing stellt uns deshalb verschiedene Konstanten zur Verfügung:

Filterbezeichnung	Wert	Funktion	Filterwert
BLUR	11	Unschärfe, die mit Filterwert beeinflusst werden kann	✓
GRAY	12	Graustufenbild	✗
INVERT	13	Invertierung (Negativbild)	✗
OPAQUE	14	Lichtdurchlässigkeit	✗
POSTERIZE	15	Anzahl der Farben, die als Filterwert übergeben wurden	✓
THRESHOLD	16	Konvertierung in Schwarz-Weiß-Bild über den Filterwert	✓
ERODE	17	Vermindert die lichten Bereiche	✗
DILATE	18	Erhöht die lichten Bereiche	✗

Um mit den Filtern und den Parametern etwas zu experimentieren, werfen wir einen Blick auf das folgende Programm. Es ermöglicht, die einzelnen Filter auf ein bestehendes Ursprungsbild anzuwenden, um ihre Auswirkungen zu erkennen.

```
PImage meinBild;
int FILTERMODE = 0;
float FILTERLEVEL = 0.0;
void setup()
{
  size(300, 250);
  meinBild = loadImage("UnterWasser002.jpg");
}

void draw()
{
  image(meinBild, 0, 0);
  println("Filterlevel: " + FILTERLEVEL);
  if((FILTERMODE == BLUR)||(FILTERMODE == POSTERIZE)||
    (FILTERMODE == THRESHOLD))
  {
    if(FILTERMODE == POSTERIZE)
    {
      if(FILTERLEVEL < 0.2) FILTERLEVEL = 0.2;
      filter(FILTERMODE, FILTERLEVEL * 10);
    }
    else
      filter(FILTERMODE, FILTERLEVEL);
  }
  else
    filter(FILTERMODE);
}

void keyPressed()
{
```

```
  if(key == CODED)
    switch(keyCode)
    {
      case LEFT: FILTERLEVEL-= 0.2; break;  // Erhöhung
      case RIGHT: FILTERLEVEL+= 0.2; break; // Verminderung
    }
    else
    switch(key)
    {
      // kein Filter
      case ' ': FILTERMODE = 0; FILTERLEVEL = 0.0; break;
      case 'b': FILTERMODE = BLUR; break;
      case 'd': FILTERMODE = DILATE; break;
      case 'e': FILTERMODE = ERODE; break;
      case 'g': FILTERMODE = GRAY; break;
      case 'i': FILTERMODE = INVERT; break;
      case 'o': FILTERMODE = OPAQUE; break;
      case 'p': FILTERMODE = POSTERIZE; FILTERLEVEL = 0.2; break;
      case 't': FILTERMODE = THRESHOLD; break;
    }
}
```

Nachdem das Ursprungsbild geladen ist und angezeigt wird, kannst Du über die Anfangsbuchstaben der Filterbezeichnungen dieselben aktivieren. Drückst Du die *Leertaste*, wird das Originalbild wieder dargestellt, sodass Du den Unterschied besser erkennen kannst. Die Filter *BLUR*, *POSTERIZE* und *THRESHOLD* akzeptieren zudem noch Parameter, die Du über die Cursortasten *LEFT* und *RIGHT* beeinflussen kannst.

Veränderung des *Filterlevels*:

um den Wert 0.2 vermindern

um den Wert 0.2 erhöhen

◄ **Abbildung 21-34**
Manipulation der Parameter über die Cursortasten LEFT und RIGHT

Der Filter *POSTERIZE* akzeptiert lediglich Werte zwischen *2* und *255*, weshalb wir noch die folgende Umrechnung im Programm haben, um den Wert des Filterlevel mit dem Faktor *10* zu multiplizieren:

```
...
  if(FILTERMODE == POSTERIZE)
  {
```

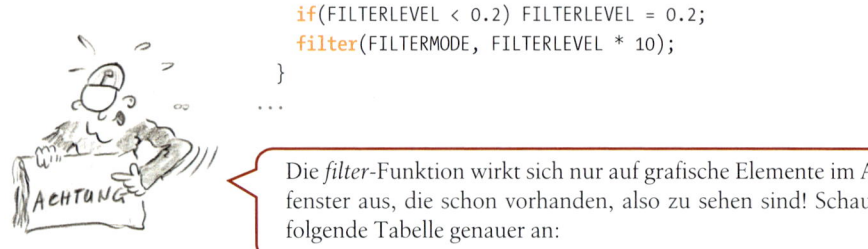

```
    if(FILTERLEVEL < 0.2) FILTERLEVEL = 0.2;
    filter(FILTERMODE, FILTERLEVEL * 10);
  }
  ...
```

Die *filter*-Funktion wirkt sich nur auf grafische Elemente im Ausgabefenster aus, die schon vorhanden, also zu sehen sind! Schau Dir die folgende Tabelle genauer an:

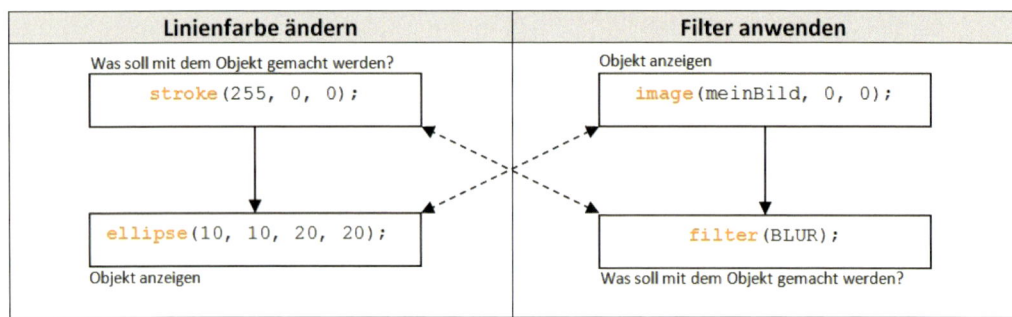

Linienfarbe ändern	Filter anwenden
Was soll mit dem Objekt gemacht werden? `stroke(255, 0, 0);`	Objekt anzeigen `image(meinBild, 0, 0);`
`ellipse(10, 10, 20, 20);` Objekt anzeigen	`filter(BLUR);` Was soll mit dem Objekt gemacht werden?

Möchtest Du die Linienfarbe für ein grafisches Objekt wie z.B. die Ellipse setzen, wird der Farbbefehl *vor* dem Zeichnen der Ellipse ausgeführt. Im Gegensatz dazu wird ein Filter auf ein schon im Ausgabefenster vorhandenes Bild erst nachträglich angewendet. Es erfolgt eine Änderung *nach* dem Ausführen der *filter*-Funktion. Behalte diesen Unterschied im Gedächtnis, sonst wunderst Du Dich nachher, warum eine gewünschte Anpassung in Deinen Augen zu früh oder zu spät erfolgt.

Die nachfolgende Tabelle zeigt uns einige der unterschiedlichen Filter mit ihren Auswirkungen auf das Originalbild:

Originalbild	BLUR (Unschärfe)	GRAY (Graustufen)
INVERT (Negativbild)	POSTERIZE	THRESHOLD

Zeitmessung

22

Unser Rechner liefert uns stets die aktuellen Zeit- und Datumsinformationen, sofern sie korrekt eingestellt wurden. Vielleicht wird die interne Uhr ja auch über einen Zeitserver synchronisiert, der seine Daten mithilfe von *NTP* (Network Time Protocol) im Internet zur Verfügung stellt. Wir können mit bestimmten Funktionen von Processing aus auf diese Informationen zugreifen.

Zeit

Um ein Gefühl für die Abläufe in unserer Umgebung und der Welt zu bekommen, haben wir Menschen die Zeit *erfunden*. Genau genommen existiert sie nicht, denn wir leben in jedem Moment im *Jetzt*. Doch damit die unendlichen Jetzt-*Momente* für uns verständlicher und begreifbarer werden, haben wir *Vergangenheit*, *Gegenwart* und *Zukunft* erfunden die *Zeit* war geboren. Unsere Zeit setzt sich bekanntermaßen aus *Stunden*, *Minuten* und *Sekunden* zusammen, die im Computer sogar noch feiner in *Millisekunden* unterteilt werden.

Die Funktionen zum Ermitteln der Zeitwerte lauten:

Für die Sekunde:	Für die Minute:	Für die Stunde:
second();	minute();	hour();

Wir können jetzt ein kleines Programm schreiben, das uns die aktuelle Uhrzeit des PCs ins Nachrichtenfenster ausgibt:

```
void setup()
{
  size(100, 100);
}

void draw()
{
  int meineSekunde = second();
  int meineMinute = minute();
  int meineStunde = hour();
  String zeit = nf(meineStunde, 2);
  zeit += ":" + nf(meineMinute, 2);
  zeit += ":" + nf(meineSekunde, 2);
  println(zeit);
}
```

Die *nf*-Funktion wurde verwendet, da die drei Funktionen bei Werten kleiner *10* lediglich *eine* Stelle ohne führende Null ausgeben. Das sieht nicht ganz so schön aus, wenn die Zeit z. B. *9:10:4* statt wohlformatiert *09:10:04* lautet.

Wie wär's mit einer Uhr für Hardcore-Programmierer, die die Zeit zusätzlich noch in binärer Form im Ausgabefenster anzeigt?

Abbildung 22-1 ▶
Anzeige der Zeit sowohl in üblicher
als auch in binärer Form

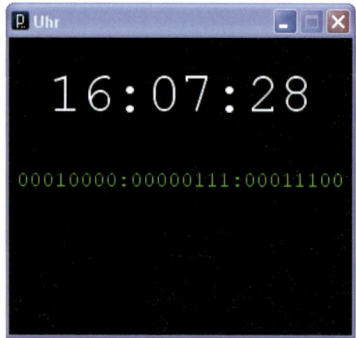

Hier der passende Code dazu:

```
PFont font;
void setup()
{
  size(300, 250);
  font = createFont("Courier New", 12, true);
}

void draw()
{
  background(0);
```

```
textAlign(CENTER);
int meineSekunde = second();
int meineMinute = minute();
int meineStunde = hour();
String zeit1 = nf(meineStunde, 2);
zeit1 += ":" + nf(meineMinute, 2);
zeit1 += ":" + nf(meineSekunde, 2);
textFont(font, 48); fill(255);
text(zeit1, width/2, height/4);
String zeit2 = dez2bin(meineStunde);
zeit2 += ":" + dez2bin(meineMinute);
zeit2 += ":" + dez2bin(meineSekunde);
textFont(font, 18); fill(0, 255, 0);
text(zeit2, width/2, height/2);
}

// Konvertiere dezimal nach binär
String dez2bin(int a)
{
  String ergebnis = "";
  for(int i = 0; i < 8; i++)
    ergebnis = ((a >> i) & 1) + ergebnis;
  return ergebnis;
}
```

Die Funktion zur Umwandlung von *Integerzahlen* in *Binärzahlen* haben wir schon im Kapitel über die Operatoren besprochen.

Kommen wir jetzt zu einer Funktion, die die Zeit in Millisekunden, also *1/1000*-Sekunden angibt. Diese Zeit wird immer hochgezählt, sobald das Programm gestartet ist. Mit dem folgenden Code lassen wir die Millisekunden kontinuierlich anzeigen, wobei die Anzeige durch einen Tastendruck eingefroren wird. Das bedeutet jedoch nicht, dass das Hochzählen der Millisekunden dadurch ebenfalls unterbrochen wird. Im Hintergrund wird fleißig weiter inkrementiert. Bei einem erneuten Tastendruck werden die aktuellen Millisekunden seit Programmstart wieder angezeigt.

```
PFont font;
boolean flag = true;
void setup()
{
  size(300, 250);
  font = createFont("Courier New", 12, true);
  textFont(font, 48);
}
```

```
void draw()
{
  background(0);
  textAlign(CENTER);
  int meineMillisekunde = millis();
  text(meineMillisekunde, width/2, height/2);
}

void keyPressed()
{
  flag = !flag; // Flag invertieren
  if(flag)
    loop();
  else
    noLoop();

}
```

Die Anzeige der Millisekunden ist wirklich schnell, und es ist fast unmöglich, die letzten drei Ziffern genau auszumachen.

Mit diesem Wissen wollen wir ein Programm für Reaktionstests programmieren. Wie gut ist Deine Wahrnehmung, wenn es darum geht, das Programm zu einem bestimmten Zeitpunkt zu stoppen, und wie weit bist Du vom gesteckten Ziel entfernt?

Anforderungen:

- Die Millisekunden seit Programmstart sollen angezeigt werden.
- Die Anzeige muss auf einen beliebigen Tastendruck einfrieren und auf einen erneuten Tastendruck weiterlaufen.
- Ziel ist, das Programm dann zu stoppen, wenn ein glatter Sekundenwechsel stattgefunden hat.

- Die Abweichung wird in Form eines Balkens angezeigt, wobei bei genauem Erreichen des Wertes (Millisekunden = *000*) der Balken in der Mitte des Fensters zu finden ist.

Ich zeige Dir am besten mal, was ich meine:

◀ **Abbildung 22-3**
Der grüne Balken zeigt an, dass zu spät reagiert wurde

Die letzten drei Stellen der angezeigten Zahl stehen für die Millisekunden, die Zahl davor für die Sekunden. Ich habe jetzt versucht, beim Wechsel von *4* auf *5* Sekunden z.B. die Leertaste zu drücken, um nach Möglichkeit bei der Zahl *5000* zu stoppen. Das bedeutet *5* Sekunden und *0* Millisekunden. Leider habe ich den genauen Zeitpunkt um *187* Millisekunden verpasst, sprich: zu spät gedrückt. Hätte ich genau getroffen, ständе der grüne Balken, der die Abweichung anzeigt, genau unter dem roten. Je näher Du also an der roten Markierung dran bist, desto besser ist Deine Reaktion. Wollen wir mal sehen, wie beim nächsten Mal reagiert habe:

◀ **Abbildung 22-4**
Der grüne Balken zeigt an, dass zu früh reagiert wurde

Hier habe ich etwas zu früh stoppen wollen, um genau den Wechsel von *4* auf *5* zu erwischen. Der grüne Balken befindet sich links von der roten Markierung.

Hast Du exakt den Punkt erwischt, an dem die Millisekunden *000* sind, wird der grüne Balken zu einem gelben, und Du bekommst die folgende Anzeige. Ich musste einige Male probieren, bis ich's geschafft hatte:

Abbildung 22-5 ▶
Treffer!!!

Zusammenfassend können wir das Ganze so darstellen:

Abbildung 22-6 ▶
Mögliche Bereiche des grünen
Balkens und sein Ergebnis

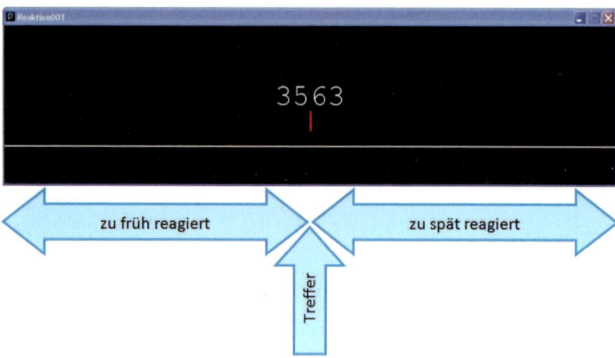

Wie sieht unser Programm aus:

```
PFont font;
boolean flag = true;
int meineMillisekunde = 0;
void setup()
{
  size(1000, 250); smooth();
  font = createFont("Courier New", 12, true);
  textFont(font, 48);
}

void draw()
{
  background(0); stroke(255, 0, 0); strokeWeight(4);
  line(width/2, height/2 + 10, width/2, height/2 + 40);
  textAlign(CENTER);
  meineMillisekunde = millis();
  text(meineMillisekunde, width/2, height/2);
  stroke(255, 255, 255); strokeWeight(2);
  line(0, height/2 + 65, width, height/2 + 65);
}

void zeigeLinie(int wert)
{
  strokeWeight(4); stroke(0, 255, 0); // Grün
```

```
  if((wert > 0) && (wert <= 500))
    line(width/2 + wert, height/2 + 50, width/2 + wert, height/2 + 80);
  else if((wert >= 501) && (wert < 999))
    line(wert - width/2, height/2 + 50, wert - width/2, height/2 + 80);
  else if(wert == 0)
  {
    stroke(255, 255, 0); // Gelb bei Treffer
    line(width/2, height/2 + 50, width/2, height/2 + 80);
    text("Großartig!", width/2, height - 20);
  }
}

void keyPressed()
{
  flag = !flag; // Flag invertieren
  if(flag)
    loop();
  else
  {
    noLoop();
    int ms = meineMillisekunde - (meineMillisekunde/1000) * 1000;
    zeigeLinie(ms);
  }
}
```

Datum

Ebenso wie die Zeit ist auch das Datum in unserem Computer gespeichert. Auch hier werden von Processing Funktionen zur Verfügung gestellt, um die Werte abzurufen.

Die Funktionen zum Ermitteln der Zeitwerte sind folgende:

Für den Tag:	Für den Monat:	Für das Jahr:
day();	month();	year();

Wollen mal sehen, was das Programm für den heutigen Tag ausspuckt:

```
PFont font;
void setup()
{
  size(350, 100);
  font = createFont("Courier New", 12, true);
  textFont(font, 22);
}
```

```
void draw()
{
  background(0);
  int tag = day();
  int monat = month();
  int jahr = year();
  String datum = "Heute ist der ";
  datum += tag + "." + monat + "." + jahr;
  textAlign(CENTER);
  text(datum, width/2, height/2);
}
```

Das Ergebnis sieht folgendermaßen aus:

Abbildung 22-7 ▶
Anzeige des aktuellen Datums

Wir können uns natürlich fragen, was das ganze Spiel mit der Zeit bzw. dem Datum denn bringen soll. Nun, die Antwort darauf ist nicht allzu schwierig: Du kannst einen Algorithmus programmieren, der z. B. innerhalb der *draw*-Funktion in Abhängigkeit einer von Dir festgelegten Zeit einmalige oder regelmäßige Aktionen auslöst.

Möchtest Du z. B. alle fünf Sekunden ein bestimmtes Ereignis ausführen, kannst Du das mit dem folgenden Code bewerkstelligen:

```
...
void draw()
{
  int millisSeitStart = millis();
  if(millisSeitStart%5000 == 0)
  {
    // Hier folgt der Code,
    // der alle 5000 ms = 5 Sekunden ausgeführt werden soll.
  }
}
```

Der *Modulo-Operator* sorgt dafür, dass bei der Restwertdivision nur bei Vielfachen von *5000* das Ergebnis *0* ist und die Anweisungen innerhalb des *if*-Blocks ausgeführt werden.

Kapitel 22: Zeitmessung

Video

23

Könnte es womöglich sein, dass Du Besitzer einer *Webcam* bist? Falls dem so ist, kannst Du sehr interessante Versuche mit Deiner Kamera und *Processing* durchführen. Wenn Du keine hast, bekommst Du vielleicht beim Lesen dieses Kapitels derart Lust darauf, dass Du Dir eine anschaffst. Es gibt schon Modelle für unter *20 €*.

Auf Softwareseite benötigst Du dann die aktuelle Version von *Quicktime* und den Video-Digitizer *vdig*.

Bevor Du aber Programme schreibst, die die Webcam als Video-quelle nutzen, musst Du mehrere Schritte durchführen, die ich Dir hier einmal aufgelistet habe:

1. Die *Processing*-Videobibliothek mit einbinden

Das erfolgt über die folgende Befehlszeile, die ganz an den Anfang Deines Programms gesetzt werden muss:

```
import processing.video.*;
...
```

2. Ein Video-Capture-Objekt deklarieren

Um ein Videobild quasi einzufangen, benötigen wir ein Video-*Capture*-Objekt. *Capture* bedeutet übersetzt *einfangen*.

```
...
Capture meinVideoObjekt;
...
```

3. Das Video-Capture-Objekt initialisieren

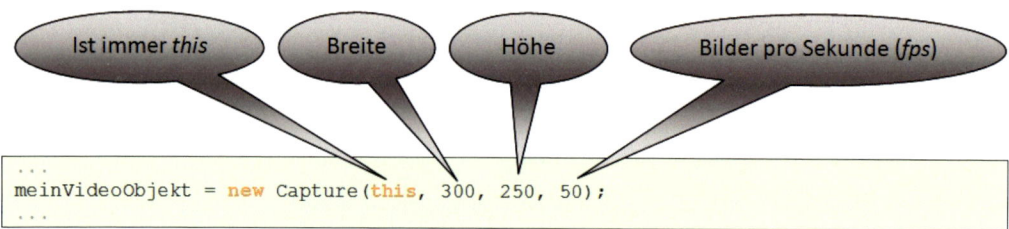

```
...
meinVideoObjekt = new Capture(this, 300, 250, 50);
...
```

Legst Du die Dimensionen des Videofensters fest, beziehen sie sich immer auf die linke obere Ecke. In diesem Fall hat mein Ausgabefenster die Dimensionen *300, 250* und ich rufe den Konstruktor für mein *Capture-Objekt* wir folgt auf:

```
...
meinVideoObjekt = new Capture(this, 100, 100, 50);
...
```

Dann füllt der Videobereich lediglich einen kleinen Teil des Ausgabefensters aus:

Abbildung 23-1 ▶
Anzeigen des Videos in einem (zu) kleinen Fensterbereich

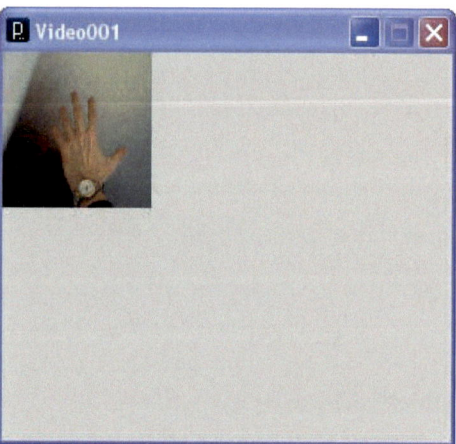

Für die Ausnutzung des kompletten Ausgabefensters gibst Du für *Breite* bzw. *Höhe* am besten die Systemvariablen *width* und *height* an.

```
...
meinVideoObjekt = new Capture(this, width, height, 50);
...
```

4. Die Bilder aus der Kamera lesen

Alles ist jetzt vorbereitet, um das Bild der Kamera einzufangen und es in den Speicher unseres Computers zu laden. Damit wird es noch *nicht* angezeigt! Sicherlich erinnerst Du Dich noch an die systemeigene Funktion *keyPressed*. Sie wird immer dann aufgerufen, wenn eine Taste gedrückt wird. Dieses Ereignis verhallt ungehört, wenn Du diese Funktion nicht mit Leben füllst. Ähnlich verhält es sich mit der Funktion *captureEvent*, die implizit vom System aufgerufen wird, sobald ein neues Kamerabild zur Verfügung steht. Natürlich sind wir scharf auf jedes neue Bild, das wir dann mit der *read*-Funktion des *Capture-Objekts* in den Speicher lesen.

```
...
void captureEvent(Capture myCapture)
{
  meinVideoObjekt.read();
}
...
```

HEY, HEY, HEY! **ES** LIEGT EIN NEUES **BILD** ZUR **ABHOLUNG** BEREIT!

Es ist natürlich sinnvoll, nur dann ein Bild zu lesen, wenn auch eines zu Abholung bereit liegt. Würden wir die *read*-Funktion einfach so z.B. in die *draw*-Funktion packen und die Kamera wäre ausgeschaltet, was würde wohl passieren? Klar, es käme zu einem Fehler!

```
No capture could be found, or the VDIG is not installed correctly.
```

5. Video anzeigen

Im letzten Schritt werden die Einzelbilder aus dem Speicher gelesen und im Ausgabefenster angezeigt. Dieser Schritt wird innerhalb der *draw*-Funktion ausgeführt.

```
...
void draw()
{
  background(0);
  image(meinVideoObjekt, mouseX, mouseY);
}
...
```

Die *image*-Funktion kennst Du schon aus dem Kapitel über *Bilder*. Sie wurde dort zum Anzeigen von Bildern verwendet und kann, wenn das richtige Objekt übergeben wird, auch Videos anzeigen.

Hier noch einmal die Syntax:

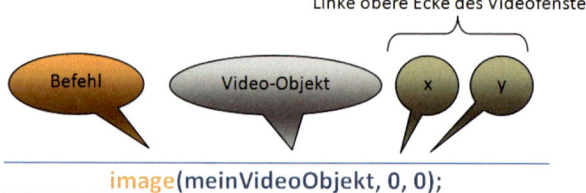

Doch lassen wir mit dem folgenden Code einmal den Videostream-lesen und ins komplette Ausgabefenster übertragen.

```
import processing.video.*;
Capture meinVideoObjekt;

void setup()
{
  size(300, 250);
  meinVideoObjekt = new Capture(this, width, height, 50);
}

void captureEvent(Capture meinVideoObjekt)
{
  meinVideoObjekt.read();
}

void draw()
{
  background(0);
  image(meinVideoObjekt, 0, 0);
}
```

Abbildung 23-2 ▶
Anzeigen des Videos im komplet-ten Fensterbereich

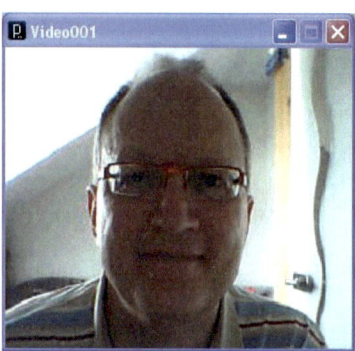

Videostream manipulieren

Natürlich können wir, wie Du es auch schon bei den Bildern gesehen hast, den Videostream nach unseren Wünschen verändern. Das *Pixel-Array* des Ausgabefensters wird ebenso mit den Daten versehen wie bei der Bildbearbeitung, und wir haben die volle Kontrolle über seinen Inhalt. Im ersten Beispiel möchte ich das Videobild einfach mal auf den Kopf stellen.

Auf den Kopf stellen

Erinnerst Du Dich vielleicht an das entsprechende Kapitel über die Bilder? Genau, das hatten wir dort nämlich schon einmal, und der Code muss nur geringfügig angepasst werden.

```
import processing.video.*;
Capture meinVideoObjekt;
int anzahlPixel;

void setup()
{
  size(300, 250);
  meinVideoObjekt = new Capture(this, width, height, 50);
  anzahlPixel = meinVideoObjekt.width * meinVideoObjekt.height;
}

void captureEvent(Capture meinVideoObjekt)
{
  meinVideoObjekt.read();
}

void draw()
{
  loadPixels();
  meinVideoObjekt.loadPixels();
  for(int i = 0; i < anzahlPixel; i++)
    pixels[anzahlPixel - 1 - i] = meinVideoObjekt.pixels[i];
  meinVideoObjekt.updatePixels();
  updatePixels();
}
```

Jeder Pixel des *meinVideoObjekt-Arrays* wird in umgekehrter Reihenfolge in das *Ausgabefenster-Array* kopiert.

```
...
  pixels[anzahlPixel - 1 - i] = meinVideoObjekt.pixels[i];
...
```

Abbildung 23-3 ▶
Videostream auf den Kopf gestellt

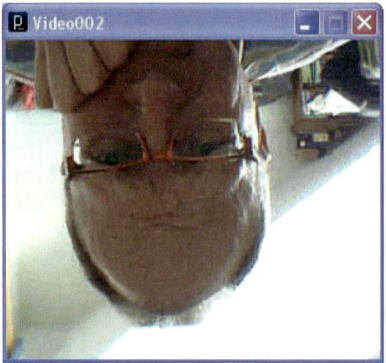

Negativbild

Das Negativbild ist für Dich ja nichts Neues mehr, da wir das Thema schon bei den Bildern hatten. Trotzdem zeige ich es hier auch noch einmal, weil es, wie ich finde, sehr ansprechend aussieht. Tausche den Code in der *for*-Schleife einfach gegen den hier gezeigten aus:

```
...
    color col = meinVideoObjekt.pixels[i];
    int r = 255 - (int)red(col);
    int g = 255 - (int)green(col);
    int b = 255 - (int)blue(col);
    pixels[i] = color(r, g, b);
...
```

Abbildung 23-4 ▶
»Negativer« Videostream

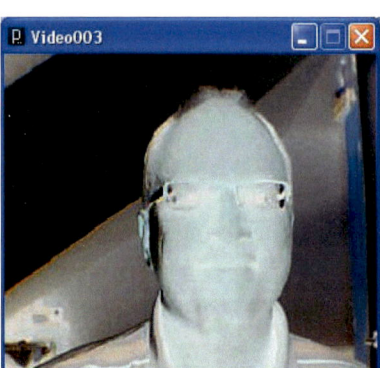

Helligkeitsbereiche erkennen

Was hältst Du von einem Programm, das die Helligkeit einzelner Pixel ermittelt und diese Pixel auf der Basis eines Schwellenwertes andersfarbig darstellt? Die Funktion *brightness* liefert uns einen Wert, der je nach der Helligkeit des jeweiligen Pixels entweder niedrig (dunkel) oder hoch (hell) ist. Über die Maus kannst Du in horizontaler Richtung einen Schwellenwert dafür einstellen, ab wann die erkannte Helligkeit ansprechen soll, um für dieses Pixel eine fest definierte Farbe zu zeigen.

```
...
  color col = meinVideoObjekt.pixels[i];
  int r = (int)red(col);
  int g = (int)green(col);
  int b = (int)blue(col);
  float br = brightness(col);
  if(br > mouseX) // Schwellenwert einstellen
    pixels[i] = color(255, 0, 0);
  else
    pixels[i] = color(r, g, b);
...
```

Ist der Schwellenwert erreicht, werden alle hellen Bereiche des Videos rot eingefärbt. Ich habe hier einmal die Kamera auf die Tapete in meinem Arbeitszimmer gerichtet, die beige ist und weiße Blumenornamente besitzt (linkes Bild). Nach dem Erreichen des Schwellenwertes wurden die helleren Bereiche der Ornamente rot eingefärbt (rechtes Bild).

Abbildung 23-5
Ursprungsbild (aus dem Videostream)

Abbildung 23-6
Eingefärbtes Bild (aus dem Videostream)

Machst Du aus dem *Größer-als*-Zeichen ein *Kleiner-als*,

```
...
   if(br < mouseX) // Schwellenwert einstellen
...
```

werden alle dunklen Bereiche eingefärbt. Da ist wieder Experimentieren angesagt.

Schrittweise unkenntlich machen

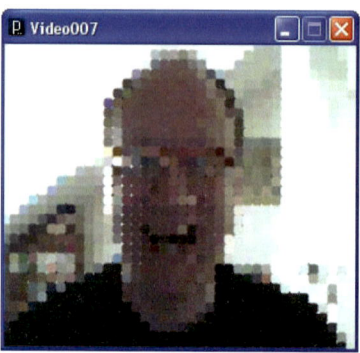

Wie Du ein Bild bis zur Unkenntlichkeit manipulieren kannst, haben wir schon im Kapitel über Bilder gesehen. Das wollen wir auch auf unseren Videostream anwenden. Wir werden ein Programm schreiben, um den gleichen Effekt wie im gezeigten Ausgabefenster zu erreichen. Das sieht vielleicht schwieriger aus, als es ist. Man muss lediglich jeden Punkt im Bild-Array anfahren, seinen Farbwert ermitteln und dann nicht über die *updatePixels*-Funktion in das Ausgabefenster-Array zurück schreiben. Du nimmst die *ellipse*-Funktion und lässt unterschiedlich große Kreise zeichnen, deren Größe mit den *Cursor*tasten manipuliert werden kann.

Was sagt unser Code dazu?

```
import processing.video.*;
Capture meinVideoObjekt;
// Startwert 4 für offset. Je größer, desto unkenntlicher beim Start.
int offset = 4;

void setup()
{
  size(300, 250); smooth();
  meinVideoObjekt = new Capture(this, width, height, 50);
}
```

```
void captureEvent(Capture meinVideoObjekt)
{
  meinVideoObjekt.read();
}


void draw()
{
  if(offset < 1) offset = 1; // offset darf nicht kleiner 1 werden!
  meinVideoObjekt.loadPixels();
  for(int x = 0; x < meinVideoObjekt.width; x+= offset)
    for(int y = 0; y < meinVideoObjekt.height; y+= offset)
    {
      int index = x + y * meinVideoObjekt.width;
      color col = meinVideoObjekt.pixels[index];
      int r = (int)red(col);
      int g = (int)green(col);
      int b = (int)blue(col);
      stroke(r, g, b); strokeWeight(offset);
      point(x, y);
    }
  meinVideoObjekt.updatePixels();
}


void keyPressed()
{
  if(key == CODED)
    switch(keyCode)
    {
      case UP:   offset++; break;
      case DOWN: offset--; break;
    }
}
```

Das Entscheidende in diesem Programm ist die Variable *offset*, die
einerseits die Schrittweite in den beiden *for*-Schleifen und andererseits die Punktgröße der *stroke*-Funktion bestimmt. Vergrößern wir
den Abstand der auszuwählenden Pixel in den Schleifen, wird gleichermaßen die Punktgröße angepasst. Für die folgende Anpassung
des Codes muss ich eine Warnung aussprechen. Es kann zu *Augen-
krebs* kommen, denn die ständig wechselnde Punktgröße hat auf
Dauer unter Umständen nicht absehbare Nebenwirkungen.

Die folgende Modifikation bringt einen interessanten Effekt:

```
...
for(int x = 0; x < meinVideoObjekt.width; x+= offset)
    for(int y = 0; y < meinVideoObjekt.height; y+= offset)
    {
        offset = (int)random(4, 20);
        ...
    }
...
```

Die Zufallsfunktion *random* ermittelt bei jedem Iterationsschritt eine andere Punktgröße, sodass das Videobild recht dynamisch wirkt. Es sieht so aus, als ob man durch eine Glasscheibe schaut, die fremde unerwünschte Blicke auf die andere Seite unterbinden soll.

Bibliotheken

Was stellst Du Dir unter einer *Bibliothek* vor? Sicherlich einen Ort, an dem eine Menge Wissen zusammengetragen wurde. Meistens finden sich dort Bücher oder Zeitschriften, doch in letzter Zeit auch immer mehr elektronische Medien in Form von *CD*, *DVD* oder *BlueRay*. Wir haben es quasi mit einer Dienstleistungseinrichtung zu tun, die nach unseren Wünschen in Anspruch genommen werden kann. Das Rad muss nicht immer wieder und wieder neu erfunden werden, und wir können auf schon entwickelte oder erforschte Dinge aufbauen und damit eine Menge Zeit sparen. Ebenso läuft es in der Welt der Programmierung ab. Findige Entwickler haben sich über dieses oder jenes Thema den Kopf zerbrochen und vielleicht auch eine Lösung gefunden. Wurde sie dann publiziert, können andere Programmierer davon profitieren. Jedenfalls läuft es bei *Open Source* so ab, wo der Quellcode beliebig verbreitet, kopiert, weiterentwickelt und genutzt werden darf. Stell Dir einfach mal die Benutzung einer bestimmten Funktion in Processing vor. Sagen wir, es gehe darum, den Hintergrund eines Ausgabefensters mit einer bestimmten Farbe zu füllen. Du weißt mittlerweile, dass der Ausgabebereich in eine bestimmte Anzahl von horizontalen bzw. vertikalen Pixeln unterteilt ist. Willst Du die Hintergrundfarbe Grün anwenden, müsstest Du jeden einzelnen Punkt über eine Schleife ansprechen und die gewünschte Farbe dort setzen. Was für ein Aufwand! Aus diesem Grund bietet Processing einen festgelegten Basisbefehlssatz an. Der beinhaltet u.a. auch die Funktion *background* zum komfortablen Einfärben des Hintergrundes. Der komplette Befehlssatz, auf den Du zugreifen kannst, ist Bestandteil einer Processing-Bibliothek, die sich *processing.core* nennt. *Core* bedeutet *Kern* und ist eine Sammlung von Klassen, die wir für unsere Belange nutzen können. Normalerweise müssen wir zum

Nutzen einer externen Bibliothek die *import*-Anweisung an den Anfang unseres Codes stellen, doch da die Grundfunktionalität der *core-Library* immer notwendig ist, wird die Befehlszeile

```
import processing.core.*;
```

überflüssig und implizit aufgerufen. Wo befindet sich die Library genau? Du findest sie unterhalb des Processing-Pfades im Verzeichnis *lib*.

Abbildung 24-1 ▶
Die core-Library im lib-Verzeichnis

antlr.jar	434 KB	Executable Jar File	04.09.2009 21:58
core.jar	226 KB	Executable Jar File	04.09.2009 22:00
ecj.jar	1.609 KB	Executable Jar File	04.09.2009 21:58
jna.jar	611 KB	Executable Jar File	04.09.2009 21:58
pde.jar	377 KB	Executable Jar File	04.09.2009 22:00

Die Endung *.jar* bedeutet frei übersetzt »Gefäß« und ist eigentlich eine *.zip*-Datei. Du kannst Sie mit einem Packprogramm wie z.B. 7-Zip öffnen und dann den Inhalt anschauen. Eine *.jar*-Datei wird zur Verteilung von Klassenbibliotheken unter Processing bzw. Java verwendet.

Ich habe die Datei mit der Java-Entwicklungsumgebung *NetBeans 6.8* geöffnet, um mir ihren Inhalt einmal ein wenig anzuschauen.

Und siehe da, wir haben es mit zwei Kategorien innerhalb der *core*-Bibliothek zu tun. Ich öffne jetzt einfach mal die Kategorie *processing.core*, um zu sehen, was sie alles enthält.

Es kommt eine Menge von *Klassen* zum Vorschein, die wir nutzen können. Die Liste geht noch ein Stück weiter, und ich musste sie aufgrund ihrer Länge etwas abschneiden. Wenn ich sehen möchte, was eine bestimmte Klasse für Elemente enthält, klicke ich einfach mit dem Mauszeiger darauf und bekomme dann die Liste der *Felder*, *Methoden*, *Konstruktoren* usw. angezeigt.

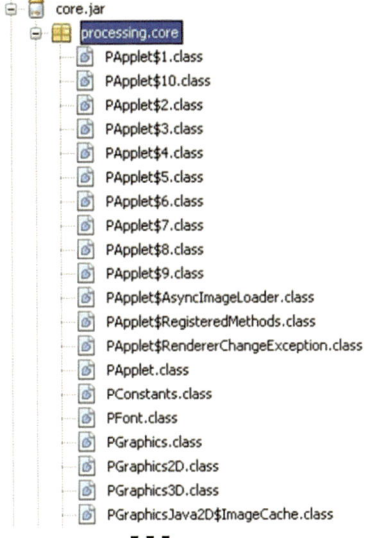

Processing bringt eine Reihe eigener Bibliotheken mit, die sich unterhalb des Processing-Pfades im Verzeichnis *libraries* befinden. Mit der Entwicklungsumgebung von Processing kannst Du unter dem Menüpunkt *Sketch|Import Library...* sehen, welche Bibliotheken sich im o. g. Verzeichnis befinden, um sie ggf. in Deinen Code einzubinden.

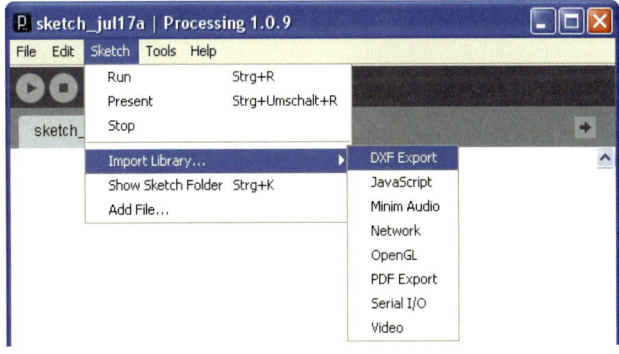

◀ **Abbildung 24-2**
Anzeige der verfügbaren
Processing Libraries

Module

Genau genommen, werden Bibliotheken unter Java bzw. Processing nicht *Libraries* genannt. Eine Sammlung von thematisch zusammen-gehörenden Klassen, die quasi einen logischen Verbund darstellen, wird in einem Paket zusammengefasst, das *Package* genannt wird. Möchtest Du die Funktionalität einer Klasse in Anspruch nehmen, die sich in einem Paket befindet, ist es sinnvoll, an den Anfang des Codes eine *import*-Anweisung zu setzen. Nichts anderes macht der Menüpunkt *Sketch|Import Library...* Er nimmt Dir lediglich ein wenig Schreibarbeit ab. Es wird *nichts* importiert.

> Wenn aber nichts importiert wird, wozu ist denn die *import*-Anweisung überhaupt gut. Du sagst, dass sie mir ein wenig Schreibarbeit abnimmt. Wie habe ich das zu verstehen?

Das ist relativ simpel und sieht nur am Anfang etwas kompliziert aus. Um Dir die Funktionsweise der *import*-Anweisung zu erklären, werde ich zur Programmiersprache Java wechseln. Das stellt kein Problem dar, da Processing wie Du mittlerweile wissen solltest in Java programmiert wurde. Als Beispiel werde ich eine Klasse aus dem Java-Paket *java.lang* verwenden, die *Math* heißt. Der Verdacht liegt nahe, dass es etwas mit Mathematik zu tun hat. In Processing hatten wir schon die *min-* und *max*-Funktionen angesprochen. Willst Du sie unter Java nutzen, musst Du das o. g. Java-Paket importieren. Werfen wir zunächst einen Blick auf den Quellcode:

Abbildung 24-3 ▶
Aufruf der min-Funktion

```
1    package matheklasse;
2    import java.lang.Math.*;          import-Anweisung          Aufruf der min-Funktion
3
4    public class Main {
5        public static void main(String[] args)
6        {
7            System.out.println(Math.min(-12, 23));
8        }
9    }
```

In Zeile 2 siehst Du, dass wir die *import*-Anweisung benötigen, denn in Zeile 7 wird die *min*-Funktion das Minimum der beiden Werte -12 und 23 ermitteln. Das Ergebnis wird an das *Output-Fenster* ausgegeben. Es ist vergleichbar mit unserem Nachrichtenfenster in Processing. Doch wie ist die *import*-Anweisung zu verstehen?

Abbildung 24-4 ▶
Pfadzusammensetzung
bei einer import-Anweisung

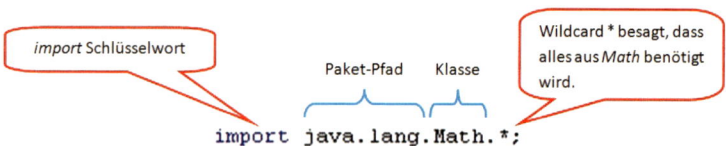

import Schlüsselwort   Paket-Pfad   Klasse   Wildcard * besagt, dass alles aus *Math* benötigt wird.

```
import java.lang.Math.*;
```

Jetzt lass Dich bloß nicht verwirren! Im Grunde genommen würden wir die *import*-Anweisung überhaupt nicht benötigen. Sie erspart uns lediglich ein wenig Tipparbeit und macht den Code somit kürzer und übersichtlicher. Du kannst den Aufruf der mathematischen *min*-Funktion auch mit dem *voll qualifizierten Pfad* aufrufen. Der sieht dann wie folgt aus:

```
System.out.println(java.lang.Math.min(-12, 23));
```

Also ich verwende lieber die *import*-Anweisung, als eine derart lange Befehlszeile zu schreiben. Besonders beim Aufruf weiterer Funktionen aus der *Math*-Klasse musst Du immer wieder diesen langen *Sermon* verfassen. Willst Du das wirklich?

Wenn ich über den Wildcard * alle enthaltenen Methoden importiere, hat das irgendwie eine Auswirkung auf die Größe meiner Anwendung?

In keinster Weise wird dadurch Deine Anwendung aufgebläht. Du musst lediglich weniger tippen. Das ist doch schon mal was, oder?

Die Nutzung der *min*- bzw. *max*-Funktionen macht es unter Processing aber nicht erforderlich, eine entsprechende *import*-Anweisung zu setzten. Warum ist das so?

Der Einfachheit halber wurde die dafür notwendige Anweisung schon implizit ausgeführt, sodass Du Dich darum nicht mehr kümmern musst.

Externe Bibliotheken hinzufügen

Im Internet findest Du eine Reihe von Erweiterungen für Processing. Möchtest Du diese nutzen, kopierst Du den vorher entpackten Code in das schon erwähnte Processing-Verzeichnis *libraries*. Ist Deine Entwicklungsumgebung offen, schließe sie und starte sie neu. Danach existiert unter dem Menüpunkt *Sketch|Import Library...* ein neuer Eintrag, der auf die neu installierte Bibliothek verweist. Möchtest Du selbst eine eigene Erweiterung schreiben, findest Du auf der Processing-Website entsprechende Hinweise inklusive eines *Library Template*.

> Können wir nicht einmal selbst eine kleine Bibliothek programmieren, damit ich genau erkennen kann, wie es funktioniert?

Kein Problem! Du erinnerst Dich sicherlich an die Funktion zur Umwandlung einer Ganzzahl in eine Binärzahl. Diese und eine weitere wollen wir jetzt in ein sogenanntes *Package* stecken, eine *.jar*-Datei daraus generieren und diese dann in das *Library*-Verzeichnis kopieren. Die Frage, die sich uns am Anfang stellt, lautet: Wie muss die Struktur der Dateien bzw. Verzeichnisse aussehen, damit die Entwicklungsumgebung von Processing alles Notwendige findet, um das Package zu finden? Die folgende Grafik zeigt uns das *Processing-Installationsverzeichnis* mit dem darunter liegenden Ordner *libraries*. Dorthin müssen die Erweiterungen kopiert werden. Du findest die folgende Struktur wieder:

Abbildung 24-5 ▶
Notwendige Struktur für eine eigene Processing-Erweiterung

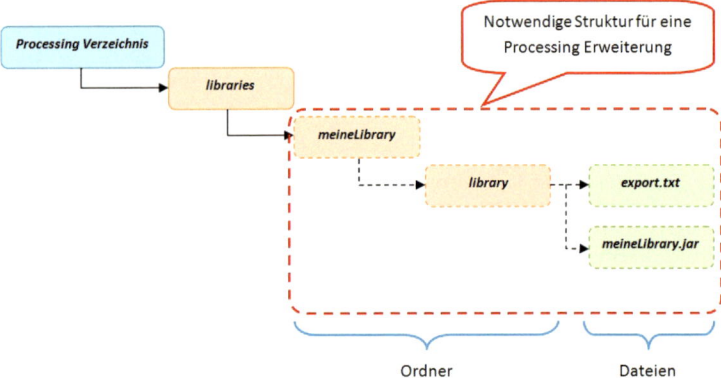

Die Namen des Ordners *meineLibrary* und der Datei *meineLibrary.jar* können frei gewählt werden. Jedoch müssen der Ordner *library*

und die Datei *export.txt* genau so heißen. Die Datei *export.txt* beinhaltet dabei den Namen des Menüpunktes, der beim Aufruf des Menüs *Sketch|Import Library...* zur Auswahl angezeigt wird. Okay, dann fangen wir mal an. Ich benutze hier die Java-Entwicklungsumgebung *Eclipse*, doch auch *NetBeans* ist eine gute Möglichkeit. Zuerst erstelle ich eine ganz gewöhnliche *Java-Anwendung*, um mein zu erstellendes Package im Anschluss innerhalb von *Eclipse* testen zu können. Die notwendigen Schritte zeige ich Dir jetzt.

Externe Bibliothek selbst erstellen

Schritt 1:

Erstellen einer Java-Anwendung. Ich habe den Namen *Umwandlungstest* vergeben. Die Struktur im *Package-Explorer* von Eclipse sieht dann wie folgt aus:

◀ **Abbildung 24-6**
Java-Struktur im Package-Explorer

Der Quellcode der Datei *Main.java* hat zu Beginn diesen Inhalt:

```
 1  public class Main {
 2
 3      /**
 4       * @param args
 5       */
 6      public static void main(String[] args) {
 7          // TODO Auto-generated method stub
 8
 9      }
10  }
```

◀ **Abbildung 24-7**
Quellcode der Datei Main.java

Schritt 2:

Im nächsten Schritt widmen wir unsere Aufmerksamkeit zuerst der Erstellung des *Package*, das die Konvertierungsmethoden enthält. Öffne das Kontextmenü des Hauptprojektes und navigiere bis zur gezeigten Auswahl, um ein neues Package zu generieren.

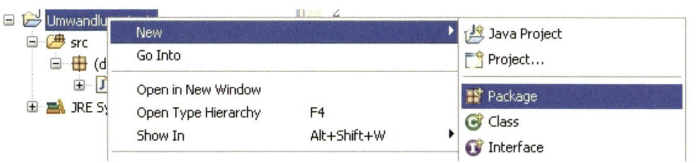

◀ **Abbildung 24-8**
Erstellung eines neuen Package

Wähle einen aussagekräftigen Namen, z.B. *Umwandlung*.

Abbildung 24-9 ▶
Einen aussagekräftigen Namen für
das Package vergeben

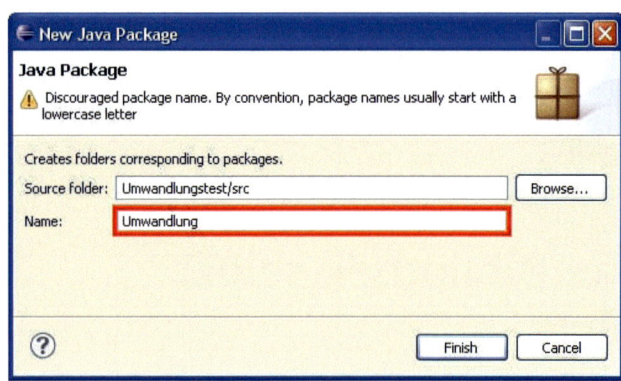

Klicke dann auf den Button *Finish*. Jetzt erkennst Du im Package-Explorer von Eclipse Dein neues Package.

Abbildung 24-10 ▶
Das neue Package erscheint im
Package-Explorer unterhalb des
Ordners src (Source)

Wie kann ich denn innerhalb des neu angelegten Packages meine Konvertierungmethoden unterbringen? Führe ich einen Doppelklick auf das Package aus, öffnet sich kein Fenster für die Eingabe des Codes!

Nun bleib ganz ruhig, denn das Erstellen des neuen Package bedeutet lediglich, einen *Container* für Quellcode zur Verfügung zu stellen. Jetzt müssen wir natürlich dem Package die benötigte Klasse hinzufügen.

Schritt 3:

Öffne das Kontextmenü des neu hinzugefügten Package *Umwandlung* und fahre wie gezeigt fort,

Abbildung 24-11 ▶
Dem neuen Package wird eine
neue Klasse hinzugefügt.

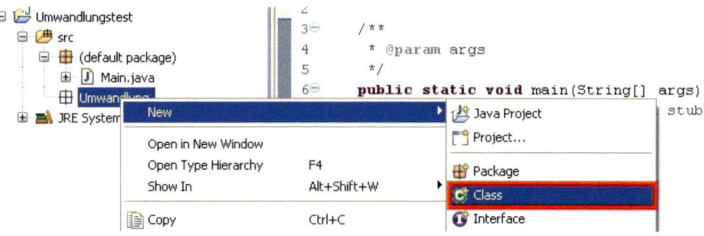

um eine neue Klasse zu erstellen, und vergib einen aussagekräftigen
Namen für die Klasse im nachfolgenden Dialogfenster.

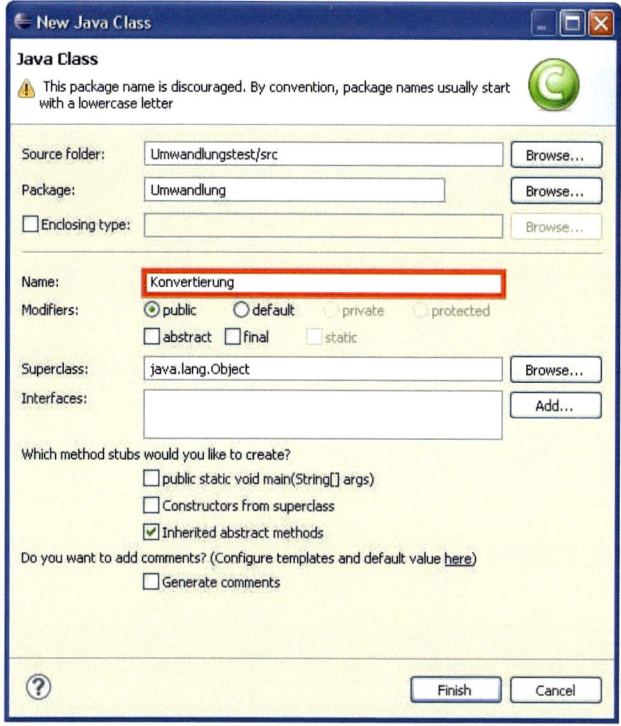

◀ **Abbildung 24-12**
Der neu hinzugefügten Klasse wird
ein Name gegeben.

In ihr können wir jetzt die benötigten Methoden zur Konvertierung
programmieren. Nach dem Erstellen der Klasse erhalten wir lediglich eine leere Hülle, die den *Package-* und *Klassen*namen zeigt.

```
1 package Umwandlung;
2
3 public class Konvertierung {
4
5 }
```

◀ **Abbildung 24-13**
Automatisch generierter
Programmcode für die Klasse
innerhalb des Package

Jetzt ist es an uns, die Klasse mit Leben zu füllen. Das machen wir
im nächsten Schritt.

Schritt 4:

Wir wollen ja die Konvertierung zwischen Dezimalzahlen und
Binärzahlen etwas komfortabler gestalten. Der folgende Code stellt
uns zwei Methoden zur Verfügung, die das leisten können.

Das sind sie:

- dez2bin(Umwandlung einer Dezimalzahl in eine Binärzahl)
- bin2dez(Umwandlung einer Binärzahl in eine Dezimalzahl)

Hier der Code:

Abbildung 24-14 ▶
Die Klasse »Konvertierung« und ihre
zwei neuen Methoden »dez2bin«
und »bin2dez«

```
1  package Umwandlung;
2
3  public class Konvertierung
4  {
5      private static int ANZAHLBITS = 32;
6
7      // Umwandlung Dezimal -> Binär
8      public static String dez2bin(int a)
9      {
10         String ergebnis = "";
11         for(int i = 0; i < ANZAHLBITS; i++)
12         {
13             if(i % 8 == 0)
14                 ergebnis = " " + ergebnis;
15             ergebnis = ((a >> i) & 1) + ergebnis;
16         }
17         return ergebnis;
18     }
19     // Umwandlung Binär -> Dezimal
20     public static long bin2dez(String a)
21     {
22         long result = 0;
23         int laenge = a.length();
24         for(int i = 0; i < laenge; i++)
25             if(a.substring(i, i + 1).equals("1"))
26                 result += Math.pow(2, laenge - i - 1);
27         return result;
28     }
29 }
```

Methode: *dez2bin*

Methode: *bin2dez*

Schritt 5:

Jetzt geht es ans Testen unserer Methoden. Dazu müssen wir unser *Java*-Hauptprogramm um die *main*-Methode erweitern. Diese Methode gibt quasi den Einstiegspunkt vor, bei dem alles seinen Anfang nimmt. Erinnere Dich an die *objektorientierte Programmierung*, wenn es darum geht, von einer Klasse, die einen Bauplan des Objekts darstellt, ein reales Objekt zu instanziieren. Irgendetwas ist hier aber anders. Kannst Du vielleicht erkennen, was es sein könnte?

Abbildung 24-15 ▶
Aufruf der Konvertierungsmethoden zum Testen des Codes

```
1  import Umwandlung.*;
2  public class Main {
3      public static void main(String[] args) {
4          System.out.println(Konvertierung.dez2bin(3456));
5          System.out.println(Konvertierung.bin2dez("10001010"));
6      }
7  }
```

Ist das vielleicht 'ne Fangfrage!? Ok, dann lass mal überlegen. Das Einzige, was mir dazu einfällt, ist... Es könnte aber auch etwas mit... Irgendetwas fehlt hier. Genau! Das Schlüsselwort *new* zum Erstellen des Objektes fehlt. Stimmt's!? Brauchen wir das denn nicht?

Kapitel 24: Bibliotheken

Gar nicht so übel, muss ich sagen! Da liegt nämlich der Hase im Pfeffer. Wir greifen auf eine Methode einer Klasse zu, *ohne* vorher eine Instanz der Klasse erzeugt zu haben. Damit das aber funktioniert, muss die Methode besonders deklariert sein. Das kleine Schlüsselwort *static* ermöglicht dieses Verhalten, weil eine Methode dann nicht an das Vorhandensein eines konkreten Objektes gebunden ist. Aus diesem Grunde sind auch unsere beiden Methoden *dez2bin* und *bin2dez* als *statisch* deklariert. Wirf einen kurzen Blick auf die *main*-Methode: Sie ist in gleicher Weise zwingend als *statisch* deklariert, denn wir müssen ja einen passenden Einstieg in unser Programm finden, bei dem zu Beginn natürlich noch kein Objekt existiert.

Um uns Schreibarbeit zu ersparen, habe ich an den Anfang die *import*-Anweisung platziert. In den Zeilen 4 und 5 erfolgt dann der Aufruf der beiden Methoden. Die Ausgabe im Konsolenfenster lautet wie folgt:

00000000 00000000 00001101 10000000
138

Das scheint korrekt zu sein. So weit, so gut. Wie können wir aber jetzt Processing das Package *Umwandlung* zur Verfügung stellen? Das erkläre ich im nächsten Schritt, wenn es um das Erstellen einer *.jar*-Datei geht.

Schritt 6:

Die Erweiterung für Processing benötigt ein bestimmtes Format. Es handelt sich um eine Archivdatei, die der einer *.zip*-Datei ähnelt. Die Endung *.jar* kommt von *Java-Archive*. Wie können wir aber eine derartige Datei generieren? Ganz einfach.

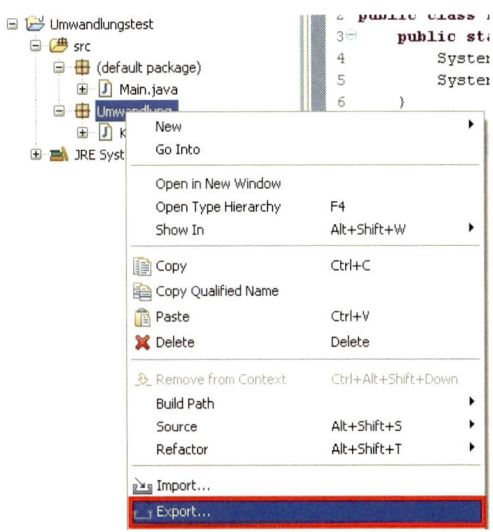

◀ **Abbildung 24-16**
Aufruf des Export-Menüpunktes
zum Erstellen der .jar-Datei

Das Kontextmenü des Package *Umwandlung* zeigt uns den Menüpunkt *Export*. Wenn Du ihn auswählst, gelangst Du über weitere Dialoge zur gewünschten *.jar*-Datei. Im nächsten Dialog wählst Du unter dem Ordner *Java* das *JAR file* aus.

Abbildung 24-17 ▶

Exportdialog

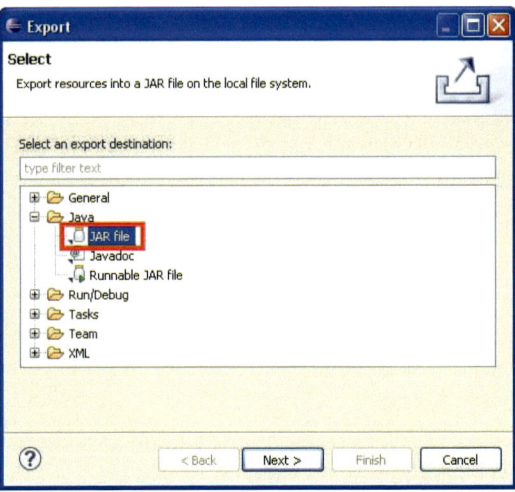

Durch einen Klick auf den *Next*-Button und die Auswahl des Package *Umwandlung*

Abbildung 24-18 ▶

Exportdialog

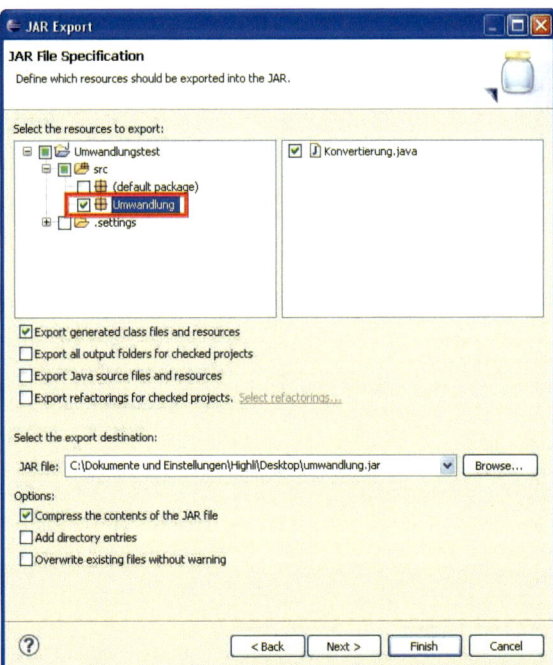

wird die *.jar*-Datei nach dem Klick auf den *Finish*-Button auf dem Desktop abgelegt. Natürlich kannst Du auch jedes andere Verzeichnis dafür angeben. Jetzt ist es an der Zeit, Processing die *.jar*-Datei zur Verfügung zu stellen. Ich habe Dir schon gezeigt, wie die Verzeichnisstruktur auszusehen hat.

Schritt 7:

Unterhalb des *libraries*-Verzeichnisses von Processing lege ich den Ordner *umwandlung* an, der wiederum einen Ordner mit Namen *library* benötigt. Dort hinein kopiere ich die Datei *umwandlung.jar*. Jetzt muss ich noch dafür sorgen, dass Processing diese Bibliothek auch in meinem Menü *Sketch|Import Library...* anzeigt. Aus diesem Grund wird die Datei *export.txt* im selben Verzeichnis wie die *.jar*-Datei angelegt. Sie hat folgenden Inhalt:

name = Umwandlung

Ein Blick in unsere Processing-Entwicklungsumgebung zeigt die von uns erstellte Erweiterung an:

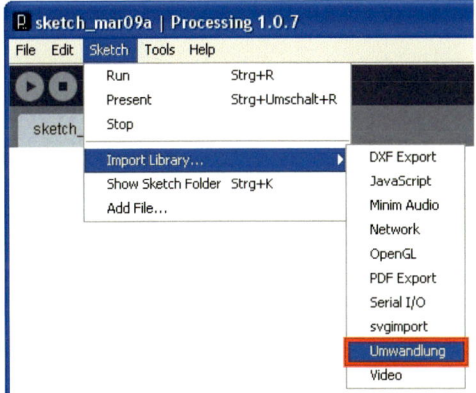

◀ **Abbildung 24-19**
Auswahl der neu erstellten Library

Wählen wir sie aus, erscheint automatisch die notwendige *import*-Anweisung in unserem Processing-Editor. Der folgende Code zeigt, dass die *.jar*-Datei ihren Dienst zu unserer Zufriedenheit verrichtet:

```
import Umwandlung.*;
void setup()
{
  println(Konvertierung.dez2bin(3456));
  println(Konvertierung.bin2dez("10001010"));
}
```

Das Nachrichtenfenster zeigt das Ergebnis an:

Abbildung 24-20 ▶
Korrekte Ergebnisse
unserer neuen Library

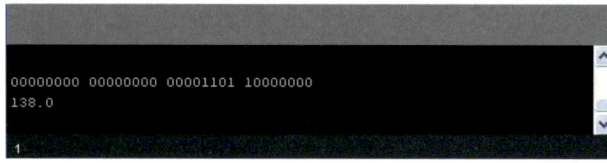

Geräusche

25

Was nützt der beste Film, wenn die Musikuntermalung nicht vorhanden ist? Es ist wie das fehlende Salz in der Suppe. Bei bestimmten Processing-Anwendungen kann es durchaus angebracht sein, die visuellen Eindrücke mit akustischen zu untermalen. Mir fällt da auf Anhieb das Spiel ein, das wir programmiert haben: Ein Raumschiff bewegt sich über unseren Bildschirm und gibt Fluggeräusche von sich, und wenn es explodiert, hören wir die Detonation. Da macht das Spielen gleich doppelt so viel Spaß. Processing hat unter den *Examples*, die Du auswählen kannst, u.a. Beispiele zum Abspielen von Sound. Dafür wird die *Minim*-Bibliothek verwendet. Wir wollen uns in diesem Kapitel ein wenig mit dieser Soundschnittstelle befassen, die einen einfachen Zugang für uns bereitstellt. Gehen wir die einzelnen notwendigen Schritte einmal durch.

Soundwiedergabe

Damit wir einen geeigneten Einstieg finden, würde ich vorschlagen, eine *MP3*-Datei mithilfe von *Minim* wiederzugeben. Die dazu notwendigen Schritte werden wir jetzt sehen:

Schritt 1:

Damit wir komfortabel auf *Minim* zugreifen können, ist es sinnvoll, über die *import*-Anweisung die Schnittstelle bekannt zu machen. Du hast im Kapitel über Bibliotheken gelernt, dass wir dadurch lediglich Tipparbeit einsparen können. Die *Minim*-Bibliothek wird dadurch *nicht* importiert. Sie befindet sich schon im *libraries*-Verzeichnis unterhalb der Processing-Installation.

```
import ddf.minim.*;
```

Schritt 2:

Um mit *Minim* arbeiten zu können, muss zuerst eine Objektvariable des Typs *Minim* erstellt werden.

```
Minim meinMinim;
```

Schritt 3:

Zum Laden der Audiodatei benötigen wir ein weiteres Objekt. Es kann vom Typ *AudioSample* sein. Ich sage absichtlich *kann*, denn es existieren noch weitere Typen, die wir zum Abspielen der Datei nutzen können.

```
AudioSample meinSample;
```

Schritt 4:

Wir dürfen jetzt nicht vergessen, die Objekte zu initialisieren und welcher Ort würde sich besser dazu eignen als die *setup*-Funktion?

```
void setup()
{
  size(300, 250);
  meinMinim = new Minim(this);
  meinSample = meinMinim.loadSample("sw.mp3");
  ...
}
```

Der *loadSample*-Methode wird als Argument die abzuspielende Sounddatei übergeben, die sich natürlich im *data*-Verzeichnis befinden muss. Die unterstützten Formate sind folgende:

- .mp3
- .wav
- .ogg
- .aif

Schön und gut, alles wurde in den Speicher geladen, doch noch hören wir nichts. Die Ausgabe an die Soundkarte muss ausgelöst, also getriggert werden; darum lautet die Methode des *meinMinim*-Objektes auch *trigger*.

Schritt 5:

Jetzt wird es aber Zeit, die Boxen vibrieren zu lassen. Durch die besagte Methode wird das Abspielen angestoßen.

```
void setup()
{
  ...
  meinSample.trigger();
}
```

Das Interessante an dieser Methode ist, dass sie immer und immer wieder aufgerufen werden kann, auch wenn der Sound gerade abgespielt wird und noch nicht das Ende erreicht hat. Dieses Verhalten lässt sich sehr gut für Spiele nutzen, wo z. B. mit dem Raumschiff das Laserfeuer auf ein feindliches Flugobjekt eröffnet wird.

Schritt 6:

Den folgenden Schritt vergessen viele, denn es funktioniert ja auch ohne. Leider kann es u. U. zu Ressourcenproblemen kommen, wenn beim Verlassen der Anwendung keine Freigabe erfolgt. Aus diesem Grund möchte ich Dich mit einer neuen Funktion bekannt machen, die immer dann aufgerufen wird, wenn Du Processing verlässt. Es ist quasi der letzte Wille, den das sterbende Programm vor seinem Dahinscheiden hat und kundtut.

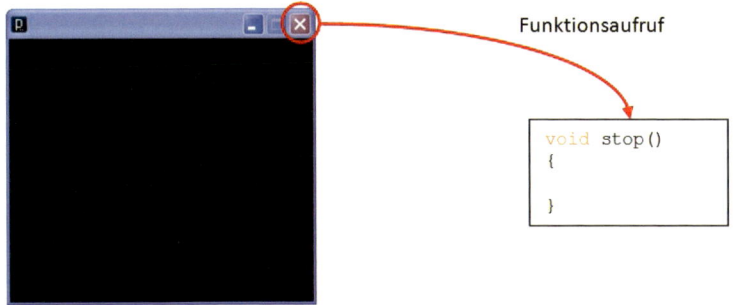

◀ **Abbildung 25-1**
Aufruf der letzten Funktion im Leben unseres Sketches

Es handelt sich um eine Processing-eigene Funktion mit dem Namen *stop*, die zwar schon immer existierte, von uns jedoch noch nie mit irgendeinem Code versehen wurde.

Noch mehr Soundwiedergabe

Wie ich schon am Anfang des Kapitels kurz erwähnte, existieren mehrere Soundobjekte, die wir unter Minim nutzen können. *Audio-Sample* wurde beispielhaft angesprochen. Ich möchte unbedingt noch auf den Typ *AudioPlayer* zu sprechen kommen, der um einiges leistungsfähiger ist. Er gibt uns ein paar Methoden an die Hand, die die verschiedensten Einstellmöglichkeiten erlauben, um auf den

Sound einzuwirken. Ich möchte also auf ein paar nützliche Methoden näher eingehen, damit Du etwas zum Spielen an die Hand
bekommst.

Länge der Sounddatei

Um die Länge der abzuspielenden Sounddatei zu ermitteln, greifen
wir auf die Methode *length()* zu. Sie liefert uns einen Wert in *Millisekunden* zurück (*1* Sekunde = *1000* Millisekunden).

```
import ddf.minim.*;
Minim meinMinim;
AudioPlayer meinPlayer;

void setup()
{
  size(300, 250);
  meinMinim = new Minim(this);
  meinPlayer = meinMinim.loadFile("sound001.wav");
  float laenge = meinPlayer.length() / 1000.0;
  println("Die Länge beträgt: " + laenge + " Sekunden.");
}
```

Abbildung 25-2 ▶
Länge einer Sounddatei
(Abspielzeit zwischen Start-
und Endpunkt)

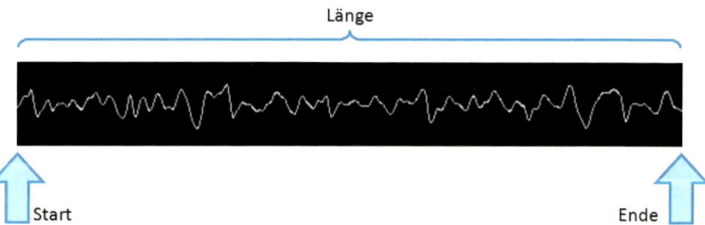

Länge

Start   Ende

Starten der Soundwiedergabe

Die Methode *trigger()* hat beim Soundobjekt *AudioSample* die Wiedergabe gestartet. Beim *AudioPlayer* heißt die Methode jedoch
play() und gibt den geladenen Sound an der aktuellen Position wieder. Wenn ich *aktuelle* Position sage, liegt der Verdacht nahe, dass
diese variieren kann. Doch dazu komme ich gleich.

```
...
void setup()
{
  size(300, 250);
  meinMinim = new Minim(this);
  meinPlayer = meinMinim.loadFile("sound001.wav");
  meinPlayer.play();
}
```

Übergeben wir der Methode *start()* kein Argument, startet die Wiedergabe am Anfang der Datei.

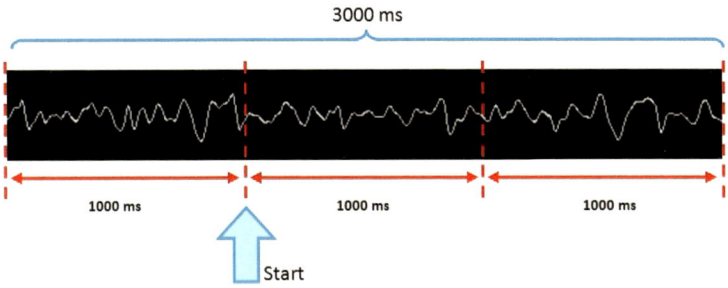

Die zweite Version der *start*-Methode kann einen Ganzzahlwert vom Typ *int* aufnehmen, um den Startpunkt um den Wert in Millisekunden nach hinten zu verschieben. Die Wiedergabe startet vom Startpunkt aus gesehen um den angegeben Wert später.

Um den Startpunkt um *1000 ms* weiter nach rechts verschieben, schreiben wir

```
...
void setup()
{
  ...
  meinPlayer.play(1000);
}
```

Um den Abspielzeiger eines gerade gestarteten Sounds neu zu positionieren, kannst Du auf die Methode *cue()* zurückgreifen. Sie nimmt als Argument einen Ganzzahlwert vom Typ *int* entgegen, der in Millisekunden interpretiert wird, und platziert die Abspielposition vom Anfang gesehen an die neue Position. In unserem Beispiel wollen wir durch einen beliebigen Tastendruck die Position setzen.

```
...
void draw()
{
  if(keyPressed)
    meinPlayer.cue(100);
}
```

Das Neupositionieren funktioniert in unserem Fall nur so lange, wie der Sound abgespielt wird. Ist das Ende erst einmal erreicht, nutzt auch kein Tastendruck mehr, um neu zu starten.

Positionsangabe während der Soundwiedergabe

Während die Wiedergabe läuft, liefert ein interner Zeiger die aktuelle Position zurück. Es ist der Augenblick, den wir gerade hören und er wird in Form der verstrichenen Millisekunden angegeben. Die Methode *position()* liefert diesen Wert zurück. Zur kontinuierlichen Ausgabe platzieren wir sie am besten innerhalb der *draw*-Funktion.

```
...
void draw()
{
  println(meinPlayer.position());
}
```

Zurück an den Anfang

Der Wiedergabezeiger, der sich beim Starten kontinuierlich zum Ende hin bewegt, kann durch die Methode *rewind()*, was so viel wie *Zurückspulen* bedeutet, an den Anfang positioniert werden. Für ein kleines Beispiel wird der Zeiger abhängig von der aktuellen Wiedergabeposition an den Anfang bewegt.

```
...
void draw()
{
  int ruecksprungPosition = 2000;
  if(meinPlayer.position() > ruecksprungPosition)
    meinPlayer.rewind();
}
```

Abbildung 25-5 ▶
Zurückspulen zum Anfang

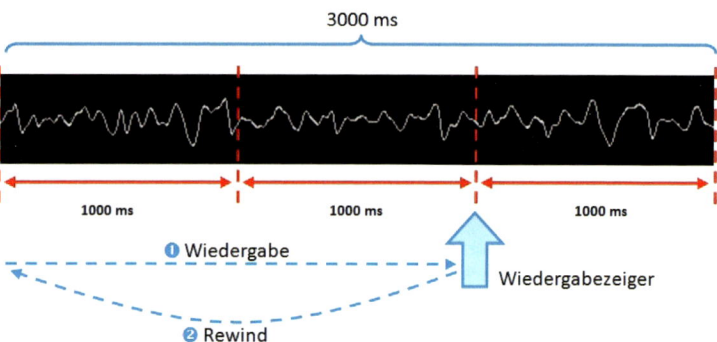

Das Beispiel zeigt uns eine Sounddatei mit *3000 ms* Länge. Ist die Position bei *2000 ms* erreicht, wird der Zeiger über die *rewind*-Methode an den Anfang zurückgesetzt, und die Wiedergabe beginnt erneut. Es lassen sich interessante Effekte damit erzielen, wenn Du die in Deinen Augen richtige Sounddatei abspielst und mit der Rücksprungposition experimentierst.

Wird die Sounddatei gerade abgespielt?

Eine interne Statusanzeige liefert Information darüber, ob die Sounddatei gerade abgespielt wird oder nicht. Es ist ein sogenanntes *Flag*, das den Wahrheitswert *true* zurückliefert, wenn die Wiedergabe läuft. Ansonsten erhalten wir den Wert *false*. Die Methode *isPlaying()* gibt Aufschluss über den Status.

```
...
void draw()
{
  if(meinPlayer.isPlaying())
    println("Wiedergabe läuft!");
  else
    println("Wiedergabe wurde gestoppt!");
}
```

Die Soundwiedergabe stoppen

An einem *MP3-Player* befinden sich in aller Regel Kontrolltasten, die einem die Möglichkeit geben, Musikstücke auszuwählen, zu starten, zu stoppen oder auch pausieren zu lassen. Du kannst auch eine gerade laufende Sounddatei in der Wiedergabe anhalten und nach Wunsch fortsetzen. Die Methode *pause()* lässt die Wiedergabe pausieren. Möchtest Du die Ausgabe fortsetzen, rufst Du die Methode *start()* auf. Das Beispielprogramm auf der folgenden Seite stoppt die gerade laufende Soundwiedergabe bei einem Druck auf irgendeine Taste und führt sie bei einem erneuten Tastendruck fort.

Zur Realisierung dieser Funktionalität habe ich eine Zustandsvariable eingesetzt. Sie ist vom Typ *boolean* und arbeitet als Flag, das bei jedem Tastendruck seinen Wahrheitswert ins Gegenteil wandelt. Die *delay*-Funktion ist notwendig, damit bei einem etwas längeren Tastendruck das Flag nicht ständig seinen Zustand ändert und die Wiedergabe ständig gestartet bzw. gestoppt würde. Des Weiteren müssen wir überprüfen, ob die Abspielposition noch nicht das Ende erreicht hat. Nur dann wird bei einem erneuten Tastendruck die Wiedergabe gestartet. Spiel ein wenig mit dem Wert der *delay*-Funktion herum, um die Auswirkungen auf den Ablauf zu erkennen.

```
import ddf.minim.*;
Minim meinMinim;
AudioPlayer meinPlayer;
boolean flag = false;

void setup()
{
  size(300, 250);
  meinMinim = new Minim(this);
  meinPlayer = meinMinim.loadFile("sound001.wav");
  meinPlayer.play();
}

void draw()
{
  if(keyPressed)
  {
    flag = !flag;
    delay(200);
  }
  if(flag)
    meinPlayer.pause();
  else if
    (meinPlayer.position() < meinPlayer.length())
      meinPlayer.play();
}
```

Looping der Soundwiedergabe

Durch die Methode *play()* wird der ausgewählte Sound lediglich einmal wiedergegeben. Möchtest Du den Klang sich ständig wiederholend abspielen, nutze die Methode *loop()*. Sie steht uns in zwei Versionen zur Verfügung. Die erste, ohne Argument, lässt die Sounddatei in einer Endlosschleife spielen. Die zweite nimmt als Argument eine Ganzzahl entgegen, die die Anzahl der Schleifendurchläufe festlegt. Lass Dich durch eines nicht verunsichern: Wenn Du die Anweisung

```
meinPlayer.loop(1);
```

schreibst, dann bedeutet das, dass die Wiedergabe gestartet wird und ein weiterer Schleifendurchlauf ansteht. Das Stück wird demnach *zwei Mal* abgespielt. In diesem Zusammenhang sind zwei weitere Methoden für uns von Interesse. Die eine *sagt* uns, ob das Looping noch aktiv ist, und die andere, wie viele Schleifendurchläufe noch anstehen.

```
...
void draw()
{
  println("Looping: " + meinPlayer.isLooping());
  println("Rest: " + meinPlayer.loopCount());
}
```

Eigene Klangerzeugung

Die *minim*-Bibliothek gestatt uns nicht nur, vorhandene Soundda-
teien wie MP3s abzuspielen, sondern auch eigene Klänge über
Oszillatoren zu generieren. Um ein Gefühl für den klanglichen
Unterschied zu bekommen, wollen wir uns die vier Basiswellenfor-
men einmal anschauen bzw. anhören.

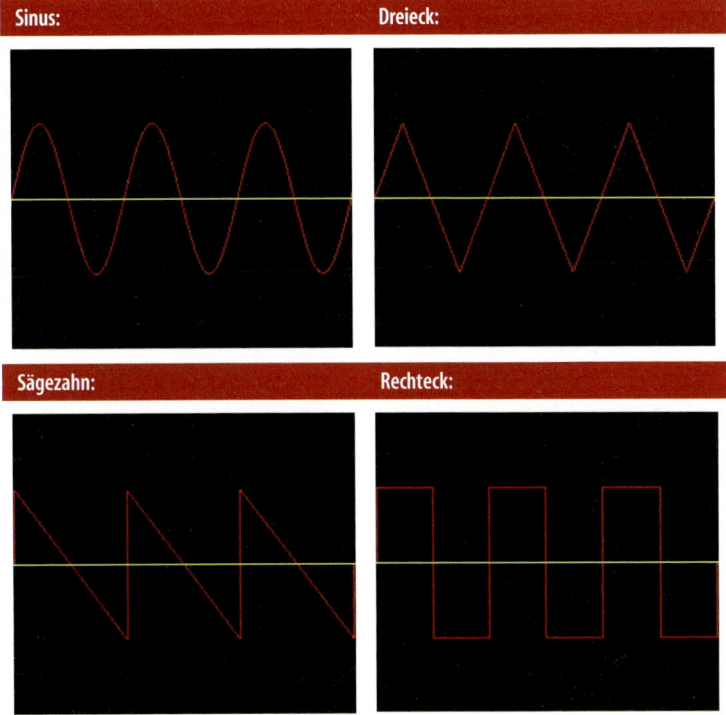

Jede dieser Wellenformen hat ihren ganz eigenen charakteristi-
schen Klang. Wir werden in den kommenden Beispielen alle vier
unterschiedlichen Wellenformen ansprechen und kodieren.

Benötigte minim-Objekte

Bevor wir jedoch mit den Beispielen beginnen, werfen wir einen Blick auf die notwendigen minim-Objekte.

```
import ddf.minim.*;
import ddf.minim.signals.*;

Minim meinMinim;
AudioOutput meinOutput;
```

Abbildung 25-6 ▶
Verbindung des AudioOutput-
Objektes zur Soundkarte bzw.
den Lautsprechern

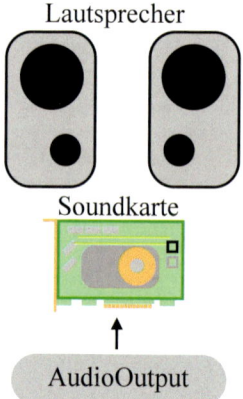

Um mit *Minim* arbeiten zu können, muss zuerst wieder eine Objekt-variable *meinMinim* des Typs *Minim* erstellt werden. *AudioOutput* benötigen wir, um eine Verbindung zu unserer Soundkarte herzu-stellen. Später in der *setup*-Funktion werden wir dem *AudioOutput*-Objekt noch mitteilen, ob es im Mono- oder Stereo-Modus arbeiten soll.

Sinus

Fangen wir mit der *Sinus-Wellenform* an. *Minim* stellt uns für jede der vier oben genannten Wellenformen ein eigenen Typ zur Verfü-gung. Möchten wir einen Sinus-Oszillator programmieren, verwen-den wir folgende Syntax:

```
SineWave meinSinus;
```

Die Initialisierung der entsprechenden Variablen erfolgt für unser Beispiel wieder innerhalb der *setup*-Funktion und kann folgender-maßen aussehen:

```
void setup()
{
  ...
  meinSinus = new SineWave(frequenz, amplitude, meinOutput.
                           sampleRate());
  ...
}
```

Der Konstruktor von *SineWave* erwartet folgende Argumente:

- Frequenz (Angabe in Hz)
- Amplitude (in einem Bereich von 0.0 bis 1.0)
- Samplerate (wird von AudioOutput übernommen)

Da wir jetzt den Oszillator programmiert haben, müssen wir ihn noch an das *AudioOutput* »hängen«, damit er eine Verbindung zur Soundkarte bekommt. Das erfolgt über die folgende Befehlszeile mithilfe der *addSignal*-Methode:

```
...
meinOutput.addSignal(meinSinus);
...
```

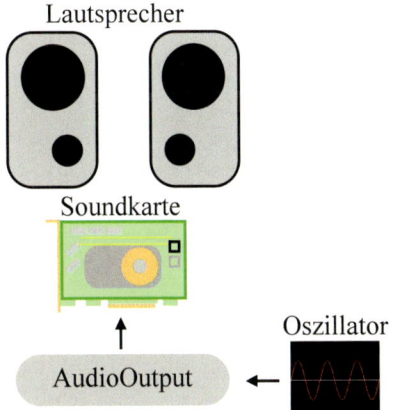

◀ **Abbildung 25-7**
Verbindung des Sinus-Oszillators
zum AudioOutput-Objekt

Es ist sogar möglich, mehrere Oszillatoren an einen *AudioOutput* zu koppeln, die dann alle gemeinsam auf ihn wirken. Doch dazu später mehr.

Schauen wir uns einmal den kompletten Code an:

```
import ddf.minim.*;
import ddf.minim.signals.*;

Minim meinMinim;
```

```
AudioOutput meinOutput;
SineWave meinSinus;

void setup()
{
  size(400, 200);
  int frequenz = 440;    // 440 Hz
  float amplitude = 1.0; // 1.0 = maiximal
  meinMinim = new Minim(this);
  meinOutput = meinMinim.getLineOut(Minim.STEREO);
  meinSinus = new SineWave(frequenz, amplitude, meinOutput.
                           sampleRate());
  meinOutput.addSignal(meinSinus);
}

void draw()
{
  background(0);
}

void stop()
{
  meinOutput.close();
  meinMinim.stop();
  super.stop();
}
```

Dreieck

Für eine Dreiecks-Wellenform müssen wir lediglich folgende Zeile
einsetzen:

```
TriangleWave meinDreieck;
```

... und natürlich die Konstruktorzeile bzw. das Hinzufügen zum
AudioOutput entsprechend anpassen:

```
meinDreieck = new TriangleWave(frequenz, amplitude, meinOutput.
sampleRate());
meinOutput.addSignal(meinDreieck);
```

Sägezahn

Für eine Sägezahn-Wellenform müssen wir die folgende Zeile einsetzen:

```
SawWave meinSaegezahn;
```

... und natürlich wieder die Konstruktorzeile bzw. das Hinzufügen zum *AudioOutput* entsprechend anpassen:

```
meinSaegezahn = new SawWave(frequenz, amplitude, meinOutput.
sampleRate());
meinOutput.addSignal(meinSaegezahn);
```

Rechteck

Und zu guter Letzt die Rechteck-Wellenform:

```
SquareWave meinRechteck;
```

Und natürlich wieder die Konstruktorzeile bzw. das Hinzufügen zum *AudioOutput* entsprechend anpassen:

```
meinRechteck = new SquareWave(frequenz, amplitude, meinOutput.
sampleRate());
meinOutput.addSignal(meinRechteck);
```

Anpassen der Frequenz mit der Maus

Im folgenden Beispiel möchte ich die Frequenz variabel gestalten. Sie soll entsprechend der horizontalen Mausposition angepasst werden. Zudem werden wir zwei Oszillatoren (Sinus + Dreieck) an das *AudioOutput* flanschen, um einen interessanten Überlagerungseffekt zu bekommen. Abschließend werden wird den zweiten Oszillator in einer höheren Frequenz als den ersten schwingen lassen.

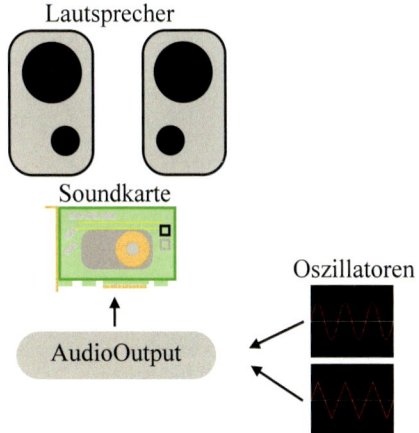

◀ **Abbildung 25-8**
Verbindung zweier Oszillatoren zum AudioOutput-Objekt

Was sagt unser Code dazu?

```
import ddf.minim.*;
import ddf.minim.signals.*;

Minim meinMinim;
AudioOutput meinOutput;
SineWave meinSinus;
TriangleWave meinDreieck;
// Frequenzunterschied zwischen den Oszillatoren
int frequenzOffset = 100;

void setup()
{
  size(400, 200);
  int frequenz = 440;    // 440 Hz
  float amplitude = 1.0; // 1.0 = maximal
  meinMinim = new Minim(this);
  meinOutput = meinMinim.getLineOut(Minim.STEREO);
  meinSinus = new SineWave(frequenz, amplitude, meinOutput.
                           sampleRate());
  meinDreieck = new TriangleWave(frequenz + frequenzOffset, amplitude,
                                 meinOutput.sampleRate());
  meinOutput.addSignal(meinSinus);
  meinOutput.addSignal(meinDreieck);
}

void draw()
{
  background(0);
  float frequenz = map(mouseX, 0, width, 20, 2000);
  meinSinus.setFreq(frequenz);
  meinDreieck.setFreq(frequenz + frequenzOffset);
}

void stop()
{
  meinOutput.close();
  meinMinim.stop();
  super.stop();
}
```

Dem Experimentieren sind hier mal wieder keine Grenzen gesetzt. Auf der Website des *minim*-Projekts findest Du viele Informationen, für die hier leider kein Platz mehr ist. Hoffentlich habe ich Dir genügend Appetit auf das Thema gemacht, denn es steckt noch sehr viel Potenzial darin.

Index